林 珏 著

高等院校经济学管理学系列教材

国际技术贸易

International Technical Trade

图书在版编目(CIP)数据

国际技术贸易/林珏著. —北京:北京大学出版社,2016.9
(高等院校经济学管理学系列教材)
ISBN 978-7-301-27477-4

Ⅰ. ①国… Ⅱ. ①林… Ⅲ. ①国际贸易—技术贸易—高等学校—教材 Ⅳ. ①F746.17

中国版本图书馆 CIP 数据核字(2016)第 212830 号

书　　　名	国际技术贸易 GUOJI JISHU MAOYI
著作责任者	林　珏　著
策 划 编 辑	杨丽明　姚文海
责 任 编 辑	朱梅全　杨丽明
标 准 书 号	ISBN 978-7-301-27477-4
出 版 发 行	北京大学出版社
地　　　址	北京市海淀区成府路 205 号　100871
网　　　址	http://www.pup.cn
电 子 信 箱	sdyy_2005@126.com
新 浪 微 博	@北京大学出版社
电　　　话	邮购部 62752015　发行部 62750672　编辑部 021-62071998
印 刷 者	三河市博文印刷有限公司
经 销 者	新华书店 787 毫米×1092 毫米　16 开本　22.5 印张　562 千字 2016 年 9 月第 1 版　2016 年 9 月第 1 次印刷
定　　　价	49.00 元

未经许可,不得以任何方式复制或抄袭本书之部分或全部内容。
版权所有,侵权必究
举报电话: 010-62752024　电子信箱: fd@pup.pku.edu.cn
图书如有印装质量问题,请与出版部联系,电话: 010-62756370

前　言

自 2006 年《国际技术贸易》出版至今,国际技术贸易的理论与实践均获得新的发展,国内有关知识产权的法律法规(包括《专利法》《商标法》《著作权法》等)和与技术进出口相关的法律法规大部分进行了修正或更新,虽然某些法律法规只修正或增加了部分条款,并未涉及书内引用的条款,但是全书需要与时俱进地修改、补充和更新。

本版《国际技术贸易》对前一版书稿的修改、更新和补充主要反映在以下方面:

(1) 引用了最新法律法规。本书审核和查阅了第一版书中涉及的所有有关知识产权和技术贸易的国际和国内法律法规(一百多部)修正或更新状况,同时也注意到新出台的法律法规,对书中有关知识产权保护、进出口技术贸易、合同等涉法内容进行了修改、补充或更新。

(2) 更新了数据、增加了图表及案例。本书尽可能将数据更新到可获得数据的最近年份;本书图表(包括附表)共计 52 个,其中表 22 个,图 30 个;案例 9 个。本书也对世界知识产权组织状况以及国际公约或条约成员国变动状况(包括中国成员国身份)进行了考察,更新了相关的内容,补充了相关数据。

(3) 扩展了内容。比如,第二章第一节增加了技术进步类型;第四章增加了全球知识产权保护的初步成果与面临的挑战;全书增加了第十一章。此外,对各章节内容进行了修改和补充。

(4) 修改了每章习题的内容,包括已有案例的修改,新案例的增加。习题形式涉及名词解释、简述题、论述题、讨论题、辩论题、案例讨论题、课堂模拟题等。各章配以习题的目的:一是为阅读者或自学者通过对问题的思考,对书中内容加深理解,通过寻找问题的答案,拓展相关知识;二是为使用该教材的教师在布置学生课后作业、组织课堂讨论、期末考试出题时提供参考。

值得一提的是,由于国内外法律法规处于不断修改或更新之中,统计数据也不断更新,因此在使用该教材进行教学时,教师可以组织学生上网查阅新出台的法律法规、最新数据,进行补充。

本书写作中可能会有遗漏与错误,望广大读者发现问题及时给予订正,或来信批评指正,本人将不胜感谢。

最后,感谢北京大学出版社杨丽明编辑和姚文海编辑,正是因为他们多次热情而诚恳地登门相约,使我终下决心,从忙碌的教学、科研和社会工作之外聚集起时间,用三个多月完成本书再版工作。也感谢家人,包括我的父亲、母亲和儿子长期以来对我的工作的理解、鼓励和支持。虽然父亲已经去世近八年,但依然能感觉到他对我的关爱。

林　珏

于上海财经大学

国际工商管理学院大楼 411 室

2016-04-19

目　录

第一篇　概念与理论

第一章　国际技术贸易概论 (3)
　　第一节　国际技术贸易的基本概念 (3)
　　第二节　国际技术贸易的方式 (8)
　　第三节　国际技术贸易的产生、发展与作用 (14)
　　第四节　国际技术贸易研究的对象、内容和方法 (25)

第二章　国际技术贸易相关理论 (26)
　　第一节　技术进步与经济增长模型 (26)
　　第二节　技术差距理论 (33)
　　第三节　产品生命周期理论 (36)
　　第四节　发展中国家技术选择理论 (37)
　　第五节　要素密集型变换理论 (38)
　　第六节　技术效用与博弈分析 (39)

第二篇　法律与法规

第三章　知识产权的基本概念 (47)
　　第一节　知识产权 (47)
　　第二节　专利权 (49)
　　第三节　商标权 (58)
　　第四节　著作权 (76)
　　第五节　计算机软件著作权 (83)
　　第六节　专有技术 (90)
　　第七节　商业秘密 (93)

第四章　国际技术贸易管理的法规与惯例 (107)
　　第一节　国际技术贸易管理的法规 (107)
　　第二节　国际技术贸易的商业惯例 (126)
　　第三节　中国与贸易相关的知识产权保护 (132)

第三篇　交易与合同

第五章　技术交易程序与合同签订 (159)
　　第一节　交易前的准备 (159)
　　第二节　商业谈判 (169)

第三节　合同的签订与履行 ……………………………………………………（177）

第六章　合同的结构与基本条款 ………………………………………………………（183）
　　　第一节　合同的类型与结构 ……………………………………………………（183）
　　　第二节　专利贸易合同条款 ……………………………………………………（185）
　　　第三节　其他技术贸易合同 ……………………………………………………（202）

第七章　混合型技术贸易合同 …………………………………………………………（225）
　　　第一节　混合型技术贸易合同的特点与类型 …………………………………（225）
　　　第二节　国际合作生产合同 ……………………………………………………（226）
　　　第三节　补偿贸易合作生产合同 ………………………………………………（233）
　　　第四节　国际合作开发合同 ……………………………………………………（237）
　　　第五节　国际工程承包合同 ……………………………………………………（240）

第八章　技术价格与贸易税费 …………………………………………………………（268）
　　　第一节　技术价格的确定 ………………………………………………………（268）
　　　第二节　支付工具与支付方式 …………………………………………………（274）
　　　第三节　技术贸易中的税费 ……………………………………………………（278）

第四篇　政策与管理

第九章　技术进出口的管理 ……………………………………………………………（293）
　　　第一节　技术进出口管理的原则 ………………………………………………（293）
　　　第二节　进出口管制技术的管理 ………………………………………………（295）
　　　第三节　限制进出口技术的管理 ………………………………………………（303）
　　　第四节　自由进出口技术的管理 ………………………………………………（305）
　　　第五节　经营者与管理者的法律责任 …………………………………………（309）

第十章　技术进出口的海关管理 ………………………………………………………（311）
　　　第一节　海关的基本职能与权力 ………………………………………………（311）
　　　第二节　知识产权海关保护 ……………………………………………………（315）

第十一章　中国对外技术贸易概况 ……………………………………………………（324）
　　　第一节　中国技术进出口状况 …………………………………………………（324）
　　　第二节　中国技术出口扩大的原因和面临的问题 ……………………………（326）
　　　第三节　技术出口规模扩大的途径 ……………………………………………（334）

附录　技术许可费定价博弈分析 ………………………………………………………（339）

参考文献 …………………………………………………………………………………（352）

第一篇

概念与理论

第一章 国际技术贸易概论

▶ **教学目的和要求**
- 通过与相关概念的区分,掌握国际技术贸易的基本概念。
- 通过一系列术语的界定,了解国际技术贸易的方式。
- 通过对国际技术贸易产生、发展的研究,明确国际技术贸易的意义、地位和作用。
- 通过对国际技术贸易研究对象和研究方法的描述,理解国际技术贸易的内容。

第一节 国际技术贸易的基本概念

一、技术的基本概念与特征

技术是指人们制造某种产品、采用某种工艺或提供某种服务所需要的系统知识。技术的特征包括:

(1) 它是一种无形的、非物质的知识,只有与物质条件相结合,才能转化为生产力。因此不能将技术同实现技术的手段相混淆。

根据这一特征,技术表现形式分为两种:软件(software)技术和硬件(hardware)技术。软件技术是无形的智能形态的技术,如专利、商标、专有技术、计算机软件,其中包括理论、公式、配方、计算机程序、可行性研究、计划、培训、安装、操作、咨询、管理、销售等方面的知识。硬件技术是软件技术实施的手段,是物化技术,其表现形态为凝聚软件技术的机器设备等。而通常所说的"技术"指的是软件技术。

(2) 它是人类在实践中不断积累起来的一整套系统化知识,包括从构思、生产到销售各个阶段的全部知识,如原理、结构、设计、生产、操作、安装、维修、服务、管理、销售等各个环节的知识、经验、方法和技艺。

根据这一特征,无论是公开技术(open technology)、专利技术(patent technology),还是技术秘密(know-how),都属技术概念范畴。所谓公开技术,是指为公众了解和掌握的科技理论和实际知识,如书刊、论文、学术会议资料的内容等;所谓专利技术,是指经过法律程序申请批准后所获得专利权的技术;而技术秘密,又称专有技术,则是未经法定程序申请法律保护,由发明者自己设法保护的秘密技术,如祖传秘方、特殊配方、技术诀窍等。通过法定程序申请,而经批准授予申请人财产独占权的专利技术和商标,属工业产权技术。

(3) 它具有商品的属性,有使用价值与交换价值,即价格,既可供发明者使用,也可在一定条件下有偿转让。①

技术的转让可以是有偿的,也可以是无偿的。如果是有偿转让,即技术的供方通过签订合同或协议将技术有偿地转让给受方,则称为技术贸易。技术贸易是一种商业性的技术转让。如果是无偿转让,比如国际间无偿的技术交流、国际双边或多边援助性技术转让,便是

---

① 参见王玉清、赵承壁主编:《国际技术贸易》,对外经济贸易大学出版社 1996 年版,第 2—3 页;武振山:《国际技术贸易》,东北财经大学出版社 1990 年版,第 4 页。

非商业性的技术转让,则不属于技术贸易概念范畴。

技术贸易的对象可划分为三类:(1) 工业产权,包括专利权和商标权;(2) 著作权(版权),如计算机软件;(3) 专有技术,或称技术秘密。

二、国际技术贸易的概念

国际技术贸易(international technology trade)是指世界不同的国家或地区之间,一方将某种内容的技术通过签订商业合同或协议的形式,有偿地转让或许可给另一方的交易行为。它与下述几个概念存在差别:

1. 国内技术贸易

国内技术贸易是指一国技术供方或许可方通过签订合同或协议,将技术有偿地转让或许可给本国技术受方或被许可方使用的行为。这种商业性技术转让行为是在一国境内或同一国家当事人之间进行的。而国际技术贸易的技术转让或许可行为,则是在不同国家当事人之间进行的。

区别国内技术贸易与国外技术贸易的实际意义在于,两种技术贸易适用的法律不同。国内技术贸易涉及的是国内贸易法或技术合同法,而国际技术贸易涉及的是有关国家的对外贸易法或技术转让法,以及国际或地域性有关技术转让的条约、协定和准则。

例如,在中国,国内技术贸易适用的法律有《合同法》;涉外技术贸易适用的法律法规除了《合同法》外,还有《对外贸易法》《技术进出口管理条例》《保护工业产权巴黎公约》《商标国际注册马德里协定》《与贸易(包括假冒商品贸易)有关的知识产权协议》等。此外,还有技术转让国或引进国的涉外技术贸易法律法规。

2. 国际技术转让

国际技术转让(international technology transfer)与国际技术贸易不是一个等同的概念。国际技术转让是指按当事双方约定的条件,将某种内容的技术,从一国或地区转让给另一国或地区的行为,它包括国际技术无偿转让(如国际技术交流、双边与多边的技术援助等)与国际技术有偿转让,其中有偿的国际技术转让便是国际技术贸易。

根据联合国《国际技术转让行动守则》(草案),国际技术转让是指"转让关于制造一项产品、应用一项工艺或提供一项服务的系统知识,但不包括只涉及货物出售或只涉及货物出租的交易"[①]。这就是说,国际技术转让可以是软件技术的买卖,或是聘用掌握技术的科技人员,或是含有软件技术在内的机器设备买卖,其中软件部分作为技术交易,硬件(机器设备)部分作为设备交易,即货物买卖。技术交易和货物买卖都受合同法保护,不过前者还受工业产权法和著作权法保护。具体来说,国际技术贸易的内容主要包括:

(1) 技术知识的买卖,如计算机软件交易;

(2) 与成套机器设备硬件交易相配套的技术引进,如设备安装和调试,往往与人才培训、技术秘密转让结合在一起;

(3) 产权贸易,如专利权转让、商标权转让等;

(4) 许可贸易,如专利实施许可、商标实施许可等;

(5) 技术咨询服务,如技术服务、技术咨询与工程设计。

---

① 武振山:《国际技术贸易》,东北财经大学出版社1990年版,第6—7页。

3. 国际货物贸易

国际货物贸易是世界各国或地区间进行的货物交换活动。在国际技术贸易的实践中，一笔技术交易常常带有设备，其目的是通过设备实施技术，尽快地形成生产力。设备交易中会附带安装、操作说明等非专利技术和专有技术，由于交易的目的是购买设备，所以此类交易仍属货物贸易之列。①

国际技术贸易与国际货物贸易均为国家间的企业、经济组织、个人通过商业途径进行的交易活动，它们是国际贸易中的两个重要组成部分，在实际交易中有时结合在一起进行。两者的区别不只是表现形态、适用法律有所不同，而且在生产的目的、贸易当事人关系、涉及的问题以及政府的干预程度上都存在差异。

（1）生产目的不同。技术贸易的供方通常就是技术开发者，开发技术是为了自己使用，而不是为了转让，只是在某些特殊情况下，才会将技术转让给他人，如为了获得更多的利润，或是更新的技术已经开发出来，该项技术将处于淘汰状态。而商品贸易的供方则不同，一般情况下，他们是专门生产、销售某产品的厂家或代理商，以销售商品为目的制造商品。

（2）贸易当事人关系不同。一般来说，技术贸易双方往往是同行，技术受方希望得到供方最先进的技术，而供方虽然出于利润或成本考虑转让技术，却又不想使受方由此成为竞争对手，为此常常对所转让的技术的使用范围或产品销售领域加以种种限制。因此，买卖双方既是合作关系，也是竞争关系。而商品贸易则不同，买卖双方不一定是同行，不存在这种性质的竞争关系，因此，一般情况下，双方希望建立长期的合作关系。

（3）涉及问题不一。技术贸易所涉及的问题比之商品贸易要复杂得多。除了供受双方的责任、权利、义务外，还涉及工业产权保护、技术秘密保密、限制与反限制、技术风险、使用费确定等问题。有的合同期限长达几年、十几年，使用费的支付也会相应地延续。

（4）政府干预程度不一。技术贸易在出口管制与进口管理上，比之商品贸易进出口管理，政治性和政策性更强。技术出口国往往是发达国家，为了控制高新技术、尖端技术、关键技术的外流，尤其是向社会主义国家流动，往往在法律或政策方面加以种种限制。最典型的是美国的技术出口管制政策。技术进口国主要是发展中国家（当然，发达国家之间也进行技术转让），为了鼓励本国技术创新，减少对外技术依赖，或避免技术转让谈判中国内企业利益受损，以维护国家的经济利益和政治利益，许多发展中国家对重要的或金额较大的技术引进协议实行审批制度。此外，随着发展中国家内新兴经济体的出现和发展，新兴经济体的技术出口也在增多，这些国家对于何类技术禁止或限制出口也建有审查制度，以维护国家利益或履行国际承诺。

可见，国际技术贸易比之国际商品（货物）贸易要复杂得多，政策性和政治敏感性也要强得多。

4. 国际服务贸易

技术是人们制造某种产品、采用某种工艺或提供某种服务所需要的系统知识。服务是人们为满足他人的消费或生产的需要而进行的活动。技术与服务概念不同，虽然两者都具有某些相同的特征。

服务产品的特征是：

---

① 参见武振山：《国际技术贸易》，东北财经大学出版社1990年版，第7页。

(1) 无形性。作为无形商品的服务,在消费者购买之前,没有直观的具体存在形态。

(2) 商品属性。服务产品有使用价值和交换价值,因此具有商品属性。货物质量管理能够统一标准,而服务质量管理则难度很大,这是因为同一种服务产品质量存在较大差异,具有较大的弹性。

(3) 生产与消费同时性。比如,旅游服务、文化娱乐服务、技术咨询服务等都是边生产边消费的。

(4) 不可储存性。服务一旦生产出来,不是立即被消费掉,就是立即进入消费领域,没有储存的必要。①

国际服务贸易是指跨国界的服务交换活动。根据《关税与贸易总协定》,国际服务贸易的内容多达150多种,其交易活动的范围包括:

(1) 服务和支付的过境流动。即一国向另一国提供服务,没有人员和物质的流动,通过电信、邮电、计算机网络实现,如国际电信服务、国际金融中的清算和支付、国际信息处理和传递、国际保险和再保险、国际视听服务等。

(2) 境外消费。即一国消费者到另一国消费,享受他国服务者提供的服务,如本国公民到外国旅游、留学、培训、就医等。

(3) 商业存在。即一国企业或经济实体到另一国投资或合资设立企业、商业或其他服务机构,提供服务,如开办银行、商场、餐馆、旅店、保险公司、律师事务所等。

(4) 人员流动。即一国公民到另一国从事个体服务,如教学、行医等。②

根据《关税与贸易总协定》,国际服务贸易的内容包括:国际运输;国际旅游;跨国银行、国际融资公司与其他金融服务;国际保险和再保险;国际信息处理和传播;国际咨询服务;建筑和工程承包等劳务输出;国际电信服务;广告、设计、会计管理等项目服务;国际租赁;维修和保养、技术指导等售后服务;国际视听服务;教育、卫生、文化艺术的国际交流服务;商业批发与零售服务;其他官方国际服务等。③广义上,国际服务贸易包括了国际技术贸易某些内容,如国际技术咨询、国际工程承包、设备维修、工程设计等。

5. 技术进出口

从技术转移的方式上进行考察,技术贸易又称为技术进出口。根据2011年1月8日修订的《技术进出口管理条例》第一章第2条的定义,技术进出口是指从一国境外向境内,或者从境内向境外,通过贸易、投资或者经济技术合作的方式转移技术的行为。该行为包括"专利权转让、专利申请权转让、专利实施许可、技术秘密转让、技术服务和其他方式的技术转移"。

三、各国对技术贸易、技术转让概念的不同理解

技术及其载体的多样性以及技术所涉及领域的广泛性,使得世界各国或地区对技术贸易、技术转让概念的定义有很大的不同。

1. 北美地区

美国认为,技术转让是指私营部门、州及地方政府以及国内其他用户,使用联邦实验室

---

① 参见殷作恒:《服务贸易及技术贸易》,中国物价出版社1996年版,第5—6页。
② 参见朱钟棣主编:《国际贸易教程新编》,上海财经大学出版社1999年版,第448—449页。
③ 参见史晓东、张文政主编:《世界多边贸易须知大典》,中国财政经济出版社1996年版,第87页。

开发出的发明或使其商业化的活动。这个定义中包括了无偿转让与有偿转让。无偿转让的方式有：通过对私营部门的使用方及开发者直接的技术援助、人员交流、资源共享、合作研究和合作开发等形式进行技术合作和交流；通过报纸、文章、报告、研讨会的形式与潜在技术用户进行信息交流。有偿转让即技术贸易方式则是，通过发明的专利注册及许可、市场及用户的确定，进行商业化活动。

加拿大采用美国人口调查局对高技术产品的定义：技术贸易应当是公认的先进技术领域的前沿技术产品的交易活动，这些高技术产品包括生物技术、生命科学、光学电子、计算机和通信、电子、集成电路制造、材料设计、航空航天、武器、核技术等领域的产品。在这些产品中，高技术成分的价值占据相当比重。随着科学技术的发展，高技术产品的清单定期进行修改和公布，新的技术被纳入，旧技术被淘汰。

2. 大洋洲地区

澳大利亚认为，技术是具有实际价值或具有工业用途的所有应用科学的系统知识和功能。技术贸易意味着在这一定义的基础上买卖双方的技术交易，包括非载体技术和载体技术。前者有专利、设计、技术诀窍、许可等，后者有机械和设备。可见，澳大利亚将技术与技术产品都纳入技术贸易的范畴中。

新西兰对"专有技术"赋予更广泛的含义，认为专有技术是其他企业所不具备的用于生产产品或体现于工艺流程中现有的专门技术知识；专利、许可、技术数据和情报、科技、工程服务都属于"专有技术"。

3. 亚洲地区

泰国认为，技术贸易是指进口原材料、资本货物及其他货物中包括机械设备、提成费、商标、技术费及管理费部分的交易。

印度尼西亚认为，技术贸易是指通过投资带入的技术。

日本认为，技术贸易是指提供或接受专利、实用型、专有技术、对工业技术质量控制及操作管理、维修的指导原则等。

韩国认为，技术贸易的概念在不同的经济发展阶段有所不同，这是因为在不同的发展目标下，引进的技术有所不同。比如，20世纪60年代到70年代，主要以引进一揽子技术为主，包括交钥匙工程、装配技术等；80年代初，主要以引进非一揽子技术为主，包括零部件技术、操作技术等；80年代末到90年代，主要以引进材料技术、控制技术、高质量产品技术为主。

新加坡在对外贸易中强调引进外资中的技术含量，鼓励引进高附加值的技术密集型工业项目，包括金融和信息技术等服务部门项目。其技术贸易概念中包括了服务贸易。[①]

中国现行法规中用"技术进出口"这一概念替代"技术贸易"的概念，具体定义前已述及。

---

① 参见《亚太地区技术贸易法规比较》，载商务部科技司网站：http://kjs.mofcom.gov.cn/aarticle/ztxx/dwmyxs/r/200404/20040400206944.html。

第二节　国际技术贸易的方式

一、许可贸易

1. 许可贸易的概念

许可贸易(licensing)是国际技术贸易中最常见的一种方式,它是指专利权人或商标权人或专有技术所有人等权利人,依据有关法律规定,通过与被许可方订立合同,允许被许可方在合同约定的条件和范围内有偿地实施许可标的的一种贸易行为。

2. 许可贸易的内容

许可贸易的基本内容包括:

(1) 专利实施许可(patent licensing)。

(2) 商标使用许可(trademark licensing)。

(3) 专有技术许可(proprietary technology licensing)。

(4) 成捆许可(package license),指在一个许可合同中,包括专利实施许可、商标使用许可或专有技术许可等两项以上内容的许可。

(5) 计算机软件许可(software licensing)。计算机软件在许多国家中受到版权法保护,想要得到计算机软件的使用权,需要同计算机软件所有人签订许可协议。

值得注意的是,许可范围涉及标的的使用权、产品制造权、销售权或进口权。如果只给予某项许可,比如许可专利产品的制造权,则应该在合同中加以明确,否则便认为上述其他权利也都许可给被许可方了。此外,许可贸易是标的实施权的许可,而不是财产权或所有权的转让。

二、技术咨询与技术服务

1. 技术咨询的概念

技术咨询(technical consulting)是指受托方根据委托方要求,利用自己的知识、经验、能力、技术、人力、仪器设备和掌握的信息,采用科学的方法,进行调查、研究、分析,提出最佳(或几套可供选择的)决策方案或解答工程中遇到的难题。例如,为某项工程提供可行性研究报告、工程设计和技术预测;为某项方案设计提供建议与情报信息;进行专题技术调查、技术项目分析等。技术咨询常常在项目建成之前进行,其成果形式多为书面的咨询报告。

2. 技术服务的概念

技术服务(technical service)是指受托方应委托方邀请,运用专门的知识为委托方解决特定的技术问题,并传授解决技术问题的知识,完成某项委托业务。这些技术问题一般为产品结构的改进、工艺流程的改良、产品质量的提高与成本的下降、原材料与能源的节约、生产安全操作、污染的治理、某种产品的设计、工艺过程的改进、人员的培训等。技术服务的成果表现为特定技术问题的解决、委托方期望目标的实现。技术服务常常在项目建成之后进行。

技术服务有时与许可贸易和设备贸易结合起来进行。比如,获得专利许可、引进设备后,被许可方不知道如何使用该项专利技术,如何操作设备,需要许可方提供相应的技术服务或协作,对被许可方人员进行培训。由此,许可贸易合同中有时会列出"技术服务与协作"的条款。

比如,欧洲空中客车公司对中国出售大量飞机后,为了帮助中国航空人员掌握飞机的性能,提高航空安全标准水平,从1995年到2003年,中欧在航空业上进行了一系列的合作,通过联合提供资金的做法,欧盟对中国提供技术服务、人员培训和人才培养。第一批项目到1998年取得成果。第二阶段的合作涵盖所有相关的工业及民用航空业的伙伴,即欧洲宇航工业联合会、欧洲控制署、联合航空局、中国民航总局及各航空公司、中国航空工业总公司以及其他中国航空工业企业。合作围绕以下优先领域的技术援助与培训活动进行:适航性、客户支持与维修保养、生产管理、空中交通管制与管理、飞行员培训(从初级资格培训到检查机长培训),以及航空公司管理及工业管理硕士的培养。① 1998年10月,中国与欧盟签署《中华人民共和国政府与欧洲联盟在航空与通信领域的工业合作谅解备忘录》,确立"中国—欧盟民用航空合作项目",中法合作开展"航空安全管理"硕士学位教育,为中国培养航空安全管理人才。到2014年4月,该项目已经有10届学员毕业,共计为中国培养航空安全管理人才561人,成为中欧合作的典范。②

三、国际合作生产

1. 国际合作生产

在国际技术贸易中,国际合作生产(international cooperation production)是指分属不同国家的企业通过订立合作生产合同,在合同有效期内,一方或各方提供有关生产技术,共同生产某种产品。合作生产产品的过程是技术转让的过程,因为在共同生产过程中,持有技术的一方或各方允许其他合作者共同使用该技术,从而使得其他合作者获悉并掌握此项技术,由此产生跨越国境的技术转让。

与单纯的技术转让或许可贸易相比,国际合作生产的特点是时间较长,且可能涉及多方当事人。国际合作生产的好处是,通过较长时间的合作,使得受方逐步掌握和消化供方的先进技术,产生实际的效益,实现双方或多方"合作共赢"的宗旨。

国际合作生产的主要形式有以下几种:

(1)根据合同分工生产零部件,组装成成品销售。在这种形式中,技术较强的一方掌握关键性部件的生产,并提供全部设计图纸,进行技术指导,监督质量。比如,波音飞机的国际合作生产就是一个典型的例子。

(2)一方提供关键部件和技术资料,由另一方组装成产品销售。实力较强的一方将技术含量较低的零部件生产放到实力较弱的一方,并向其出售自己生产的关键部件,由其组装或加工成成品后在本地销售或出口到国外销售。在这种形式下,实力较强的一方在出售关键部件时往往提供技术资料。

(3)一方提供生产技术或生产设备,双方按各自的专业分工生产零部件或生产某种产品,然后销售给第三方。③

国际合作生产的好处是技术受方通过合作生产,学习到国外先进的技术,同时也节约了购买技术所需要支付的大量外汇。

---

① 参见《中华人民共和国政府与欧洲联盟委员会在航空与通信领域的工业合作谅解备忘录》,载商务部网站:http://kjs.mofcom.gov.cn/aarticle/ztxx/dwmyxs/g/j/200403/20040300198880.html。
② 参见《第十期中欧航空安全管理硕士毕业班典礼在天津中国民航大学举行》,载人民网天津视窗:http://www.022net.com/2014/4-16/513630262557205.html,2014年4月16日访问。
③ 参见王玉清主编:《国际技术贸易》,中国人民大学出版社2001年版,第238—240页。

2. 国际合作研发

本世纪以来,随着各领域知识与技术的难度和深度不断加强,跨领域、跨部门特征日益明显,各技术学科和领域之间的相互补充变得越来越重要,出现不同国家的同行或竞争对手携手攻克技术难关的国际合作研发的现象。所谓国际合作研发(international cooperation in R&D),是指企业、科研院所、高等院校为了克服研发中的高额投入和不确定性、分散技术创新风险、缩短产品的研发周期,通过签订协议,组成研发组织体,共享信息和研究成果,合作开发新技术的行为。

合作研发的形式多样:可以以资金、人才、成果形式合作,也可以以资金入股形式合作,还可以技术供方、技术中介和技术需方进行合作等。参加国际合作研发也是发展中国家通过合作,引进国外先进技术,最终实现自主知识产权开发的良好途径。

比如,中国的中航工业昌飞工业集团承担"一吨型先进民用直升机合作研发"项目,通过与美国施韦策飞机公司合作,引入美国 S300C 型直升机图纸技术资料,并开展合作研究及联合攻关,形成具有自主知识产权的新型号 AC301 一吨级轻型直升机。2014 年,该飞机首飞成功,完成中国民航试航取证第一阶段工作。[①]

四、国际工程承包

1. 国际工程承包的概念

国际工程承包(engineering contract for project)是指承包人承担工程的全部技术和工程实施,包括咨询、评估、规划、勘探、设计、施工及其相关业务,按时、按质、按量完成工程。发包人提供施工的必要条件,按时验收工程,支付承包人价款,包括技术使用费。这是一种综合性的国际经济合作方式,承包人通过承包工程,进行技术转让、劳务输出和货物买卖,如建筑材料等。值得强调的是,不包括技术贸易内容的国际工程承包项目,不属于国际技术贸易。例如,单纯的国际劳务合作就不是国际技术贸易,而属国际服务贸易。

2. 国际工程承包的特点

与其他国际技术贸易相比,国际工程承包具有下述几个特点:

(1) 交易内容复杂。从设计、采购设备与原材料,到施工、试车,直至移交业主,包括众多环节。从商务方面看,包括购买、信贷、运输、保险、分包、技术转让等多项内容。

(2) 项目营建时间长。少则几个月,多至四五年,甚至十多年。

(3) 当事人双方承担的风险大。由于项目投资大,涉及面广,时间长,一旦遇到政治风波、经济危机、自然灾害,业主与承包人均有可能难以收回成本。[②]

五、国际租赁

1. 国际租赁的概念

国际租赁(international leasing)是指一国的出租人按一定的租金和期限把租赁物(物品、技术)出租给另一国承租人使用,承租人按租约交纳租金,获取租赁物的使用权的一种经济合作方式。这是把货物、技术、资金融合起来的一种国际经济合作方式。承租人通过租赁的方式,引进国外先进技术和设备,促进企业技术水平和生产能力的提高。

---

① 参见中华人民共和国科学技术部:《国家科技计划年度报告 2013》,第 10—11 页。
② 参见王玉清主编:《国际技术贸易》,中国人民大学出版社 2001 年版,第 244 页。

2. 国际租赁的方式

国际租赁一般有三种方式：

(1) 融资租赁。融资租赁"是出租人根据承租人对出卖人、租赁物的选择，向出卖人购买租赁物，提供给承租人使用，承租人支付租金"的方式。当承租人希望使用某台设备却没有足够的资金购买或不想购买时，可以通过签订融资租赁合同的方式，向租赁公司租用；由租赁公司出资购买其选定的设备，提供给其使用。融资租赁要求，在设备使用期间，承租人与出租人不得随意终止合同；出租人保留设备所有权，用户拥有设备使用权，设备的维修由用户负责。融资公司将设备的价款、利息和手续费等费用，全部以租金的形式向用户收取。当双方约定的租赁期间届满时，租赁物应归承租人所有。承租人已经支付大部分租金，但无力支付剩余租金，出租人可以解除合同，收回租赁物；收回的租赁物的价值若超过承租人欠付的租金以及其他费用的，承租人可以要求部分返还。

(2) 经营租赁。由租赁公司提供给用户所需要的设备，并负责设备的保养维修；用户按租约交租金，租用期满退还设备。比如到国外旅游，以经营租赁的方式在当地租用汽车，自驾汽车旅游，不受旅游团时间、地点的约束，不用支付车旅费、小费，只需支付汽油费、公路养路费或税费，以及租金，租金的价格也不昂贵，这种自助旅游的形式为不少年轻人喜爱。由此，汽车领域的经营租赁业在欧美蓬勃发展。

经营租赁另一典型的例子是飞机租赁。各国的航空公司都有自己的淡季与旺季，没有必要根据旺季时的需要量来购买或贮存飞机，因此国际间的飞机租赁十分普遍。例如，2005年3月中国东方航空公司的分公司（武汉公司和云南公司）通过位于美国加利福尼亚州比弗利山的国际金融租赁公司，向美国波音公司租赁了两架波音737客机，以改善国内航线运营系统，满足航空旅行不断增长的需求。

(3) 综合租赁。它是租赁与合资经营、合作经营、对外加工装配、补偿贸易及包销等贸易方式相结合的一种租赁方式。不过，租赁与合资经营、合作经营相结合，必须是合营公司注册资本以外的部分。具体来说，由出租人将机器设备租给承租人后，承租人用租赁的设备生产出产品偿付租金，或用加工装配所获得的工缴费顶替租金分期偿付，或把产品交给出租人包销，由其从包销价款中扣取租金。①

从中国国际租赁业务来看，租赁方式多以融资租赁为主，即由国外租赁公司或中方公司垫付资金，购进企业所需设备，并分期支付租赁费，以取得设备的使用权。在租期内，企业用设备投产所创外汇，分期偿还总租赁费，最后以象征性的付款取得设备的所有权。

3. 国际租赁发展情况

国际租赁这一国际技术贸易形式在发达国家业务规模很大。据统计，2003年全球租赁总额达4616亿美元，美国、日本、德国分别达到2040亿美元、621亿美元、398亿美元，位居前三名，而当时中国的租赁额只有22亿美元。不过，此后中国租赁业务逐渐发展，不仅企业增多，业务也在增多，租赁企业达到上万家，但规模只有美国的1%。因此，发展的余地或潜力很大。

中国的租赁市场现在主要由租赁专业公司、中国银行的信托部门以及各级国际信托投资公司等组成。这些公司在租赁业务的经营中，一般采用融资租赁形式：将外国制造的设备

---

① 参见《国际租赁的种类》，载福步商贸网：http://www.FOBShanghai.com，2003-05-05；《合同法》(1999)第十四章；林红梅：《东航通过国际租赁金融公司租赁两架波音737客机》，载新华网北京，2005-03-01。

租给本国企业使用,或把本国的部分机器设备出租给国外公司或企业。有时这些租赁部门也为国内用户单位介绍国外的租赁公司,由租赁部门做担保,国内用户可直接与国外租赁公司签订租赁合同,租入设备。2011年,我国的融资租赁公司已经超过300家,到2012年年底增加到560家,其中外资融资租赁公司超过450家,该年融资租赁新增业务额估计超过2068亿美元。①

比如,奥运会设备的投资是一个很大的数字,从历届奥运会的经验来看,大多数的奥运设备,都是通过租赁的方式来减少开支的。2008年,中国奥运会的设备投资最少达到约300亿元,其中可以用于租赁的设备达到约200亿元。如果这约200亿元的设备都用租赁来获得,按照3%的租赁行业平均利润率来测算,参与其中的租赁公司将分到约6亿元的利润。由此,中国奥运会举办之时,巨大的商业契机吸引了众多国际租赁公司前来北京参加"中国租赁业国际研讨会"。②

六、与投资相结合的技术贸易

1. 与投资相结合的技术贸易的含义

许多国家的法律允许在建立合资企业时,外国投资方可以将工业产权等技术作为股金投资。例如,我国2001年修订的《中外合资经营企业法》第5条规定:"合营企业各方可以现金、实物、工业产权等进行投资。"这样,投资就与技术转让结合起来。由于工业产权、专有技术在投资中被资本化,合资双方就不仅仅是企业经营合作关系,还是技术合作关系。当然,合营投资的技术和设备必须具有先进性。该法要求外国合营者作为投资的技术和设备,必须确实是适合中国需要的先进技术和设备,"如果有意以落后的技术和设备进行欺骗,造成损失的,应赔偿损失"。

2. 轿车工业的实例

上海大众汽车有限公司(简称"上海大众")是中德合资的轿车生产企业,成立于1985年3月。中德双方的投资比例各占公司股份的50%,最初确定的合同期限为25年,后延长到45年,即到2030年止。2014年,公司投资比例为:上海汽车集团股份有限公司占50%,德国大众汽车集团占40%,大众汽车(中国)投资有限公司占10%。

最初,公司生产的小轿车是全盘引进德国技术和车型,后来逐渐发展到联合开发新技术、新车型,到目前已经进入创新研制新技术、新车型阶段。到2005年,公司轿车产品已由最初的桑塔纳系列发展到包括桑塔纳3000、帕萨特、POLO、GOL在内的四大平台几十个品种,年产量超过45万辆,成为我国生产规模最大、市场保有量最多的现代化轿车生产基地。公司所在地已经发展成一个汽车城,占地面积321.8万平方米,职工人数达到1.5万多人。

1998年8月,为了使技术和管理等各方面始终保持与国际先进水平同步,上海大众斥巨资全面启动了"十年人才技术开发计划",选拔了40名年轻技术人员到德国大众参与新一代轿车的全过程开发。2007年,又设立"上海大众汽车教育援助金",与高校合作常设了"预备工程师联合培养项目"和"硕士双学位助学借贷项目"。2012年,还成立了上海大众汽车大学,培养汽车专家队伍。通过人才培养和教育投资,进一步提高上海大众在全国汽车行业

---

① 根据《2013年世界租赁年报》(中国分报告)数据,1.3万亿元人民币按当年年底汇率1美元兑6.2855元人民币计算,折合为2068亿美元。
② 参见王旭:《云集权威的盛会 国际租赁巨头下月来京"传道"》,载新华网:http://news.xinhuanet.com/fortune/2005-03/19/content_2716254.htm,2005-03-19。

的竞争力。

截至2013年11月,上海大众累计产量突破1000万辆,上海大众资产已经从注册时的1.6亿元增加到115亿元,总资产由9.8亿元增加到985.97亿元。公司已经形成以上海安亭为总部,辐射南京、仪征、乌鲁木齐、宁波、长沙五大生产基地。公司拥有的品牌覆盖AO级、A级、B级、SUV、MPV等不同细分市场。在扩大规模的同时,上海大众开展了振兴中国轿车零部件工业的桑塔纳轿车国产化工作,带动了大批配套工业的技术进步。

公司连续8年荣获中国十佳合资企业称号,8年蝉联全国最大500家外商投资企业榜首,连续9年被评为全国质量效益型企业,连续3次被评为《财富》组织评选的"中国最受赞赏的外商投资企业",其中两次荣登榜首,此外还先后获得2005年、2007年、2012年中国"最佳雇主"或"卓越雇主"等大奖。上海大众的发展道路折射出中国的汽车行业通过合资形式,引进国外资金与先进技术,培养本地汽车人才,推动国内轿车工业发展的历程与成效。①

七、与设备相结合的技术引进

1. 与设备相结合的技术引进的含义

从广义上看,技术可分为软件技术和硬件技术。软件技术就是前章所说的"无形的智能形态的技术",它是技术知识、经验和技艺,属纯技术。硬件技术是指机器设备之类的物化技术。在国际贸易中,只从国外购入机器设备而不购入软件技术,称为设备进口;只从国外购入软件技术,或与此同时又附带购进设备,称为技术引进。从实践看,成套设备的买卖,往往带有技术软件内容;技术引进与技术输出,也常常带有技术设备的进口与出口。这种设备与技术结合在一起的贸易属于技术贸易范畴。

在国际贸易实践中,与设备相结合的技术引进在不少情况下不单列技术转让费或许可费,而是将这部分费用纳入设备价款中。由此,技术贸易总额的统计被大大低估。这也是为什么国际技术贸易额或者各国对外技术贸易额难有较为准确的统计数据的原因。因为缺乏数据,不少研究文献采用高新技术产品的进出口额来反映国际技术贸易状况。

2. 设备进口的政策

大多数发展中国家鼓励企业在引进成套设备的同时,也引进与之相配套的软件。我国也是如此。不过,改革开放初期我国的一些项目合同中,设备在整个合同中占到90%以上,这种状况不利于国家成功地实现进口替代战略。为了将仅有的外汇用在真正需要引进的技术与设备上,节约成本,提高经济效益,保证项目质量,并建立起规范公平的竞争环境,20世纪80年代我国建立起技术和设备进口的审批制度,规定凡是能在国内制造的设备都必须由国内制造,或者与外商合作制造,尽可能减少进口。这一政策除了出自节约外汇的需要外,还出自产业政策和外贸战略等需要。

1985年,我国参照世界银行等国际上的经验和采购程序,建立中国机电设备招标中心,并在北京、上海、天津、广州、武汉、西安、重庆、沈阳八个中心城市组建了招标机构,实施进口机电设备招标工作。1987年,又具体提出了下列要求:(1)凡国内建设项目需要进口的机电设备,必须先委托中国机电设备招标中心下属的招标机构在中国境内进行公开招标;(2)凡国内制造企业能够中标制造供货的,就不再批准进口,国内不能中标的,可以批准

---

① 《上海大众汽车有限公司简介》,载新浪汽车网:http://www.auto.sina.cn,2004-09-14;上海大众汽车官方网:http://www.csvw.com/csvw2014/qygk/qyjj/index.shtml,2014-12-05。

进口。

随着改革开放的深入,从 1992 年开始,我国机电设备招标工作从国内逐步转向国际,即对用户所需进口的机电设备进行公开的国际招标,国内外投标者一视同仁,优者中标。1994 年,国家的进口体制发生重大改革,除了大幅度降低关税外,机电产品管理分为三大类:(1) 实行配额管理的机电产品;(2) 实行招标的特定机电产品;(3) 自动登记进口机电产品。对第二类特定机电产品,由国家指定的 28 家专职机构进行招标。

此外,对于那些利用国际金融组织贷款和外国政府贷款项目,在国际招标采购设备中中标的中国企业,国家除了给予其进口设备免税优惠政策,也要求这些企业提交《中标设备进口国内不能生产零部件申请表》,以及《国内中标设备进口国内不能生产的零部件证明书》,以确认这些设备是否就是国内所不能生产,而不得不从国外进口的。由此,尽可能地减少不必要的进口,从国内市场采购,以节约外汇。

到 1999 年止,全国机电设备招标系统进行了 1 万多个项目的招标,进口设备招标 150 多亿美元,平均节汇率在 10% 以上,国内设备招标 50 多亿元,平均节资率 15% 以上。2001—2005 年"十五"期间,全国机电产品国际招标金额累计达到 536 亿美元,为国家节约资金 80.4 亿美元,平均节资率 15%。全国招标代理机构发展到 149 家,分布在 30 个省市。①

2014 年 2 月 21 日,中国商务部发布 1 号令《机电产品国际招标投标实施办法(试行)》,4 月 1 日施行。根据该办法第 6 条,通过招标方式采购原产地为中国关境外的机电产品,凡符合下列情况的必须进行国际招标:(1) 关系社会公共利益、公众安全的基础设施、公用事业等项目中进行国家采购的机电产品;(2) 全部或者部分使用国有资金投资项目中进行国际采购的机电产品;(3) 全部或者部分使用国家融资项目中进行国际采购的机电产品;(4) 使用国外贷款、援助资金项目中进行国际采购的机电产品;(5) 政府采购项目中进行国际采购的机电产品;(6) 其他依照法律、行政法规的规定需要国际招标采购的机电产品。

据此,需进行国际招标的机电产品范围包括金属制品、机械及设备、电器及电子产品、运输工具、仪器仪表、其他等海关商品编号(HS)从第 68 章至第 96 章多个章目的产品。

根据商务部统计,2015 年我国全年机电产品国际招标项目完成 1.93 万个,委托金额 361.9 亿美元,累计中标金额 303 亿美元;通过国际招标节约资金 58.9 亿美元,节资率 16.3%。国际招标保障了我国轨道交通、汽车制造、船舶建造、金属采矿作业、燃气发电等重大项目的顺利实施。②

第三节 国际技术贸易的产生、发展与作用

一、国际技术贸易的产生与发展

1. 国际技术贸易的产生

国际技术贸易早在古代就出现,例如,四大文明古国(中国、埃及、印度与巴比伦)的技术发明通过贸易的开展和人员的交往传播到其他国家。不过,当时人们不像近现代人那样具

---

① 参见《我国招标投标的发展状况及问题》,载抚顺之窗:http://www.fushun.com.cn/arts/09/0903/9079.shtml;《扎实工作 团结奋进 推动机电产品国际招标事业全面健康发展》,载中国国际招标网:http://www.chinabidding.com/zzzx.jhtml?docId=453749&method=detail,2006-11-14。

② 参见《2015 年机电产品国际招标运行情况分析》,载中华人民共和国商务部对外贸易司网:http://wms.mofcom.gov.cn/article/ztxx/ae/201601/20160101239332.shtml,2016-01-21。

有知识产权的概念,不少技术通过人员交往无偿地传播到其他国家。到了近代社会,随着以英国工业革命蒸汽机为标志的一系列技术发明的产生,专利、版权的概念逐渐为人们所认识和强调,技术有偿转让开始出现。不过,直到第二次世界大战前,国际技术贸易量都不大。商业性技术转让真正形成规模并迅速扩大,成为国际贸易中重要的组成部分,则是战后的事。

2. 国际技术贸易的发展

第二次世界大战以后,尤其是近三十年,随着以信息技术、生物技术、新材料技术、新能源技术、空间技术、海洋开发技术等高新技术为代表的第三次科技革命的迅猛发展,国际技术贸易快速发展,成为国际贸易中不可忽视的部分。1965年,国际技术贸易额仅为27亿美元,1972年增加到75亿美元,1984年超过400亿美元,1989年达到1000亿美元。进入90年代以后,国际技术贸易增长势头更加猛烈,1990年仅微电子技术、新材料技术和航天工业技术为重点的高技术贸易额就达到2300亿美元,若再加上传统技术和一般使用技术出口,估计超过4000亿美元,远远快于国际普通商品贸易的增长速度。根据联合国统计,1996年国际技术贸易总额达到4000亿美元,占世界贸易总额的7.5%。[1] 30年时间增加近达150倍。不过,这一时期的国际技术贸易中发达国家是高新技术的主要输出者。进入21世纪后,随着新兴经济体经济的发展,以及科学技术的进步,更多的国家加入到高技术出口或知识产权交易的行列,促进国际技术贸易规模的进一步扩大。

根据世界银行《2014年世界发展指数》的统计数据,2012年世界高技术出口在制成品出口中占到17.5%,其中中国高技术出口在制成品出口中占到26.3%。[2] 根据中国商务部统计,2013年中国高新技术的出口贸易额达到6603亿美元,覆盖计算机与通信、电子、光电、生命科学、计算机集成制造、材料、航空航天、生物等多个高新技术领域。(见表1-1)

表1-1 2013年中国高新技术进出口状况　　　　　　（单位:亿美元）

产品类型	出口	进口	进出口	产品类型	出口	进口	进出口
生物技术	6.08	7.75	13.83	计算机集成制造技术	109.61	334.55	444.17
生命科学技术	225.77	219.03	444.80	材料技术	51.55	53.54	105.09
光电技术	393.29	581.32	974.61	航空航天技术	51.12	301.90	353.01
计算机与通信技术	4390.90	1274.20	5665.10	其他技术	7.07	10.07	17.14
电子技术	1367.91	2799.56	4167.47	合计	6603.30	5581.92	12185.22

数据来源:根据以下信息制表:中华人民共和国商务部机电和科技产业司:《2013年高新技术产品进出口一览表》,载商务部网站:http://cys.mofcom.gov.cn/article/zt_gxjs/subjectgg/201403/20140300513695.shtml,2014-03-11。

3. 近30年国际技术贸易发展的原因

分析近30年国际技术贸易迅速发展的原因,主要在于:

(1) 各国政府重教、重研,推动新一轮科技革命浪潮的兴起。近30年各国政府重视教

---

[1] 参见李祥林、洛桑主编:《知识产权与技术贸易》,中国青年出版社1993年版,第81页;1972年数据来自王玉清、赵承壁主编:《国际技术贸易》,对外经济贸易大学出版社1996年版,第13页;其他数据来自唐豪:《现代技术贸易理论与实务》,知识出版社1993年版,第14—15页。

[2] See The World Bank, World Development Indicators 2014, http://data.worldbank.org/sites/default/files/wdi-2014-book.pdf, pp.74,78.

育事业的发展、专业人才的培养,以及科学技术的研究,不惜投入大量资金,提高国民素质,鼓励发明创造,由此推动信息技术、空间技术、生物技术、新材料技术、新能源技术、海洋技术等高新技术的产生和发展及新一轮科技革命的兴起。高新技术成为国际贸易中的重要内容。

80年代,全世界共有先进技术和专利3000多万件,仅美国就有100多万件有效专利,世界科技文献以每年6000万页的速度增长。在世界各国中,美国是技术研制与开发(R&D,简称"研发")最多的国家,1990年在研发上的投资达到1514亿美元,1996年增加到1843亿美元,整个90年代美国研发投资占国内生产总值比重达到2.5%以上。2001年,美国公共科研预算为910亿美元,2003年提高到1260亿美元,其中55%用于军事科研,在基础科研中95%用于非军事科研,包括优先发展的生命科学、纳米技术、能源、环境和信息技术。2003年,全球高科技投资总额为390亿美元,其中美国以257亿美元占投资总额60%的比例,位居各国之首。英国投资24亿美元,排名第二;其后为法国、加拿大。日本则是亚洲投资高科技最多的国家。①

图1-1显示的是2000—2009年研发经费支出在GDP比重中接近或超过2%的8个国家的状况,从中可见,都是经济与合作组织的成员,其中以色列的研发经费支出占GDP比重超过4%,在各国中最高。

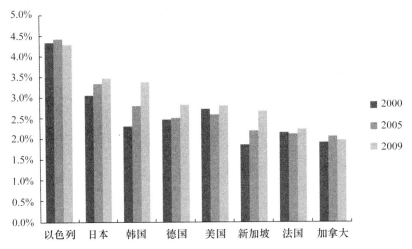

图1-1 2000—2009年研究与开发(R&D)经费支出占GDP比重接近或超过2%的8个国家

注释:美国、日本、韩国、新加坡的数据为2008年。

数据来源:根据中华人民共和国国家统计局《国际统计年鉴2013》16-4"研究与开发经费支出和公共教育经费支出占国内生产总值比重"数据制图。原数据出自世界银行WDI数据库。

从各国政府的教育投资看,也在不断增多。以美国为例,2006年政府教育支出6712亿美元,2013年已经达到8265亿美元。2009年,美国遭遇严重的金融危机和经济危机,2012年又面临财政悬崖危机,政府经费大幅度地削减,教育支出在GDP中的比重从2010年的5.43%下降到2013年的4.93%。但是,从政府教育支出总额看,却一点也没减少,反而有所增加,2013年比前一年增加了0.51%,比2010年增加了1.71%。(见图1-2)

---

① 参见法国《回声报》,2004-02-02;中国台湾《天下》,2004-02-15。

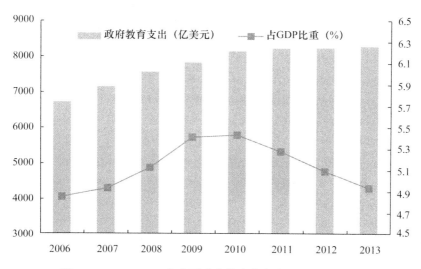

图 1-2　2006—2013 年美国政府教育支出在 GDP 中的比重
资料来源：根据以下信息制图：U.S. Department of Commerce, Bureau of Economic Analysis, 其中政府教育支出数据来自 GDP & Personal Income, Table 3.16 Government Current Expenditures by Function, September 17, 2014; GDP 数据来自 National Economic Accounts, Gross Domestic Product (GDP), Current-dollar and "real" GDP, November 26, 2014。

巨额科研费用的投入和教育经费的增加带来的是科学技术的迅速发展和专利的增多。在专利申请上，美国长期位居各国榜首。2013 年，全球 PCT 申请数量达到 20.53 万件，其中美国 5.72 万件，日本 4.39 万件，德国 1.79 万件，中国 2.15 万件，中国超过德国，位于世界第三。图 1-3 显示的是 2013 年全球 PCT 专利申请数量最多的 10 个国家及申请数量。从中可见，在国际专利的申请上，欧美国家仍是主力军，不过中国、韩国等新兴经济体国家正在奋力追赶，并取得显著成效。

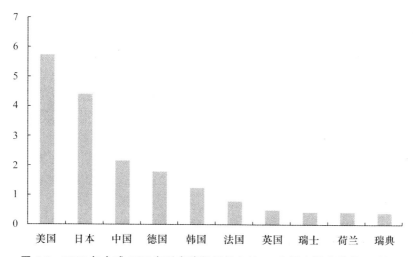

图 1-3　2013 年全球 PCT 专利申请数量最多的 10 个国家及申请数（万件）
数据来源：根据以下信息制图：WIPO, Who Filed the most PCT Patent Applications in 2013? Top 10 Countries.

2006 年，中国召开全国科技大会，提出国家中长期科技发展规划纲要，将自主创新列为国家战略，专利数量逐年稳定增加，其中发明专利从主要由外国人申请和拥有，变为主要由国内申请和拥有。2013年国外来华发明专利申请量12万件,授权量6.4万件;国内发明专利申请70.5万件,授权量14.4万件。其中,国内企业发明专利申请量为42.7万件,占60.6%;授权量7.9万件,占54.9%。显然,中国国内创新主体已经确立。①

从国际专利申请的领域看,2013年主要集中在电器机械、设备和能源技术,计算机技术,数据通信技术,医疗技术,以及测量技术。(见图1-4)

发达国家在科技领域的优势推动了高新技术及产品的出口。21世纪初以来,随着发达国家劳动力成本的提高,跨国公司对世界各地投资的规模进一步扩大,而新兴经济体的发展,以及更多发展中国家或地区采取外资引进政策和发展加工贸易战略,使得发达国家大量高技术产品被外包到劳动力成本低廉的地区生产。由此不少发展中国家和地区的高技术或产品出口在制成品出口中的比重大大超过发达国家。

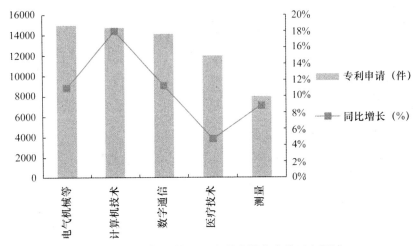

图1-4　2013年世界PCT专利申请集中的五大领域

注释:图内"电气机械等"指电气机械、设备和能源技术。
数据来源:根据以下信息制图:WIPO, Who Filed the Most PCT Patent Applications in 2013? Top 5 Technologies.

从表1-2可见,2012年,美国高技术出口在制成品出口中占到17.8%,英国21.7%,法国25.4%,日本17.5%,德国15.8%,中国26.3%,马来西亚43.7%。高收入国家高技术出口在制成品出口中所占比重平均为17.3%,低于世界平均水平(17.6%),其中欧元区只有15.2%;而中等收入国家,主要是上中等收入国家,高技术出口比重大大地超过世界平均水平和欧美大多数国家,其中新兴经济体聚集的东亚和太平洋地区,这一比重高达26.5%。

分析原因,主要在于:第一,新兴经济体国家或地区的教育与科学技术快速发展;第二,发达国家跨国公司的研发机构向这些低成本国家转移;第三,发达国家将高技术产品的生产外包到这些国家或地区。

80年代以来,一些发展中国家或地区的政府加大教育的投资与科研经费的投入。通过发展高等教育,培养人才,加强科技队伍的建设,建立高科技孵化园区,鼓励高新技术的引进、消化和研制,建立起自己的高科技产业。比如,中国大陆和台湾地区通过建立像中关村、新竹这样的科学园区,培育出联想、方正、宏碁等著名的计算机生产企业。中国大陆电子信息产品的制造成为国民经济的支柱产业,彩电、手机等较高技术含量的产品的产量位于世界

---

① 参见刘辉锋:《2013年我国专利统计分析》,载《科技统计报告》2015年第13期。

表 1-2　2012 年世界各国或地区高技术出口在制成品出口中所占比重

国家或地区	比重(%)	国家或地区	比重(%)	国家或地区	比重(%)	国家或地区	比重(%)		国家或地区	比重(%)
所罗门群岛	87.4	韩国	26.2	挪威	18.8	冰岛	14.3	其中	上中等收入	20.8
菲律宾	48.9	瑞士	25.8	匈牙利	18.1	越南	14.5		下中等收入	8.4
马耳他	45.7	法国	25.4	美国	17.8	圣多美	14.3		低收入	na.
新加坡	45.3	赞比亚	24.8	日本	17.4	丹麦	14.2		低等和中等收入	18.1
马来西亚	43.7	莫桑比克	24.7	墨西哥	16.3	瑞典	13.4		东亚和太平洋	26.5
哥斯达黎加	39.6	爱尔兰	22.6	中国香港	16.2	塞浦路斯	13.0		拉美和加勒比	11.7
基里巴斯	38.5	英国	21.7	捷克共和国	16.1	**世界平均**	**17.6**	其中	欧洲和中亚	8.2
巴拿马	35.4	乌干达	20.7	德国	15.8	**高收入**	**17.3**		南亚	6.2
哈萨克斯坦	30.0	泰国	20.5	以色列	15.8	其中 欧元区	15.2		撒哈拉以南非洲	4.0
中国	26.3	荷兰	20.1	科特迪瓦	15.1	**中等收入**	**18.2**		中东和中非	2.2

注释：(1)"圣多美"指圣多美和普林西比。(2)该表只遴选了比重 13% 及以上的国家或地区的数字。(3)"na."表示缺乏数据。

数据来源：根据以下信息制表：The World Bank, World Development Indicators 2014, 5 States and Markets, pp.74—78.

首位。2003 年，世界 66% 的便携式电脑产出于中国台湾地区；2007 年，台湾地区半导体生产居于世界第二位，仅次于日本。不过，其他新兴经济体也在快速追赶。比如韩国，根据韩国产业通商资源部报道，2013 年韩国企业的半导体生产额达到 515.16 亿美元，占到全球市场份额的 16.2%，取代日本，位于全球第二。[①]

(2) 各国对技术的巨大需求，为国际技术贸易提供了广阔的市场。随着科学技术的发展，国际政治、经济、军事形势的变化，技术对于一国的经济实力、社会发展乃至国家安全的重要意义日益明显。为了增加本国科技竞争力，各国在大力发展本国科学研究的基础上，积极引进更为先进的技术。例如，美日企业之间专利使用许可贸易活动十分活跃，两国在专利、商标、著作等知识产权使用方面，既有出口，也有进口。

图 1-5 显示的是美国 1999—2013 年知识产权使用和技术服务的进出口状况，从中可见，美国在知识产权使用的进出口上一直处于极大的顺差优势，并且顺差越来越大；但在技术服务上除 2001—2004 年、2013 年为顺差外，基本处于逆差状况，不过逆差幅度不大。

从发展中国家看，战后获得政治独立的原殖民地半殖民地国家为实现经济独立，纷纷确定了工业化的战略目标。他们在自力更生的基础上，引进外资，购买先进的技术与设备，开展国际间的经济合作和交流，这为国际技术贸易提供了广阔的市场。

20 世纪 80 年代，随着社会主义国家的经济改革与对外开放，先进技术在世界传播的空间进一步扩展。发达国家与发展中的社会主义国家之间的技术贸易的规模逐步扩大。早期巴黎统筹委员会（COCOM）对社会主义国家实行的严格的技术出口管制政策被逐步打破，美国对华技术产品出口限制逐步放宽，部分技术产品已经允许出口到中国。例如，2004 年 1

[①] 参见《2014 年韩半导体全球份额首超日本》，载中国电力电子产业网：http://www.p-e-china.com/neir.asp?newsid=39824，2014-03-25。

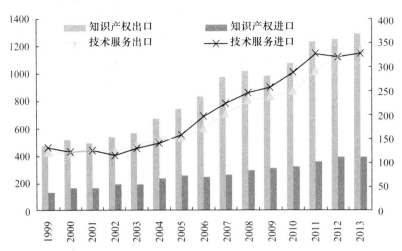

图 1-5　1999—2013 年美国知识产权使用和技术服务进出口状况(亿美元)

注释:"知识产权"指知识产权使用费;"技术服务"指通信设备、计算机和信息服务。

数据来源:根据以下信息制图：U. S. Department of Commerce, Bureau of Economic Analysis, U. S. Trade in Good and Service, 1992-Present, Table 2. U. S. International Trade in Services by Major Category, December 5, 2014.

月,美国与中国签署了一项耗资 20 亿美元购买美国技术设备的协议,其中包括摩托罗拉公司向中国无线用户提供声讯和多媒体服务,并改进和扩大中国无线网络;郎讯科技有限公司为中国电信提供移动和有线电话系统设备及转换器,帮助中国实现网上电话服务等。中国也向美国出口高科技产品。从 2013 年中美之间的贸易看,双方主要出口产品中都包括高技术类产品:中国对美国出口的产品有便携式自动数据处理设备及其部件、无绳电话机及部件、硬盘驱动器、微型机处理部件等,美国对中国出口的产品有飞机等航空器、集成电路、处理器及控制器、存储器等。

从图 1-6 可见,2000 年以来中国签订的技术合同项目数有起伏,但合同成交额却是逐年上升,2013 年达到 29.5 万项,成交额达到 7469 亿元。

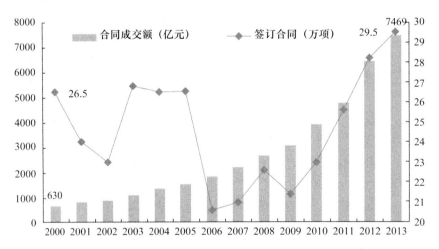

图 1-6　2000—2013 年中国签订的技术合同和技术合同成交额

数据来源:根据中华人民共和国历年的国民经济和社会发展统计公报中"教育、科学技术和文化"的数据制图。

(3) 技术更新周期缩短,刺激各国扩大技术进出口贸易。德国学者哈根·拜因和恩斯特·施马曾在《公元 2000 年的世界》一书中,考察了技术更新问题,指出随着技术不断地进步与发展,技术开发与更新的周期趋向于不断缩短。例如,蒸汽机从研制到产品制成花了 100 年的时间(1680—1780 年),蒸汽机机车花了 34 年(1790—1824 年),汽车花了 27 年(1868—1895 年),喷气发动机花了 14 年(1929—1943 年),晶体管仅花了 5 年的时间(1955—1960 年)。① 20 世纪 70 年代,产品技术更新的平均周期已经缩短到 5—6 年,80 年代进一步减少到 4—5 年,90 年代仅仅 2 年左右。进入 21 世纪后,产品技术周期进一步缩短。比如,美国苹果公司新产品问世时间的间隔从 4 年缩短到 3 个月、2 个月。2005 年,苹果公司推出第五代"iPod"、第二代"iPod mini""iPod shuffle"和"iPod nano",平均间隔为 3 个月;2012 年,苹果公司先后推出"new iPad""iPhone 5"、第三代"iPod touch"、第六代"iPod nano""iPad 4"和"iPad mini6"款产品,平均间隔缩短到 2 个月。由于技术更新周期缩短,技术开发费用提高,开发者在一项新技术成功后,往往马上将该技术转让,尽快收回研制费用。

(4) 关税与非关税贸易壁垒,阻碍了普通商品贸易,推动了国际技术贸易的发展。随着多边贸易谈判对各国的关税不断削减,通过非关税壁垒阻碍他国商品进入的措施增多,20 世纪 70 年代末,各国非关税措施已经多达 900 多项。80 年代、90 年代以及 2009 年各危机时期,反倾销、反补贴等非关税措施更是被频繁使用。这种状况迫使不少国家政府调整出口战略,以技术出口替代商品出口。

(5) 跨国公司的发展,为国际技术贸易的扩大提供了重要渠道。为了绕开贸易保护主义,开拓新市场,跨国公司往往通过内部技术转让的方式,将自己的技术转移到子公司中,以保证其垄断地位。从专利申请的公司看,发明专利最多的公司都是世界级的跨国大公司。表 1-3 显示的是 2013 年全球 PCT 专利申请最多的 15 家公司,其中中国公司发展很快,该年中兴通讯股份公司和华为技术有限公司的专利申请已经跃居世界第二和第三位。

表 1-3 2013 年全球 PCT 专利申请最多的 15 家公司

公司名称	松下电器(PANASONIC)	中兴通讯(ZTE)	华为(HUAWEI)	高通(QUALCOMM)	英特尔(INTEL)	夏普(SHARP)	博世(ROBERT BOSCH)	东芝(TOYOT)
国籍	日本	中国	中国	美国	美国	日本	德国	日本
申请数(件)	2,881	2,309	2,094	2,036	1,852	1,840	1,786	1,696
公司名称	爱立信(ERICSSON)	飞利浦(PHILIPS)	西门子(SIEMENS)	三菱(MITSUBISHI)	三星(SAMSUNG)	电气(NEC)	乐金(LG)	
国籍	瑞典	荷兰	德国	日本	韩国	日本	韩国	
申请数(件)	1,467	1,423	1,323	1,312	1,193	1,190	1,170	

资料来源:根据下面信息制表:WIPO, Who Filed the Most PCT Patent Applications in 2013? Top 15 PCT Applicants.

(6) 全球化进程的加快,使国际合作越来越多,包括国际技术贸易在内的国际工程合作项目增多。表 1-4 显示的是 2000—2014 年中国对外承包合同与劳务输出状况,从中可见无论是对外承包工程合同金额,还是对外承包工程完成营业额都在逐年增加。

---

① 参见王玉清主编:《国际技术贸易》,中国人民大学出版社 2001 年版,第 238—240 页。

表 1-4　2000—2014 年中国对外承包合同与劳务输出状况

年份	承包合同（份）	承包合同额（亿美元）	承包营业额（亿美元）	承包年末人数（万人）	劳务输出（万人）	年末在外人数（万人）
2000	2597	117.19	83.79	5.56	na.	36.93
2001	5836	130.39	88.99	6.00	na.	41.47
2002	4036	150.55	111.94	7.85	na.	41.04
2003	3708	176.67	138.37	9.40	na.	42.97
2004	6694	238.44	174.68	11.47	17.30	41.94
2005	9502	296.14	217.63	14.48	18.34	41.87
2006	12996	660.05	299.93	19.86	21.48	47.52
2007	6282	776.21	406.43	23.60	21.49	50.51
2008	5411	1045.62	566.12	27.16	22.49	46.71
2009	7280	1262.10	777.06	32.69	18.01	45.03
2010	9544	1343.67	921.70	37.65	18.68	47.01
2011	6381	1423.32	1034.24	32.40	20.91	48.84
2012	6710	1565.29	1165.97	34.46	27.84	50.56
2013	11578	1716.30	1371.40	37.01	25.57	48.26
2014	7740	1917.56	1424.11	40.89	29.26	59.69

注释："承包合同"指对外承包工程合同数；"承包合同额"指对外承包工程合同金额；"承包营业额"指对外承包工程完成营业额；"承包年末人数"指对外承包工程年末在外人数；"劳务输出"指对外劳务合作派出各类劳务人员；"年末在外人数"指对外劳务合作年末在外人数。

数据来源：根据国家统计局"国家数据"制表，http://data.stats.gov.cn/workspace/ index;jsessionid=5ECEFF0A92FCC34225510C9D106515CB? m=hgnd。

（7）各国出台知识产权战略，重视技术引进与输出，确立新兴产业发展规划，推动产业结构不断优化和技术贸易在更高层次上开展。例如，1993 年，美国制定《国家基础设施：行动计划》，将信息产业为基础的信息高速公路建设作为优先发展项目，促使经济结构朝着以信息产业为主导的高级化方向发展。1996 年，美国在高科技产品出口中，信息、通信、电子产品出口增长最快，占到出口 60% 左右。信息产品逐渐取代汽车、化工传统出口主导产品，成为 90 年代出口中最引人注目的新主导产品。中国信息产业起步较晚，但发展迅速，2003 年 12 月中国提出培育 6 个千亿元级信息产业经济增长点，分别为软件、集成电路、第三代移动通信、数字电视、信息化装备和汽车电子。为了鼓励信息产业的发展与软件产品的出口，中国制订出一系列优惠政策。在"科技兴贸"战略的推动下，高科技产品出口额不断扩大。

在国家科技兴贸战略下，中国高新技术产品贸易规模在扩大，2005 年出口超过进口，形成净出口势态。根据中国国家统计局、科学技术部公布的数据，2014 年中国高新技术产品进出口额达到 12119.2 亿美元，比 2005 年提高 1.9 倍；其中进口 5514.8 亿美元，增加 1.8 倍；出口 6604.5 亿美元，增加 2 倍。2014 年，高新技术产品出口占全国外贸出口总额比重的 28.2%。

上述这些因素都促使近 30 年尤其是 21 世纪初以来，国际技术贸易的迅速发展。

二、国际技术贸易的地位和作用

毫无疑问,国际技术贸易已经成为国际贸易中重要的内容,成为推动各国乃至世界经济发展的助动器,其在世界经济发展中的地位和作用变得日益重要,体现在:

(1) 成为技术传播的重要途径。这是因为在竞争激烈的国际市场里,只有掌握高精尖技术、能自主开发技术密集型产品并供之出口的企业,才能在市场上占据优势地位。技术在这里成为企业市场竞争的重要手段之一,成为开拓市场的有力武器,成为企业成败的关键。换言之,谁拥有新的技术,并很好地加以利用,谁就可以在市场上立于不败之地。因此,追逐更新的技术,成为大企业的战略目标,无论是引进新技术,还是转让旧技术的国际技术贸易活动,都加速了科学技术突破一国界限,在世界范围内扩展、普及和提高。

(2) 成为疏通商品贸易的手段。通过采用技术出口或与投资相结合的技术贸易方式,直接投资设厂或与当地企业合资建厂,就地生产,可以避开当地的关税壁垒或非关税壁垒,达到扩大出口的目的。

(3) 改善发展中国家的贸易条件。发展中国家的出口商品结构主要以劳动密集型产品的初级产品或者加上棉纺织品与服装或低附加值的加工制成品为主,而发达国家的出口商品结构主要以资本和技术密集型产品的机器设备或高附加值产品为主,这一状况易造成发展中国家贸易条件不断恶化。一些新兴工业国和地区,通过引进国外先进技术,调整产业结构,使得出口商品结构向高级化方向发展,从而改善了贸易条件。

(4) 加速国际贸易方式多样化的进程。技术贸易的发展不仅使得国际贸易的内容从商品扩展到技术与服务,而且也使得国际贸易的方式多样化,出现商品贸易与技术转让的结合、商品贸易与技术服务咨询的结合、加工贸易与技术转让的结合、直接投资与技术转让的结合等。

(5) 促进各国经济和技术的发展。科学技术是生产力发展的第一推动力,新技术的发明与运用,不仅推动发明国的经济增长与社会发展,而且还通过国家之间的技术合作、技术转让或贸易的方式,传播到其他国家,推动他国的经济增长。进口国通过引进技术,节约了大量的研究费用和研制时间,有利于加快国民经济的发展步伐,缩短与技术先进国之间的差距。技术输出国通过加快技术转让、技术更新,使得自己始终保持技术优势地位,并且通过出售技术收回开发成本,弥补新技术开发中财力不足或成本费用过大的问题。显然,技术贸易使得进出口双方都获利。

(6) 增强国家的综合国力。对技术引进方来说,通过技术进口,有效地缩短了经济技术现代化的进程,增强了综合国力。对技术输出方来说,通过技术的转让与许可,为新技术的研制与开发提供了所需的资金与动力,而技术的不断更新与发展,进一步提升了国家的综合国力。

三、国际技术贸易中存在的问题

应该看到,一方面,国际技术贸易规模在不断扩大;另一方面,国际技术贸易也面临着各种障碍。由于国际技术贸易中,大部分发展中国家主要是技术的输入国,而发达国家主要是技术的输出国,因此在交易中可能出现技术输出垄断的卖方市场和技术输入竞争性的买方市场,由此推动技术价格的提高。此外,发达国家之间的技术贸易也十分活跃,如何规范买方和卖方的交易行为,发达国家也十分重视。目前,国际技术贸易中最受关注的问题有三个：

1. 合同中限制性的商业条款

由于各国鼓励先进技术的引进，使得技术贸易中拥有先进技术优势的卖方往往是交易的主导方，他们可能利用贸易谈判中的话语权，或采用不公平竞争的手段，在合同的签订中加入限制性的商业条款。例如，提高技术转让费或许可费价格，限制被许可方对技术进行修改，对专利生产品的数量加以限制，拟定排他性的销售或代理协议，要求知识产权失效后被许可方依然支付使用费等。

为了维护国际技术贸易中的公平竞争，消除垄断，各国通过立法来保护交易中的公平原则。其中，发达国家的立法强调自由竞争，消除垄断，维护公平交易；发展中国家的立法注重限制性商业行为可能对本国经济和科技发展产生的影响，规定合同中不能含有限制性商业行为的条款，建立对外技术贸易合同的登记制度等。此外，国际性的组织或区域性的组织也力图通过多边谈判，对限制性商业行为加以制约。

2. 滥用专利权

在知识产权侵权案件中，专利的侵权问题比较突出。这方面存在两种现象：一是企业（不仅仅是发展中国家的企业，也包括发达国家的企业）不遵行知识产权保护法律，对他国公司专利的侵权；二是发达国家跨国大公司利用所掌握的知识产权垄断技术，动辄对新兴经济体国家同类企业提出侵权诉讼。为了打击外国企业滥用专利之行为，新兴经济体国家加大了反垄断法规的应用。

比如，2012年，美国苹果公司对韩国三星电子就智能手机和平板电脑提起侵权指控，指责三星侵犯了苹果制造商移动设备的部分专利权，要求支付10.5亿美元的赔偿款。美国北加州联邦地方法院审理后将赔偿额减至约5.99亿美元。同期，韩国首尔中央地方法院判定苹果侵犯三星两项专利，需赔偿约1.765万美元；三星侵犯苹果一项专利，需支付约2.2万美元。2014年，苹果公司再次起诉三星侵犯苹果5项专利，索赔20亿美元。

根据报道，韩国公司在IT、制药、机械等高科技行业严重依赖于跨国公司的核心专利，每年支付给外国公司的专利技术使用费高达88亿美元。2012年上半年，韩国海外特许权使用费和许可费就达43.1亿美元。韩国公司除了每年支付巨额专利权使用费外，还面临着频繁的侵权诉讼。为此，韩国反垄断机构公平贸易委员会表示，将严密关注IT行业外国公司对于专利可能的滥用情况，着重关注有关新开发药物的专利滥用案件。①

2009年，韩国公平贸易委员会对美国高通进行反垄断调查，对垄断行为处以2亿多美元的罚款。2015年2月，韩国公平贸易委员会准备对美国芯片制造商高通再次展开反垄断调查。

同样，中国反垄断机构也加大了对美国高通这类跨国大公司在本地市场垄断行为的调查。在大量垄断行为的证据下，2015年，美国高通同意接受9.75亿美元的罚金以了结中国反垄断机构对其进行的14个月的反垄断调查。

3. 技术垄断与转让的限制

比如，发达国家在低碳能源技术方面的垄断与技术转让上的限制，使得低碳能源技术在两类国家之间的差距拉大。事实上，早在《联合国气候变化框架公约》(1994)第4条"承诺"中就有发达国家缔约方"酌情促进、便利和资助"特别向发展中国家缔约方"转让或使它们有

---

① 参见中华人民共和国科学技术部：《国家科技计划年度报告2013》(2014年4月发布)，第10—11页。

机会得到无害环境的技术和专有技术,以使它们能够履行本公约的各项规定"的条文,然而许多发达国家缔约方并未兑现该承诺。发达国家热衷于向发展中国家出口低碳能源设备,而非专利技术,由此发展中国家低碳能源产业中相当部分的利润或政府补贴转移到发达国家。

第四节　国际技术贸易研究的对象、内容和方法

随着科学技术的迅速发展,国际化趋势的加强,技术贸易在国际贸易中的比重不断上升。1986—1993年的乌拉圭回合将技术贸易正式纳入多边谈判中,推动了国际技术贸易朝着自由、公正、有序竞争的方向发展,同时也提高了各国对知识产权保护重要性的认识。

"国际技术贸易"作为一门课程,主要介绍的是国家之间商业性的技术转让过程,包括技术进口和技术出口全过程的贸易业务程序、合同签订与履行、价格与税收、政策和法规、技术市场容量与环境等内容。课程研究的重点在技术进出口业务和技术贸易合同法律法规上,毫无疑问,将涉及国际的和国内的知识产权法律与制度。该课程是"国际贸易"课程的拓展,要求学生首先具有国际贸易的基础知识。

该课程的学习要求学生参与互动,包括课堂案例讨论、模拟交易、实地调研、上网查阅资料等,从而对书本中的一些基本理论、术语、实务有一个基本的了解和掌握。

本课程的学习方法:(1)通过国际技术转让案例的讨论与分析,以及课堂的模拟交易,使学生掌握国际技术转让的业务程序与知识;(2)通过国际条约、协定以及相关法律法规的学习,使学生了解技术转让业务操作的法律依据;(3)通过实地的调研和资料的查询,使学生对新技术革命发展的现状和趋势、国际技术市场的动态有所了解,对国际技术转让的重要性加深理解;(4)通过分组撰写合同,使学生不仅对各类合同的特点、不同方(买方与卖方)对合同条款的不同关注点有所了解,而且也学会制作各类合同,培养起团队合作的协作精神。

本章习题

一、问答题

1. 什么是技术?
2. 区分国际技术贸易与国际技术转让两个概念。
3. 为什么说国际技术贸易比之国际商品(货物)贸易要复杂得多?
4. 国际技术贸易的方式有哪些?

二、讨论题

1. 试述近10年国际技术贸易的发展状况和特点,分析其迅速发展的原因。
2. 以一国或地区为案例,分小组查阅资料,分析国际技术贸易的开展对该国或该地区经济的影响。

第二章　国际技术贸易相关理论

> **教学目的和要求**
> - 理解技术进步与经济增长之间的关系。
> - 学习技术贸易相关理论,包括技术差距论、技术选择论、技术溢出论等。
> - 分析技术国际转移的效应。

第一节　技术进步与经济增长模型

一、技术进步的类型

技术进步对要素生产率的影响可以分为中性和偏性两种类型。中性技术进步不会改变商品生产的密集型特征,但偏性技术进步则会改变商品生产的密集型特征。

1. 中性技术进步

所谓中性技术进步是指技术进步导致所有要素的边际生产力同比例增长。或者说,对各要素生产率的影响是一样的,即它可以同比例增加全部生产要素的供应量,或同等程度地节约单位产出所需的各种生产要素的投入量。在这一变化过程中,不会改变商品生产的密集型特征。

假设生产某商品使用两种要素:资本(K)与劳动(L),以纵轴表示资本,以横轴表示劳动。又假设 QQ 是技术进步之前有代表性的等产量线,由于等成本线 CC 的斜率表示要素价格比率,因此 E 点是生产该商品的最优要素投入组合。要素价格比率在 E 点等于边际技术替代率(MRTS),等于劳动边际生产力(MPL)与资本边际生产力(MPK)之比。∵ MPL $= \Delta L/\Delta Y$,MPK $= \Delta K/\Delta Y$;∴ MRTS $=$ MPL/MPK $= \Delta L/\Delta K$。

技术进步发生后,等产量线 QQ 移动到 $Q'Q'$,由于是中性技术进步,因此等成本线 $C'C'$ 平行于 CC,新的均衡点是 E'。在 E' 点和 E 点上,资本(K)和劳动(L)比是相同的,或边际技术替代率是一样的,因此中性技术进步没有改变该商品的密集型。

为了理解以上内容,这里对微观经济学中的一些基本概念作一分析:

(1) 边际技术替代率(MRTS)

在维持产量水平不变的条件下,增加一单位生产要素投入量时所减少的另一种要素的投入数量,称为边际技术替代率。图 2-2 是边际技术替代率示意图,Q 表示等产量曲线。

劳动对资本的边际技术替代率公式是:
$$\mathrm{MRTS}_{LK} = (0K_2 - 0K_1)/(0L_2 - 0L_1) = -\Delta K/\Delta L;$$

资本对劳动的边际技术替代率公式是:
$$\mathrm{MRTS}_{KL} = (0L_2 - 0L_1)/(0K_2 - 0K_1) = -\Delta L/\Delta K.$$

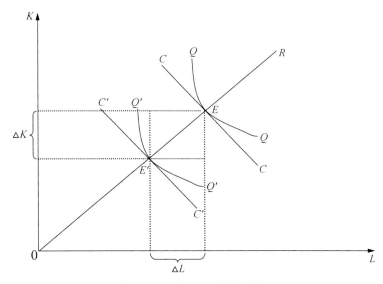

图 2-1　中性技术进步示意图

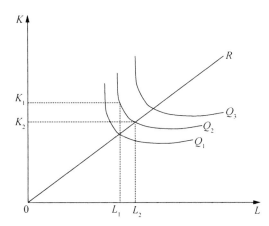

图 2-2　边际技术替代率示意图

（2）等成本线与等产量线

假定在一定的技术条件下厂商用两种生产要素 K 和 L 生产一种产品，且两种要素的价格是已知的，厂商用于购买这两种要素的成本是既定的，这样企业在既定的成本下想要获得最大的产量就需要对资本和劳动进行最优组合。

在图 2-3 中，等成本线 AB 是在既定成本和生产要素价格下生产者可以购买到的两种生产要素的各种不同数量组合。等产量线 QQ 则是在技术水平不变的条件下生产同一产量的两种生产要素的投入量的所有不同组合的轨迹。现在等产量线 QQ 与等成本线 AB 相切于 a、b 点，也与等成本线 $A'B'$ 相切于 E 点，根据在产量相同的情况下选择最小成本的原则，要素最优均衡点确定在 E 点上。

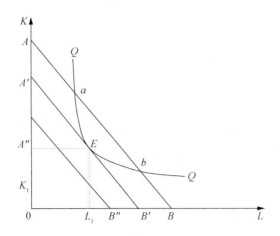

图 2-3 等成本线与等产量线示意图

2. 偏性技术进步

与中性技术进步不同,偏性技术进步对各生产要素的影响不同,由于它使一种要素边际生产率相对提高,大于另一种生产要素的边际生产率,因此它会改变商品生产中原生产要素的配置比例,从而导致要素密集型特征发生变化。如果偏性技术是资本节约型,会提高资本效率,产品的资本密集度就会降低,或者降低的速度和程度比之其他要素要快要高。如果偏性技术是劳动节约型的,它会提高劳动效益,产品的劳动密集度就会降低,或降低的速度和程度比其他要素要快要高。由于技术进步因素的影响是经常的,产品的要素密集型变换也具有普遍性。

首先,分析劳动节约型技术进步。(见图 2-4)

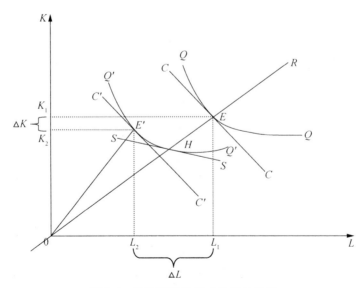

图 2-4 劳动节约型技术进步示意图

图 2-4 中,QQ、$Q'Q'$ 分别为是技术进步之前和之后的两条等产量线。当发生劳动节约型技术时,由于资本边际生产力的相对提高要大于劳动边际生产力的相对上升,所以等产量线 $Q'Q'$ 中的 K/L 比率相等的点(H 点)上,边际技术替代率等于劳动边际生产力除以资本边际生产力($MRTS = MPL/MPK$)。这点从 SS 没有 CC 那么陡峭也可看出。在要素价格

比率不变时,新的最优投入组合将位于 H 点的左侧,例如在 E' 点上,在这点上,最优的 K/L 上升,而最优的 L/K 下降。

其次,分析资本节约型技术进步。(见图 2-5)

同理,当出现资本节约型技术进步时,劳动边际生产力 MPL 的相对上升大于资本边际生产力 MPK 的相对增加,最优的 K/L 在 E' 点,该点要低于 E 点,它表明技术进步给资本带来的节约程度(ΔK)超过了劳动节约的程度(ΔL),该技术进步偏向于资本节约型。

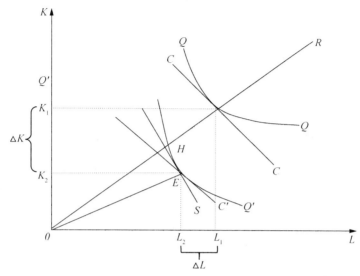

图 2-5　资本节约型技术进步示意图

二、哈罗德—多玛经济增长模型

经济学界有关经济增长问题的探讨早在 17 世纪就已开始,不过将技术进步作为经济增长一个重要的要素加以强调,却是从新古典理论开始的。

1939 年英国经济学家哈罗德(Roy. F. Harrod,1900—1978)在他的《动态理论》(A Essay in Dynamic Theory)一文中提出,他的理论目标是为凯恩斯主义经济学确定一个动态的尺度(a dynamic dimension),这一目标后来也内含在 1947 年美国经济学家多玛(Evsey D. Domar,1914—1997)建立的模型中。这两位经济学家重提了古典经济学两个命题:(1) 经济学研究的重点在增长,而不在发展;(2) 增长可以从储蓄中得到资金。

后来,哈罗德在其 1948 年出版的《动态经济学》(Towards a Dynamic Economics)一书,以及 1960 年、1963 年、1975 年一系列文章中,又进一步发展了这个已经被人们称为"哈罗德—多玛模型"(Harrod-Domar Model)的增长理论。多玛也在 50 年代后的多篇论文及其 1957 年的《经济增长理论》(Essays in the Theory of Economic Growth)一书中对该理论进行了完善。哈罗德—多玛经济增长理论模型将凯恩斯的短期均衡分析扩大到长期均衡分析。

哈罗德在他的论著中再次提出了熊彼特(J. A. Schumpter,1983—1950)曾面对的问题:一种经济在无限期内是每年以同样的速度增长,维持固定的增长率,走向迅猛扩大,还是进入衰退?他在一个比之熊彼特的理论更为抽象的水平上进行分析,引入"有保证的增长率"(warranted rate of growth)、"实际增长率""自然增长率"三个概念。

他指出，有保证的增长率（G_w）受两个关键变量约束：有计划的国民储蓄率（the planned national rate of savings，简称"计划储蓄率"）和生产者计划的平均资本—产出率（the average value of the capital：output ratio，简称"计划资本—产出率"，C_p）。前者是指个人和公司计划在定期内抑制消费总支出的能力，如果储蓄计划完成，那么这笔储蓄就能用于资金提供上，形成新资本。后者表示生产一定产量所需要的资本额与产值比率，这是储存与流出之比。假设计划将国民收入的30%用于储蓄，那么这个份额除以C_p，就等于有保证的增长率：

$$G_w = S_p / C_p$$

哈罗德假设国民收入部分的储蓄计划是完成的，他将注意点放到C_p的决定和实现上。他指出，C_p是由技术决定的，当机器处于最佳运转时期不增加或减少流动资本储备时，C_p代表全部资本额（固定资本与流动资本额）的产出率，是经济各部门C_p的加权平均。假设这个平均数不变，则边际资本—产出率就等于C_p。生产者计划在一定期内投资的数额，可以通过他们希望生产出来的超额产值提供，通过相关的资本—产出率增值。

为了便于分析，哈罗德假设上期的产出增长率是生产者曾经计划达到的增长率，也是生产者计划下期达到的增长率。哈罗德指出，总需求并不一定就像计划设定的那样，比如当货币供给发生变化，使得总需求增加或者减少时，可能就不能完成预期的产量了。虽然生产者会及时调整计划应付意想不到的需求变化，比如生产者通过加班加点增加产量，应付需求量增加的变化；或者通过囤积未出售的产品来应付需求量减少的变化，但无论哪种，实际资本—产出率（C_a）都会背离原先的计划，实际产出增长率（G_a，简称"实际增长率"）也会背离G_w。

从实际增长率看，它等于实际储蓄率（S_a）除以C_a：

$$G_a = S_a / C_a$$

当G_a超过计划增长率（即有保证的增长率G_w）时，资本—产出率C将被迫降到它被期望的水平之下；反之，当实际增长率低于计划增长率时，C将抬高到所期望的水平之上。这种实际与计划的偏差导致这样的后果：当生产者发现一定时期内需求大于预期水平，为满足这种需求，机器运转的时间就会超过计划运转的时间，固定资本年限缩短，更新加快，投资增加；投资的扩大通过乘数效应推动需求进一步扩大，这时生产容量已不适应实际变化的需要，C_a会再次被迫降到C_p之下。换言之，一度背离稳定增长状态的经济，现在背离得愈来愈远了。如果最初的偏差是由于需求增长率的下降所致，即需求小于预期水平，那么随着净投资的下降，又会发生相反情况，最终导致负增长。

这里不必担心这种离心力是否会无止境地螺旋式地运转下去，因为哈罗德指出存在着某些缓冲因素，它们不仅会制止这两种趋势的发展，而且还可以扭转每个进程。当经济达到充分就业时，会出现第一种情况。这里哈罗德又引进了两个概念：资本—劳动率（C_n）和自然增长率（G_n）。前者是一个不变的定量，后者是考虑到人口增长和劳动—储蓄技术创新诸因素下的最大限度的增长率。哈罗德假定在充分就业条件下，经济增长率不会快于劳动力增长率即自然增长率（G_n），如果G_a超过G_n，或者G_w超过G_n，那么在充分就业下它们两个或任何一个都不会实现。

假如G_a降低，那么下期投资计划就会往下调整，通过乘数作用，投资不断下降，导致需求增长率下降；在再下一个循环中，投资计划就会进一步被限定，经济便衰退。不过，衰退本身会中止这一下降的过程，因为就某点而言，当家庭竭力维持某种最低生活水平时，储蓄就会较少,从而放慢了消费下降的速度;在拥有福利条件的经济中,最低生活水平靠国家福利开支提高。随着消费水平下降速度放慢或停止,一直在减少投资的生产者会重新开始更新磨损的设备。由于生产资料部门就业的增加,需求开始提高,由此上述过程又被颠倒过来。

哈罗德认为,一种经济在充分就业下稳定增长的可能性是极小的。由于经济已经处于充分就业,这就要求 $G_w=G_a=G_n$。如果这一经济是尚未充分就业的,维持这一等式意味着充分就业永远不会达到。哈罗德指出:(1) 在尚未充分就业条件下, G_a 可能等于或不等于 G_w,但必须大于 G_n,因为只有这样,才可能使得失业的劳动力完全被吸纳;(2) 如果最初 $G_a>G_n$,那么当达到充分就业时,这三者相等的可能性就非常小了,由于投资速度的减慢,使得经济进入衰退的可能性很小;(3) 假如 $G_w=G_a$ 出现在尚未充分就业下,那么稳定的增长就有可能出现,不过它仍然是一个在刃锋上行走的过程(a knife-edged process);(4) G_n 与 G_w 的偏差将使得经济离开稳定状况下的增长轨迹。

哈罗德注意到英国 G_w 超过 G_n 的事实,认为即使在尚未充分就业条件下 $G_w=G_a$,经济活动周期性的起落也是不可避免的,除非政府通过政策使得 G_w 与 G_a 在充分就业下相一致。为此,哈罗德提倡不断降低 G_w,通过低利率政策降低储蓄引诱,提高资本—产出率。他主张实行一项反周期的公共工程计划,以提高经济衰退时最低阶层的生活水平。

哈罗德增长模型提出后遭到一些学者的质疑。1957 年,卡尔多(Nicholas Kaldor,1908—1986)提出一个经济增长模型。与哈罗德相反,卡尔多对为什么战后初期 10 年西方经济在接近充分就业下能经历一个相对稳定的增长时期作了说明。卡尔多一反哈罗德的假设,提出储蓄不是独自决定的,相反是由利润决定的,通过利润率的变化调整自己,以适应经济环境。这种灵活性足以保证维持充分就业下的经济增长。卡尔多认为,哈罗德的那些建议不是实现充分就业下稳定增长的充分条件,用此办法去实现增长、降低经济活动波动可能不会奏效。

不过,哈罗德的理论模型却存有知音。1947 年,多玛发表了一篇独立研究的文章,得出与哈罗德相似的结论。多玛从供需两个方面对经济增长进行了考察。他指出,从供给方面看,产出增长取决于两个因素:投资与投资效率。净投资有着双重的作用,在短期资本创造阶段,它扩大就业和收入,在长期,它可能创造一种增产。如果不存在一种吸收新的生产能力、扩大生产规模的投资要求,新设备就会被搁置不用,旧设备就不会很快更新;反之,为了追求效率,设备就会替代劳动。

从供给看,在充分就业时期,只要资本和劳动充分使用状况维持着,就必然存在对生产资本不断追加的行为,这时总净投资(I)乘以投资效率(σ)等于净投资的增加额(ΔI)。这是一个生产能力的增长公式,或称潜在的产出增长公式:

$$I \times \sigma = \Delta I \tag{1}$$

从需求看,收入的增长公式是凯恩斯投资乘数理论的直接应用。假设以 α 代表储蓄边际倾向,则投资乘数即为 $1/\alpha$,投资所带来的收入增额(ΔY)就是:

$$\Delta Y = \Delta I \times 1/\alpha \tag{2}$$

现结合供需两方面看,当经济处于均衡时,总供给等于总需求,即(1)式的左式应等于(2)式的右式,则有下列公式:

$$I \times \sigma = \Delta I \times 1/\alpha \tag{3}$$

整理后:

$$\Delta I \div I = \alpha \times \sigma \tag{4}$$

或写成：

$$\Delta I/I = \alpha\sigma$$

该公式表明，投资增长率等于储蓄倾向乘以投资效率。由于 σ 值不变，国民收入将以与投资相同的比率增长，因此 σ 只不过是 C 的倒数（即 $\sigma=1/C$），多玛的基本公式与哈罗德的基本公式相似。

由于这两位学者的理论模型十分相似，经济增长率等式：$g=s/v$ 逐渐被人们看作是哈罗德—多玛模型，其中 g 是实际增长率，s 是实际发生的储蓄率，v 是资本—产出率。在这个模型中设法使 s 与 v 保持一定的比例成为经济增长决定因素中的关键。这个比率可以保持很高，也可以保持很低。哈罗德—多玛增长模型后来为一些发展经济学家所采用，他们利用它来设定储蓄目标，以期达到一定的增长率，在分析中 v 被看作是给定的。

哈罗德—多玛模型提出后，不少学者对模型进行了批评，其中一些批评是针对模型假定不合理的。例如，有学者批评模型中没有充分考虑技术进步对经济增长的重要作用，而将技术进步略去不计，事实证明，技术进步对经济增长起着主要的作用。这些学者对模型进行了修正，将其发展成为一个新古典模型。[①]

三、索洛—米德增长模型

1956 年，美国经济学家索洛（Robert M. Solow，1924— ）在《经济增长理论的一个贡献》（A Contribution to the Theory of Economic Growth）一文中指出，哈罗德—多玛模型的一个特点是假定生产技术不变，增长率决定于储蓄率，这样给定一个既定的储蓄率，能够出现有保证的增长率的值就只有一个；假定这样决定的增长率不等于自然增长率（$G_w \neq G_n$），那么经济就不能出现稳定增长，而二者一致的情况很难出现。因此，这个模型所规定的增长的途径是"刃锋"，不过"刃锋"可以通过改变假设解决。[②]

索洛根据生产函数理论提出了自己的模型。就在他发表论文的同年 11 月，加拿大堪培拉大学教授斯旺（Trevor W. Swan，1918—1989）也提出类似模型，后来人们将其通称为"索洛—斯旺模型"（Solow-Swan model）。[③]

这一模型包含几个假定：(1) 资本—劳动率和资本—产量率可以按需要调整；(2) 规模收益不变；(3) 资本和劳动边际生产力递减；(4) 存在完全竞争，资本和劳动可按其边际生产力取得报酬；(5) 不存在技术进步。在假定技术不变的条件下，国民收入取决于资本和劳动，即：

$$Y = f(K, L)$$

假设以 $\Delta Y/Y$ 表示增长率，用 G 表示，α、β 分别表示资本与劳动对收入（产量）增长所做贡献的相对份额，即柯布—道格拉斯生产函数中的 α、β，索洛—斯旺增长模型便是：

$$G = \alpha \times (\Delta K \div K) + \beta \times (\Delta L \div L)$$

可写成：

$$G = \alpha \cdot \Delta K/K + \beta \cdot \Delta L/L$$

1957 年，索洛发表了《技术变化和总量生产函数》一文，对自己的模型作了修正，并运用

[①] See Diana Hunt, Economic Theories of Development: An Analysis of Competing Paradigms, 1990, London.

[②] See Robert M. Solow, A Contribution to the Theory of Economic Growth, QJE, 70, 1 (February), 1956, pp. 65—94.

[③] See Trevor W. Swan, Economic Growth and Capital Accumulation, Economic Record, 32, 1956, pp. 334—361.

该生产函数对 1909—1949 年美国经济增长的情况进行了研究,得出的结论是:这时期美国人均总产出翻一番,12.5% 来自资本投入量的增加,87.5% 来自技术进步的贡献。

1961 年,米德(James E. Meade,1907—1995)出版了《一种新古典的经济增长理论》(A Neo-Classical Theory of Economic Growth)一书,[①] 对索洛—斯旺模型作了修正和补充,加入了技术进步因素,从而上述公式变为:

$$G = \alpha \cdot \Delta K/K + \beta \cdot \Delta L/L + \Delta T/T$$

式中,$\Delta T/T$ 为技术进步率。这是简化的索洛—米德模型,与索洛—斯旺模型相比,该模型强调了技术进步对经济增长所起到的作用。

索洛等人的研究启发人们重新认识资本积累的作用,使人们开始重视技术转让、技术创新、人力资源开发在经济增长与经济发展中的重要作用。不仅如此,索洛等人的研究还启发和推动了人们对经济增长因素的实证分析,促使人们采用类似方法分析经济增长和发展的因素,找出阻碍经济发展的主要障碍,研究如何克服它们,以获得更快的发展。

第二节　技术差距理论

20 世纪 70 年代以来,国际经济发展的一个重要趋势就是发达国家昔日的技术独占优势普遍被动摇,表现为以美国为首的工业国传统部门的衰退以及新兴工业国和地区出口中高技术产品比重的不断上升。技术与技术变化对世界贸易结构的影响成为国际经济政策争论的焦点。

传统国际贸易理论把生产要素归结为土地、资本、劳动三要素。随着现代国际经济的发展,生产要素不仅有了新的内涵,而且还在外延上有所扩展。西方经济学认为生产要素除了包括上述三要素外,还应该包括技术、管理、人力技能(或称人力资本)、信息等要素。

作为生产过程中的知识、技巧和熟练程度积累的技术,不仅能提高土地、劳动和资本要素的生产率,而且还可以提高三者作为一个整体的全部要素的生产率,从而改变传统三要素在生产中的相对比例关系。因此,从这个意义上说,技术也是一种独立的生产要素。

技术可以流动,但它的流动必须依附于其他生产要素,而不能独立进行。技术的流动也会影响到其他要素的流动。比如,专利权的转让带动资本品设备的输出。

在现代经济活动中,技术作为生产要素的地位变得越来越重要,要素生产率的提高、产品质量的提高、品种的更新、成本的降低、国际竞争力的增强,无一不是依靠技术水平的提高。还在 1956 年经济学家克拉维斯(Irving B. Kravis,1916—1992)就注意到技术差距是解释不同国家之间贸易发生的重要因素。在《政治经济学》杂志上,他撰文写到,本质上一国应当出口本国企业家能够开发出来的产品。假如一国有便宜的劳动力生产小型计算机,而没有创新者、企业家和熟练劳动力开发该产品,该产品的生产和出口就不会发生。换言之,一国想要出口技术先进的产品,就必须在技术上比贸易伙伴更加先进。[②]

技术的创新与新技术的使用在各国是不平衡的,各国技术上的差距使得技术领先的国家享受出口技术密集型产品的比较优势,但是产品输出又会引起输入国仿制,进而技术发生

[①] See James E. Meade, A Neo-Classical Theory of Economic Growth, Routledge, 1961.

[②] See Irving B. Kravis, Availabilty and Other Influences on the Commodity Composition of Trade, Journal of Political Economy, No. 2, 1956, pp. 143—155.

转移,两国间原有的技术差距逐渐消失,从而使得技术创新国该产品的出口最后降为零。1959年,美国学者波斯纳(M. V. Posner)分析了这一过程,提出技术差距理论(technological gap theory),也称创新和模仿理论(innovation and imitation theory)。[1]

假设以纵轴表示 A 国某产品的出口量和 B 国对该产品的进口量,以横轴表示时间,那么随着时间的推移,A 国该产品的出口额从无到有逐渐增多,在达到顶点 H 后又逐渐减少;B 国该产品的进口额变动的曲线也是先升后降,其顶点与 A 国曲线变动的顶点在时间上相一致。这是因为从 t_2 始 B 国由于开始模仿生产,新产品进口减少,从而导致 A 国新产品出口减少。(见图2-6)

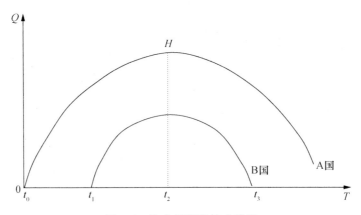

图2-6 技术创新与技术转移

波斯纳认为,对 A 国来说,从新产品的问世到 B 国开始需求该产品有一段时间,波斯纳把这段时间称为"需求时滞"(demand lag),即 $t_0 t_1$ 这一段。对 B 国来说,从 A 国新产品的问世到本国模仿生产,也存在一段时间,波斯纳把这段时间称为"反应时滞"(reaction lag),即 $t_0 t_2$ 段。而从 B 国模仿生产到停止进口该产品、出口该产品又需要一段时间,这段时间称为"掌握时滞"(control lag),即 $t_2 t_3$ 段。反应时滞与掌握时滞构成新产品的模仿时滞(imitate lag),即 $t_0 t_3$ 段。值得一提的是,进口 A 国新产品的国家并非 B 国一国,对于 A 国来说,将产品出口到反应时滞越大于需求时滞的国家,其利益就越大。

芬德利(Ronald E. Findlay,1935—)和格鲁伯特(Harry Grubert)于1959年在《要素密集度、技术进步和贸易条件》(Factor Intensities, Technological Progress, and the Terms of Trade)一文中,[2]以及琼斯(Ronald W. Jones)于1965年在《简单的一般均衡模型结构》(The Structure of Simple General Equilibrium Models)一书和1970年在《技术在国际贸易中的作用》(The Role of Technology in the Theory of International Trade)一文中[3],在李嘉图两个国家两种产品即 2×2 模型下,引进技术因素,研究了技术与贸易的关系、技术和技术变化的差别。1977年多恩布什(Rudiger Dornbusch,1942—2002)和1980年威尔逊(Wil-

---

[1] See M. V. Posner, International Trade and Technical Change, Oxford Economic Papers, No. 13, 1961, pp. 323—341.

[2] See Ronald E. Findlay & Harry Grubert, Factor Intensities, Technological Progress and the Terms of Trade, Oxford Economic, Papers. 11, 1, February 1959, pp. 111—121.

[3] See Ronald W. Jones, The Structure of Simple General Equilibrium Models, Journal of Political Economy, University of Chicago Press, Vol. 73, 1965, p. 557; Ronald W. Jones, The Role of Technology in the Theory of International Trade, in Raymond Vernon ed., The Technology Factor in International Trade, NBER and Columbia University Press, 1970, pp. 73—90.

son)在研究技术进步的模型中引进了更多的产品。1994年美国经济学家保罗·克鲁格曼(Paul Krugman,1953—)的《国际贸易反思》(Rethinking International Trade)一书出版,该书在评述上述模型缺陷、技术差距对国际贸易影响的基础上,建立技术差距国际贸易模型。①

克鲁格曼指出,将两个国家两种产品模型作为研究技术变化的工具,不确定因素太多了。首先,国家没有按照技术水平划分层次,一个国家可能在某个行业拥有绝对优势,但在其他行业却不具备优势;即使有明显的技术水平差别,技术变化的作用仍取决于具体的行业,取决于两个国家是否分别生产一种产品,或者一个国家两种产品都生产。这样,在这一模型中要探讨不发达国家技术改进后会发生什么情况,首先就需要弄清是"在哪个产业"?第二,没有对产品的技术密集度进行划分,如果技术进步发生在劳动密集型行业中,并且这一技术进步是资本节约型的,那么它就会导致该行业的萎缩。为此,需要建立一个多产品的李嘉图模型。

在技术和贸易关系的简单模型中,克鲁格曼作了这样几个假设:第一,国家可以按技术水平划分为不同的等级;第二,产品可以按技术密集型程度划分为不同的档次;第三,每个国家都可以在产品档次系列上找出一个与其技术水平相适应的排序;第四,技术进步总是向技术密集型产业倾斜,因此技术进步与一国出口产品技术密集度提高同步。

克鲁格曼指出,技术进步对发达国家和不发达国家都会产生影响,表现为:一方面,发达国家的技术进步使得它与其他国家的技术差距扩大,技术进步为技术领先国创造了更多的贸易机会,它会使技术领先国和技术落后国的实际收入都有所提高;另一方面,不发达国家的技术进步会使它与其他国家的技术差距缩小,技术落后国家的追赶战略减少了技术领先国家在贸易中的利润,从而不利于技术领先国家。因此,发达国家和不发达国家之间的技术进步存在着基本的不对称性,即发达国家技术进步带来的技术差距缩小对不发达国家有好处,而不发达国家技术仿效带来的技术差距缩小却对发达国家利益有所损害。

克鲁格曼解释说,因为技术发达国家的出口产业是技术密集型的,它的技术进步是向其他国家不生产的产品倾斜,向技术密集型产业倾斜,这样不发达国家的仿效、替代就对发达国家的出口形成竞争;由于技术领先国家的实际收入来自它的技术优势,因此他国的追赶会导致技术领先国家不仅相对收入减少而且绝对生活水平也会下降。他指出,因为存在技术仿效,不发达国家即使放弃其技术最先进产品的出口,也可从外国的技术进步中得到好处,而发达国家若放弃技术落后的产业则会遭受损失。

面对20世纪90年代各国政府通过高技术产业的发展刺激经济增长的现象,克鲁格曼忧心忡忡,他认为这种努力很可能带来生产能力的过剩。他指出,技术领先国家的实际收入取决于它的领先程度,因此保护技术领先地位有其经济利益。

不管怎么说,这些学者将技术引进贸易模型是一大创新,它使人们注意到技术进步可以改变一国在国际贸易中的比较优势状况,发展中国家通过赶超战略,可以缩短与发达国家之间的技术差距。

---

① See Paul R. Krugman, Rethinking International Trade, The MIT Press, Massachusetts, 1994, pp. 152—164.

第三节 产品生命周期理论

波斯纳的技术差距论解释了现代国际贸易现象和贸易模式。1966年，美国哈佛大学教授雷蒙德·弗农（Raymond Vernon，1913—1999）在《产品生命周期中的国际投资和国际贸易》一文中研究了产品生命周期问题。他把产品生命周期分为三个阶段，即新产品阶段、成熟产品阶段和标准化产品阶段。

他指出，不同阶段产品的特征存在很大差别。从产品的要素密集性质看，在新产品阶段，由于产品尚处于开发中，需要投入大量技术力量研究、设计和改进产品，因此这时产品要素密集性质是技术密集型；在成熟产品阶段，随着新产品产量的增加，出口量的增加，产品逐渐定型，技术投入逐渐减少，资本和管理要素投入不断增加，这时产品要素密集性质表现为资本密集型；在标准化产品阶段，产品完全定型，由于外国厂商仿制新产品，开发新产品，公司原来拥有的垄断地位逐渐丧失，公司不得不通过对外投资的途径，将产品生产转移到生产成本更低的国家来增强竞争力，这时非熟练劳动投入大幅度增加，虽然资本要素投入依然很重要，但产品要素密集性质向劳动密集型转变，由于生产基地转移到国外，新产品从国外生产基地返销到发明国。

在研究了产品生命周期三阶段后，弗农以及后来的赫希（Werner Zvi Hirsch，1920—）等人又分析了新产品的贸易流向。（见图2-7）

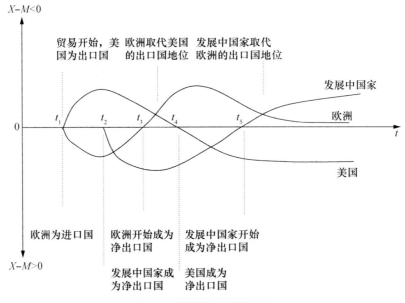

图2-7　新产品的贸易流向

假设新产品首先生产于美国。在第一阶段（t_1-t_2），新产品处于创新阶段，美国生产全部新产品，并向欧洲出口，这时生产新产品的新技术为美国所垄断。第二阶段（t_2-t_3），新产品进入成熟阶段，美国仍控制新产品生产，但欧洲开始仿制，欧洲从美国的进口减少，美国开始对外进行直接投资，同时向发展中国家出口新产品。第三阶段（t_3-t_4）为替代阶段，随着欧洲出口的增多，美国出口国地位逐渐被欧洲所替代，后者开始成为新产品的主要出口地，美国在新产品生产中的技术优势完全丧失，美国由出口国转为进口国，发展中国家的新产品需求市场开始为欧洲国家所控制。第四阶段(t_4-t_5)为标准化阶段,美国成为新产品的净进口国,欧洲成为新产品供给者,发展中国家开始生产新产品,从而影响到欧洲的出口。第五阶段(t_5后)为饱和阶段,欧洲竞争优势下降,发展中国家成为净出口国,至此,新产品贸易完成其周期。

弗农等人用这一理论专门分析了制成品贸易流向,提出制成品贸易周期说。以后,梅基(Stephen P. Magee)和罗宾斯(N. T. Robins)将这一论点运用于对原料贸易的分析中,提出原料贸易周期说,认为原料贸易流向与工业制成品贸易流向正好相反:第一阶段,少数具有自然优势的发展中国家是世界原料的主要供应者,而发达国家则是主要进口者;第二阶段,其他发展中国家加速开发原料生产,利用劳动力优势,逐渐成为国际市场原料主要出口国;第三阶段,发达国家利用技术进步优势,开发出合成原料,并替代发展中国家,成为原料市场的控制者。当然,梅基等人也认为原料贸易周期说并不适应所有原料贸易状况,对不同原料应作具体分析。[①]

产品生命周期理论不仅描述了新产品发明国是如何由产品净进口国变为净出口国的,而且也描述了新技术从技术创新国转移到技术接受国的过程,即通过"对外贸易→对外投资→技术转让"的方式,实现新技术的转移。

第四节 发展中国家技术选择理论

一、中间技术论

1973年,舒马赫(E. F. Schumacher,1911—1977)出版了《小的是美好的》(Small Is Beautiful)著作,指出由于发展中国家劳动力充裕、资金匮乏、管理水平低下,因此引进发达国家资本或技术密集型的先进技术不适用,而较为适用的是采用劳动密集型的中间技术。所谓中间技术,是指介于先进技术和传统技术之间的技术,这种技术设备和生产方法相对简单,对能源、材料消耗量较小,对操作人员、管理人员的要求也较低,员工职业培训比较简单,吸纳劳动力也较多。

舒马赫的中间技术论提出以较低的成本从发达国家引进技术的观点,这是对战后一些国家的决策者或发展经济学家认为落后国要缩短与先进国之间的技术差距,实现赶超战略,最好的办法就是直接引进最为先进的技术,采取"拿来主义"观点的一种批判。岂不说这么做在实践中对最为贫穷的国家是否可能,就理论上进行分析,也存在诸多问题:第一,技术或资本密集型技术的引进,大大降低了当地就业岗位的创造;第二,先进的技术设备缺乏相应的设施与之配套,也难以保证所需能源或材料的供应;第三,先进技术难以为当地吸收与消化,缺乏技术的扩散效应,结果带来"飞地"的产生;第四,购买高新技术需要投入更多的资金,增加建设成本,使得发展中国家外汇短缺矛盾更为突出。[②]

不过,舒马赫的中间技术论还是受到一些经济学家的批评。他们认为,发展中国家采用中间技术只会进一步拉大他们与发达国家之间的技术差距。因此,问题不在于技术是否高新,关键是引进的技术是否适用于发展中国家。

[①] 参见唐海燕:《现代国际贸易的理论与政策》,汕头大学出版社1994年版。
[②] 参见[英]E. F. 舒马赫:《小的是美好的》,商务印书馆1984年版;张培刚主编:《发展经济学教程》,经济科学出版社2001年版。

二、适用技术论

所谓适用技术,是指适合于本国国情,能够促进经济增长与发展的技术,可以是先进技术、尖端技术,也可以是适用的中间技术或原始技术。

还在 1969 年,埃金森(Anthony B. Atkinson,1944—)和斯特利兹(Joseph E. Stiglitz,1942—)就提出适用技术的思想。在《技术变化的一种新观点》(A New View of Technological Change)一文中,他们将这一思想引入新古典贸易理论中,将之具体表述为"本地化的干中学"(localized learning by doing),认为厂商的边干边学要受到当地特定的投入要素组合的制约。①

1975 年,印度经济学家雷迪(Amulya K. N. Reddy)提出"适用技术"(appropriate technologies)理论。他指出,发展中国家引进技术不仅应该根据本国经济发展的需要,而且也应该考虑到发展中国家的现状,比如生产要素和技术的状态、市场的规模、社会文化的环境,以及技术吸收的创新能力等因素,力求获得技术引进的最大效益。②

1996 年,巴苏(Susanto Basu)和威尔(David N. Weil)在《适用技术和增长》(Appropriate Technology and Growth)一文中指出,发展中国家资本存量相对较低是采用发达国家先进技术的一个障碍,如果能够通过提高储蓄率来利用先进技术,就有可能经历一个经济迅速增长时期。③

适用技术论批判了战后一些发展中国家不问国情盲目引进尖端技术或一味排斥劳动密集型技术的偏向,强调技术引进中注重选择、吸收和发展的战略思想,使得该理论和战略思想更加切合发展中国家的实际。

第五节 要素密集型变换理论

要素密集型变换又称要素密集型反向。它包含两层含义:一是指同一产品在不同国家要素密集型特征不同。如我们前面所提到的小麦在美国生产是资本密集型的,但在非洲、亚洲等发展中国家却可能是劳动密集型的。二是指同一产品在同一国家不同时期要素密集型特征不同。例如,一种新产品在开发时是技术密集型的,随着大规模生产出口,变为资本密集型(而当这种新产品的生产转移到生产成本更低的发展中国家时,又变为劳动密集型的)。那么,为什么会发生这样的反向呢?西方经济学家认为,这是因为技术水平的差异。一国要素密集型的特征是由生产该商品的技术条件所决定的,当一国的技术水平发生变动如出现技术进步后,就会导致该国生产该商品的要素密集型发生变动,由原来的较低技术密集型向较高技术密集型转变。技术进步是导致生产商品密集型特征发生变化的重要原因,表现为要素生产率的提高。

技术进步对要素生产率的影响分为中性技术进步和偏性技术进步。中性技术进步对所

---

① See Anthony B. Atkinson & Joseph E. Stiglitz, A New View of Technological Change, Economic Journal, 1969, pp. 573—578.
② See Amulya K. N. Roddy, Generation of Appropriate Technologies, Appropriate Technologies for Their World Development, 1975.
③ See Susanto Basu & David N. Weil, Appropriate Technology and Growth, The Quarterly Journal of Economics 113(4), November 1998, pp. 1025—1054;林毅夫、董先安、殷韦:《技术选择、技术扩散与经济收敛》,http://jlin.ccer.edu.cn/article/downloca.ASP?id=175&url=1,2002-11-02。

有生产要素的影响是一样的,即它可以同比例地增加全部生产要素的供应量,或同等程度地节约单位产出所需的各种生产要素的投入量。因此,它不会改变商品生产的密集型特征。而偏性技术进步就不同了,由于它对各生产要素的影响不同,因此它会改变商品生产中原生产要素的配置比例,导致要素密集型特征发生变化。如果偏性技术是资本节约型,它会提高资本效益,产品的资本密集度就会降低,或降低的速度和程度比之其他要素要快要大。如果偏性技术是劳动节约型的,它会提高劳动效益,产品的劳动密集度就会降低,或降低的速度和程度比其他要素下降得要快要大。由于技术进步因素的影响是经常的,产品的要素密集性变换也就具有了普遍性。由此,霍德(Hodd)、纳亚(Naya)、明纳斯(Minnas)等人认为要素密集型变换性的存在,使得里昂惕夫之谜必然存在。

比如,美国是资本丰裕的国家,在小麦、机电产品生产上均为资本密集型,并且小麦产品生产的资本密集型程度高于机电产品;而中国是劳动密集型为主的国家,生产小麦是劳动密集型,生产机电产品是资本密集型。当美国用小麦与中国的机电产品进行交换时,就会出现实际上要素密集性质相同而表面上却不同的交换现象,这样必有一国,比如中国出现里昂惕夫之谜:出口资本密集型产品,进口劳动密集型产品;或者美国出现里昂惕夫之谜:出口劳动密集型产品,进口资本密集型产品。(见表2-1)

表2-1 两国商品生产的密集型程度与比较优势

	国别	小麦	机电
比较优势	中国	劳动密集型	资本密集型
	美国	资本密集型(较高)	资本密集型(较低)
交换	中国⇔美国	机电　　⇔ (资本密集型)	小麦 (资本密集型) (但被视为劳动密集型)

这一"谜"的产生在于中国企业和美国农业的偏性技术进步,使得中国机械制造业出现劳动节约,生产机电产品的要素密集型由劳动密集型转向资本密集型,而美国农业使用机械化生产,使小麦生产由劳动密集型转向资本密集型。可见,一国要素禀赋状况会在一定程度上通过技术进步影响该国要素密集型变换的方向。例如,劳动力稀缺的国家,技术发明主要集中在节约劳动力方面,如19世纪的美国发明能拆卸、组装的零部件;而自然资源稀缺的国家,其技术发明又大都集中在节约本国资源方面,如英国蒸汽机的发明弥补了水力资源不足的问题,日本在汽车节能、太阳能开发上的技术发明也迫于其自然能源不足的压力等。[①]

第六节 技术效用与博弈分析

一、技术溢出理论

1. 技术溢出的含义

就狭义而言,所谓技术溢出(technology spillover)是指技术扩散和转移中产生出来的外部效应,这种效应不是人为设计产生的,而是通过要素流动非自愿性产生的,并且这种效应对当事方没有直接的影响,既未增加收益,也未带来损失。换言之,它是技术扩散或转移

---

① 参见唐海燕:《现代国际贸易的理论与政策》,汕头大学出版社1994年版。

中产生出来的间接效应。比如外商投资,促使技术的扩散或转移,在给投资者带来利润的同时,也会因为就业机会的创造,提高当地的收入水平和技术层次;人才引进,在给某个企业带来效益的同时,又会通过示范效应,带动更多的企业对人才的重视和人力资本的投资,进而提高劳动力的整体素质;先进设备进口,在提高进口企业生产力、增加利润的同时,也会通过产出的增加,丰富市场的供应,提升行业技术装备总体水平,等等。这就是所谓的外资直接投资的技术溢出、人力资本的技术溢出,以及实物资本的技术溢出。技术的外部效应通过要素的移动渗漏出来。

从广义上看,技术溢出这一概念的内涵不仅仅局限于技术本身扩散或转移带来的外部效应,还包括经济活动产生出来的各种外部效应,并且这种效应并不都具有正面的、积极的效应,还可能存在负面的、非积极的效应。正负效应往往是在集群的状况下产生。比如,信息技术等高新产业的快速发展,带来产业结构的调整,在提供新的就业岗位的同时,也使得传统工业不断萎缩、衰弱,结构性失业人数增多,以及新的污染源(电子垃圾)产生。又如,加工贸易为主的外资企业的大量涌入,在扩大就业的同时,降低了制造业工资增长的幅度和第三产业的发展速度,夸大了本国进出口贸易的实际情况,增加了对外贸易的摩擦。还有,专利转让与先进设备的引进,在促进行业生产力提高的同时,可能会降低本国技术开发的独创能力,对外依赖程度的加深;而国外研发机构的进驻,在技术转移的同时,也可能导致大量的人才流入外资企业,国有企业与外资企业竞争力削弱,以及本国独立创新能力的降低,等等。当经济的扩张过程形成规模时,其外部效应就非常显著了。

2. 技术溢出理论产生的渊源

技术溢出问题的研究最早可以追溯到阿尔弗雷德·马歇尔(Alfred Marshall,1842—1924)的外部规模经济理论,以及其后形成和不断完善的产业集群理论。在1920年版的《经济学原理》(Principles of Economics)一书中,马歇尔将规模经济划分为外部规模经济与内部规模经济,认为前者与产业的地区性集中有很大关系,而后者取决于从事工业的单个企业的资源、组织与管理效率。他指出,企业内部的规模经济一般比较容易被人们所认识:厂商为了实现利润最大化,总是尽可能地将生产规模不断扩大;而企业外部的规模经济其实也很重要。当大量种类相似、联系密切的企业集中于产业区时,就会在当地形成熟练的劳动力市场和先进的附属产业,或者产生出专门化的服务性行业,带来铁路交通和其他基础设施的改善;随着产业规模的扩大,带来知识量的增加和技术信息的传播。[①]显然,企业追求外部规模经济是地方性工业在产业区集聚的又一个原因。由此不难理解为什么规模经济较低但专业化程度较高的中小型企业倾向集中于产业区内。

1909年,阿尔弗雷德·韦伯(Alfred Weber,1868—1958)用工业区位理论解释了马歇尔所说的产业集群(industrial clustering)现象。他认为,产业集聚分为两个阶段,第一阶段是企业自身简单规模扩张而引起的产业集中化;第二阶段是由大企业的组织方式所导致,大企业完善的组织方式集中于某一地方,从而引发更多的同类企业出现,这时大规模生产显著的经济优势就是有效的地方性集聚效应。韦伯认为,产业集群来自四方面的因素:第一,技术设备的发展。随着技术设备专业化整体功能的加强,技术设备相互之间依存性加强,从而促使工厂地方集中化。第二,劳动力组织的发展。充分发展、新颖、综合、专业化的劳动力组织,促进产业集群化。第三,市场化因素。这是最重要的因素。产业集群最大限度地提高了

---

① See A. Marshall, Principles of Economics, London: Macmillan, 1920.

批量购买和出售的规模,使信用成本降低,中间人被消灭。第四,经常性开支成本的减少。产业集群引发电、气、水等基础设施的建设,从而减少了经常性开支。韦伯还从运输和劳动力两个角度分析了产业集群可能达到的最大规模。[①]

1937年,罗纳德·科斯(Ronald H. Coase,1910—2013)在《企业性质》(The Nature of the Firm)一书中提出交易成本和产权(transaction costs and property rights)理论,认为由于产业集群内存在众多的企业,区位成本低,交易频繁,使得交易的空间范围和交易对象相对稳定,环境的不确定性减少,企业的交易成本降低。同时,由于数目众多的企业地理位置邻近,企业搜寻市场信息的时间和成本节省,信息的对称性提高,企业间的合作与信任加强,这促使交易双方达成并履行合同,交易费用大大降低。

1991年,克鲁格曼(Paul Krugman,1953—)用新经济地理学(new economic geography)理论,对产业集聚的产生和外在性作了进一步的解释和分析。他以不完全竞争的市场结构为假设前提,认为产业集聚是由企业的规模报酬递增、运输成本和生产要素移动,通过市场传导的相互作用而产生的。产业集群优势表现为:本地专业化劳动力的发展;相关企业的大量增加,生产服务活动对核心产业的支持;频繁的信息交流对创新的贡献。这些优势构成了规模报酬递增的基础。[②]

克鲁格曼将产业集聚的分析引入其"新贸易理论"中,认为各国的贸易优势不是来自于国与国的产业区别以及由此引起的比较优势,而是来自于各国内部的地区产业分工和在此基础上所能达到的规模经济的程度。依据这样的观点,克鲁格曼不承认马歇尔提出的技术外溢因素具有普遍意义,认为技术外溢只会在高技术产业领域的产业集聚中产生效应。[③]

在技术外溢的分析上,克鲁格曼引入外贸因素,将原来局限于产业区位或一国范围内的技术外溢分析扩展到国际领域。在他的贸易模型中,两个各自在某些产品生产技术上具有领先地位的国家,在产品生产过程中,因为技术外溢会增强各自的比较优势,增大技术差异。同时,也会通过贸易的途径,使得别的国家的生产者逐渐掌握这些技术,出现国际范围的技术外溢。显然,在克鲁格曼看来,产业集群带来的规模报酬递增,不仅会给本企业带来好处,而且还会对其他企业,乃至整个产业的发展带来好处,技术外溢的效应主要还是正的。

1998年,迈克尔·波特(Michael E. Porter,1947—)在《哈佛商业周刊》上发表了《集群和竞争新经济学》(Clusters and the New Economics of Competition)一文,从竞争优势的角度阐述了产业集群理论,认为产业集群代表着一种能在效率、效益和柔韧性方面创造竞争优势的空间组织形式,它所产生的持续竞争优势源于特定区域的知识、联系以及激励,这是远距离的竞争对手难以达到的。波特列举了硅谷、好莱坞的例子,认为它们从技术和生活娱乐的角度很有代表性地对如下问题提供了证明:企业是将厂址选择在人才济济、资本集中、竞争激烈的地方,还是希望放到彼此隔绝的地方?通常,对此的回答看上去像是悖论:将企业放在越可能造成知识资本漏损(intellectual capital leakage)的地方越好。如此选择是因为从竞争生态学(competitive ecologies)来看,集聚产生的积极效应要大于消极效应。[④]波特与

---

① 参见《基于产业集群的企业成长模式研究》,载中国科技信息网:http://www.gyppc.org/2004/041012/041012001.htm。
② 参见王琪:《产业集群与投资环境》,www.jjxj.com.cn/news_detail.jsp?keyno=7645,2005-09-01。
③ 参见《基于产业集群的企业成长模式研究》,载中国科技信息网:http://www.gyppc.org/2004/041012/041012001.htm。
④ See Michael Porter, Clusters and the New Economics of Competition, Harvard Business Review, Nov. 1, 1998.

克鲁格曼一样,从对技术溢出的积极意义方面给予了肯定,当然并不是所有的经济学家都这么认为。

战后,一些原殖民地半殖民地的国家相继独立,走上工业化的发展道路。这些国家大力引进外资,发展对外贸易,实施进口替代的工业化战略,在逐渐建立起本国工业体系、经济增长的同时,也带来一系列的问题,比如二元经济结构问题、通货膨胀问题、债务危机问题。尤其是70年代中期以后,发达国家的经济滞涨,使得世界经济增长速度放慢,世界市场初级产品价格持续下跌,新贸易保护主义逐渐抬头,不少发展中国家的出口贸易面临困难,偿债能力大为下降。

1980年,发展中国家外债总额达到5257亿美元,其中拉美国家如墨西哥、巴西、阿根廷、智利等国的债务负担尤为突出,这些国家每年的还债金额达到出口收入的一半。1982年,墨西哥爆发债务危机,宣布不能按时还债。债务危机引发通货膨胀、经济衰退和金融危机,并波及拉美其他国家。到1990年,发展中国家的外债总额已经达到13245亿美元。进入90年代后,金融危机相继在拉美(1994—1995年)、东南亚(1997—1998年)爆发。2000年,发展中国家的外债总规模上升到22040亿美元。[①] 人们发现先进技术设备的引进、外资的流入、金融的开放、对外贸易的扩大,其技术溢出并不都是正效应,也有负效应。在20世纪70—80年代有关发展经济学的文献中,可以发现一些发展经济学家对技术溢出负面效应的分析,其中有关先进设备和外资引进带来的二元经济结构及"飞地"现象、债务危机等分析尤为醒目。

二、技术许可费定价博弈分析

从20世纪70年代开始,博弈分析方法越来越被人们所使用,一些学者从产业组织理论的角度出发,运用博弈分析的方法对不同方式下的国际技术许可费进行定量研究,其中卡米恩(Morton I. Kamien)和陶曼(Yair Tauman,1948—)、卡兹(Michael L. Katz)和夏皮罗(Carl Shapiro),以及盖利尼(Nancy T. Gallini)和温特(Ralph A. Winter)等人分别对在不同市场结构下不同的收费方式的技术许可进行了模型分析。

1984年,美国西北大学的卡米恩和陶曼在假设被许可方为完全竞争行业的厂商条件下,对固定收费和提成收费给技术许可方带来收益的大小进行了比较。1986年,进而建立模型,对拍卖和竞价两种定价方式进行分析,对许可方采用独家许可或普通许可福利效应的大小进行了比较。[②] 同期,美国普林斯顿大学的卡兹和夏皮罗也通过建立模型,对此进行了考察。[③] 此外,1985年,加拿大多伦多大学的盖利尼和温特也在《创新理论中的许可证》一文中,对技术许可费问题进行模型分析。[④]

到20世纪90年代以后,博弈论(game theroy)已经成为对策研究的主流理论,尤其是随着纳什(John F. Nash,1928—2015)诺贝尔经济学奖的获得(1994年),以及《美丽心灵》

---

① 数据来自贺力平:《评IMF主权债重组的新思路》,载《国际经济评论》2002年第3—4期。
② See M. Kamien & Y. Tauman, The Private Value of a Patent: A Game Theoretic Analysis, Journal of Economics, No. 14, 1984, pp. 93—118; M. Kamien & Y. Tauman, Fees Versus Royalties and the Private Value of a Patent, The Quarterly Journal of Economics, Vol. 101, 1986, pp. 471—491.
③ See M. L. Katz & C. Shapiro, Technology Adoption in the Presence of Network Externalities, Journal of Political Economy, Vol. 94, 1986, pp. 822—841.
④ See Nancy T. Gallini & Ralph A. Winter, Licensing in the Theory of Innovation, RAND Journal of Economics, The RAND Corporation, Vol. 16(2), 1985, pp. 237—252.

(A Beautiful Mind,2001)电影的放映,博弈分析方法为更多国家的学者特别是在校研究生知晓、学习和研究。一些研究生用博弈方法分析了国际技术贸易价格的确定,比如有将博弈论运用到双头垄断市场结构下技术许可方最佳许可策略的分析中,试图在一系列假设的前提下,建立起一个简单的国际技术许可模型。[①] 该论文考察了新技术的应用对双头垄断行业的市场结构的影响;讨论了革新程度不同的技术,采用拍卖的方式进行独家许可的情况,以及用普通许可的方式进行技术转移的情况;分析了国际技术许可福利效应的大小;通过建立模型定量分析,得出下列主要结论:(1) B 国技术许可方选取哪种许可方式转移其所拥有的新技术,取决于该项新技术相对于 A 国厂商原来所使用的老技术的革新程度;(2) 在技术许可方为理性经济人的前提下,技术许可方的总收入与技术革新程度呈正向关系,由此技术许可的转移机制为技术创新提供了有效的激励;(3) 无论技术革新程度如何,国际技术许可的发生都会使市场价格下降,使 A 国消费者的福利水平得以提高。

本章习题

一、简答题

1. 什么是技术差距论?
2. 什么是技术溢出?通过查阅资料,谈谈你对该概念的理解。
3. 你能找到一个案例来证明产品生命周期理论中所描述的新技术从创新国向接受国转移的过程吗?

二、分析题

1. 比较索洛—米德模型与索洛—斯旺模型,并加以评述。
2. 你是否赞同雷迪的适用技术论?为什么?

[①] 参见刘养勇:《双头垄断市场结构下的国际技术许可》,上海财经大学 2003 年硕士学位论文。主要论点见本书附录 1。

法律与法规

第三章 知识产权的基本概念

▶ **教学目的和要求**
- 掌握知识产权的基本概念与内容。
- 了解工业产权、版权的显著特征。
- 学习有关知识产权的法律法规,树立保护知识产权、维护知识产权的公民意识。

第一节 知 识 产 权

一、知识产权的基本概念和范围

1. 知识产权的基本概念

技术贸易的标的物是开发者的知识成果,与物质产品(比如服装)可以为多人拥有、使用不同,知识成果所有者为了维护其利益,一般不愿将其成果轻易公开传播。为了促进知识成果的推广、应用和交流,鼓励技术创新行为,首先需要通过法律的形式保护知识成果的创造者、所有者的合法权益,由此提出"知识产权"的概念。

所谓知识产权(intellectual property),是指法律所赋予的知识产品所有人对其创造性的知识成果所享有的专有权利,它是国际广泛承认的一种财产权。财产权的客体是财产,包括有形财产与无形财产。知识产权是一种无形财产权,其权利客体是人们在科学、技术、文化等知识形态领域所创造的精神产品。①

2. 知识产权的范围

各国有关知识产权的范围规定不一,根据我国《民法通则》(1987年施行,2009年修订)第五章第三节的规定,知识产权的范围主要包括三个部分:专利权和商标专用权(工业产权);著作权(版权);发现权、发明和其他科技成果权。

(1) 工业产权(industrial property)是对专利权和商标专用权的统称,是指法律赋予产业活动中的知识产权所有人对其创造性的智力成果所享有的一种专有权。按照《保护工业产权巴黎公约》(1883年颁布,1979年修正,以下简称《巴黎公约》)第1条的规定,工业产权的保护对象有"专利、实用新型、工业品外观设计、商标、服务标记、厂商名称、货源标记或原产地名称和制止不正当竞争"。

(2) 版权(copyright),又称著作权,指著作人依法对科学研究、文学艺术等方面的著述和创作等所享有的权利。在知识产权保护中版权保护涉及新闻出版、广播影视、文化娱乐、教育科研,以及包括网络服务、计算机软件在内的信息产业等众多领域。

(3) 发现权、发明权和其他科技成果权。《民法通则》第97条规定,公民对自己的发现享有发现权。发现人有权申请领取发现证书、奖金或者其他奖励。公民对自己的发明或者其他科技成果,有权申请领取荣誉证书、奖金或者其他奖励。

---

① 参见李祥林、洛桑主编:《知识产权与技术贸易》,中国青年出版社1993年版,第3页。

3. 知识产权的权利内容

根据在斯德哥尔摩签订的《建立世界知识产权组织公约》(1967年颁布,1970年施行)(The Convention Establishing the World Intellectual Property Organization)第2条第8款的规定,知识产权包括的权利内容有:

(1) 关于文学、艺术和科学作品的权利;

(2) 关于表演艺术家的演出、录音和广播节目的权利;

(3) 关于人们努力在一切领域的发明的权利;

(4) 关于科学发现的权利;

(5) 关于工业品外观设计(式样)的权利;

(6) 关于商标、服务商标、厂商名称和标记的权利;

(7) 关于制止不正当竞争的权利;

(8) 在工业、科学、文学或艺术领域一切其他来自知识活动的权利。

根据上述规定,知识产权涉及的面相当广,不仅包括工业产权和版权,还包括科学发现。科学发现是否具有财产权的属性,学术界多数人持否定态度。从各国立法和有关国际公约规定来看,都把科学发现排斥在法律所保护的排他性的权利之外,不授予其任何财产权利。

二、知识产权的保护与法律特征

1. 知识产权的保护

根据1986年至1994年关税与贸易总协定(GATT)乌拉圭多边贸易谈判最后达成的《与贸易有关的知识产权协议》(Agreement on Trade-Related Aspects of Intellectual Property Rights,简称TRIPs)(1994)第一部分对知识产权术语的定义,该协议保护的知识产权系指该协议第二部分第一节至第七节中所包括的所有类别的知识产权。据此,知识产权保护的范围包括:

(1) 版权与有关权利,包括计算机程序与数据的汇编、电影作品、摄影作品或实用艺术作品、表演者、录音制品制作者及广播组织等;

(2) 商标,包括注册商标、驰名商标;

(3) 地理标志;

(4) 独立创作的、具有新颖性或原创性的工业品外观设计;

(5) 专利,包括可获专利的发明;

(6) 集成电路布图设计(拓扑图);

(7) 未披露过的信息。

根据该协议第一部分第1条、第二部分第3条的规定,全体成员遵守知识产权国际公约,履行或享受国民待遇,所涉及的知识产权"保护","既应包括涉及本协议专指之知识产权之利用的事宜,也应包括涉及知识产权之效力、获得、范围、维护及行使的诸项事宜"。

2. 知识产权的法律特征

知识产权具有以下法律特征:

(1) 它是一种"私人权利"。它的主体是自然人、法人或非法人组织。知识产权本是自然人创作完成的,但由于在很多情况下自然人是依法人或非法人组织的意志、支付的研究费用和承担的责任完成创作的,因此法人或非法人组织也成为知识产权的所有者和所有人。

(2) 具有专有性。权利所有人对其知识成果享有垄断性的专有权,可以自己使用,也可以出卖给他人使用,或者允许他人使用。因此,凡未得到权利所有人许可而使用的行为都构成侵权。

(3) 既包括财产权利,也包括人身权利。这里的人身权利是指与工业产权相关的发明人的署名权、修改权、与版权相关的保护作品完整权等权利。

(4) 具有时间性。知识产权仅在法律规定的期限内受到法律保护。为了既保护知识劳动者的合法权益,鼓励更多的人创造发明,同时又促进科学技术和文化的传播,使其成为人类共有的精神财富,产生更多的社会效益,法律仅赋予创造发明者在一定期限内的排他性的专有权。

(5) 具有地域性。获一国法律确认和保护的知识产权只在该国具有法律效力,除非签有国际公约或双边互惠协定,否则其他国家对这一权利没有保护义务。[①]

3. 知识产权的保护期

各国法律对专利权、商标权和著作权规定了长短不一的保护期限。专利保护时间一般为 15—20 年,商标保护经注册人申请可以无限续期,著作权保护为作者终身享有,再加上死后 50 年。

根据 TRIPs 的保护规定,计算机软件保护期为 50 年;表演者及录音制品保护期至少为 50 年;广播组织广播的保护期为播出后至少 20 年;商标保护期为首期注册及各次续展注册均不得少于 7 年;工业产品外观设计保护期至少 10 年;专利保护为提交申请之日起 20 年年终;集成电路布图保护期为 10 年。

第二节 专 利 权

一、专利的概念和分类

1. 专利的概念

专利(patent)是国家当局依法授予发明人或设计人对其发明创造所享有的一种独占的法定特权的文书。当一项发明创造通过注册获得法律认可时,持有者便获得这项发明创造的专利权(patent right),持有者便被称为专利权人(patentee)。

2. 专利的分类

专利分为三种:发明专利(invention patent)、实用新型专利(utility model patent)和工业品外观设计专利(industrial design patent)。前两种属技术类,后一种属艺术装饰类。

根据我国《专利法》(2008),"发明创造"分为发明、实用新型、外观设计。发明是指对产品、方法或者其改进所提出的新的技术方案。这种新方案必须是新颖的、具有创造性的、实用的,依据它可以解决一定领域的特定技术问题。发明可分为产品发明与方法发明。产品发明是制造各种新产品;方法发明,如化学方法、物理方法、机械方法、生物方法等。

实用新型是指对产品的形状、构造或者其结合所提出的适于实用的新的技术方案。实用新型也必须具备新颖性、创造性和实用性。根据该定义,实用新型必须是具有固定形状的

[①] 参见王玉清、赵承璧主编:《国际技术贸易》,对外贸易大学出版社 1996 年版,第 11 页;李祥林、洛桑主编:《知识产权与技术贸易》,中国青年出版社 1993 年版,第 5—6 页。

产品,不能确定形状的产品,如液体、气体、粉末状不能获得实用新型专利权。

外观设计是指对产品的形状、图案或者其结合以及色彩与形状、图案的结合所作出的富有美感并适于工业应用的新设计。根据这一定义,外观设计应当具备以下特征:(1)它必须具有固定形状,以可以整体移动的产品为载体;(2)它仅涉及产品的外表形状、图案、色彩,与产品内部结构无关;(3)它是一种美术思想而并非技术思想;(4)它必须具有视觉上的美感效果;(5)它必须能在工业上实用。①

3. 专利权人拥有的权利范围

专利权人拥有的专利权包括:

(1)实施权。专利权人拥有专利产品的制造、使用与销售的权利。

(2)排他权。专利权人拥有排除他人未经许可而实施专利发明的权利,或禁止专利产品进口的权利。

(3)许可权。专利权人拥有允许他人实施其专利的权利。

(4)转让权。专利权人拥有根据自己的意愿依法转让专利使用权或所有权的权利。若是专利所有权转让,原专利人享有的各种权利和义务便全部转归于受让人享有。

(5)标记权。专利权人拥有在其产品包装上标明专利标记和专利号的权利。

(6)放弃权。当专利年代过久,失去其保留价值时,为了停止缴纳年费,专利权人拥有提出放弃专利权的权利。

(7)受保护权。当专利受到侵犯时,专利权人拥有向专利管理机构提出寻求法律保护的权利。

值得注意的是,许多国家规定,发明人有义务实施其专利,如果本人不实施,就要求他向愿意使用其发明的人授予强制许可。但在美国,专利权人拥有制造、使用或销售其发明的权利;也拥有不制造、不使用或不销售其发明的权利。虽然不实施专利具有垄断之嫌,但权利人没有实施强制许可的义务,也就是说没有实施其发明的义务,却有制止他人对其发明进行制造、使用或销售的权利。② 中国《专利法》(2008)第48至51条规定,在下列任一情况下,国务院专利行政部门可以实施强制许可:

(1)专利权人自专利权被授予之日起满三年,且自提出专利申请之日起满四年,无正当理由未实施或者未充分实施其专利的;或者专利权人行使专利权的行为被依法认定为垄断行为,为消除或者减少该行为对竞争产生的不利影响的,国务院专利行政部门可以根据具备实施条件的单位或者个人的申请,给予实施发明专利或者实用新型专利的强制许可。

(2)在国家出现紧急状况或非常情况时,或者为了公共利益的目的时,国务院专利行政部门可以给予实施发明专利或者实用新型专利的强制许可。

(3)为了公共健康目的,对取得专利权的药品,国务院专利行政部门可以给予制造并将其出口到符合中华人民共和国参加的有关国际条约规定的国家或者地区的强制许可。

(4)一项取得专利权的发明或者实用新型比前已经取得专利权的发明或者实用新型具有显著经济意义的重大技术进步,其实施又有赖于前一发明或者实用新型的实施的,国务院专利行政部门根据后一专利权人的申请,可以给予实施前一发明或者实用新型的强制许可。

---

① 参见《专利法》(2008)第一章"总则"第2条;史晓东、张文政主编:《世界多边贸易须知大典》,中国财政经济出版社1996年版,第1404—1405页。

② 参见〔美〕阿瑟·R.米勒、迈克尔·H.戴维斯:《知识产权法概要》,孙健红等译,中国社会学出版社1998年版,第157—159页。

在依照前款规定给予实施强制许可的情形下,国务院专利行政部门根据前一专利权人的申请,也可以给予实施后一发明或者实用新型的强制许可。

二、专利的法律保护

1. 专利权授予的范围

并不是所有的发明都可以得到专利。什么样的发明可以取得专利权？有些发明创造虽符合专利权规定的一切技术要求,但因其具有违法之目的,或有危害公共利益和社会秩序的消极后果,或不利于本国经济的发展和人民生活的安定,因而不受专利法保护。比如,开启门锁或保险柜的发明；污染严重的炼金技术等。

各国在专利权授予范围上,规定不一。我国1984年3月12日颁布的《专利法》规定下列项目不能得到专利权:(1)科学发现；(2)智力活动的规则和方法；(3)疾病的诊断和治疗的方法；(4)食品、饮料和调味品；(5)药品和用化学方法获得的物质；(6)动物和植物品种；(7)用原子核变方法获得的物质。

美国对中国不将药品纳入保护非常恼火。为了与国际上通行的做法相一致,以及履行《中美知识产权谈判谅解备忘录》,1992年,我国对《专利法》作了较大幅度的修改,9月4日通过《专利法修订案》；12月2日,颁布了《专利法实施细则》,并于1993年1月1日正式施行。新的《专利法》参考了国际惯例和外国专利法的经验,结合中国国情,将食品、饮料、调味品、药品和用化学方法获得的物质等产品发明纳入法律保护之列。

2000年,我国《专利法》再次进行修改,规定不授予专利权的发明创造包括两大方面:

第一,违反国家法律、社会公德或者妨害公共利益的发明创造。违反国家法律的发明创造主要是指,该发明创造所要达到的目的是法律所明文禁止的；违反社会公德的发明创造主要是指,该发明与本国特定的民族习俗、道德风尚及宗教信仰相抵触；妨害公共利益的发明创造是指,该发明创造存在着对国家利益和公共利益造成危害的现实可能性和潜在可能性。

第二,不宜给予保护的发明创造:(1)科学发现；(2)智力活动的规则和方法；(3)疾病的诊断和治疗方法；(4)动物和植物品种,但对其所列产品的生产方法可以根据法律规定授予专利权；(5)用原子核变换方法获得的物质。

2008年12月27日,我国《专利法》(本书中涉及的所有法律法规,未作特殊说明时,均为最新版本)再次修改,根据其第5条、第25条的规定,不授予专利权的发明创造包括:第一,违反法律、社会公德或者妨害公共利益的发明创造；第二,违反法律、行政法规的规定获取或者利用遗传资源,并依赖该遗传资源完成的发明创造；第三,不宜给予专利权的发明创造:(1)科学发现；(2)智力活动的规则和方法；(3)疾病的诊断和治疗方法；(4)动物和植物品种；(5)用原子核变换方法获得的物质；(6)对平面印刷品的图案、色彩或者二者的结合作出的主要起标识作用的设计。但对上述"动物和植物品种"所列产品的生产方法,可以依照本法规定授予专利权。

2. 专利权授予的条件

根据我国《专利法》(2008)第22条的规定,一项发明或实用新型要获得专利权的授予,除了符合上述法律所规定的要求外,需要具备下列三个最基本的条件:

第一,新颖性。即未有人发明或提出过专利申请。"新颖性,是指该发明或者实用新型不属于现有技术；也没有任何单位或者个人就同样的发明或者实用新型在申请日以前向国务院专利行政部门提出过申请,并记载在申请日以后公布的专利申请文件或者公告的专利文件中。"而所谓"现有技术"是指"申请日以前在国内外为公众所知的技术"。

第二，创造性。即应比已有的技术更加先进。"创造性，是指与现有技术相比，该发明具有突出的实质性特点和显著的进步，该实用新型具有实质性特点和进步。"

第三，实用性。即可以实施，可以用于实践，并产生出好的效果。"实用性，是指该发明或者实用新型能够制造或者使用，并且能够产生积极效果。"

根据第23条的规定，一项外观设计要获得专利权的授予，需具备如下条件：

第一，应当不属于现有设计，即不属于申请日以前在国内外为公众所知的设计。

第二，没有任何单位或者个人就同样的外观设计在申请日以前向国务院专利行政部门提出过申请，并记载在申请日以后公告的专利文件中。

第三，与现有设计或者现有设计特征的组合相比，应当具有明显区别。

第四，不与他人在申请日以前已经取得的合法权利相冲突。

根据第24条的规定，申请专利的发明创造在申请日以前6个月内，有下列情形之一的，不丧失新颖性：(1) 在中国政府主办或者承认的国际展览会上首次展出的；(2) 在规定的学术会议或者技术会议上首次发表的；(3) 他人未经申请人同意而泄露其内容的。

3. 专利的申请与审批

一项发明创造要申请专利，必须按照专利法的规定以书面的形式向专利行政部门提出申请。申请发明或者实用新型专利的，需要提交请求书（或称申请书）、说明书、摘要和权利要求书等文件。请求书应当写明发明或者实用新型的名称，发明人姓名，申请人姓名或者名称、地址，以及其他事项；说明书应当对发明或者实用新型作出清楚、完整的说明，必要时还要附有图片；摘要应当简要说明发明或者实用新型的技术要点；权利要求书应当以说明书为依据，清楚、简要地限定要求专利保护的范围。依赖遗传资源完成的发明创造，申请人应当在专利申请文件中说明该遗传资源的直接来源和原始来源；申请人无法说明原始来源的，应当陈述理由。

申请外观设计专利的，需要提交请求书、该外观设计的图片或者照片等文件以及对该外观设计的简要说明等文件。申请人提交的有关图片或者照片应当清楚地显示要求专利保护的产品的外观设计。

根据美国《联邦条例汇编》(1991)第37卷第1条第14款的规定，专利申请书不能普遍公开，而应该被保密。专利申请书中必须对该发明进行文字描述，说明发明是由哪些技术特征构成的，以及所要求的权利。

专利行政部门收到专利申请文件的日期一般确定为该专利申请的"申请日"，如果申请文件是邮寄的，则以寄出的邮戳日为申请日。

在发明专利的审批程序上，中国采取"早期公开、延迟审查制度"。所谓早期公开，是指专利行政部门收到发明专利申请后，首先对申请作形式上的审查，即审查申请是否符合《专利法》关于格式与形式要求的规定，对符合要求者，自申请日起满18个月，即行公布。专利行政部门也可以应申请人请求提前公布。所谓延迟审查制度，又称请求审查制度，是指专利行政部门对发明专利申请进行形式审查后，对申请专利的实质内容推迟一段时间审查。实质审查是从技术角度对申请的发明专利进行审查，看其是否符合专利法所要求的新颖性、创造性和实用性。法律要求专利申请人在规定期限内主动提出对其专利进行实质审查的请求，若申请人在法定期限内不提出这一请求，则视为申请案自行撤回。

我国《专利法》第35条规定："发明专利申请自申请日起三年内，国务院专利行政部门可以根据申请人随时提出的请求,对其申请进行实质审查;申请人无正当理由逾期不请求实质审查的,该申请即被视为撤回。国务院专利行政部门认为必要的时候,可以自行对发明专利申请进行实质审查。"发明专利的申请人请求实质审查的时候,应当提交在申请日前与其发明有关的参考资料。

延迟审查的期限各国规定不一,2年至7年不等。专利申请人若希望早些获得专利权,也可以在申请案提出之际就请求实质审查。延迟审查期间,发明专利申请受法律临时保护。

申请人也可以利用优先权制度,提前进入实质审查程序。所谓优先权,就是根据国际条约或双边协定,成员国申请人若在某一成员国第一次提出某项专利申请,其申请日可以作为其在本国或其他成员国以相同主题申请专利的申请日。

第29条规定,申请人自发明或者实用新型在外国第一次提出专利申请之日起12个月内,或者自外观设计在外国第一次提出专利申请之日起6个月内,又在中国提出专利申请的,依照该外国同中国签订的协议或者共同参加的国际条约,或者依照相互承认优先权的原则,可以享有优先权。同样,申请人自发明或者实用新型在中国第一次提出专利申请之日起12个月内,又向国务院专利行政部门就相同主题提出专利申请的,也可以享有优先权。

第30条规定,申请人要求优先权的,应当在申请的时候提出书面声明,并且在3个月内提交第一次提出的专利申请文件的副本;未提出书面声明或者逾期未提交专利申请文件副本的,视为未要求优先权。

当发明专利申请经过实质审查,被批准授予专利权时,专利局需要进行下列工作:(1)向专利申请人发出通知,要求其前来办理缴费登记手续;(2)向申请人颁发专利证书;(3)在定期刊物上发布公告,告知公众这项发明已经被授予专利权,并在专利部门文献馆等处展出专利说明书、权利要求书及附图等物,供公众了解。发明专利权自公告之日起生效。

实用新型和外观设计专利申请比之发明专利申请要简单,经初步审查没有发现驳回理由的,由国务院专利行政部门作出授予实用新型专利权或者外观设计专利权的决定,发给相应的专利证书,同时予以登记和公告。实用新型专利权和外观设计专利权自公告之日起生效。

图3-1显示的是专利申请与审批的程序,从中可见,发明专利除了初审合格外,需要经过实质审查,而实用新型专利和外观设计专利的申请只要初审合格就可授予专利权。

对于涉及国家安全或重大利益的发明创造,根据《专利法》第4条,需要按照有关规定申请保密专利。所谓"涉及国家安全"的发明创造主要是指国防专用或对国防有重大价值的发明创造;"涉及国家重大利益"的发明创造则是指涉及国家安全以外的其他重大利益的发明创造。因为这些发明创造的公开将会影响国家的防御能力,损害国家的政治、经济利益或削弱国家的经济、科技实力。申请保密专利的发明创造只涉及发明和实用新型,不包括外观设计。

根据我国《专利法》及其实施细则,自国务院专利行政部门公告授予专利权之日起,任何单位或者个人认为该专利权的授予不符合本法有关规定的,可以请求专利复审委员会宣告该专利权无效。请求人必须提交复审请求书,说明理由,必要时还应当附具有关证据。专利复审委员会收到复审请求书后,应当及时审查,作出宣告专利权无效或者维持专利权的决定,并通知请求人和专利权人。宣告专利权无效的决定,由国务院专利行政部门登记和公告。[①]

---

① 参见《专利法》第4、39、40、45、46条,《专利法实施细则》(2010)第42、48、60条;中华人民共和国国家知识产权局:《如何确定专利申请是否需要保密审查?》,http://www.sipo.gov.cn/zsjz/cjwt/201310/t20131024_843511.html,2006-04-25。

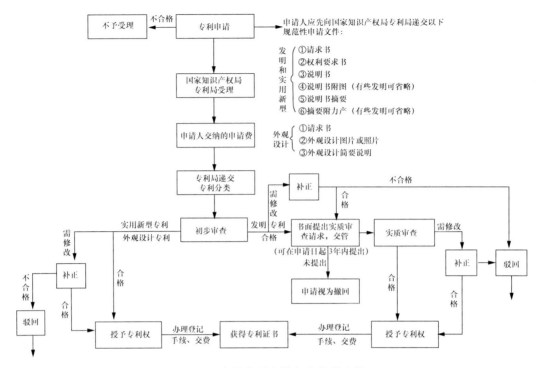

图 3-1 中国专利申请与审批程序图

资料来源:中华人民共和国国家知识产权局:《专利申请与审批程序》,http://www.sipo.gov.cn/zsjz/zhzs/201310/t20131024_843479.html,2005-01-25。

4. 专利权保护期限

从各国情况看,专利保护期限一般为15年至20年。美国的专利期限为17年,并且不能续展。《美国注释法典》第35编第154条规定,专利期限届满,发明便自动进入公共领域,人人有权制造、使用或销售这一发明。在美国,专利期限以实际授予专利权开始,在正式授予之前,竞争者可以对正在申请专利的发明自由使用、制造或销售,物品上所载"专利待授"字样不具有任何保护作用。[①]

在中国,发明专利权保护期限为20年;实用新型专利权和外观设计专利权为10年。根据《专利法》第42条的规定,专利期限从申请日开始,这意味着在申请期间任何他人使用该项发明或实用新型或外观设计都可能构成侵权,当申请人获得专利时,可以依法追究其侵权行为。

三、专利法的产生和发展

1. 专利法的产生

专利法的产生最早可以追溯到古希腊时代,不过一般认为现代意义上的专利法的起点是从1623年英国制定的《反垄断法》开始的,这是因为该法律谈到的一系列基本的专利问题至今仍有影响。该法中止了皇家大批量授予垄断权的行为,为后来防止无限制地授予专利垄断的立法提供了思路。

---

① 参见〔美〕阿瑟·R. 米勒、迈克尔·H. 戴维斯:《知识产权法概要》,周林等译,中国社会科学出版社1998年版,第157—159页。

最先将专利权以法律的形式加以保护的是美国。北美独立战争爆发时,没有全国性的专利法律,所有的殖民地都在授予专利。一个发明者要想使自己的专利得到实际保护,就必须到许多州申请专利。为此,1787 年,美国制宪会议提出了一项议案,将授予有规定期限的专利权与版权的权力并入联邦政府的权力之中。该提案被无异议地采纳并写入宪法之中。

《美国宪法》第 1 条第 8 款第 8 项,在明确赋予国会的为数不多的权力中,美国制宪者这么写道:"确保作者和发明者在特定时期内对其著述与发现拥有绝对权力,以此促进科学与实用艺术的进步。"宪法所规定的保障专利的权力不仅对当时而且对未来都产生了很大的影响。美国总统亚伯拉罕·林肯(Abraham Lincoln,1809—1865)对此曾作出高度评价。1859 年,他在伊利诺伊州杰克逊维尔发表《论发现与发明》的演讲时指出:"此前,某项发明刚一问世,任何人都有可能立刻加以利用。因此,发明者并未从自己的发明中获得任何特殊利益。专利制度改变了这一切,发明者在特定时间内对发明拥有绝对使用权,在发现与生产新奇实用物品过程中,天才之'火'因此被添加了'利益'之油。"林肯认为专利制度点燃了民众,无论是出身高贵还是出身卑微的实干天才之火。也就在他发表演说那年,他本人因为发明一种"能使船舶驶过浅滩的装置"而获得一项编号为"6469"的美国专利。

1790 年,美国第一部《专利法》诞生,到 1999 年为止美国共授予 500 多万项专利。仅 2014 年,美国就授予 17.3738 万项专利。美国学者迈克尔·诺瓦克(Michael Novak)认为,在人类历史的大部分进程中,土地一直是财富的最重要来源,从 1790 年起,才智与技能成为主要来源;发明创造与经济利益的结合既改变了美国,同时也改变了世界。[①] 目前,美国开设了网上申请专利的通道,专利电子商务中心(Patent Electronic Business Center)专门处理专利申请的电子文件,这大大便利了申请者,也提高了申请文本的处理效率。

2. 专利法的发展

工业革命时期,为了鼓励发明创造、技术革新,欧美各国相继颁布专利法,并根据实践的效果和实际的需要,不断进行修订。1790 年,美国颁布第一部专利法,1793 年、1836 年、1952 年进行了三次大的修订。1952 年修订本被完整地纳入《美国注释法典》第 35 编,其中包括外观设计专利与植物专利,以及专利申请、授予、使用、质疑的法律规定及实际操作的步骤。这些都是根据一个半世纪以来立法与司法的实践经验制定的。1995 年,根据《乌拉圭回合协议法》,美国对该专利法又作过一次较大幅度的修订。

从专利权的国际保护看,最早保护专利权的国际公约是《巴黎公约》。该公约保护的范围不仅仅是专利,还包括商标等其他工业产权。1900 年、1911 年、1925 年、1934 年、1958 年、1967 年、1979 年,该公约先后七次被修订。根据 1979 年的修订本,工业产权有着最广义的定义,不仅适用于工业和商业本身,也适用于农业和采掘业以及一切制成品或天然产品,例如酒类、谷物、烟叶、水果、牲畜、矿产品、矿泉水、啤酒、花卉和谷类面粉。工业产权保护的对象为专利、实用新型、工业品外观设计、商标、服务标记、厂商名称、货源标记或原产地名称,以及制止不正当的竞争。

[①] 参见 Michael Novak:《给发明之火添加经济利益之油》,载《交流》1999 年第 3 期;〔美〕阿瑟·R. 米勒、迈克尔·H. 戴维斯:《知识产权法概要》,周林等译,中国社会科学出版社 1998 年版,第 4—5 页;2014 年数据来自 AcclaimIP:《2014 年美国授权专利统计结果》,载 199IT 中文互联网数据资讯中心:http://www.199it.com/archives/320810.html,2015-01-11。

1970年6月19日,35个国家在华盛顿签署《专利合作条约》(The Patent Cooperation Treaty,简称PCT),由此出现"国际专利"。PCT属于世界知识产权组织管理下的国际专利体系,一份专利申请在这里获得批准,就可以在成员国家或地区内得到保护,因此参加该条约的成员逐年增多,到2016年1月已达到148个。中国于1993年10月1日签署PCT,并从1994年1月1日开始实施和履行该条约。中国专利局也已经成为该机构的专利国际初审机构成员。PCT的产生和成员的不断增加,大大地促进了国际专利申请数目的增加。该条约根据实际情况于1979年、1984年、2001年进行了三次修改;相应地,《专利合作条约实施细则》也经过多次修订,目前最新的修订本在2013年7月1日生效。

四、国际专利申请的途径和阶段

1. 国际专利申请的途径

根据中国知识产权局的申请指南,目前中国申请人申请多个国家的专利有两种途径:

(1)传统的巴黎公约途径。要求申请人自优先权日起12个月内向多个国家专利局提交申请,并缴纳相应的费用。利用这种途径申请的弊端是,申请人可能没有足够的时间去准备文件和筹集费用。

(2)PCT途径。申请人自优先权日起12个月内直接向中国国家知识产权局提交一份用中文或英文撰写的申请,一旦确定了国际申请日,则该申请在PCT的所有成员国自国际申请日起具有正规国家申请的效力。申请人自优先权日起30个月内向欲获得专利的多个国家专利局提交申请的译文,并缴纳相应的费用。利用这种途径申请的好处显而易见:

第一,简化了申请的手续,申请人无须一国一国地递交申请和支付申请费用。

第二,申请人可以使用自己熟悉的语言(中文或英文)撰写申请文件,并直接递交到中国国家知识产权局专利局。

第三,推迟申请人的决策时间,准确投入资金。在国际阶段,申请人会收到一份国际检索报告和一份专利性初步报告。根据这些报告,申请人可以初步判断自己的发明是否具专利性,然后根据需要自优先权日起30个月内办理进入多个国家的手续,即提交国际申请的译文和缴纳相应的费用。如果自己初步判断根据该报告,申请某国专利可能困难,则可不必办理进入该国的手续,免得资金遭受损失。

第四,可以完善申请文件。当申请人接到国际检索报告和专利性初步报告后,可以根据报告进一步修改申请文件,以便成功申报。

第五,减轻成员国国家局的负担。传统巴黎公约的途径,使得各成员国国家局都需要对进入本国的每个专利申请从形式到技术进行逐一审查,重复劳动,工作量很大。出现了PCT途径后,最初的审查工作统一由国际专利局去做,在初始阶段就将不合理的申请淘汰,这大大地减轻了成员国国家局的负担。

2. 国际专利申请的阶段

国际专利申请要经历国际审查和国家审查两个阶段。(见图3-2)

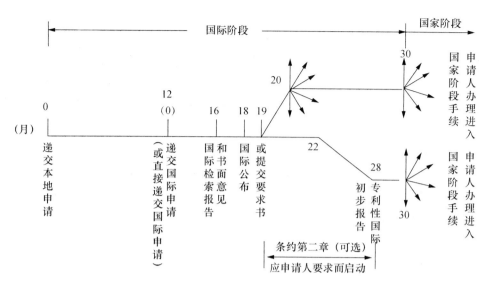

图 3-2 国际专利申请两阶段程序

注释:(1)"数字"表示自优先权日起的期间。比如"12"表示递交国际申请要求自优先权日起 12 个月内;"18"表示自优先权日起 18 个月内,世界知识产权组织国际局应完成国际公布。(2)"多箭头"表示向不同的国家提出申请。申请人或者要求走下面国际初步审查这一程序:自优先权起 30 个月向欲进入的国家提出国际申请;或者走上面这一程序:自优先权起 20 个月或 30 个月起向欲进入的国家提出国际申请。(3)"条约第二章(可选)"是指根据《专利合作条约》第二章,国际初步审查是可选程序。

资料来源:中华人民共和国知识产权局:《国际申请简介》,http://www.sipo.gov.cn。

(1)国际审查阶段。主要是进行国际检索,目标是努力发现相关的现有技术,决定是否授予专利权。其程序包括:

① 递交申请。申请人在本国递交申请,或直接向国际局递交申请。中国国家知识产权局作为受理局、国际检索单位、国际初步审查单位,接受中国公民、居民、单位提出的国际申请。

② 国际检索。当申请人按时缴纳检索费后,国际检索便启动了。如果国际申请是递交到中国国家知识产权局的,国际检索就由中国国家知识产权局来承担。

③ 国际检索报告和书面意见。经检索后,申请人将得到一份国际检索报告和一份书面意见。检索报告中将列出相关的对比文献;书面意见则对请求保护的发明是否具有新颖性、创造性、工业实用性提出初步的、无约束力的意见。

当发生以下情形之一时,中国国家知识产权局将宣布不制定国际检索报告:第一,国际申请涉及的规定不要求进行检索的主题;第二,说明书、权利要求书或附图不符合要求,以至于无法进行有意义的检索。

④ 国际初步审查。该程序不是必经程序,而是应申请人的要求启动的程序。如果申请人不准备对申请文件进行修改,不准备将进入瑞士、瑞典、卢森堡、坦桑尼亚、乌干达、赞比亚的期限延长到 30 个月,则可不选择该程序。上述 6 国规定,若未在自优先权日起 19 个月内向国际初步审查单位提交要求书,进入国家阶段的期限是自优先权日起 20 个月。

只要是中国国家知识产权局受理的国际申请,国际初步审查就由中国国家知识产权局承担。申请人提交合格的国际初步审查要求书,缴纳手续费和初步审查费后,该程序就会启动。在检索阶段,审查员的审查是封闭的,而在初步审查阶段,审查员和申请人之间可进行交流。

初步审查后,申请人可能会得到一份书面意见,最后得到国际初步审查报告。报告对请求保护的发明是否具有新颖性、创造性、工业实用性将提出初步的、无约束力的意见。

⑤ 国际公布。自优先权日起 18 个月,由世界知识产权组织国际局负责完成国际公布。

在国际阶段,申请人有两次修改机会。一次是申请人在收到国际检索报告后,在规定的期限内针对权利要求书向国际局提出修改;另一次是启动初步审查程序后,可进行修改。

(2) 国家审查阶段。在完成国际阶段的程序后,进入国家审查阶段。由于 PCT 尚未实现授权的国际合作,因此授权的任务仍由各个国家局完成。申请人可以自优先权日起 30 个月内(有些国家要求 20 个月),向欲获得专利保护的国家提交该国规定的国际申请的译文,缴纳规定的费用,指明要求获得的保护类型。虽然各国法律不同,相关规定不同,但基本程序大致如下:

① 初步审查。

② 国家公布。

③ 实质审查。参考国际检索和国际初步审查结果进行实质审查,决定是授权还是驳回该申请。

④ 其他后续程序。

3. 特别要求

根据中国知识产权局的管理规定,中国的国民或中国法人、在中国境内有长期居所的外国人或在中国工商部门注册的外国法人,都可向中国国家知识产权局提出国际申请。但中国对本国的国民或单位提交国际申请,有着特别的要求:

(1) 申请人应委托中国国家知识产权局指定的涉外代理机构办理;

(2) 申请人就其在国内完成的发明提出 PCT 申请的,可先向中国国家知识产权局提出中国专利申请,也可直接提出国际申请;

(3) 申请人应声明该发明不涉及国家安全和国家重大经济利益。[①]

第三节 商 标 权

一、基本概念

1. 商标的概念

商标(trade mark)是指区别不同企业商品的一种专用标记。各国对商标概念的表述不同。世界知识产权组织的定义是:"商标是用来区别某一工业或商业企业或这种企业集团的商品的标志。"它通常由一个或多个文字、字母、符号、名称或图案组成,或其组合所构成。

我国《商标法》(2014)第 8 条规定,任何能够将自然人、法人或者其他组织的商品与他人的商品区别开的标志,包括文字、图形、字母、数字、三维标志、颜色组合和声音等,以及上述要素的组合,均可以作为商标申请注册。

---

① 参见中华人民共和国知识产权局:《国际申请简介》,http://www.sipo.gov.cn/sipo/zlsq/zlsqxz/t20050728_51619.htm。

2. 商标的作用

作为商品专用标记的商标,其作用主要体现在以下几个方面:

(1) 表示商品的来源,帮助人们识别不同企业的商品,以保护消费者的利益。

(2) 代表产品的性质和质量,促使企业注重提高产品质量,维护企业的信誉和知名度。

(3) 便于国家对产品质量进行监督与管理,我国《商标法》第 7 条规定:"商标使用人应当对其使用商标的商品质量负责。各级工商行政管理部门应当通过商标管理,制止欺骗消费者的行为。"

(4) 反映企业的品牌,起到宣传企业、开拓市场、扩大产品销路、提高商品竞争力的作用。

(5) 体现国家外在形象,反映一国产品实力、企业实力、产业实力和经济实力。

3. 商标的价值

商标是企业财产的一部分,在商标知名度很高的企业中,商标的价值甚至可能超过企业的有形资产。商标的价值来源于企业对自身品牌的创建,全球最大的品牌咨询机构 Interbrand 每年都会评选全球 100 个最有价值的品牌。从各年的情况看,一些公司的品牌价值在上升,一些则在下降。表 3-1 是 2013—2015 年前 10 名品牌的价值情况,从中可见,主要为美国公司。2015 年,在全球最有价值的 100 个名牌中,美国占据 52 席,前 10 名中美国占据 8 席。

表 3-1　2013—2015 年全球十大品牌的价值

品牌	国别	2013 年 品牌价值(亿美元)	排名	2014 年 品牌价值(亿美元)	排名	2015 年 品牌价值(亿美元)	排名	行业
苹果(Apple)	美国	983.16	1	1188.63	1	1702.76	1	技术
谷歌(Google)	美国	932.91	2	1074.39	2	1203.14	2	技术
可口可乐(Coca-Cola)	美国	792.13	3	815.63	3	784.23	3	饮料
国际商用机器公司(IBM)	美国	788.08	4	722.44	4	650.95	5	商业服务
微软(Microsoft)	美国	595.46	5	611.54	5	676.70	4	技术
通用电气(GE)	美国	469.47	6	454.80	6	422.67	8	多元
麦当劳(McDonald's)	美国	419.92	7	422.54	9	398.09	9	餐厅
三星(Samsung)	韩国	396.10	8	454.62	7	452.97	7	技术
英特尔(Intel)	美国	372.57	9	341.53	12	354.15	14	技术
丰田(Toyota)	日本	353.46	10	423.92	8	490.48	6	汽车
梅塞德斯—奔驰(Mercedes-Benz)	德国	319.04	11	343.38	10	367.11	12	汽车
亚马孙(Amazon)	美国	236.20	19	294.78	15	379.48	10	零售

资料来源:根据下面信息数据制表:Interbrand. Best Brands. Interbrand Best Global Brands 2013 rankings, Interbrand Best Global Brands 2014 rankings, Interbrand Best Global Brands 2015 rankings. http://interbrand.com/best-brands/.

在中国,随着经济的发展,企业品牌意识的提高,中国企业已经不再满足以极低的成本为海外大公司制造商品,然后让自己生产的成品打上外国公司的商标,一些企业逐渐创立自己的"增值"品牌打入国内外消费市场。根据国家工商行政管理总局商标局统计数据,截止到 2014 年,中国累计商标注册申请量达到 1552.67 万件,累计商标注册量 1002.75 万件,有效注册量 839 万件,继续保持世界第一。[①] 图 3-3 显示的是自 1999 年以来中国商标注册申请和核准注册情况,从中可见,以年均 18.9% 的速度增加,体现了企业对商标品牌的重视。

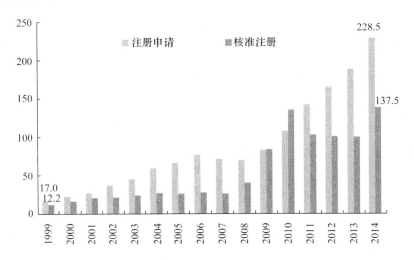

图 3-3　1999—2014 年中国的商标注册申请和核准注册数(万件)
注释:数字为国内、国际、马德里商标注册申请或核准注册合计数。
数据来源:根据以下信息制图:中华人民共和国国家工商行政管理总局商标局、商标评审委员会编著:《中国商标战略年度发展报告(2014)》中国工商出版社 2015 年版,第 5、119 页。

20 世纪初,青岛"海尔"、"燕京"啤酒、"联想"电脑、"鄂尔多斯"羊绒衫等品牌已打入包括欧美在内的海外市场,其中海尔、康佳、长虹和 TCL 等公司已在东南亚迅速拓展自己品牌的销售网,2002 年 TCL 公司甚至还收购了陷入困境的德国施耐德电子股份公司,2003 年又到美国寻找收购对象。中国一些省市也确立起自己的名牌战略,用几年或十几年的时间创立起国内外知名品牌。例如,在包括彩电、冰箱、空调、味精、洗衣机、微波炉、微型计算机、摩托车等十大类商品的首届中国名牌产品评选中,作为全国工业基地和商业中心的上海仅"开开""海螺""杉杉"三家服装品牌榜上有名。为了改变这种现象,"十五"期间上海制订了名牌战略计划,力争本市 60 项产品登上中国名牌行列,并形成若干个在国际市场上有较强竞争力的世界名牌产品。随着各地对品牌的重视、保护与政策扶植,中国企业出现越来越多的著名商标、驰名商标。表 3-2 是 2004 年 2 月—2013 年 1 月国家商标局公布的驰名商标认定数目,从中可见,认定的驰名商标逐年增多。

[①] 中华人民共和国国家工商行政管理总局商标局、商标评审委员会编著:《中国商标战略年度发展报告》,中国工商出版社 2014 年版,第 5 页。

表 3-2　2004 年 2 月—2013 年 1 月国家商标局公布的驰名商标认定数目（件）

年份	合计	商标局认定				商标评审委员会认定	
		商标管理案件	异议程序	专用权行动	年度认定	商标争议案	年度认定
2004	247	26	43	62	105	11	—
2005	339	—	87	64	64	11	113
2006	180	—	—	—	149	—	31
2007	197	130	16	—	—	51	—
2008	228	136	33	—	—	—	59
2009	390	277	113	—	—	—	—
2010	682	510	104	—	—	68	—
2011	874	639	50	—	—	183	—
2012	1298	902	216	—	—	180	—
合计	4435	2620	664	126	318	504	203

注释：(1)"异议程序"数目包括商标局在商标异议案件中认定，在异议复议、争议案件中认定，在异议程序中认定；"专用权行动"为保护注册商标专用权行动；"商标争议案"包括商标评审委员会在商标异议复审、争议案件中认定，在争议案中认定。(2)2012 年合计和商标管理案件数包括 2012 年 12 月 30 日到 2013 年 1 月 4 日整体公布的商标局在商标管理案件中认定的驰名商标 492 件。(3)认定数目中包括外国驰名商标。

数据来源：根据以下信息制表：中华人民共和国国家工商行政管理总局商标局公布的信息，以及中国商标网：http://sbj.saic.gov.cn/cmsb/index.html。

二、商标的分类

商标根据不同的标准，可以划分为以下几种类型：

1. 按商标结构分类

按商标结构分类，商标可划分为文字商标、图形商标、组合商标、颜色商标、立体商标和无形商标。

（1）文字商标，指用文字构成的商标。文字可以是汉字、少数民族文字、外文、汉语拼音、阿拉伯数字、拉丁文字等。字体可以是宋体、楷书、隶书、草书、篆体等，也可以是变形的美术字。文字商标的好处是易读、易懂、易记，比如"三枪""555"。不利之处是同音、近音、同形词语易于混淆，如"红牛"与"红妞"，"Coca"与"Cock"。各国商标法对能够使用的标志或词语都有所界定，例如，仅仅反映商品质量、主要原料、功能、用途、重量、数量及其他特点的用语标志，是不能用来作为注册商标的。再如，不能用"优质茶"这样的用语标志作为某种茶叶的商标。申请注册的商标，应当有显著特征，便于识别，不易与其他商标混淆，不带有夸大和欺骗性。

（2）图形商标，指用图形构成的商标。它可以是人工绘制的图画，也可以是摄影作品；可以是动物、植物，也可以是人物。除商标法禁用条款规定的内容不得作为图形商标外，其他图形都可使用。图形商标的好处是形象鲜明、生动活泼，印象深刻；不利之处是不易称呼。

（3）组合商标是指将文字和图形或记号结合组成的商标。它既保留了文字商标立意明确、便于呼叫的优点,也吸纳了图形形象醒目、印象深刻的优点;不利之处是若设计不好,会使人产生臃肿之感。因此,设计组合商标,应尽可能做到图案简洁明了,文字和图形相协调。

(4) 颜色商标,指由某种色彩或不同色彩构成的商标。关于颜色是否能够成为商标,各国的规定不同。一些国家认为颜色不能成为商标;一些国家认为单一颜色不能申请商标注册,只有不同颜色的组合才能成为商标;还有国家同意单一颜色也能申请注册商标,比如1985年美国欧文斯·克宁纤维玻璃公司案判决认为,只要一个申请人能够证明他的使用并没有严重地反对竞争的作用,那么在这种极个别的情况下,单一颜色就可以注册。1995年,美国最高法院对 Qualitex 公司诉 Jacobson 公司一案判决也认为,只要特定颜色具有辨别商品出处的特殊功能,单一颜色构成的商标也可以得到保护。中国2001年修改的《商标法》增加了对颜色商标的保护,但仅限于颜色组合,单一颜色不能申请商标注册。2013年修改的《商标法》保持了这一规定。

(5) 立体商标,指用产品的外形或包装特型构成的商标。比如某些饮料和香水的瓶型、香烟盒的形状等,造型独特,给人美感,印象深刻。虽然立体标志属于工业品外观设计,但为了能像商标那样得到无限期的保护使用,产品开发者往往申请商标注册加以保护。美国、法国、英国、德国等国的商标法明确地对立体商标给予保护,中国修改的商标法增加了对立体商标的保护,2014年实施的《商标法》第8条规定可视性"三维标志"即立体标志可作为商标申请注册,也允许三维标志与文字、图形、字母、数字、颜色组合和声音形成组合的商标。

(6) 无形商标,包括气味商标、音响商标、激光全息商标,是指无固定形态,由特殊气味或固定声响或激光全息标示某种商品的商标。① 中国《商标法》允许声音注册商标。比如中国小霸王游戏机采用著名播音员"哈哈,小霸王其乐无穷"的声音作为商标。美国第一个获得商标注册的声音商标是"全国广播公司 NBC"就其广播服务注册的三声钟声。微软公司生产的计算机软件开机时的音响,美国 MGM 制片厂的狮子啼声等,都将声音注册了商标。

2. 按商标使用者分类

按商标使用者分类,商标可划分为制造商标、销售商标和服务商标。

(1) 制造商标,又称生产商标,是产品生产者在其生产的产品上使用的标记。如大众汽车集团的"宝来"(Bora)、"波罗"(Polo)、"奥迪"(Audi)、"帕萨特"(Passat)、"高尔夫"(Golf)等商标,北京联想电脑集团的"联想"(LEGEND,后更名为"LENOVO")商标,都属制造商标。使用制造商标是为了区别不同厂家生产的同类产品,扩大厂家的知名度,它有利于督促厂家提高产品质量。

(2) 销售商标,是商品销售者在其经销的商品上所加的标记。商业经销者使用销售商标是为了向消费者表示所经销的商品和厂家都是经过精心挑选的,西方国家一些大商场、超市往往通过销售商标,增加消费者对商场的信赖程度,从而扩大商品的销售量。如2014年《财富》世界500强排行榜中位于第一的美国超市"沃尔玛"(Wal-Mart),位于第63位的英国著名大商家乐购(TESCO)。此外,使用销售商标还有利于保护消费者的利益。在上海,为打击假冒伪劣产品,保护消费者的利益,同时提高商场的信誉,南京路等商业街曾开展"商场无假货"活动,不少大商业企业,比如"华联超市",都使用了销售标记。

---

① 参见〔美〕阿瑟·R.米勒、迈克尔·H.戴维斯:《知识产权法概要》,周林等译,中国社会科学出版社1998年版,第164—165页;陈耀东:《商标保护范围研究》,天津人民出版社2003年版,第15—18页;中国《商标法》(2013)第8条、第11条。

(3)服务商标,指服务部门,如运输、保险、银行、建筑、旅游、旅馆、饭店、广播、通信等服务行业使用的标记。使用服务商标的目的是为了区别同类部门的服务项目和质量,扩大知名度。世界上许多国家包括中国都以法律的形式对服务商标给予承认。中国《商标法》第4条规定:"自然人、法人或者其他组织在赊购农产经营活动中,对其商品或者服务需要取得商标专用权的,应当向商标局申请商标注册。本法有关商品商标的规定,适用于服务商标。"《美国注释法典》第15编第1127条规定,服务商标基本上是用于服务销售而不是商品销售。根据美国1976年"无助者海上救助和远送公司案",仅仅一个商业名称是达不到服务商标资格的,服务商标不仅必须把一个企业当作商业组织,还必须识别和区别所提供的服务。[①]

3. 按商标特殊性质分类

按商标特殊性质分类,商标可划分为防御商标、等级商标、系列商标、证明商标(保证商标)、集体商标(团体商标)、驰名商标和地理商标。

(1)防御商标,是指同一商标所有人在自己生产或销售相同的或类似的或不同的商品上注册多个商标,以防止他人以近似商标以假乱真。申请注册防御商标必须是驰名商标。比如驰名商标"金利来"的所有人在相同或类似商品上,注册了"银利来""铜利来";哈尔滨磁化厂为其磁化产品注册"哈磁"商标的同时又注册了8个可能被人仿冒的商标,这些暂时备而不用的商标就是防御商标。一些教材将带有防御性质的商标划分为联合商标和防卫商标,将防卫商标称为防御商标,认为联合商标和防卫商标的区别在于前者是商标所有人在相同或类似的商品上注册几个相互近似的商标,如"金利来"一例;而后者是商标所有人同时注册在其他非同种或非类似商品上的商标。本书认为,注册联合商标的目的是为了防止他人利用驰名商标的信誉推销劣质商品,因此也可以将其视为防御商标。

(2)等级商标,是指生产者为区别同种商品的质量等级而使用的商标。例如,"宝来"(Bora)和"波罗"(Polo),"奥迪"(Audi)和"帕萨特"(Passat)代表了大众集团在中国生产的不同级别的汽车。使用等级商标是为了让消费者鉴别购买。等级商标可以一并申请注册,一并转让或许可他人使用,也可独立注册,独立注销,独立转让。这取决于商标所有人,法律没有专门条款加以限定。

(3)系列商标,指生产者在其所生产的各种产品上使用同一种商标,比如"小天鹅"洗衣机、"小天鹅"电冰箱、"小天鹅"空调机等。使用系列商标的目的是为了表明厂家在各种商品生产上质量的一致性,从而扩大销路。根据中国《商标法》第22条,"商标注册申请人可以通过一份申请就多个类别的商品申请注册同一商标"。"商标注册申请人应当按规定的商品分类填报使用商标的商品类别和商品名称,提出注册申请。"第23条进而规定,如果注册商品需要在核定使用范围之外的商品上获得商标专用权,那就需要另行提出注册申请。

(4)证明商标(certification mark),又称保证商标,指行会或标准化组织授予的标志,用来证明商品或服务的来源、原料、制造方法、质量、精密度或其他特点,以区别劣质或质量较低产品,扩大销售。根据中国《商标法》第3条所做的定义:"证明商标,是指由对某种商品或者服务具有监督能力的组织所控制,而由该组织以外的单位或者个人使用于其商品或者服务,用以证明该商品或者服务的原产地、原料、制造方法、质量或者其他特定品质的标志。"比如,纯羊毛标志,达到100%的纯新羊毛的产品才可以使用这一标志。又如欧盟制造业中用

[①] 参见〔美〕阿瑟·R.米勒、迈克尔·H.戴维斯:《知识产权法概要》,周林等译,中国社会科学出版社1998年版,第160页。

来表示质量标准的 ISO-9001 证明商标;日本电器产品上的"PSE"商标,以表示商品的安全。证明商标与传统商标(即一般商标)的区别在于:前者是产品某些特点的保证;而后者则表明产品的来源。

(5) 集体商标(collective mark),又称团体商标,是指以团体、协会或者其他组织名义注册,供该组织成员在商事活动中使用,以表明使用者在该组织中的成员资格的标志。比如,美国汽车协会的"AAA"商标就是一个集体商标。根据《美国注释法典》第 15 编第 1127 条,集体商标既表明商品或服务是由一个团体的某些成员生产或提供的,也表明这一特别团体的成员资格。因此,集体商标分为两种形式:一是集体成员资格商标,二是集体贸易或服务商标。① 一个俱乐部或团体可以注册它的商标,由成员使用,表示自己是某团体中的一员;也可以将商标用于文具、出版物或新闻稿上。1902 年,集体商标第一次使用在商业上。1976 年,美国汽车协会提出注册申请"AAA"商标,次年 5 月 24 日注册,注册号 1066462。需要强调的是,集体商标只能由某一组织申请,只允许组织成员在商业活动中使用,而不允许非组织成员使用,并且不能转让。中国《商标法》第 3 条规定,集体商标表明使用者在所在组织中的成员资格,只能由团体、协会或其他组织名义注册,并在该组织成员的商事活动中使用。集体商标与证明商标的区别在于:前者是用来表明某一生产者与某一团体之间的关系;而后者则用来证明某一产品的特点。

(6) 驰名商标(well-known trand-mark),指在一定地域范围为广大消费者所熟知并享有极高声誉的著名商标。驰名商标的确认权属国家商标主管机关。由于驰名商标的多少体现了一国的竞争实力,因此国家往往给予特别保护。体现在:无论该商标是否注册,国家都给予其商标专用权,并予以法律保护。《巴黎公约》要求成员国对驰名商标予以保护,其第 6 条之二(商标:驰名商标)规定,各成员国的国内法,均应禁止使用与驰名商标相同或相似的商标,并应拒绝接受与其相同或相似的商标注册,而不论该驰名商标本身是否已经注册。

关于驰名商标的认定标准,各国有所不同,国际公约也未对此作出具体规定。《与贸易有关的知识产权协议》只是提到确认驰名商标时应考虑"有关公众对它的知晓程度,包括在该成员地域内通过宣传而使公众知晓的程度"。鉴于国际贸易领域非法使用、假冒和抢先注册驰名商标案件屡屡发生,20 世纪 90 年代以来,一些地区性协定对驰名商标认定标准作出了较为明确的规定,如《北美自由贸易协定》第 1708 条、拉丁美洲安第斯组织的《卡塔赫那协定》第 84 条。

1985 年,中国成为《巴黎公约》成员国后,开始对驰名商标进行认定和保护工作。根据中国《商标法》第 14 条的规定,认定驰名商标应考虑以下因素:相关公众对该商标的知晓程度;该商标使用的持续时间;该商标的任何宣传工作的持续时间、程度和地理范围;该商标作为驰名商标受保护的记录;该商标驰名的其他因素。在中国,驰名商标的认定通过以下途径:第一,商标注册审查时,由工商行政管理局根据申请人提供的情况,征询有关部门和专家的意见进行认定;第二,在商标争议处理时,由工商行政管理局根据当事人的权利主张,对商标驰名情况作出认定;第三,在查处商标违法案件过程中,由工商行政管理局对商标驰名情况作出认定和保护。

2003 年,国家工商行政管理总局颁布了《驰名商标认定和保护规定》,2014 年进行了修

---

① 参见〔美〕阿瑟·R. 米勒、迈克尔·H. 戴维斯:《知识产权法概要》,周林等译,中国社会科学出版社 1998 年版,第 158—159 页。

订,规定认定驰名商标的机构为国家工商行政管理总局商标局、商标评审委员会。"认定"申请时,当事人需提交下列证据材料:证明相关公众对该商标知晓程度的材料;证明该商标注册时间不少于3年或者持续使用时间不少于5年的材料,包括该商标使用、注册的历史和范围的有关证据材料(若未注册商标,则应当提供其使用持续时间不少于5年的证明材料);证明该商标的任何宣传工作的持续时间、程度和地理范围,包括广告宣传和促销活动的方式、地域范围、宣传媒体的种类以及广告投放量等材料;证明该商标作为驰名商标受保护记录,包括该商标曾在中国或者其他国家和地区作为驰名商标受保护的有关材料;证明该商标驰名的其他证据材料,包括使用该商标的主要商品近3年的销售收入、市场占有率、净利润、纳税额、销售区域等材料。①

(7) 地理商标。世界贸易组织提出对地理标志的保护。根据世界贸易组织《与贸易有关的知识产权协议》第22条规定,地理标识是指"表明某商品来源于成员地域或该地域内的某地区或某地方一种标志,但该商品的特定质量、信誉或其他特点必须主要是由于该标志所示来源地所形成的"。它的适用范围包含国名和地名。一些国家对地理标志的保护是通过证明商标或集体商标的形式来实现的。

总体上说,地理标识不能作为商标注册,1993年修改的中国《商标法》第8条增加了地名作为商标的限制性规定,规定县级以上行政区划的地名或公众知晓的外国地名一律不得作为商标(具有其他含义的和已注册使用的地名除外)。2013年修订的《商标法》第10条规定:"县级以上行政区划的地名或者公众知晓的外国地名,不得作为商标。但是,地名具有其他含义或者作为集体商标、证明商标组成部分的除外;已经注册的使用地名的商标继续有效。"

由于地名在商标法中有时会具有特殊的经济、社会、人文等意义,不仅仅表示某一行政区划,因此各国在禁止以地名作为商标使用的前提下,都规定在例外的情况下地名可以作为商标使用。例如,在中国《商标法》中,一是地名具有其他含义的,比如凤凰牌自行车,"凤凰"是湖南省一个县的名称,也是传说中的神鸟,由此"凤凰"可以作为商标注册;二是作为集体商标、证明商标组成部分的,比如佛山陶瓷;三是已经善意取得注册使用的地名商标继续有效,比如上海牌手表。

三、商标权的概念与内容

1. 商标权的概念

商标权是指商标所有者依据法律程序向商标主管部门提出申请,经审查符合法律规定条件,核准商标注册并授予注册人该商标的专用权。

商标权是一种无形财产,受工业产权法保护。商标权人依法享受的权利主要有专用权、转让权和许可使用权。

专用权,又称排他权,是指商标权人享有独占使用该商标的权利,他人未经许可不得擅自使用该商标,否则构成侵权,商标所有人有权请求主管部门制止其侵权行为,并追究其法律责任。

转让权是指商标权人有权按自己的意志按法律程序将注册商标有偿或无偿地转让给他人,放弃对注册商标所拥有的所有权。

---

① 参见《驰名商标认定和保护规定》第3条、第8条。

许可使用权是指商标权人可以将注册商标有偿或无偿地许可他人使用,自己仍保留所有权。

2. 商标权的特点

商标权的特点是具有专用性、地域性和时间性。

专用性是指商标一旦注册,商标注册人就拥有对该商标的支配权和使用权,他人未经许可不得使用该商标,否则构成侵权。

地域性是指商标权受申请注册地法律保护,除参加国际公约另有规定外,不受非申请注册地法律保护;因此要想获得法律保护,必须按他国法律规定申请注册。

时间性是指商标权具有一定的期限,期满后可以申请续期。各国商标法关于商标权期限规定不一,一般为7—20年,比如英国和大多数原英联邦国家及地区商标法规定商标权保护期限为7年,法国、德国等欧洲大陆国家规定保护期限为10年,美国规定为20年。中国规定注册商标有效期为10年,自核准注册之日起计算;期满后可以续展,每次注册有效期为10年;对于连续3年停止使用注册商标的,任何单位或个人可以向商标局申请撤销该注册商标,商标局有权责令其限期改正或撤销该注册商标。

3. 商标权的法律保护

随着国际贸易的发展,跨国性的商标侵权行为也随之增加,为了保护本国商标不被侵犯,1883年3月20日各国在巴黎签署了《巴黎公约》,1891年4月14日又在马德里签订了《马德里协定》。中国分别于1985年3月19日和1989年10月4日正式成为该公约或协定的成员国,并根据国际公约修订本国商标法,对商标实行保护。

从各国侵犯知识产权的案件看,绝大多数侵权案件是商标侵权,表现为侵权假冒。据中国海关统计,从1998年到2002年底,中国大陆各口岸海关共查处进出口侵犯知识产权案件1480件,其中商标侵权案件1243件,占84%。仅2001年,在海关查获的308件商标侵权案件中,假冒商标案件就达297件,占97%。2014年,全国各地查处的商标违法案件中,侵权假冒案件3.72万件,全部案值近达4.9亿元,其中涉外案件9636件,占25.89%。①

所谓商标侵权,是指未经商标权人许可,擅自使用其商标,或者违反法律规定,以近似知名商品特有的名称、包装、装潢,造成与他人的知名商品相混淆,使购买者误认为是知名商标,从而构成对他人商标专用权的侵犯。

商标是企业质量和商业信誉的一种象征,经过商标权人长期的精心培育建立起来,商标侵权行为不仅直接损害了商标权人的利益,也损害了消费者的利益,扰乱了市场正常的经济秩序和国家利益,因此理应受到法律的严厉打击和制裁。为了保护商标权人的利益,各国通过商标法和反不正当竞争法对上述行为进行禁止与制裁。中国新修改的《商标法》关于商标保护的内容涉及两个方面:保护商标主体,即注册商标所有人;保护商标客体,即注册商标。未注册商标不享有商标专用权。在商标专用权保护方面,中国实行司法保护和行政保护"双轨制",其中绝大多数商标侵权案件由工商行政管理部门处理。随着中国对外贸易的快速发展,进出口环节侵犯知识产权的案件日益上升,为了制止侵犯知识产权的货物,特别是商标侵权货物的进出口,中国海关采取了积极有效的边境查处措施,取得显著成效。海关现已成

---

① 参见成卉青:《海关对商标专用权的保护》,载新浪企业服务:http://www.sina.net,2003-01-15;中华人民共和国国家工商行政管理总局商标局、商标评审委员会编著:《中国商标战略年度发展报告(2014)》,中国工商出版社2015年版,第124页。

为商标专用权保护的又一道屏障。

四、商标管理的法律制度

1. 商标确认的原则

在各国商标管理法律制度中,关于商标的确认,有以下几项原则:

(1) 使用在先原则(priority of use)。以商标先使用确定商标权的归属,即使该商标被他人抢先注册,也可以对已经注册的商标提出异议,要求撤销。

(2) 注册在先原则(priority of registration)。以商标注册确定商标权的归属,对于未注册商标不加保护。

(3) 无异议注册原则(non-contest registration)。原则上承认商标注册在先者拥有商标权,但允许商标先使用者在规定期限提出异议请求撤销,超过规定期限无人提出异议,则商标权属于先注册人。

(4) 优先权注册原则。根据《巴黎公约》第 4 条规定,签约国商标申请人可以在第一次提出商标注册申请后 6 个月内又在其他国家提出同样的商标注册申请时,将第一次申请日期作为第二次申请日期的优先权。

中国参加《巴黎公约》,享有商标注册申请的优先权。中国现行商标注册申请实行使用在先原则。《商标法》规定:以一种与他人在先使用但未注册的图案对同一种商品或类似商品去申请注册商标,他人提出异议,则不予注册。法律规定,"申请商标注册不得损害他人现有的在先权利,也不得以不正当手段抢先注册他人已经使用并有一定影响的商标"。当两个或两个以上商标注册申请人,在同一种商品或类似商品上,以相同或近似的商标申请注册时,初步审定并公告申请在先的商标;但如果他们是同一天申请的,则初步审定并公告使用在先的商标,驳回其他人的申请,不予公告。初步审定公告之日起 3 个月内,任何人认为该申请注册商标违反了本法规定的,都可提出异议,公告期满无异议的,予以核准注册。此外,商标注册人申请商标注册前,他人已经在同一种商品或类似商品上先于商标注册人使用与注册商标相同或近似并有一定影响的商标的,注册商标专用权人无权禁止该使用人在原使用范围内继续使用该商标,但可以要求其附加适当区别标识。①

2. 商标的注册

商标注册是指商标使用人为了取得商标专用权,按照一定的法律程序向商标主管部门提出商标注册申请,商标主管部门根据规定,经过审核,准予注册的制度。

商标注册程序一般包括申请、审查、初审公告、核准、注册、发放商标注册证。任何人对商标主管部门初步审定的商标都可提出不同的意见,但提出异议要符合法律规定和法律程序。商标异议期限一般为初审公告之日起 3 个月内。当有人在该期限内提出异议时,商标注册就要经过异议和异议复审程序。

商标注册遵循"自愿注册""全面注册""以自愿注册为主、强制注册为辅"等原则。

所谓自愿注册原则,是指是否注册商标由商标使用人自己决定,可以将使用的商标申请注册,也可以不申请注册。在这种原则下,虽然注册商标和未注册商标均可在市场上使用,但法律地位有所不同,商标注册人享有商标专用权、独占权、排他权,而商标未注册人则不享有这些权利。

---

① 参见中国《商标法》第 15 条、第 31 条、第 32 条、第 33 条和第 59 条。

全面注册原则是指国家要求市场上所有销售的商品必须申请商标注册,故又称强制注册原则。1957年,中国曾实行自愿注册原则,但到1963年实行全面注册原则。实行全面注册原则的目的是为了对商品的质量进行严格管理。

以自愿注册为主、强制注册为辅原则,是指除了要求某些特殊商品必须进行商标注册外,对绝大多数商品实行自愿注册原则。一些国家在实行商标注册自愿原则基础上对某些商品比如药品实行强制注册。例如中国,1982年从全面注册原则转变为自愿注册原则,同时辅之以强制注册。当时对药品、烟草制品实行强制注册商标的规定。1990年,《药品管理法》修订,取消有关药品必须使用注册商标的规定。1993年,《商标法》修订,仍规定人用药品必须使用注册商标。1995年颁布的《商标法实施细则》第7条具体指明:"人用药品和烟草制品必须使用注册商标。"修改后的《商标法实施细则》删去了这样的规定,在第4条作出解释:"商标法第六条所称国家规定必须使用注册商标的商品,是指法律、行政法规规定的必须使用注册商标的商品。"现行的2013年修订的《商标法》第6条规定:"法律、行政法规规定必须使用注册商标的商品,必须申请商标注册,未经核准注册的,不得在市场销售。"由此使得国家法律更具有权威性和灵活性,不受制于行政法规规定的变动。

3. 各国商标法的发展

商标权作为一种工业产权受到法律的确认和保护,是从19世纪初开始的。各国对商标权保护的重视、立法,是随着工业化的进程而不断深化和完善的。下面简要介绍法国、英国、美国、日本和中国五个国家商标法的发展情况。

(1) 法国

第一个以法律的形式对商标权进行保护的国家是法国。1803年,法国颁布了《关于工厂、制造场和作坊的法律》,该法第16条将假冒商标行为定为"私自伪造文件罪"。1804年,拿破仑民法典肯定了商标权的地位。从1803年至1809年,法国颁布两个备案商标法。1857年,法国又颁布了《关于以使用原则和不审查原则为内容的制造标记和商标的法律》,将商标权的保护扩大到全国范围。根据该法,法国实行使用在先原则,只要使用,不注册商标也可获得专用权;商标注册实行自愿注册申请原则,并对注册申请不进行任何审查;注册商标使用和不使用均有效等。1964年,法国根据商标法实践的效果,以及国际条约的规定,对本国的商标制度作了重大改革,颁布了《法国工业、商业和服务业商标法》,规定商标专有权只能通过注册才可获得,未注册商标可以使用,但受到侵犯时,无权起诉;商标注册申请需进行形式审查;注册商标连续5年不用丧失商标权;姓名、别名、地理名称、专用或虚构名称、产品或包装特征、标签、包封、标徽、烙印、印花、戳记、插图、边纹、绦带、色泽的配合或排列、图画、浮雕、字母、数字、铭文等,一切用于识别任何企业的产品、物品或服务的有形标记都可视为工业、商业或服务业商标;但违反公共秩序或善良习俗的图形、文字、国旗、国徽、纹章及一些官方标记,红十字或日内瓦十字图形,对商品或服务项目的内容或质量带有说明性质的标记,有欺骗公众之嫌的标记,则不可作为商标。1975年和1978年,该商标法又进行过两次修订。[①] 1991年,再次对商标法进行修改,使其不断完善。

(2) 英国

英国最早根据习惯法保护商标。1618年,最高法院法官受理有关商标使用问题。1862年,英国颁布《商标标记法》,1875年又颁布《商标注册法》。1887年,英国颁布新的《商标标

---

① 参见史晓东、张文政主编:《世界多边贸易须知大典》,中国财政经济出版社1996年版,第1460—1461页。

记法》,直至 1905 年才正式公布《商标法》。

1919 年和 1937 年,英国两次对该商标法进行修改,1938 年又作了一次大的修改。新的《大不列颠及北爱尔兰联合王国商标法》第 2 条引用 1896 年英国上诉法院对于一个侵权案的判决:"任何人都无权拿自己的商品假冒别人的商品"。这是一个对商品作为一个有形财产被侵犯而不是对商标作为一种知识产权被侵犯所作出的判决,从而建立起对注册商标的双重保护制度。英国的商标法规定,任何注册的商标必须已经或将要作为商标使用于一定的商品之上;商标必须具有显著的特征,能够表明商标所有人与商品之间的联系。像"专利""呈准专利""版权""核准注册""注册图案""仿冒者以伪造论罪"或其他类似字样,与英国王室或帝国的国徽、纹章、国旗相同或相似的文字、字母、图形,违反法令道德和足以使人发生误会的文字、图案,社会上公认的一般商品通用名称或说明文字,澳新军团符号,红十字,都不能作为商标。以地方、社团或个人的奖章、勋章、旗帜的名称和图形等作为商标的,必须经当地政府或组织或个人的同意,并提供相关证明。

英国的商标注册分为 A 部和 B 部,前者比后者要求严格,享有的权利也更大些。比如要求 A 部商标在注册时其商品已经具备一定的信誉,能够与其他商品具有显著区别;A 部商标注册 7 年后即可绝对有效,其他人不得以任何理由要求其撤销。而 B 部商标注册就比较宽松,注册时不必具备信誉,只要其商品日后有可能被公众识别即可;注册后当他人使用与其相同或相似的商标时,只要后者能够证明其实际使用方式不会引起公众混淆,控告就不能成立;而当他人控告其使用的商标与自己使用的商标相同或相似时,如果 B 部商标注册所有人不能证明其实际使用方式不会引起公众混淆,对方的控告就会成立,已注册的商标也会被撤销。

英国的商标法要求同一商标使用于不同类别的商品上,应分别办理注册手续。商标法允许外国人享有与本国人同样的商标注册权利,若外国商标申请人在英国境内无住所或营业场所,可以委托在英国有住所者作为其代理人,或提供在英国境内的通信地址作为其收受文件的处所。英国的商标保护期限为 7 年,届期续展为 14 年。[1]

(3) 美国

美国的《商标法》建立在判例上,不仅有联邦商标法,还有州商标法。联邦商标法的颁布是在南北战争以后,并且从最初立法开始就存在争议。

1837 年,美国出现与商标有关的法律诉讼,1844 年,法院受理英国制造商控告美国市民侵权诉讼。鉴于商标案件的出现与逐渐增多,1845 年,纽约州对商标进行立法保护,其他州也纷纷仿效。到 1870 年,美国法院判决的商标诉讼案已经达到 62 件。

由于各州商标法复杂而不同,需要一部全国统一的商标法,1870 年,美国国会颁布了《美利坚合众国联邦商标条例》。这是美国第一部联邦商标法。后于 1876 年,国会又通过了相关的商标立法。但由于美国宪法中没有明文授予国会这一立法权,所以上述立法均在 1879 年被美国最高法院宣布为违宪,理由是国会无权管理像商标权这样纯属州内部事务的事情。[2]

为了解决州际之间的商标使用问题,国会于 1881 年和 1905 年通过一些商标法规,将注

---

[1] 参见史晓东、张文政主编:《世界多边贸易须知大典》,中国财政经济出版社 1996 年版,第 1455—1457 页。
[2] 参见〔美〕阿瑟·R.米勒、迈克尔·H.戴维斯:《知识产权法概要》,周林等译,中国社会科学出版社 1998 年版,第 102 页。

册商标和虽未注册但使用超出一州地域的商标,纳入联邦商标法的调节范围内。这以后,联邦商标法进行了 8 次小的修改。1946 年,美国将原来有关商标的若干法令加以综合调整,形成单一的联邦《商标法》,由于众议员兰哈姆为该法的出台做出很大贡献,因此该法又被称为《联邦兰哈姆法》(Federal Lanham Act),被载入《美国法典》第 15 编,1982 年 10 月作过最新一次修订。

与英国商标法相似,该法以"使用原则"为基本思想,即凡已在合众国使用的商标,任何人不得以注册商标相对抗。不过随着时间的推移,该原则发生修正。目前美国采用无异议注册原则,即商标原则上属于首先注册人,但允许商标首先使用人在一定期限内提出指控,请求予以撤销。

美国联邦专利商标局注册簿分为主簿和附簿,凡为所有人正当使用,能用以识别自己的商品而不违反国家法令,又不与他人已经注册使用的商标相同或相似的,准予注册列入主簿。而申请前已在合众国州际商业中使用一年的商标,或在外销中使用虽未一年,但为了向国外申请注册,而希望国内早日核准注册的商标申请,若经审查认为其具有与其他企业商品相区别的功能,可以批准它在附簿注册;在附簿注册后,若经过一定时期证明它完全具备注册商标条件,则可上升到主簿中去。在主簿注册的商标,即使只在一州或数州地域内使用,也享有在全国地域使用的专有权;它有权制止其他人带有相同或相似标记的商品进口;只要该商标 5 年内连续使用,也未受到争议,或受到争议但争议不能成立,则该商标就成为"无争议商标",其商标权视为永远确立。美国联邦《商标法》规定,服务标志、保证商标和集体商标必须列入主簿。

美国联邦《商标法》规定,凡在美国有固定住处或工商企业的外国人申请注册商标,享受与本国人同等的待遇;凡不居住在美国的商标申请人,需委托代理人代为办理,一般按对等原则处理。如果申请人所在国与美国同属有关商标、商号或反不正当竞争的国际公约或条约的成员国,或双边协定承诺在这方面给予互惠,则申请人应首先在本国申请注册商标,然后再在美国申请注册商标,即在所在国第一次申请之后 6 个月内向美国提出商标注册申请。申请的原则与美国商标法对国内申请人一样,外国申请人可以将在本国第一次申请日作为在美国的申请日。如果申请人声明并证实自己的商标已经在美国商业使用,属例外情况,但这种情况也正是美国专利与商标局要求所有美国商标注册的先决条件:只有在商业使用的情况下,美国专利和商标局才会考虑商标注册。联邦《商标法》规定,外国申请人若已在本国注册商标,可以在美国主簿上注册,否则只能在附簿上注册,由此需要提供在本国注册的证明文件和副本。商号在美国受普通法保护,美国专利和商标局不予注册,但在保护外国人商号案件审理中可依据联邦《商标法》,因为该法规定外国人的商号在美国受反不正当竞争法保护。

美国《商标法》规定:下列内容不能作为商标:(1) 含有不道德、欺骗或丑恶的事物,或含有对个人、组织、信仰或国家象征进行诽谤或虚构和它们的关系使之丧失信誉的事物。(2) 含有联邦或某州或某市或某外国旗帜、国徽或其他徽章或其仿制品。(3) 未经本人书面同意,使用在世的某人的姓名、肖像或签字式样者;或当美国某已故总统夫人仍健在时,使用该已故总统的姓名、遗像或签字式样,而未经该总统夫人书面同意者。(4) 包含与他人已在专利商标局注册的商标非常近似的商标,或他人在美国已先使用而未放弃的商标或商号名称,使用后可能引起混淆,讹误或欺骗者。(5) 包含只是对申请人商品的描述,或属于虚伪、欺骗的描述标志者;包含主要是对申请人商品在地理方面的描述,或属于虚伪、欺骗的描述标志者;单纯属于绰号的文词。

美国商标注册的有效期为20年,续展每次有效期限为20年,可以无限续展。商标权可以转让或许可他人使用,但商标权转让必须连同企业本身或企业信誉一起转让,而不能单独转让。[①]

(4) 日本

日本的商标法产生于明治维新时期,为了鼓励本国技术创新,尽快追赶欧美先进国家,1876年和1878年日本经过两次讨论,制订出有关保护专利和商标工业产权的9条简单的条例草案,后因遭到社会半数人反对而不得不暂时停止草案的修订与讨论。后来,因出口商品发生商标侵权案,改变了反对者原先的看法,转而支持政府早日出台以"注册原则"为基本方针的商标条例,这样,起草工作继续。1881年,日本制订《商标条例》(草案)。经过两年多的审议,最后于1884年6月以大政官布告第十九号公布,同年10月1日起施行。虽然该条例只有24条,但却包括了商标法中最基本的原则,如"注册原则"和"申请在先原则"。

从19世纪80年代到20世纪90年代100多年时间里,日本吸收欧美各国法律所长,对《商标条例》进行多次修改。随着日本加入《尼斯协定》《商标法条约》《商标国际注册马德里协定有关协议书》等国际条约,1994年和1996年日本两次对本国《商标法》进行修改。1996年6月,日本国会审议通过并公布《改正部分商标法》修正案,该法律于次年4月12日正式实施。1999年5月,日本国会又通过并公布包括改正商标法的《改正部分专利法》修正案,于2000年1月1日正式实施。这两个修正案增加对立体商标、团体商标的保护,加强对驰名商标的保护,废除联合商标。根据马德里协定书要求对商标的国际注册进行全面规制,确立商标的早期保护和申请公开制度。[②]

(5) 中国商标法演变

中国商标法是在外来势力的入侵下建立的。1903年,清政府鉴于外国政府的压力,开始制定保护商标的章程,并于次年颁布《商标注册试办章程》。根据该章程,中国的商标制度实行注册原则,但照顾使用在先,商标保护期限为20年,可以续展。从1904年至1923年,中国注册商标共计2.59万余件,但几乎全是外国商标。1923年,国民党政府公布新的商标法,实行注册原则。1930年,修改制定了《中华民国商标法》,实行全国统一注册制度。

1949年,中华人民共和国成立后,中央政府发布《商标注册暂行条例》;1954年,国家工商总局颁布《未注册商标暂行管理办法》,要求使用商标先行注册,由于不少企业不注册,国家发布《关于实行商标全面注册的意见》,导致强制注册制度的产生。1963年4月10日国务院公布的《商标管理条例》,把商标视为商品质量的标志,商标由此成为管理机构监督企业产品质量的手段。

"文化大革命"期间,商标被视为资本主义的东西,商标制度遭到破坏。粉碎"四人帮"以后,1979年国务院发出《关于纺织品恢复使用商标的通知》,恢复商标注册。1982年8月23日,第五届全国人民代表大会常务委员会第二十四次会议通过《商标法》,1983年3月1日开始实施。新《商标法》实行以自愿注册为主、强制注册为辅原则。1983年3月10日,国务院又发布了《商标法实施细则》,对《商标法》各条款作进一步的说明和具体的实施规定。

在其后近20年里,《商标法》进行过两次大的修正。1993年2月22日,根据第七届全

---

① 参见史晓东、张文政主编:《世界多边贸易须知大典》,中国财政经济出版社1996年版,第1457—1458页。
② 参见陈耀东:《商标保护范围研究》,天津人民出版社2003年版,第345—355页。

国人民代表大会常务委员会第三十次会议的决定,《商标法》进行第一修正;2001年10月27日,根据第九届全国人民代表大会常务委员会第二十四次会议的决定,《商标法》进行第二次修正。从第一次修正看,扩大了商标的保护范围,除商品商标外,增加了服务商标。从第二次修正看,在扩大商标保护范围、简化注册申请手续、强化商标使用许可管理、保护消费者利益等方面,比之以往更进了一步。此外,与世界贸易组织规定的差距缩小。其中,明确规定对集体商标、证明商标和地理商标实施保护。

在这一期间,《商标法实施细则》进行过三次修正,并于1988年1月3日、1993年7月15日、2002年8月3日先后获得国务院批准。最新的《商标法实施细则》于2002年9月15日起施行。作为商标法的补充说明,国家工商行政管理局也发布了相应的管理办法。比如,1994年,国家工商行政管理局发布《商标代理组织管理暂行办法》;2003年4月17日,颁布了新的《集体商标、证明商标注册和管理办法》和《驰名商标认定和保护规定》等。

改革开放以来,中国《商标法》的修正与商标制度的不断完善是与中国参加一系列国际公约、自觉履行国际公约有关规定同步进行的。1995年1月1日乌拉圭回合中各国签署的《与贸易有关的知识产权协议》(即TRIPs)生效,该法律要求所有签约国都必须无条件遵守协议的最低要求。1995年2月,国务院知识产权办公室会议制订《有效保护及实施知识产权的行动计划》,正式对驰名商标的保护作出明确的规定。同年4月,国务院批准第三次修改《商标法实施细则》;7月,外经贸合作部、国家工商行政管理局联合发布《关于对外贸易中商标管理的规定》;11月,国家工商行政管理局颁布《商标评审规定》;12月,又颁布《企业商标管理若干规定》。1996年9月,又出台了《商标印制管理办法》和《驰名商标认可和管理办法》。此外,还加强了对侵犯商标专用权的惩罚力度。尤其是1997年新《刑法》的出台,规定了假冒注册商标罪、销售假冒注册商标商品罪、非法制造销售和非法制造注册商标标识罪三种罪名,体现了国家在商标保护方面的立法进展。2001年中国加入世界贸易组织以后,国家更是加快法律修订步伐,加强知识产权保护力度。2001年,第九届人大常委会通过《关于修改〈中华人民共和国商标法〉的决定》。新《商标法》在商标保护方面比之以往更进了一步,与世界贸易组织的差距也在缩小。2013年8月30日和2014年4月29日,《商标法》和《商标法实施细则》再度先后被修订。2014年7月3日,《驰名商标认定和保护规定》也作了修订。

中国在重视保护本国著名商标、驰名商标的同时,也对外国驰名商标予以重点保护。到2005年7月止,中国认定外国驰名商标30件,涉及9个国家和地区。其中,美国13件、法国5件、荷兰3件、英国2件、瑞士2件、日本2件、德国1件、意大利1件、英属维尔京群岛1件。这些驰名商标有美国的"采乐""DU PONT""迪士尼""吉利GILETTE""雪碧",法国的"LANCOME兰""梦特娇",荷兰的"菲利浦PHILIPS",日本的"尼桑""YKK",意大利的"法拉利",英属维尔京群岛的"香格里拉SHANGRI-LA"等。中国知识产权领域的保护工作与国民待遇的做法,更坚定了跨国公司对华投资的信心。

在不断完善法律的同时,中国也加大了对知识产权的刑事保护力度。2004年底,中国最高人民法院、最高人民检察院发布《关于办理侵犯知识产权刑事案件具体应用法律若干问题的解释》。2004年,全国各级工商和市场监管部门查处涉外商标侵权案件共计5401件,2014年达9636件,增加78.4%。

随着商标法律制度的不断健全,外商对中国市场环境信心增加。根据统计,1983年,中国的商标注册年申请量不足2万件,其中来自国外的申请为1687件;到2014年,当年商标注册申请量达到 228.5 万件,其中来自外国或地区的申请达到 8.6 万件,涉及的国家和地区达 163 个。[①]

五、原产地保护

1. 原产地与原产地标记

所谓原产地(origin),是指货物的最初来源地或产品的出产地。它可以是某个国家,也可以是某个地区;它可以是天然产品的产地,也可以是产品的制造或加工地。2004 年 9 月 3 日国务院公布的《进出口货物原产地条例》规定:"完全在一个国家(地区)获得的货物,以该国(地区)为原产地;两个以上国家(地区)参与生产的货物,以最后完成实质性改变的国家(地区)为原产地。"这里所称"完全在一个国家(地区)获得的货物",是指:

(1) 在该国(地区)出生并饲养的活的动物;
(2) 在该国(地区)野外捕捉、捕捞、搜集的动物;
(3) 从该国(地区)的活的动物获得的未经加工的物品;
(4) 在该国(地区)收获的植物和植物产品;
(5) 在该国(地区)采掘的矿物;
(6) 在该国(地区)获得上述 5 项范围之外的其他天然生成的物品;
(7) 在该国(地区)生产过程中产生的只能弃置或者回收用作材料的废碎料;
(8) 在该国(地区)收集的不能修复或者修理的物品,或者从该物品中回收的零件或者材料;
(9) 由合法悬挂该国旗帜的船舶从其领海以外海域获得的海洋捕捞物和其他物品;
(10) 在合法悬挂该国旗帜的加工船上加工第 9 项所列物品获得的产品;
(11) 从该国领海以外享有专有开采权的海床或者海床底土获得的物品;
(12) 在该国(地区)完全从上述 11 项所列物品中生产的产品。

在确定货物是否在一个国家(地区)完全获得时,下列微小加工或者处理不考虑在内:

(1) 为运输、贮存期间保存货物而作的加工或者处理;
(2) 为货物便于装卸而作的加工或者处理;
(3) 为货物销售而作的包装等加工或者处理。

"实质性改变"的确定标准,以税则归类改变为基本标准。所谓"税则归类改变",是指在某一国家(地区)对非该国(地区)原产材料进行制造、加工后,所得货物在《进出口税则》中某一级的税目归类发生了变化。

如果税则归类改变不能反映实质性改变的,就以从价百分比、制造或者加工工序等作为补充标准。世界贸易组织《协调非优惠原产地规则》实施前,具体标准由海关总署会同商务部、国家质量监督检验检疫总局制定。

所谓原产地标记(mark of origin),根据中国《进出口货物原产地条例》第 26 条的规定,是指"在货物或者包装上用来表明该货物原产地的文字和图形"[②]。

2. 原产地名称

根据《保护原产地名称及其国际注册里斯本协定》(1979)第 2 条的规定,原产地名称

[①] 参见中华人民共和国国家工商行政管理总局商标局、商标评审委员会编著:《2014 年中国商标战略年度发展报告》,中国工商出版社 2015 年版,第 12,110—113 页。
[②] 参见《进出口货物原产地条例》第 3 条至第 6 条、第 26 条。

(appellation of origin)"系指一个国家,地区或地方的地理名称,用于指示一项产品来源于该地,其质量或特征完全或主要取决于地理环境,包括自然和人为因素"。

要获得原产地名称必须具备以下条件:(1)原产地必须是实际存在的地理名称,包括国家、地区、地方行政区的名称和历史地名;(2)原产地名称必须用于该地区内特定的产品上,这种产品的质量、特征又必须完全或主要是由于该地的环境(包括自然因素、社会因素或两者的结合)所形成的;(3)使用原产地名称的人必须是该产地内的企业和个人。

原产地名称是一种识别产品生产地的标志,它不仅直接为消费者提供了有关产品地理来源的确切信息,而且也提供了有关产品质量、特点等情况,是指导消费者购物的重要手段。《巴黎公约》第10条规定:"虚假标记:对带有假冒原产地和生产者标记的商品进口时予以扣押。"

3. 原产地域保护产品

原产地域保护产品,是指利用产自特定地域的原材料,按照独特的传统工艺生产,并按法定程序批准以原产地域名称进行命名的产品。从某个角度来说,它比之一般的名牌产品蕴涵更多的无形资产。

当某个地域性的品牌成为名牌时,往往就会冒出许多假冒伪劣产品,将牌子"砸坏"。申请原产地域保护以后,该产品可以通过法律制度来有效地避免侵权行为的损害,提高产品市场的竞争力。特别是那些产于世界自然与文化遗产地的名牌产品,以及有着数百年历史的名牌产品,申请原产地域保护后将有效实施对当地文化、民族遗产的国际间的特殊保护。由此,提出对地理标志的保护。

六、地理标志

1. 地理标志的定义

TRIPs第三节有关"地理标志"(又译"地理标识")的定义是,指识别一货物来源于一成员领土或该领土内一地区或地方的标识,该货物的特定质量、声誉或其他特性主要归因于其地理来源。

中国2001年修订后的《商标法》增设地理标志的规定。《商标法》(2013)第16条规定:"地理标志,是指标示某商品来源于某地区,该商品的特定质量、信誉或者其他特征,主要由该地区的自然因素或者人文因素所决定的标志。"比之TRIPs协议,中国的《商标法》标明了"人文因素",这是因为历史悠久、地域辽阔的中国,不少地理标志内含古老的民间传说、厚重的人文气息、地方的文化风俗,或承载着历史记忆。

2. 地理标志集体商标、证明商标

依据TRIPs的原则,中国《商标法》将地理标示作为一种私权加以保护。由于地理标志是在历史和社会的长期演变过程中,特定地域的生产者、经营者在特定的自然环境和人文环境的作用下,经过智慧、恪守诚信、持续的生产经营活动而形成的,因此它具有一定的集体性和共有性。中国现行的法律法规要求地理标志注册申请人可以是社团法人,也可以是取得事业法人证书或营业执照的科技和技术推广机构、质量检测机构或者产销服务机构等。不过,这些社团法人或机构以地理标志申请集体商标时,其集体成员必须由该地区范围的成员组成,申请人需要附送集体成员名单。

2003年6月1日施行的《集体商标、证明商标注册和管理办法》第4条规定:"申请以地理标志作为集体商标注册的团体、协会或者其他组织,应当由来自该地理标志标示的地区范围内的成员组成。"第9条规定:多个葡萄酒地理标志构成同音字或同形字的,只要彼此能够区分并且不误导公众,则每个地理标志都可作为集体商标或证明商标申请注册。

为了避免商标与地理标志可能发生的冲突,《商标法》第10条规定,县级以上行政区划的地名或者公众知晓的外国地名,不得作为商标。但是也有例外,如果该地名具有其他含义或作为集体商标、证明商标组成部分,可以作为商标申请注册;此外,已经注册的使用地名的商标继续有效。

图3-4显示的是中国地理标志专用标志。

图3-4　中国地理标志专用标志

资料来源:中华人民共和国国家工商行政管理总局商标局:《国家工商行政管理总局地理标志产品专用标志》,载中国商标网:http://sbj.saic.gov.cn/dlbz/zsjt/201203/t20120313_124859.html,2012-03-13。

3. 地理标志在中国的保护

中国加入《巴黎公约》后承担起制止商家以虚假产地表示产品产地的行为和保护原产地的义务。1987年,国家工商管理总局责令北京某食品公司停止在食品上使用"丹麦牛油曲奇"原产地名称。1989年,又发文各地要求对法国起泡葡萄酒上的"Champagne"原产地名称进行保护,禁止中国厂商在酒类商品上使用"Champagne"英文或中文"香槟"字样。同年,中国加入《马德里协定》,面对外国证明商标进入中国,以及中国传统产品的保护需要,1993年《商标法》和《商标法实施细则》将集体商标、证明商标纳入法律保护范围。1994年,中国国家工商行政管理总局发布《集体商标、证明商标注册和管理办法》,将证明商品或服务原产地的标志作为证明商标的一种类型纳入商标法律保护范围。

2001年,中国在加入世界贸易组织(WTO)时承诺修改《商标法》,10月"地理标志"概念写入《商标法》中。2003年,国家工商管理总局中心重新发布《集体商标、证明商标注册和管理办法》,对地理标志注册程序与管理作出具体规定。此外,中国也积极开展地理标志领域的国际交流和合作,与他国合作举办地理标志研讨会、地理标志专项行动等。不仅保护进入的外国地理标志证明商标或集体商标,也通过培训指导,努力提高中国各地注册、运用、保护地理标志的能力。①

---

① 参见中华人民共和国国家工商行政管理总局:《中国地理标志法律制度及成就》,http://sbj.saic.gov.cn/dlbz/zsjt/201203/t20120312_124796.html,2012-03-12。

截至 2014 年底,中国累计注册和初步审定地理标志证明商标、集体商标 2697 件,其中外国在中国注册和初步审定的地理标志商标 81 件。[①]

第四节 著 作 权

一、基本概念

1. 著作权的基本概念

著作权(copyright),又称版权,是基于文学艺术作品而产生的法律赋予公民、法人和其他组织等民事主体的一种特殊的民事权利。根据《著作权》(2010)第 2 条的规定,中国公民、法人或者其他组织的作品,不论是否发表,都享有著作权。外国人、无国籍人的作品首先在中国境内出版的,也享有著作权;未首先在中国出版的,则根据其作者所属国或者经常居住地国同中国签订的协议或共同参加的国际条约享有的著作权,受本法保护;未与中国签订协议或共同参加国际条约的,但首次在中国参加的国际条约的成员国出版,或者在成员国和非成员国同时出版的,受本法保护。

2. 著作权的人身权与财产权

著作权分人身权与财产权两个方面。所谓人身权指的是精神权利,包括:(1) 发表权,即决定作品是否公之于众的权利;(2) 署名权,即表明作者身份,在作品上署名的权利;(3) 修改权,即修改或授权他人修改作品的权利;(4) 保护作品完整权,即保护作品不受歪曲、篡改的权利。

所谓财产权是指经济权利,即著作权人可以依靠其作品的使用获得经济利益,可以允许他人使用或他人依法利用其作品,并给予自己一定经济利益的权利。他人在著作权人未许可下利用其作品构成侵权。具体来说,财产权包括:

(1) 复制权,即以印刷、复印、拓印、录音、录像、翻录、翻拍等方式将作品制作一份或多份的权利;

(2) 发行权,即以出售或赠予方式向公众提供作品的原件或复印件的权利;

(3) 出租权,即有偿许可他人临时使用电影作品和以类似摄制电影的方法创作的作品、计算机软件的权利,计算机软件不是出租的主要标的的除外;

(4) 展览权,即公开陈列美术作品、摄影作品的原件或复制件的权利;

(5) 表演权,即公开表演作品,以及用各种手段公开播送作品的表演的权利;

(6) 放映权,即通过放映机、幻灯机等技术设备公开再现美术、摄影、电影和以类似摄制电影的方法创作的作品等的权利;

(7) 广播权,即以无线方式公开广播或传播作品,以有线传播或转播的方式向公众传播广播的作品,以及通过扩音器或其他传送符号、声音、图像的类似工具向公众传播广播的作品的权利;

(8) 信息网络传播权,即以有线或无线方式向公众提供作品,使公众可以在其个人选定的时间和地点获得作品的权利;

(9) 摄影权,即以摄制电影或以类似摄制电影的方法将作品固定在载体上的权利;

---

① 参见中华人民共和国国家工商行政管理总局商标局、商标评审委员会编著:《2014 年中国商标战略年度发展报告》,中国工商出版社 2015 年版,第 2 页。

（10）改编权，即改变作品，创作出具有独创性的新作品的权利；

（11）翻译权，即将作品从一种语言文字转换成另一种语言文字的权利；

（12）汇编权，即将作品或作品的片段通过选择或编排，汇集成新作品的权利；

（13）应当由著作权人享有的其他权利。

3. 著作权的特征

著作权具有知识产权的一般特征，如无形性、时间性、地域性、独占性或垄断性、专有性和排他性。除此之外，还具有自身的一些特征：

（1）无形性。著作权是一种无形财产权，其特点是可以同时或反复被多数人使用而不会因此减损价值。

（2）时间性。作者从作品中获得收益是有时间性的，而不是无止境的，当保护期间终止时，作品便进入公共领域，为大众消费。

（3）地域性。获一国法律确认和保护的著作权只在该国具有法律效力，除非签有国际公约或双边互惠协定，否则其他国家对这一权利没有保护义务。

（4）著作权主体、客体和内容的广泛性。

（5）权利内容和对权利限制的多重性。

二、著作权的主体

1. 作者

作者是指文学、艺术和科学作品的创作人。中国《著作权法》第11条规定的"作者"的范围有：(1) 创作作品的公民是作者；(2) 由法人或其他组织主持，代表法人或其他组织意志创作，并由法人或其他组织承担责任的作品，法人或其他组织视为作者；(3) 如无相反证明，在作品上署名的公民、法人或其他组织为作者。

2. 职务作品

职务作品是指公民为完成法人或其他组织工作任务所创作的作品。其特征有三：第一，作者是法人或其他组织的工作人员；第二，创作作品是法人或其他组织依其工作性质而提出的工作任务；第三，作品基本上是依作者自己的意志创作的，而不是依靠法人或其他组织的意志创作的。

根据《著作权法》，除了法律、行政法规规定或者合同约定著作权由法人或其他组织享有的职务作品以外，著作权由作者享有，但法人或其他组织有权在其业务范围内优先使用；作品完成两年内，未经单位同意，作者不得许可第三人以与单位使用的相同方式使用该作品。

属下列情况之一的职务作品，作者只享有署名权，著作权的其他权利由法人或其他组织享有，法人或其他组织可以给予作者奖励：第一，主要是利用法人或其他组织的物质技术条件创作，并由法人或其他组织承担责任的工程设计图、产品设计图、地图、计算机软件等职务作品；第二，法律、行政法规规定或合同约定著作权由法人或其他组织享有的职务作品。[①]

3. 委托作品

委托作品是指受托人按照委托人的委托而创作的作品。中国《著作权法》第17条规定，其著作权的归属由委托人和受托人通过合同约定。合同未作明确约定或没有订立合同的，著作权属于受托人。

---

① 参见《著作权法》第16条。

三、著作权的客体

1. 作品

作品是指在文学、艺术和自然科学、社会科学、工程技术等领域内以一定客观形式表现出来的反映人们思想和情感的智力创作成果。

根据1971年修订的《伯尔尼公约》第2条的规定,公约保护的"文学艺术作品"包括科学和文学艺术领域内一切作品,不论其表现方式或形式如何,诸如书籍、小册子及其他著作;讲课、演讲、讲道及其他同类性质的作品;戏剧或音乐戏剧作品;舞蹈艺术作品及哑剧作品;配词或未配词的乐曲;电影作品或以与电影摄影术类似的方法创作的作品;图画、油画、建筑、雕塑、雕刻及版画;摄影作品及类似摄影的方法创作的作品;实用美术作品;插图、地图;与地理、地形、建筑或科学有关的设计图、草图及造型作品。

中国《著作权》将作品分为9类,2013年第二次修改的《著作权法实施条例》将前7类具体为13类,即文字作品、口述作品、音乐作品、戏剧作品、曲艺作品、舞蹈作品、杂技艺术品、美术作品、建筑作品、摄影作品、电影作品和类似摄制电影的方法创作的作品、图形作品、模型作品。

(1) 文字作品,指小说、诗词、散文、论文等以文字形式表现的作品。

(2) 口述作品,指即兴的演说、授课、法庭辩论等以口头语言形式表现的作品。

(3) 艺术作品,包括歌曲、交响乐等能够演唱或演奏的带词或不带词的音乐作品;话剧、歌剧、地方戏等供舞台演出的戏剧作品;相声、快书、大鼓、评书等以说唱为主要形式表演的曲艺作品;通过连续的动作、姿势、表情等表现思想情感的舞蹈作品;杂技、魔术、马戏等通过形体动作和技巧表现的杂技作品。

(4) 美术、建筑作品,包括绘画、书法、雕塑等以线条、色彩或其他方式构成的有审美意义的平面或立体造型艺术的美术作品;以建筑物或者构筑物形式表现的有审美意义的建筑作品。

(5) 摄影作品,指借助器械在感观材料或者其他介质上记录客观物体形象的艺术作品。

(6) 电影作品和以类似摄制电影的方法创作的作品,指摄制在一定物质上,由一系列有伴音或无伴音的画面组成,并且借助适当的装置放映或以其他方式传播的作品。

(7) 工程设计图、产品设计图、地图、示意图等图形作品和模型作品,包括为施工、生产绘制的工程设计图、产品设计图,以及反映地理现象、说明事物原理或者结构的地图、示意图等图形作品;为展示、试验或观测等用途,根据物体的形状和结构,按照一定比例制成的立体模型作品。①

(8) 计算机软件,是计算机程序与文档的总称,是一种编辑作品,其性质与文字作品或图形作品一样,受到法律保护。

(9) 法律、行政法规规定的其他作品,凡未被列入上述八类受法律保护的作品,都被归到这里。

2. 演绎作品

所谓演绎作品是指改编、翻译、注释、整理已有作品而产生的作品,中国《著作权法》第12条规定,其著作权由改编、翻译、注释、整理人享有,但行使著作权时不得侵犯原作品的著

---

① 参见《著作权法》第3条;《著作权法实施条例》第4条。

作权。

3. 合作作品

所谓合作作品是指两人以上合作创作的作品,根据《著作权》第13条,著作权由合作作者共同享有。合作作品可以分割使用的,作者对各自创作的部分可以单独享有著作权,但行使著作权不得侵犯合作作品整体的著作权。针对这些年在他人作品上"挂名"等学术腐败现象,该法特别规定"没有参加创作的人,不能成为合作作者"。

4. 汇编作品

所谓汇编作品是指汇编若干作品、作品的片段或不构成作品的数据或者其他材料,对其内容的选择或编排体现独创性的作品。在不改变原作的情况下,汇编作品通常是文字作品,如报纸、期刊、百科全书、词典、选集、论文集、诗集等;也可以是其他作品,如歌曲集、影集等。汇编作品除形式上具有集成性外,还要求汇编人对作品的产生付出自己的创造性劳动,以及在筛选、编排方面的智力劳动。如果不做出创造性劳动,只是简单地将作品凑在一起,不能视为汇编作品。中国《著作权法》第14条规定,汇编作品由汇编人享有著作权;汇编人行使著作权时,不能侵犯原作品的著作权。

5. 不适用于《著作权法》的作品

根据中国《著作权法》第5条,下列作品不适用于该法:

(1) 法律、法规,国家机关的决议、决定、命令和其他具有立法、行政、司法性质的文件,及其官方正式译文;

(2) 时事新闻;

(3) 历法、通用数表、通用表格和公式。

四、著作权的法律保护

1. 著作权保护的适用法律

著作权法是调整公民、法人和其他组织在文学、艺术和科学作品的创作、使用和传播过程中所产生的各种社会关系的法律规范。在中国适用著作权保护的法律法规主要有:

(1)《著作权法》;

(2)《著作权实施条例》;

(3)《计算机软件保护条例》;

(4)《民法通则》;

(5)《民事诉讼法》;

(6)《刑法》;

(7)《刑事诉讼法》;

(8)《知识产权海关保护条例》;

(9)《使用音乐作品进行表演的著作权许可使用费标准》;

(10)《著作权行政处罚实施办法》,对著作权保护范围涉及众多领域,包括新闻出版、广播影视、文化娱乐、教育科研以及网络服务、计算机软件在内的信息产业等;

(11)《实施国际著作权条约的规定》;

(12)《世界版权公约》(Universal Copyright Convention,又译《国际版权公约》),1952年9月6日在日内瓦缔结,1955年生效,1971年7月24日修订。1992年7月30日,中国递交加入文件,10月30日公约对中国生效。1995年,中国加入该公约的政府间委员会。1997

年 6 月 9 日,该公约实施扩展到中国香港,1999 年 12 月 2 日又扩展到中国澳门。

(13)《世界知识产权组织版权条约》(WIPO Copyright Treaty)。1996 年 12 月 20 日日内瓦会议通过,2002 年 3 月 6 日条约正式生效。2007 年 3 月 6 日,中国递交加入书,3 月 9 日中国加入,6 月 9 日生效。2014 年 11 月 27 日,马达加斯加入,至此该公约缔约方已达 94 个。

(14)《伯尔尼公约》(Berne Convention for the Protection of Literary and Artistic Works,世界知识产权组织中文译为《伯尔尼保护文学和艺术作品公约》)。1886 年 9 月 9 日在伯尔尼缔结,1887 年 12 月 1 日生效;其后经 1896 年 5 月 4 日在巴黎补充完备,1908 年 11 月 13 日在柏林、1914 年 3 月 20 日在伯尔尼、1928 年 6 月 2 日在罗马、1948 年 6 月 26 日在布鲁塞尔、1967 年 7 月 14 日在斯德哥尔摩、1971 年 7 月 24 日在巴黎 6 次修订,1979 年 9 月 28 日更改。1992 年 7 月 1 日中国全国人大常委会批准加入,声明根据附件第 1 条的规定,享有附件第 2 条和第 3 条规定的权利(这两条是有关专有翻译权和专有复印权方面的规定),7 月 10 日加入(中国加入的是 1971 年修订的公约),10 月 15 日生效。2016 年 1 月 12 日,布隆迪加入,至此该公约缔约方已达 169 个。

(15)《保护录音制品制作者防止未经许可复制其录音制品公约》(Convention for the Protection of Producers of Phonograms Against Unauthorized Duplication of Their Phonograms)。1971 年 10 月 29 日在日内瓦签订,1973 年 4 月 18 日生效。1993 年 1 月 5 日中国加入,4 月 30 日生效。2012 年 11 月 26 日,塔吉克斯坦加入,缔约方达到 78 个。[①]

(16)《出版管理条例》。

(17)《印刷业管理条例》。

根据后两个条例规定,中国各级人民政府应当保障公民依法行使出版自由的权利,但公民在行使出版自由时必须遵守宪法和法律,不得反对宪法确定的基本原则,不得损害国家的、社会的、集体的利益以及其他公民的合法的自由和权利。国务院出版行政主管部门负责全国的出版活动的监督管理工作,设立出版单位需国家审批。国家实行印刷经营许可制度,任何单位和个人未依照条例规定取得印刷经营许可证,都不得从事印刷经营活动。个人也不得从事出版物、包装装潢印刷品印刷经营活动。根据《印刷业管理条例》的精神,利用境外刊号在中国境内出版、印刷和发行期刊,并在境内开展广告经营活动,属违法行为;境外出版单位未经中国出版行政主管部门批准,在内地擅自进行任何出版活动,也属非法出版活动。[②]

2. 著作权的侵权表现及法律责任

根据《著作权法》(2010)第 47 条,以下行为均构成侵权:

(1) 未经著作人许可,发表其作品的;

(2) 未经合作者许可,将与他人合作创作的作品当作自己单独创作的作品予以发表;

(3) 没有参加创作,为谋取个人名利,在他人作品上署名的;

(4) 歪曲、篡改他人作品的;

(5) 剽窃他人作品的;

[①] 上述国际四个公约信息参见 WIPO, World Intellectual Property Organiztion, WIPO-Administered Treaties, http://www.wipo.int/treaties/en/ip/wct/。

[②] 参见《出版管理条例》第 2 条、第 5 条、第 11 条;《印刷业管理条例》第 7 条、第 9 条、第 19 条、第 32 条。

(6) 未经著作权人许可,以展览、摄影电影和以类似摄制电影的方式使用作品的,或者以改编、翻译、注释等方式使用作品的,本法另规定的除外;

(7) 使用他人作品,应当支付报酬而未支付的;

(8) 未经电影作品和以类似摄制电影的方法创作的作品、计算机软件、录音录像制品的著作权人或者与著作权有关的权利人许可,出租其作品或录音录像制品的,本法另有规定的除外;

(9) 未经出版者许可,使用其出版的图书、期刊的版式设计的;

(10) 未经表演者许可,从现场直播或者公开传送其现场表现,或者录制其表演的;

(11) 其他侵犯著作权以及与著作权有关的权益的行为。

构成以上侵权行为的,根据情况,承担停止侵害、消除影响、赔礼道歉、赔偿损失等民事责任。

根据第48条,以下行为除了承担上述民事责任外,还可以由著作权行政管理部门责令其停止侵权行为,没收违法所得,没收、销毁侵权复制品,并处以罚款;情节严重的,还可以没收主要用于制作侵权复制品的材料、工具、设备等;构成犯罪的,依法追究其刑事责任:

(1) 未经著作权人许可,复制、发行、表演、放映、广播、汇编、通过信息网络向公众传播其作品的,本法另有规定的除外;

(2) 出版他人享有专有出版权的图书的;

(3) 未经表演者许可,复制、发行录有其表演的录音录像制品,或者通过信息网络向公众传播其表演的,本法另有规定的除外;

(4) 未经录音录像制作者许可,复制、发行、通过信息网络向公众传播其制作的录音录像制品的,本法另有规定的除外;

(5) 未经许可,播放或复制广播、电视的,本法另有规定的除外;

(6) 未经著作权人或与著作权有关的权利人许可,故意避开或破坏权利人为其作品、录音录像制品等采取的保护著作权或与著作权有关的权利的技术措施的,法律、行政法规另有规定的除外;

(7) 未经著作权人或与著作权有关的权利人许可,故意删除或改变作品、录音录像制品等的权利管理电子信息的,法律、行政法规另有规定的除外;

(8) 制作、出售假冒他人署名的作品的。

第49条规定,侵犯著作权或与著作权有关的权利的,侵权人应当按照权利人的实际损失给予赔偿;实际损失难以计算的,可以按照侵权人的违法所得给予赔偿。赔偿数额还应当包括权利人为制止侵权行为所支付的合理开支。权利人的实际损失或者侵权人的违法所得不能确定的,由人民法院根据侵权行为的情节,判决给予50万元以下的赔偿。

3. 合理使用著作权

中国《著作权法》(2010)第22条规定,下列情况下使用作品可以不经著作权人许可,不向其支付报酬,但应当指出作者姓名、作品名称,并且不得侵犯著作权人依法享有的其他权利:

(1) 为个人学习、研究或欣赏,使用他人已经发表的作品;

(2) 为介绍、评论某一作品或说明某一问题,在作品中适当引用他人已经发表的作品;

(3) 为报道时事新闻,在报纸、期刊、广播电台、电视台等媒体中不可避免地再现或引用已经发表的作品;

(4) 报纸、期刊、广播电台、电视台等媒体刊登或播放其他报纸、期刊、广播电台、电视台等

媒体已经发表的关于政治、经济、宗教问题的时事性文章,但作者声明不许刊登、播放的除外;

(5) 报纸、期刊、广播电台、电视台等媒体刊登或播放在公众集会上发表的讲话,但作者声明不许刊登、播放的除外;

(6) 为了学校课堂教学或科学研究,翻译或少量复制已经发表的作品,供教学或科研人员使用,但不得出版发行;

(7) 国家机关为执行公务在合理范围内使用已经发表的作品;

(8) 图书馆、档案馆、纪念馆、博物馆、美术馆等为陈列或保存版本的需要,复制本馆收藏的作品;

(9) 免费表演已经发表的作品,该表演未向公众收取费用,也未向表演者支付报酬;

(10) 对设置或陈列在室外公共场所的艺术作品进行临摹、绘画、摄影、录像;

(11) 将中国公民、法人或其他组织已经发表的以汉语言文字创作的作品翻译成少数民族语言文字作品在国内出版发行;

(12) 将已经发表的作品改成盲文出版。

根据第 23 条规定:为实施九年制义务教育和国家教育规划而编写出版教科书,除作者事先声明不许使用的外,可以不经著作权人许可,在教科书中汇编已经发表的作品片段或者短小的文字作品、音乐作品或者单幅的美术作品、摄影作品,但应当按照规定支付报酬,指明作者姓名、作品名称,并且不得侵犯著作权人依照本法享有的其他权利。

4. 著作权保护期限

《伯尔尼公约》第 7 条第 1 款规定,著作权保护期限为作者终身及其死后 50 年。第 2 款规定,电影作品保护期限是自作品在作者同意下公映后 50 年届满,如自作品摄制完成后 50 年内尚未公映,则自作品摄制完成后 50 年届满。第 4 款规定,成员国有权立法规定摄影作品及作为艺术品加以保护的实用美术作品的保护期限,但公约要求保护期限不应少于自该作品完成时算起 25 年。

中国《著作权法》(2010)第 20 条规定:作者的署名权、修改权、保护作品完整权的保护期不受限制。第 21 条规定:公民的作品,其发表权和财产权(即复制权、发行权、出租权、展览权、表演权、放映权、广播权、信息网络传播权、摄制权、改编权、翻译权、汇编权、应该享有的其他权利),保护期限为作者终身加上死后 50 年,截止于作者死亡后第 50 年的 12 月 31 日;如果是合作作品,截止于最后死亡的作者死亡后第 50 年的 12 月 31 日。法人或其他组织的作品、著作权(署名权除外)由法人或其他组织享有的职务作品,其发表权等权利的保护期限为 50 年,截止于作品首次发表后第 50 年的 12 月 31 日,但作品自创作完成后 50 年内未发表的,则不保护。电影作品和以类似摄制电影的方法创作的作品、摄影作品,其发表权等权利的保护期限为 50 年,截止于作者首次发表后第 50 年的 12 月 31 日,但作品自创作完成后 50 年内未发表的,不再保护。

5. 邻接权(neighbouring rights)

邻接权又称作品传播者权,是指作品的传播者在传播作品的过程中,对其付出的创造性劳动成果依法所享有的特定的专有权利的统称。邻接权有狭义和广义之分。狭义指表演者权、音像制作者权和广播电视组织权。广义是把一切传播作品的媒介所享有的专有权一律归入其中。中国著作权法中没有邻接权这一术语,中国《著作权实施条例》将这部分权利称为"与著作权有关的权益",保护的范围是:出版者对其出版的图书和期刊的版式设计享有的权利,表演者对其表演享有的权利,录音录像制作者对其制作的录音录像制品享有的权利,广播电台、电视台对其播放的广播、电视节目享有的权利。根据2010年《著作权法》第四章的规定：

（1）出版者权，指图书、报刊出版单位与著作权人通过合同约定或经著作权人许可，在一定期限内，对其出版作品所享有的专有使用权。这就是在合同有效期限内和合同约定的地域范围内的以文字的原版、修改版出版图书的专有出版权，经作者许可对作品修改、删节的文字修改权，以及许可或禁止他人使用其出版的图书、期刊的版式设计的版本权（该权利保护期为10年，截止于使用该版式设计的图书、期刊首次出版后第10年的12月31日）。图书出版者出版图书应当和著作权人订立出版合同，并支付报酬。

（2）表演者权，指表演者对其文学、音乐、戏剧、舞蹈、曲艺等作品的艺术表演享有的专有权利。表演者权的主体是演员和表演单位。表演者权的客体是表演本身，即演员的形象、动作、声音等的组合，而不是有关的节目。表演者权包括以下人身权和财产权：人身权就是表明表演者身份的权利；保护表演形象不受歪曲的权利。财产权就是许可他人现场直播和公开传递其现场表演，并获得报酬的权利；许可他人录音录像，并获得报酬的权利；许可他人复制、发行录有其表演的录音录像制品，并获得报酬的权利；许可他人通过信息网络向公众传播其表演，并获得报酬的权利。表演者人身权保护期不受限制，财产权保护期为50年，截止于该表演发生后第50年的12月31日。

值得注意的是，被许可人使用表演作品，不仅应获得表演者许可并支付报酬，还需要取得著作权人许可，并支付报酬。另外，表演者（演员、演出单位）使用他人作品演出，应当取得著作权人许可，并支付报酬；演出组织者组织演出，由该组织者取得著作权人许可，并支付报酬。

（3）录制者权，指录音、录像制作者对其制作的录音、录像制品享有许可他人复制、发行、出租、通过信息网络向公众传播并获得报酬的权利。录制者权的主体是音像出版单位，客体为录音录像制品。录音录像制作者使用他人作品制作录音录像制品，应当取得著作权人的许可，并支付报酬；使用改编、翻译、注释、整理已有作品而产生的作品，不仅应该获得新作品著作权人的许可，还需要得到原作品著作权人许可，并支付报酬。录音录像制品保护期为50年，截止于该制品首次制作完成后第50年的12月31日。

（4）广播电视节目制作者权，指广播电台、电视台对其编制的广播电视节目，依法享有允许或禁止他人转播或录制在音像载体上以及复制音像载体的权利。广播电视节目制作者权的主体是广播电台和电视台，客体是广播、电视节目。广播电视节目制作者对其编制的广播、电视节目拥有以下权利：播放权、许可权、禁止权。广播电台、电视台播放他人未发表的作品或录音制品，应当取得著作权人许可，并支付报酬；播放他人已发表的作品或已经出版的录音制品，可以不经著作权人许可，但应支付报酬（除非当事人另有约定）；播放他人的电影作品和类似摄制电影的方法创作的作品、录像制品，应取得制片者或录像制作者许可，并支付报酬。广播电视节目制作者权保护期为50年，截止于该广播、电视首次播放后第50年的12月31日。

第五节 计算机软件著作权

一、基本概念

1. 计算机软件的概念

计算机有硬件和软件之分。国际技术贸易初期，软件往往连同硬件一起出售。随着计算机技术的迅速发展,以及竞争的激烈,分工的细化,从事软件生产的公司逐渐从硬件生产中分离出来,出现专门从事计算机软件生产的公司和销售市场,其中微软就是世界上最大的一家计算机软件公司。

根据世界知识产权组织1978年颁布的《保护计算机软件示范法条例》,计算机软件包括程序、程序说明、使用指导等。程序是指在与计算机可辨认的文字混合后,能够使计算机作出信息处理,表明一定功能,解决一定问题或产生出一定结果的指令。程序说明是指用文字、图解或其他方式,对构成有关计算机程序的指令所作的足够详细完整的说明,它必须包括对使用一项程序的全部步骤所作的说明。使用指导是指除了程序及程序说明之外的用以帮助理解及实施有关的程序的其他资料,包括怎样准备有关数据及程序、可使用哪类计算机等具体说明。

根据中国国务院2013年1月30日发布、3月1日施行的《计算机软件保护条例》第2条和第3条的定义,计算机软件是指"计算机程序及其有关文档"。其中计算机程序是指"为了得到某种结果而可以由计算机等具有信息处理能力的装置执行的代码化指令序列,或者可以被自动转换成代码化指令序列的符号化指令序列或者符号化语句序列"。同一计算机程序的源程序和目标程序为同一作品。文档则是指"用来描述程序的内容、组成、设计、功能规格、开发情况、测试结果及使用方法的文字资料和图表等,如程序设计说明书、流程图、用户手册等"。

《美国注释法典》第17编第101条对计算机程序的定义是:"用于计算机的……一组说明或指令"。在美国,该定义被用于程序的文字部分,但在实际操作中也被用于非文字部分。

2. 计算机软件的著作权

计算机软件的著作权一般包括人身权和财产权两个方面。所谓人身权包括发表权、开发者身份权(即署名权)、修改权;所谓财产权是指软件著作权人拥有该软件的使用权、转让权、使用许可权和获得报酬权等权利。

根据中国的《计算机软件保护条例》(2013)第8条的规定,计算机软件著作权人享有下列各项权利:

(1) 发表权,即决定软件是否公之于众的权利;

(2) 署名权,即表明开发者身份,在软件上署名的权利;

(3) 修改权,即对软件进行增补、删节,或者改变指令、语句顺序的权利;

(4) 复制权,即将软件制作成一份或者多份的权利;

(5) 发行权,即以出售或者赠予方式向公众提供软件的原件或者复制件的权利;

(6) 出租权,即有偿许可他人临时使用软件的权利,但是软件不是出租的主要标的的除外;

(7) 信息网络传播权,即以有线或者无线方式向公众提供软件,使公众可以在其个人选定的时间和地点获得软件的权利;

(8) 翻译权,即将原软件从一种自然语言文字转换成另一种自然语言文字的权利;

(9) 应当由软件著作权人享有的其他权利。

条例规定,软件著作权人拥有许可他人使用其软件并获得报酬的权利,以及全部或者部分转让其软件著作权,获得报酬的权利。

二、计算机软件的侵权行为

1. 计算机软件的侵权行为

根据中国《计算机软件保护条例》(2013)第23条、第24条的规定,下述行为构成计算机软件的侵权行为:

(1) 未经软件著作权人许可,发表或者登记其软件的;
(2) 将他人软件作为自己的软件发表或者登记的;
(3) 未经合作者许可,将与他人合作开发的软件作为自己单独完成的软件发表或者登记的;
(4) 在他人软件上署名或者更改他人软件上的署名的;
(5) 未经软件著作权人许可,修改、翻译其软件的;
(6) 其他侵犯软件著作权的行为;
(7) 复制或者部分复制著作权人的软件的;
(8) 向公众发行、出租、通过信息网络传播著作权人的软件的;
(9) 故意避开或者破坏著作权人为保护其软件著作权而采取的技术措施的;
(10) 故意删除或者改变软件权利管理电子信息的;
(11) 转让或者许可他人行使著作权人的软件著作权的。

具有上述(1)至(6)行为承担民事责任;(7)至(11)除了承担民事责任外,对于同时损害社会公共利益的,可以并处罚款,情节严重的,依法追究刑事责任。

2. 侵权行为的处理

当侵权行为发生后,处理办法有民事处理、行政处罚和刑事处理。根据《计算机软件保护条例》(2013)、《著作权行政处罚实施办法》(2009)[①]、《刑法》(2015)的规定:

(1) 民事处理:按照侵权情节轻重,侵权者应承担停止侵害、消除影响、赔礼道歉、赔偿损失等民事责任。

(2) 行政处罚:责令停止侵权行为,没收违法所得;没收、销毁侵权复制品,可以并处罚款;情节严重的,可以没收主要用于制作侵权复制品的材料、工具、设备等;法律、法规、规章规定的其他行政处罚。

(3) 刑事处理:触犯刑律的,依照《刑法》(2015)第217条、第218条关于侵犯著作权罪、销售侵权复制品罪的规定,依法追究刑事责任。根据这两条,以营利为目的,未经著作权人许可,复制发行其计算机软件的,违法所得数额较大或者有其他特别严重情节的,处以三年以上七年以下有期徒刑,并处罚金;以营利为目的,销售明知是侵权复制品,违法所得数额巨大,处三年以下有期徒刑或拘役,并处或单处罚金。[②]

三、计算机软件的法律保护

1. 计算机软件的保护原则

计算机软件保护采用自动保护原则。中国《计算机软件保护条例》(2013)第14条规定:

---

① 2015年,鉴于《著作权法》等法律法规相继修改,《著作权行政处罚实施办法》(2009)已经与这些法律以及版权执法工作实践不一致,为此该年9月国家版权局公布《著作权行政处罚实施办法(修订征求意见稿)》,向社会公开征求意见,这意味着新的修订本将出台。为此,这里主要依据《计算机软件保护条例》(2013)的处理规定。

② 参见《著作权行政处罚实施办法》第4条;《刑法》第217条、第218条。

"软件著作权自软件开发完成之日起产生。"第五条规定:"中国公民、法人或者其他组织对其所开发的软件,不论是否发表,依照本条例享有著作权。"外国人、无国籍人的软件分两种情况:一是首先在中国境内发行的,享有著作权;另一是不首先在中国发行,依照开发者所属国家或经常居住地与中国签订的协议或依照中国参加的国际条约,享有著作权。

在中国不要求计算机软件必须登记,而是采取鼓励登记的做法。2002年2月20日国家版权局颁布的《计算机软件著作权登记办法》第2条规定:"为促进我国软件产业发展,增强我国信息产业的创新能力和竞争能力,国家著作权行政管理部门鼓励软件登记,并对登记的软件予以重点保护。"

1990年,中国《著作权法》将计算机软件保护纳入著作权法保护的范围,同时另行制订了《计算机软件保护条例》,规定了计算机软件保护的办法。1992年又发布《实施国际著作权条约的规定》,其第7条指出,外国计算机程序作为文字保护,并且不需要履行任何登记手续,其保护期为该程序首次发表之年底起50年。2001年12月20日颁布的《计算机软件保护条例》第14条对计算机软件的保护期限延迟到死后50年,同其他版权保护年限相同。2013年3月1日施行的条例维持了2001年的规定:(1)自然人的软件著作权,保护期为自然人终生及其死亡后50年,截止于自然人死亡后第50年的12月31日;(2)软件是合作开发的,截止于最后死亡的自然人死亡后第50年的12月31日;(3)法人或者其他组织的软件著作权,保护期为50年,截止于软件首次发表后第50年的12月31日,但软件自开发完成之日起50年内未发表的,本条例不再保护。

从国外计算机软件的登记情况看,美国版权局曾经将程序代码作为文字作品进行版权登记,而把它的视屏(即程序所产生的音像信号)作为音像作品进行登记。现在美国版权局已改变这种将代码与视屏分开登记的做法,而只对计算机程序进行单独一种登记,从而将保护扩大到程序的文字部分以及程序的视屏展示。

2. 计算机软件保护的范围

有关计算机程序保护的范围在美国存在很大争议。计算机程序文字部分包括源代码和目标代码。源代码是指以程序编制者可读懂的形式存在的代码,目标代码是指机器可读懂的代码。由于源代码和目标代码看上去与"文字"材料相似,因此一般享有较强的保护。非文字部分包括程序的顺序、结构、组织以及屏幕显示或用户界面。由于非文字部分看上去与程序的"思想"更为接近,因此保护中存在争议。

从美国历史上已作出的判案看,1986年惠兰协会诉贾斯洛牙科研究所一案中,法院裁定程序的结构、顺序和组织完全可以作为源代码获得保护。而在1987年平纹棉布合作社诉优良牧场计算机维修站一案中,法院则明确宣布,程序的结构、顺序和组织属于思想,不属于可予保护的表现。第九巡回法庭确认,在每一件个案中,法官必须根据案件本身的情况作出裁判。1989年约翰逊控制公司诉菲尼克斯控制系统公司案中,法院则认为,一个程序的非文字部分,包括结构、顺序和组织,以及用户界面,是否应予保护,须根据个案的特定事实,即有争议的部分是属于思想的表现,还是思想本身。[①]显然,在美国对计算机程序中非文字部分是否保护,要根据具体案情作出判断。

中国《计算机软件保护条例》(2013)规定,计算机软件是指计算机程序及其有关文档,同

---

① 参见〔美〕阿瑟·R.米勒、迈克尔·H.戴维斯:《知识产权法概要》,周林等译,中国社会社学出版社1998年版,第205—206页。

一计算机程序的源程序和目标程序为同一作品加以保护,而文档表现为程序设计说明书、流程图、用户手册等文字作品,自然也加以保护。

《与贸易有关的知识产权协议》(1994)第 10 条规定:"计算机程序,无论是以源代码还是以目标代码形式表现的,均应作为伯尔尼公约(1971 年文本)所规定的文字作品受到保护。"

随着计算机网络的发展,网上的盗版侵权活动日益频繁,一些国家开始制定起法规。比如,美国 1986 年出台了《计算机欺诈与滥用法》(The Computer Fraud and Abuse Act),1989 年、1994 年、1996 年、2001 年、2008 年该法进行数次修订。根据规定,任何未经授权进入他人计算机、在网络上盗取身份、侵入任何网络服务器或修改编程进行破坏等行为,都被视为犯罪,一经定罪,将予以严惩。对"受保护的计算机"(protected computers),该法是这么定义的:专门为金融机构或美国政府使用的计算机;或用来影响州际或对外商业或通信的计算机。有下列任何未经授权或超出授权访问受保护的计算机或造成不良后果的,都构成犯罪行为:

(1) 从受保护的计算机中获取信息,而这些信息可以用来伤害美国的;或与任何外国肆意交流、提供、发送或传播这些信息,或发送到任何不应得到的人手中,或故意保留这些信息。

(2) 故意进入受保护的计算机内,从中获得某个金融机构的财务记录信息,或发卡机构内有关消费者报告机构的消费者文件,或美国任何部门或机构的资料,或该计算机内的任何资料。

(3) 故意访问美国某部门或机构专为美国政府使用的计算机内,从而影响到政府使用。

(4) 通过蓄意诈骗的方式访问受保护的计算机,得到有价值的东西,除非欺诈的对象和所获得的东西只包括使用计算机,任一年不超过 5000 美元。

(5) 明知会导致程序、信息、代码或命令的传递,但依然对受保护的计算机故意所为,造成损失;或因鲁莽所为使该计算机造成损害;或故意访问该计算机造成损害和损失。

(6) 输入任何密码或类似信息,故意和蓄意诈骗业务,这种非法交易影响到州际或对外商务;或访问的这台计算机是由美国政府使用的,或由美国政府提供的。

(7) 在州际或对外商务沟通中,意图勒索任何人的金钱或其他有价值的东西,从而对受保护的计算机造成损害威胁;在受保护计算机内获得资料或损害机密资料,构成威胁;为方便勒索金钱或其他价值物,对受保护的计算机造成损害。①

该法律被纳入《联邦刑法》第 1030 条(18 USC 1030),如今任何人未经授权侵入受保护的网络或计算机的行为都被视为违反联邦刑法的犯罪行为。法律也制定了赔偿以及追究刑罚的规定。在实践中,任何普通的计算机以及与互联网通信的手机,也都在该法律管辖与保护的范围内。由于法律保护范围的扩大,任何网络服务器都可以被定义为"受保护的计算机",如此几乎任何事件都可被定义为"未经授权的侵入"。比如,使用室友的网络影视光盘租赁年公司账户在自己的平板电脑(iPad)上看电影;又如,尽管公司不允许,但你上班时还是浏览自己的脸谱网主页,这些行为可能都违反了美国《计算机欺诈与滥用法》。这样,"计算机用得越多,面临的指控也就越多",有人对此提出质疑。②

---

① See USA, The House Judiciary Committee, The Computer Fraud and Abuse Act (18 USC 1030) enacted by 1986 and amended a number of times—in 1989, 1994, 1996, in 2001 by the USA PATRIOT Act, 2002, and in 2008 by the Identity Theft Enforcement and Restitution Act.

② 参见〔美〕保罗·瓦根西尔:《计算机黑客法如何使你成为罪犯》,载美国趣味科学网站,2013-01-17;《美国法规越来越严》,载《参考消息》2013 年第 1 期。

3. 计算机软件保护的适用法律

保护计算机软件的适用法律主要有：

(1) 著作权法。各国在保护计算机软件方面主要采用著作权法或称版权法(Copyright Law)。最先采用这一制度的国家是菲律宾，后来美国接受并大力推行这种保护制度。这主要是因为计算机软件专门法的出台需要一个较长的立法时间，建立国际保护体系更是需要很长的时间，而版权法无论从国内看，还是从国际看，都已经比较完善。不过，在美国，用《版权法》保护计算机软件具有不确定性，随着侵权案件的增多和日益复杂，美国国内更多的人呼吁采用专利法来保护，由此产生了《1984年半导体芯片保护法》。

(2) 专门法。一些国家和国际组织制定专门的保护计算机软件的法律，如中国制定《计算机软件保护条例》，世界知识产权组织制定《保护计算机软件示范法条例》，美国制定《计算机欺诈与滥用法》等。

(3) 工业产权法。美国保护计算机软件除了采用《版权法》外，还采用专利法。1980年，美国专利和商标局曾就计算机软件保护问题颁发了计算机软件专利权或版权，规定：仅仅是数学计算公式、计算方法及抽象的理论概念等计算机程序，不能申请专利权；而对工艺过程、材料配方、计算机操作程序等可以实际应用的计算机软件，可以申请专利权。其后，美国出台了《1984年半导体芯片保护法》，该法被编入《美国注释法典》第17编第902条及其后各条中。尽管被列入该法典的版权名下，却是一个包含版权和专利法的混合法。《1984年半导体芯片保护法》保护有形的芯片，而芯片正是计算机技术赖以存在的关键。该法保护固定在半导体芯片产品上的掩膜作品，从某种程度上把计算机代码，包括固定在只读存储器(ROM)芯片上的代码，作为电路图加以保护，而在这之前法院并未普遍依据版权法对这种代码给予保护。该法借用了专利保护中新颖性、独创性的要求，提出仅仅是思想不受保护，并排斥了对任何"程序、过程、系统、操作方法、概念、原则或发现"的保护。此外，该法也不保护"在半导体工业中常用的、普遍的或通用的设计"。芯片被商业利用两年内进行版权登记，保护期为10年。[①] 显然，该法的出台弥补了美国《版权法》和《专利法》在计算机软件保护上的某些不足。

(4) 国际公约。保护计算机软件的国际公约主要有：《世界知识产权组织版权条约》(WCT)和《伯尔尼公约》。这两个公约都是将计算机软件当作版权进行保护，而计算机软件与一般文学艺术作品相比有其特殊性，因此采用这两个公约进行保护并不完备。为此，人们希望有一个国际上统一的保护计算机软件的专门公约。1983年，世界知识产权组织提出了《计算机保护条例》(草案)，其主要内容有：不得用任何工具，以任何形式复制他人的软件；未经软件所有人同意，不得向任何人披露软件内容，也不许为任何人储存、复制、披露创造任何条件；不得利用一种计算机程序或程序说明书来制作相同的或实质上相同的另一种计算机程序或程序说明书；不得把仿制的计算机程序储存在计算机中，也不得用它来操作计算机；不得为出售、出租、进出口或发放许可证等目的，提供或存放非法复制、复印、仿制的软件。[②] 显然，该条约的原则是防止和制裁一切非法复制、使用、销售软件的行为。

---

① 参见〔美〕阿瑟·R. 米勒、迈克尔·H. 戴维斯：《知识产权法概要》，周林等译，中国社会社学出版社1998年版，第207—208页。

② 参见王玉清、赵承璧：《国际技术贸易》，对外经济贸易大学出版社1996年版，第164—165页。

4. 计算机软件的保护成效

计算机软件是被侵权最多的知识产权。商业软件联盟每年都要对世界范围内的软件盗版问题进行一次调查,根据商业软件联盟历次资料,全球各地都存在盗版问题。1994年,全球盗版软件的市场占有率为49%,其中最严重地区依次为:东欧85%,中东和非洲均为80%,拉丁美洲78%,亚太68%,西欧52%,北美32%。

90年代中期后,不少国家加强知识产权教育,严格法规,加大打击盗版软件,从而使得各地盗版软件市场占有率总体上有所下降。2001年,世界盗版软件市场占有率下降到40%。2002年又下降一个百分点,为39%,其中中东与非洲下降幅度最大,为49%,其他地区也都有所下降:东欧71%,拉美和亚太55%,西欧35%,北美24%。盗版软件给正版软件业造成的损失也由2001年的130.8亿美元,下降到2002年的109.7亿美元。[①] 2003年,全球盗版率下降到36%,2004年35%。不过,由于软件生产规模的扩大,其总损失额也在增大,2001年损失额为101亿美元,2004年上升到330亿美元。

中国国内软件盗版问题也严峻,随着中国国内法律的不断完善以及打击盗版力度的提高,软件盗版率逐年下降。尤其是修改的《计算机软件保护条例》加大了对侵权盗版行为的处罚力度,以及《刑法》的修正,对侵犯著作权罪的量刑从最高三年改为七年,无疑对软件盗版行为将起到威慑作用。图3-5显示的是中国学者发表的《2012年中国软件盗版率调查报告》。2011年按应付费软件计算盗版率为38%,2012年下降到36%。

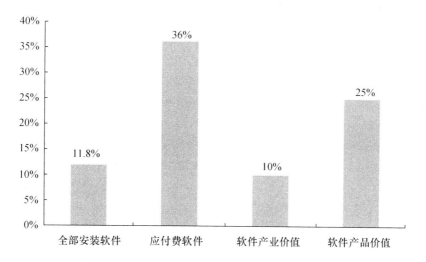

图 3-5　2012年中国软件盗版率

注释:"全部安装软件"指按全部安装计算机软件计算的盗版率;"应付费软件"指按应付费软件计算盗版率;"软件产业价值"指相对于软件产业的价值盗版率;"软件产品价值"指相对于软件产品的价值盗版率。

数据来源:根据以下数据制图:《2012年中国软件盗版率调查报告》,载《信息早报》2013年5月22日。

---

① 参见《光明日报》(2003-07-14)表内数据。

第六节 专有技术

一、基本概念

1. 专有技术的定义

专有技术(know-how)又称技术秘密,它是指不享有专门法律保护的从事生产、商业、管理、财务等活动的一切秘密知识、经验和技能,其中包括工艺流程、公式、配方、技术规范、管理和销售技巧与经验等。[①] 它具有财产价值和商业价值。对于不适于申请专利的发明创造,一般也纳入企业技术秘密的保护范围。

对于"专有技术"这个概念,迄今为止国际上还未有一个统一的、公认的定义。世界知识产权组织对专有技术的定义是:"有关使用和运用工业技术的制造方法和知识。"巴黎国际商会拟定的《关于保护专有技术的标准条款草案》给专有技术下的定义是:"为实施某种为达到工业生产目的所必须的、具有秘密性质的技术知识、经验或其积累"。这两个组织都将专有技术的内容定位在生产领域。

美国《国际商业交易法概要》教科书中,将专有技术定义为:"是指商业价值的知识"。它可能不是商业机密,也可能没有取得专利权;通常它是技术性或科技性的,比如工程服务。但广义上,市场销售和管理技能,甚至单纯的商业建议,也构成专有技术。[②]这个定义将专有技术包含的内容定位在生产领域和经营领域。

保护工业产权国际协会将专有技术定义为:"为实际应用一项技术而取得的,并能使一个企业在工业、商业、管理和财务等方面而运用于经营的知识和经验"。这个定义的范围就更广泛了。[③]

中国的法律未明确定义专有技术,但却是将技术秘密与商业秘密作了区别。2004年11月30日颁布的《最高人民法院关于审理技术合同纠纷案件适用法律若干问题的解释》第1条规定:"技术秘密是指不为公众所知悉、具有商业价值并经权利人采取保密措施的技术信息。"而商业秘密,根据《反不正当竞争法》(1993)第10条的定义,包括技术信息(即技术秘密)和经营信息。

关于商业秘密,下一节将专门介绍,本节中只介绍技术秘密,并将其与专有技术概念等同。

2. 专有技术的内容

从技术秘密的角度看,广义上专有技术内容涉及三个方面:工业技术秘密、管理技术秘密和商业技术秘密。

(1) 工业技术秘密,指不享有一般知识产权保护的、尤其是不享有专利权保护的实验、生产、装配、维修、操作等方面的技术秘密。比如产品设计、制造工艺、质量控制、程序编制、维修技能、操作诀窍等,通常以资料、图纸、试验记录、公式和配方、试验结果、报告等形式为载体。

[①] 参见武振山:《国际技术贸易》,东北财经大学出版社1990年版,第72页。
[②] 参见〔美〕拉尔夫·H.福尔瑟姆、迈克尔·华莱士·戈登、约翰·A.斯潘格尔:《国际商业交易法概要》,刘李红等译,中国社会科学出版社1998年版,第141—142页。
[③] 参见王玉清、赵承壁主编:《国际技术贸易》,对外贸易大学出版社1996年版,第90页。

(2) 管理技术秘密,指组织生产和经营管理的秘密。比如经营方式、组织机构、财务管理等秘密。

(3) 商业技术秘密,指市场及与市场密切相关的信息或情报。比如原材料价格、供销渠道、贸易记录、广告宣传、竞争对手情报等。

狭义上,专有技术内容主要在生产领域,指工业技术秘密。

3. 专有技术与专利技术的区别

专有技术与专利技术一样,也是一种知识,具有非物质的属性。不过,专有技术与专利技术不同的是:

(1) 非公开性。专有技术具有秘密性质,它不公开,不受专门法律保护。它一旦被泄密或被公布,便成为公开技术,任何人都可使用。因此,保持专有技术的秘密状态对于专有技术所有人来说十分重要。

(2) 内容更广泛。一切可用于生产或有助于生产的技术知识和经验都可以划为专有技术。

(3) 诉讼程序不同。专利是"对物权",是一种法定专有权,受专门的单行法保护;专有技术是"对人权",是一种自然专有权,一般只靠合同法或侵权法的通行原则保护。"对物权"(专利)适用"物之所在地法",也就是当专利被侵权时,专利权人只能在已获得该专利的国家起诉。而"对人权"(专有技术)适用"属人法"。比如,A 国国民在 B 国非法利用他人的专有技术,他不居住在 B 国,又无实际营业所,而且不服从 B 国司法管辖,这时争议案将在 A 国起诉,而不是在 B 国起诉。[①]

专有技术与专利技术的区别可以通过下面一张表(见表 3-3)反映出来:

表 3-3 专有技术与专利技术的区别

区别内容 \ 技术种类	专有技术	专利技术
存在条件	自行保密	法律保护
时效性	无时间限制	有时间限制
地域性	无地域限制	有地域限制
保密性	技术内容保密	技术内容公开
技术要求	不一定是发明制造,但必须是成熟的、行之有效的	必须具有新颖性、创造性和实用性
技术形态	动态,内容可发展改进、可改变	静态,内容固定不变
存在方式	以书面形式表示或存在于人们的头脑中	需以书面形式表示
诉讼程序	对人权,适用属人法	对物权,适用物之所在地法

资料来源:根据以下信息制表:武振山:《国际技术贸易》,东北财经大学出版社 1990 年版,第 66 页。

由此,专有技术被视为一种特殊的知识产权。虽然各国法律原则上承认专有技术受法律保护,但是各国在专有技术的保护上未有专门立法。专有技术的保护主要采用民法、刑法和反不正当竞争法等法规中的适用条款加以保护,因此保护的程度十分有限。一些专有技术可以通过申请注册专利的方式获得专利法的保护,比如可口可乐的配方。但是促使专有

[①] 参见武振山:《国际技术贸易》,东北财经大学出版社 1990 年版,第 74 页。

技术所有人不申请专利的主要原因在于,专利技术保护是有期限的,并且在申报的过程中需要对所申报的技术进行描述、提交插图等材料,一旦申请到后该申报材料还须展览。因此,一些公司或企业在某些工业技术上,更喜欢通过公司或企业内部严格的规章制度和保密措施实行自我保密,而不是让这些技术秘密公开,去申请有时间限制的专利权,谋求专利法保护。

二、专有技术的法律保护

1. 专有技术的侵权表现

专有技术侵权行为主要表现为对权利人的技术信息或技术秘密采取了不正当手段窃取、使用和泄露:

(1) 以盗窃、利诱、胁迫或者其他不正当手段获取权利人的商业秘密;

(2) 披露、使用或者允许他人使用以前项手段获取的权利人的商业秘密;

(3) 违反约定或者违反权利人有关保守商业秘密的要求,披露、使用或者允许他人使用其所掌握的商业秘密;

第三人明知或者应知前款所列违法行为,获取、使用或者披露他人的商业秘密,被视为侵犯商业秘密。

由于法律将技术秘密的概念包括在商业秘密的概念中,所以根据《反不正当竞争法》(1993),上述行为视为侵犯商业秘密。[①]

2. 专有技术的法律保护

当侵犯专有技术的行为发生后,常援引的法律有:合同法、民事侵权行为法、商业秘密法、反不正当竞争法和刑法。

(1) 合同法。当一方违反合同的规定泄密或利用专有技术时,专有技术所有者可以以违约为理由对其起诉。《合同法》(1999年)第十八章"技术合同"第三节"技术转让合同"中规定,技术秘密转让合同的让与人与受让人都应当"承担保密义务";让与人与受让人若超越约定的范围,擅自许可第三人使用该项技术秘密,应当停止违约行为,承担违约责任;任一方违反约定的保密义务的,应当承担违约责任。[②]

《合同法》保护技术秘密的缺点是它只能约束合同当事人的行为,而不能约束合同以外第三者的行为。

(2) 民事侵权行为法。各国民法都规定:凡因过失、故意或不法行为侵害他人权利,使他人遭受损害者,就构成侵权行为,侵权者必须承担损害赔偿责任。比如,《德国民法典》第823条规定:"凡因故意或过失,不法侵害他人的生命、身体、健康、自由、所有权及其他权利者,对于他人负赔偿由此所产生的损害的义务。"

(3) 商业秘密法。有些国家通过商业秘密法对包括专有技术在内的商业秘密加以保护。比如,美国有州一级的商业秘密,却没有全国性的商业秘密法。为了规范各州商业秘密法,1979年美国统一州法委员会(The National Conference of Commissioners on Uniform State Laws,简称 NCCUSL)起草了《统一商业秘密法》(The Uniform Trade Secrets Act,简

---

① 参见《反不正当竞争法》(1993)第10条(在2016年2—3月修订草案送审稿(公布征求意见)中,原第10条成为第9条)。

② 参见《合同法》第347条、第348条、第350条、第351条、第352条。

称 UTSA)作为示范本,供各州在制定商业秘密法时参照。1985 年,对该法进行了修订。《统一商业秘密法》对商业秘密作出明确定义,规定商业秘密拥有人对其他人未经同意使用其秘密的侵权行为,可以获得法律救济。

(4) 反不正当竞争法。在许多国家专有技术可以通过防止不正当竞争法律中有关技术秘密和商业秘密保护的条款来谋求保护。比如,德国在《防止不正当竞争法》中规定:"任何人未经授权而为了竞争或自己使用的目的,将经营过程中对方提供给他的技术指导或规则,特别是图纸、模型、式样和配方透露给他人即为犯法行为。"

(5) 刑法。一些国家还通过刑法对专有技术进行保护,对侵害专有技术的行为给予惩罚。比如,日本刑法中有关泄露企业秘密罪条款中规定:"凡企业的职员或其从业人员,无正当理由泄露该企业的生产方法或其他有关技术秘密于第三者,处三年以下惩役或五十万日元以下罚金。"

由于专有技术在研究开发中花费了一定的投资和精力,并在实际工业生产和商业运营中创造价值,因此许多国家的现行法律中,有适用条款对其给予一定程度的保护。但是,由于这些保护长期以来并非通过设立专门法施行,因此保护的程度仍受到很大的局限。

3. 专有技术专门法的出台

20 世纪 60 年代后,世界各地盗窃企业秘密事件和工业间谍案频频发生,尤其是自 90 年代以来随着电子商务和全球通信的发展,利用因特网窃取商业情报变得比较容易,一些国家开始考虑制定专有技术保护的专门法规。比如,英国拟制定《保护秘密权利法》,法国、日本等国研究制定《专有技术法》。国际组织也提出有关保护专有技术的保护法草案,例如国际商会制定了《有关保护专有技术的草案》,保护工业产权国际协会制定了《保护专有技术的示范法》,提出专有技术受保护,任何人未经许可不得使用和泄露。这些法律为各国制定专有技术法提供了示范和指导。[①]

值得提醒的是,国际法律对各国只是一种指导,并无普遍的法律约束力,只有当主权国家将这些草案或示范法吸收为国内法时,国际法才对该国产生法律效力。同样,国际协会制定的各类规则也是如此,只有当贸易双方将这些规则纳入合同中时,这些规则才对贸易双方的行为产生法律约束力。

第七节 商业秘密

一、基本概念

1. 商业秘密的定义

商业秘密(trade secret)是指任何商业上有价值的信息。它可以是一项发明,如机器设备或工业过程;也可以是一个抽象的工业或商业的设想,如新产品名称或广告计划;还可以是资料汇编,如客户清单或供应资源。根据美国《统一商业秘密法》,商业秘密是指特定信息,包括公式、模型、汇编、程序、设计、方法、技术或过程的信息。这些信息:第一,具有独立的实际或潜在的经济价值,不是通过正当手段可以知道或获得的;第二,其秘密性可以通过

---

① 参见王玉清、赵承壁主编:《国际技术贸易》,对外贸易大学出版社 1996 年版,第 95—99 页。

合理努力而维持。[①]

根据中国《反不正当竞争法》,商业秘密是指不为公众所知悉、具有商业价值并经权利人采取相应保密措施的技术信息和经营信息。

2. 商业秘密的特点

与一般未披露的信息相比,商业秘密的信息具有以下特点:

(1) 秘密性。该信息是通过采取保密措施而维持其秘密性的。若不加保护,任其公开,让公众所知晓,那它就不是什么商业秘密了。所以,判定该信息是否为商业秘密,一个重要的依据是权利人是否采取了严格的保密措施。

(2) 实用性。该信息能为权利人带来经济利益。凡不能带来经济利益的秘密就不是商业秘密。

(3) 非常识性。受保护的信息必须是非常识性的,否则无论采取什么预防措施,也无济于事。美国许多法院在裁定有关商业秘密案件中指出,从专利的角度来看,尽管商业秘密不一定构成发明,但它必须至少具有新颖成分。比如,商业设想必须是新的、奇特的或独想的。这实际上是指信息或设想应该是非常识性的。

(4) 不为公众所知悉。比如,一项发明或设计在申请专利或公开出售前是秘密的,具有实用性、非常识性,但当它被公布或产品设计被公开出售时,该发明或产品设计中信息就不是秘密了。

3. 商业秘密的范围

商业秘密是智力投入的成果,具有财产价值和商业价值。不少国家将商业秘密与专有技术两个概念不加区别。从狭义的专有技术定义看,其包括的范围只局限于生产方面,而商业秘密不仅包括生产方面,还包括经营方面。具体说,商业秘密的范围主要包括以下两个方面:

(1) 技术信息,如公式、样式、配方、编辑产品、程序、设计、方法、技术或工艺等用于产品制造生产领域的信息和技术诀窍;

(2) 经营信息,经营者经营状况,包括财务状况、经营战略、人事安排、组织计划等。

二、商业秘密的法律保护

1. 商业秘密法律保护的现状

虽然商业秘密是一种有价值的财产权利,但在很多国家没有专门立法对其加以保护,而主要通过反不正当竞争法中相关条款加以保护。

比如,中国保护商业秘密的法律有《反不正当竞争法》。国际上则根据《巴黎公约》第10条之二"不正当竞争"条款,以及《与贸易有关的知识产权协议》第七节"对未公开信息的保护"条款对其加以保护。在美国主要根据判例法和成文法对商业秘密加以保护。

2. 美国商业秘密保护中的判例法与成文法

所谓判例法,是指司法部将法院曾经有过的判例、准则作为法律的重要依据之一。比如塔勃诉豪夫曼案(1889)中,法院确定当一项发明的专利期已满后,当发明者仍在修理完善、保管并保密这项发明时,可禁止他人秘密复制该发明。在奈摩·E·I·杜邦公司诉克里斯

[①] 参见〔美〕查尔斯·R.麦克马尼斯:《不公平贸易行为概论》,陈宗胜等译,中国社会科学出版社1997年版,第183页。

托夫案(1971)中,法院裁定空中拍摄别人工厂结构是一种获取他人商业秘密的不正当手段;而引锈他人违背保密契约,同样也构成一种获取他人商业秘密的不正当手段。这些判例成为以后法院遇到相似案件的参照。

法院应用判例法时,在确定是否存在和构成商业秘密侵权行为上,主要考虑以下因素:(1)此秘密在多大程度上为外界知悉;(2)在多大范围内为雇员所知悉;(3)为保护这项秘密采取了什么保护措施;(4)为发展该项秘密花费了多少费用;(5)取得该秘密的难易程度如何;(6)该秘密的价值及对竞争者的价值有多大;(7)被告为获得该项秘密采用了哪些不正当手段。

所谓成文法,是指已通过的法律。1967年美国通过的《自由信息法》和《美国法典》第18篇"商业秘密法"都是成文法。这两部法律主要是使用政府掌握的数据进行保护,以防止不正当的商业使用。此外,美国还有州商业秘密法,以及全国性的提供给各州参照的《统一商业秘密法》,对公开前的发明提供保密保护。

美国商业秘密法的制定肇端于1868年的皮博迪诉诺福克案。在该案中,某套制造工序的制造商曾与一位掌握该套制造工序知识的雇员签订过一项契约,禁止其向他人公开该套制造工序的秘密,并得到该雇员的承诺。后来,制造商在遗嘱中指定遗嘱执行人获得该项禁令。然而,这位前雇员却将该秘密提供给他人,而后者知道该雇员与制造商的关系,也知道当初主雇之间签订的禁令,但是仍复制了该套制造工序。为此,遗嘱执行人要求前雇员赔偿损失,并寻求法律禁止那个未来的竞争者使用前雇员提供的信息复制该秘密制造工序。

在法院的辩论上,前雇员律师的辩护提到了后来商业秘密法中多个条款中提及的内容。比如该律师认为:第一,前雇员与制造商之间的契约缺乏深思熟虑和确定性,雇员的义务是无年限的,如此约定限制了贸易,所以该契约应是无效的;第二,假定有一定数量的操作人员和熟悉工序的税务稽查员,那么该工序就不是一种秘密,亦不是一种可以通过意愿或继续转交的财产;第三,由于秘密不是偷偷摸摸获得的,所以这种公开商业秘密的行为至多构成违约行为,据此可提起诉讼,要求违约人赔偿损失,而该制造工序实际上并未获得专利权,因此给予禁令性的补救和专利法政策是不妥当的,并且在任何情况下都不应对未参与雇佣契约签订的人发出禁令。

法院驳回了上述所有辩护,裁定:第一,发明或发现并保守秘密制造工序的人,无论制造工序是否适合于专利保护,都拥有一种可转让的财产利益,衡平法法院将保护这种利益,不允许任何人违背契约或披露秘密,即自己使用该工序或将该工序告知第三方;第二,该雇员承诺在被雇佣期间不将透露给他的秘密透露给别人,而且甚至在雇佣期满后,他也应受该承诺的约束;第三,商业秘密不会因其被秘密透露给代理商或雇员而失去其特征,因为没有代理商和雇员的协助,商业秘密无任何价值;第四,了解该保密关系但依然设法获得该秘密的第三方的这种行为应当被禁止。法院在裁定中强调了商业秘密是一种受保护的知识产权形式。

后来,又出现过有关要求制止违背保密关系,给商业秘密提供保护的案例,以及寻求对专利期满后的发明寻求合法保护的案例,这些案例导致州《商业秘密法》的出台,作为专利法的补充。与此同时,还出现了《设想法》,该法对那些为商业企业提供设想的人提供一定程度的保护,而不问提供设想的人是否从事该行业。一些法院将这种设想界定为"一种可获得保护的知识产权形式"。

在商业秘密和设想案件中,一般法院根据下列情况之一认定盗用责任(侵犯行为):

(1) 违约或违背保密关系。比如负责专线推销的雇员违反公司条约,复制雇主的秘密客户文件;或原雇员违反签订的不竞争盟约,解聘或离职后进入竞争对手的公司,透露原公司的秘密。

(2) 获取他人商业秘密或设想时采用不正当手段。所谓"不正当手段"包括窃取、行贿、诈称、违背或引诱违背保密契约或者通过电子或其他手段进行谍报活动诸手段。

(3) 擅自使用或泄露商业秘密或设想。如前雇员擅自使用或泄露属于前雇主的商业秘密或设想。不过在具体的案例中,情况比较复杂。比如,某雇员是专门被雇来开发这种信息的,该雇员在寻求新职后对其雇佣期间获得的知识或技能加以使用是否构成对商业秘密的占用?该雇员可能声称信息是其开发的知识成果,而雇主则认为自己投入了资金和设备,并且还签订了雇佣合同。在商业秘密法中,这类案例的裁定是最为困难的。美国法院在裁定这类案件时,要考虑阻止前雇员利用某种知识对其寻求新职所产生的影响程度有多大;前雇主寻求保护的信息在多大程度上是由该雇员的创造性而获得发展的;雇主为保护该信息投入的程度有多大等。

(4) 在得知商业秘密和设想被不正当地公开的情况下仍使用该商业秘密或设想。比如,上述皮博迪诉诺福克案中,后一个制造商明知透露秘密制造工序的雇员原是另一家制造行的雇员,并且与原制造商之间签订过保密协议,但仍利用和使用了该套制造工序。①

3. 侵犯商业秘密的行为和法律救济

常见的侵犯商业秘密的不正当手段有:

(1) 以盗窃、利诱、胁迫、欺诈或者其他不正当手段获取权利人的商业秘密;

(2) 披露、使用或者允许他人使用以前项手段获取的权利人的商业秘密;

(3) 违反约定或者违反权利人有关保守商业秘密的要求,披露、使用或者允许他人使用其掌握的商业秘密;

根据《反不正当竞争法》(2016年修订草案)第9条的规定,这些均为侵犯商业秘密行为。此外,第三人明知或者应知前款所列违法行为,仍获取、披露、使用或者允许他人使用权利人的商业秘密,视为侵犯商业秘密。

当商业秘密遭到侵犯时,权利人可向法院起诉侵权人,要求其停止侵权行为,并追究其法律责任,寻求补偿。除了寻求司法救济外,商业秘密持有者还可请求有关部门采取相关救济措施。中国《反不正当竞争法》(1993)第25条规定,侵犯商业秘密的,监督检查部门应当责令其停止违法行为,并可根据情节处以一万元以上二十万元以下的罚款。

不过,随着中国经济市场化的发展和提高,经济总量、市场规模等发生变化,该法在实施中罚款额度和惩罚力度已经不足以弥补权利人的损失和对侵权者起到法律威慑作用了。为此,政府组织专家对该法进行了修订。2015年,国家工商总局完成该法律的修订,上报国务院法制办公室。根据2016年修订草案征求稿第22条的规定,对于侵犯商业秘密的经营者,监督检查部门应当责令侵权者停止违法行为,根据情节处以十万元以上三百万元以下的罚款;构成犯罪的,依法追究刑事责任。2016年2月25日,该办公室公布《反不正当竞争法(修订草案送审稿)》,征求社会各方面意见。可以肯定,新出台的修订本将加大商业秘密的保护力度,对权利人的救济措施将包括行政和司法两个方面。

---

① 参见〔美〕查尔斯·R.麦克马尼斯:《不公平贸易行为概论》,陈宗胜等译,中国社会科学出版社1997年版,第176—190页。

在美国判例法中,争议较大的是当商业秘密被公开后,是否还有必要判给商业秘密权利人永久的禁止救济(即永久地禁止其他人使用该商业秘密)。一些法院认为,这时只有金钱救济即赔偿损害金或返还所获利润才是适当的。除此外,商业秘密持有者还可以请求美国国际贸易委员会阻止进口盗用商业秘密的商品。1988年,美国《综合贸易与竞争力法》(Omnibus Trade and Competitiveness Act of 1988)提出,美国国际贸易谈判的主要目标之一就是确保给予在国外的美国公司的商业秘密提供充分保护。该法中的"特别301条款"就是针对知识产权领域他国不公平竞争手段的;而"超级301条款"则规定了对不公平竞争的诉讼程序。而在成文法中,美国《统一商业秘密法》对商业秘密受到侵占的权利人的救济,包括合同救济、民事救济和刑事救济。

本章习题

一、名词解释

1. 知识产权　2. 工业产权　3. 专利　4. 商标　5. 版权　6. 商业秘密

二、阐述题

1. 一项发明要获得专利授予,需要具备哪些条件?
2. 各国商标管理法律制度中,在商标的确认上有哪些原则?
3. 常见的计算机软件侵权行为有哪些?处理的办法又有哪些?
4. 试述专有技术和专利技术的区别。
5. 专有技术适用的法律有哪些?
6. 常见侵犯商业秘密的行为有哪些?法律是如何进行救济的?

三、分析题

1. 江西景德镇是一个有着1700多年制瓷史的地方,生产的瓷器有"白如玉,明如镜,薄如纸,声如磬"的美称。据《中国陶瓷史》记载,早在明朝景德镇就是全国闻名的瓷都,其产品以其独特的风格蜚声海内外。2005年5月,中国国家质检总局对景德镇瓷器实施原产地域保护。请问保护依据何在?保护意义何在?

2. 张先生与A公司签订了3年期的劳动合同,从事计算机软件开发工作。其间,张先生跳槽到与A公司有业务往来的B公司工作,A公司将张先生和B公司告到法院,理由是根据签订的劳动合同"员工忠诚条约"约定:"员工合同期满终止或解除后两年内不得到与该公司具有竞争业务关系的公司任职。"显然,张先生违背了合同约定,为此请求法院判两被告之间劳动合同无效,并要求张先生因违反合同规定赔偿A公司损失。请问:A公司的这一要求是否合理?为什么?依据《合同法》和《反不正当竞争法》回答这一问题。

四、案例分析题

案例1　兵马俑的发现及发现人之争

1974年3月,陕西临潼县大旱,西杨村农民杨志发等人挖井取水。根据目前公认的当事人之一杨志发讲,秦俑是他和本村村民王普志、杨彦信3人挖井时发现的。3月29日那天,他同往日一样,从家中扛了把老镢头来到井下。当井挖到2米多深时,发现了红土层,这层红土很硬实,与生土层不太一样。当他一镢头挖向井筒西壁时,一个大土块掉了下来,露出一个圆圆瓦器。继续挖,挖出了一个真人大小的"黑瓦人"。第一个兵马俑就这样重见天日。他们3人将这个兵马俑搬运到井上,谁也不认识这是个啥文物,只是觉得很像庙里的神像。再后来,他们和村中的几个人,用架子车把出土的七八个神像运到了临潼文化馆。现在,王普志、杨彦信这两位"发现人"已离世。

1979年10月1日,秦始皇兵马俑博物馆对外正式开放后,中外游客络绎不绝,外国元首也纷至沓来。众多游客要求与发现人见面、合影、请发现人签字留念、听发现人讲述发现奇迹的经过。1998年,美国总统克林顿访华,在参观兵马俑时也提出要会见发现世界第八大奇迹的人,据说克林顿当场要求杨志发为他签名留念。后来,兵马俑博物馆开设旅游商店的一个年轻经理,想出了一个绝招吸引游客。他把当年打井时最早挖到陶俑的农民杨志发聘进店内,"坐堂"签名售书,从此杨志发告别农业生产,像城里人一样按月领工资上千元。

这么一来,争夺第一发现人的多了起来。根据还活着的人阐述,发现人不只是3人,还包括该村的杨全义、杨新满、杨培彦、杨文学等,还有管水员房树民,如果没有他及时制止挖掘,这些文物将被全部毁坏。此外,还有人认为新华社记者蔺安稳是当之无愧的"第一人",若没有他写"内参",就不可能引起高层重视并组织考古发掘。

2003年12月,杨新满、杨培彦、杨全义三人代表9名"秦俑发现人",联名向秦始皇兵马俑博物馆递交了一份《关于"秦兵马俑发现人"资格认定的申请报告》,要求该馆颁发证书,确认包括他在内的9名农民对秦兵马俑的"发现权"。然而,陕西文物部门对此事却始终保持沉默。正当他们与当地文物部门就发现权一事陷入争论僵局之时,此事再掀轩然大波。原临潼文化馆馆长赵康民从幕后走出,并坚称:"我才是兵马俑的发现人,因为是我第一个认识到兵马俑的历史价值。""我像绣花一样复原了秦俑。"

赵康民说,29日杨志发在井壁西壁上挖出兵马俑之后,陆续挖出七八个兵马俑个体。但他们都不认识这是重要的文物,更不知这是秦始皇兵马俑,因而被运上井的兵马俑残体被扔在地上无人问津,有的俑身蹲着,俑头被架到树上,一些善男信女还对着点香烧纸。挖出的"铜箭头"(即弩机箭头)还被当废铜烂铁卖进了废品收购站。直到兵马俑被挖出的第28天,即4月25日,这些农民才向公社书记付永仁作了汇报。付书记安排文书李淑芳打电话向县博物馆报告,"秦俑"的命运才出现了转机。当时,作为临潼县博物馆文博专职干事的赵康民,接到电话后马上和副馆长王进成、工作人员丁耀祖骑自行车赶赴现场,当那些被农民肆意处置的文物出现在赵康民眼前时,他惊呆了,通知立即停工,进行发掘。发掘中,参与的村民就多了。

赵康民称,他组织社员收捡散失的陶俑碎片,还去废品收购站把被农民卖掉的碎片作价收回,对这些陶俑残体碎片作了初步整理,当时他意识到这里面大有文章,便亲自到井旁扩大发掘。经过像绣花似的进行拼对、粘接,修复出两件完好武士陶俑。根据这出土的"铅砖"与秦始皇陵出土的"铅砖"一对,以及"瓦人"服饰及"铜箭头",自己推断并命名其为"秦武士陶俑",属秦始皇陵的陪葬坑。正式发掘后又发现了陶马俑,才有了"秦始皇兵马俑"这个统一的称谓。也正是因为发现并命名,自己被国务院批准为有突出贡献的专家,享受国务院特殊津贴,还被评为全国文博战线先进工作者。赵康民说,根据《辞海》,"发现"词的解释是:"本有的事物或规律,经过探索、研究,才开始知道"叫作发现。由此判定,自己才是当之无愧的秦俑发现人。赵康民认为:"对发现权索要的真正动机是利益的驱动。"在这股"秦俑热"大潮中,杨新满则对记者说,他挑头发起联名讨要"发现权",是因为他忘不了几个已经去世的打井农民临死前的忠告:"新满,你一定给咱把名分争到手!没有名分,老让别人说咱闲话,咱谁都没脸面对世人啊!"他告诉记者:"兵马俑博物馆在介绍兵马俑发现时,只模糊地说,1974年由农民打井时发现。为什么不提我们9个人的名字,这不公平,如果没有我们,能有这个震惊世界的奇迹吗?"

于是争夺第一发现人的官司从西安市打到陕西省再打到京城的最高人民法院,这期间各大媒体纷纷推波助澜,将此事炒得沸沸扬扬。最后,最高人民法院说他们都是"兵马俑的发现者",至于谁是第一就没有再明确了。

后来,杨新满、杨培彦、赵康民也去签名售书。2011年后,杨俊朋、杨继德、杨世华等也先后成为发现人签名售书。当地至今流传着当年县里管宣传的秀才写给老杨的一副对联:翻身不忘共产党,致富全靠秦始皇;横批:谢谢老杨。

从上可见,兵马俑的发现是为数众多的人集体合作的结果。几位临潼县农民打井时最先挖出秦俑;管水员房树民意识到那些陶俑可能是文物,向公社书记付永仁作汇报;付永仁将这一消息传达给县博物馆;原临潼县博物馆馆长赵康民等亲自赶赴现场,通知立即停工,进行发掘,并对挖出的兵马俑进行了拼对、粘接、修复,恢复了秦俑原貌并命名为"秦代武士俑";原新华社记者蔺安稳撰写《秦始皇陵出土一批秦代武士俑》一文在《情况汇编》上发表,引起了中央领导的高度重视;国家文物局委派陕西省组织秦俑考古队对其进行发掘和勘察。兵马俑的发现是由众多环节组成的。几位打井农民挖出秦俑只是"发现"秦兵马俑众多环节中的一环。

《民法通则》第97条规定:"公民对自己的发现享有发现权。发现人有权申请领取发现证书、奖金或者其他奖励。"那么这些农民是否得到过证书和奖金?根据报道,当年在县博物馆赵康民的指导下,社员们把残缺不全的"瓦爷"碎片装了满满三架子车,拉到几公里外的县文化馆后,赵康民当场给了30元人民币以示奖励。农民们看到这么多钱时说道:"想不到这瓦爷都快比人还值钱了",非常高兴地走了。近二十多年来,这些农民更是通过签名售书获得相应的报酬。似乎只要姓杨,或参与后来考古挖掘工作的,都成为"发现人"。由于从发现到正式发掘存在众多环节,而该村农民也已经从该"发现"中获得经济利益,为此再争论自己就是"第一发现人"并要求获得政府颁发的证书,已经没实质意义。

案例讨论:
1. 为什么国家要授予发现人"发现权",并规定其以此权利获得经济收益?
2. 你认为谁是兵马俑发现的"第一人"?你是否同意有关该案例作者的最后分析?
3. 2003年声称"第一发现人"的农民多起来,这一现象说明什么?

资料来源:
1. 《秦兵马俑发现人的风波》,载《以商会友》2013年4月8日。
2. 《兵马俑发现者杨彦信、杨志发 西安秦始皇兵马俑发现者》,载《京城热线》2014年11月27日。
3. 网络相关报道。

案例2 中国台湾反盗版大游行

2002年4月4日,台湾娱乐业组织举行了一场声势浩大的反盗版大游行,近百名台、港流行音乐知名人士汇聚一起,与唱片公司、电影录影业、电台音乐频道等各界人士约八千人,举行了长达3小时的游行集会。这是台湾历史上乃至华人电影及音乐史上最大规模的反盗版行动。全台湾的民众在这一天度过了没有电影、没有流行音乐的寂寞一刻:160家电影院和戏院关门歇影,300多家录影带租售店从下午2时开始同时暂停营业,各主要电台全天不放流行音乐,并在下午4时44分"默声"20秒,各大报纸的电影广告版都取消了影片广告……。所有这些行动,都是要用沉默来抗议台湾盗版的泛滥,并配合当天下午的游行。

下午2时,游行队伍在台、港流行音乐知名人士的带领下,身穿黑色上衣,系有写着"盗版猖獗""音乐将死"的白色布条,高举"盗版无理,业者断气""警力不够,盗版不停""反盗版,用公诉"等字样的牌子,举行了集会,抗议台湾盗版泛滥给娱乐业造成的伤害。艺人们在反盗版主台上发表反盗版宣言,为"音乐将死"默哀,整个游行队伍蜿蜒曲折长达数百米,行程不长,但场面十分热烈。业者们高呼"反盗版""盗版有罪""拒买盗版"等口号,将喇叭按得震天响。游行队伍中出现众多赫赫有名的歌手、"偶像",让"粉丝"们兴奋不已,于是游行队伍外又多了一支"粉丝"族队伍,他们跟随着大部队,为目睹心目中的"偶像"而狂欢不已,而对游行的反盗版主题本身,似乎并不都那么关心。面对这些歌迷们的狂呼,歌星们个个不苟言笑,统一商定"不签名、不合影、不握手"的"三不"态度。

"这是一件很严肃的活动",一位歌手这么说,"这么多的人一起走上街头,可见盗版对音乐的伤害有多深"!另一位专程返台参加游行的歌手认为,现在是整个台湾唱片业生死存亡的关键时刻,尽管自己很忙,但也要跟大家一起来反盗版。

台湾歌坛曾撑起华语流行音乐的半边天,20世纪80年代末,一些歌手的唱片曾在台湾地区的销售量达到100万张,一般知名的歌手专辑也卖到过50万张,唱片公司最多时达到40家。然而,2000年超过30万张的歌手只有一人,超过20万张的歌手不到10人,唱片公司剩下不到10家。大量的盗版活动严重地打击了台湾的唱片业。1997年,台湾正版唱片的销售量为4700万张(卷),销售金额123亿多新台币(约合30多亿人民币),到2001年销售量下降到1800多万张(卷),销售金额只有53亿元新台币。从1998年开始,正版唱片销售量以每年20%的幅度递减,而盗版唱片销售量则迅速攀升,从25%提高到48%。受到冲击的不仅仅是唱片公司,还有电影院、戏院,两年间全台湾500家电影院和戏院只剩下160家。2001年由于盗版,台湾电影整体利润减少一半,三年累计减少收入30亿新台币。

过去,盗版业者主要盗版的是港台电影,现在因港台电影已被盗倒,盗版业者把目光放到西方电影上,盗录的技术也大大提高,盗版光碟放映效果堪称一流。美国大片周六上片,周一街上就有盗版光碟,每盘才60元新台币。搞得电影发行与戏院无法正常经营。

美国电影公司曾希望通过加密技术制作更先进的DVD来阻止盗版的蔓延,但这种技术很快被高手破解。视频技术的普及似的盗版比以往更加容易。一些国内厂家生产的DVD播放机,什么样的片子都可放,花上不到50美元就可以购买到一个,盗版影碟也不过1美元一张,而去趟电影院则要花4—10美元。为此,美国人认为盗版影碟泛滥的一个主要原因就是价格因素。美国电影协会的女发言人玛尔塔·格鲁特卡指出:"现在的盗版已经由地下活动发展成了有技术支持的犯罪辛迪加。"

如何看待台湾盗版猖獗现象,网上大学生们争论不休。不少学生对反盗版大游行不以为然。一位学生指出:为什么无人检讨原版CD为何卖得如此之贵?一张CD成本很低,但却要卖到300多元新台币。有学生质疑:"反盗版?到底是在为艺人看紧荷包,还是应该为自己看紧荷包?每一个人的钱都来之不易,并不只是艺人挣钱辛苦。""难道只许他们漫天要价,却不许别人就地还钱?"一些人认为,正版卖得贵,唱片公司也应检讨。

一些文化界人士也反对唱片公司将行业不景气都归结于盗版,认为目前唱片公司面临的危机主要是因为公司经营的弊端,即过度商业化,追求市场与经营规模,花大钱进行华而不实的宣传和包装,导致成本上升,这种商业利益凌驾一切的做法,完全背离了音乐之为文化的基础理念。

不过，面对台湾影视唱片业的低迷，一些影视、唱片公司作出了经营战略调整，一些歌手也想出了种种办法。比如一些唱片公司将专辑发行改为售票演唱会，一些歌手到大陆去录制唱片，大陆不仅录制成本低，而且市场也很大，虽然也存在盗版现象，但比之台湾，正版销售市场要大得多。面对台湾警力不足现象，某个演艺界"天王"甚至请托黑道帮"竹联帮""替警察行道"，对全台盗版光盘业者下达"击杀令"：不得盗版，不得贩卖，不得购买；若再有人继续生产贩卖盗版光碟，他们将"严惩不贷"。娱乐业出动黑道帮派到夜市站岗，打击盗版的做法，使台湾警方十分难堪。台湾"法务部"表示，知识产权权利人维护自己的权益，无可厚非，但借助非法力量，则不可取；而且黑道帮出面摆平盗版，绝非出自侠义之举，而是为自己日后获取更大的利益。

打击盗版，保护正版，有利于促进创新发展和经济增长。根据欧洲工商管理学院一项研究，企业使用正版软件可以比之使用盗版软件获得更多收益，给GDP带来更多的增量。这是因为使用正版软件的客户能够得到厂家在软件升级、补丁、培训和问题解决等方面的支持，因此比之使用盗版软件者更能降低病毒感染和其他安全漏洞风险，提高企业的效益和效率，即减少系统故障、宕机时间。

该项研究对占据全球经济96％的95个经济体使用正版软件和盗版软件对GDP产生的影响进行了测度，发现：(1) 与盗版软件相比，正版软件能够持久地带来更高的回报。(2) 全球正版软件的使用量每增加1％，将为世界经济注入约739亿美元；而在同样情况下，盗版软件的使用量每增加1％，仅为世界经济贡献200亿美元；换言之，使用正版软件会额外产生高达530亿美元的经济影响。(3) 高收入国家通过增加正版软件的支出所获得的收益最大；而以同等金额为基础，新兴经济体得到的回报最大。研究的结论是：正版软件可以作为带动经济发展的引擎，为企业和国家经济创造出客观的价值。

案例讨论：

1. 请评价台湾反盗版游行的意义。你认为通过这类活动能否提高市民保护知识产权的觉悟？为什么？

2. 你认为盗版的猖獗会给国家、地区、社会、个人带来什么样的危害？在反盗版和保护知识产权方面，台湾当局应该采取什么样的措施？

3. 你是否同意这样的看法："正版卖得贵是盗版猖獗的主要原因。"请说明理由。有什么好建议遏止或杜绝盗版泛滥？

4. 保护正版对企业发展有什么好处？

资料来源：

1. 朱华颖、胡创伟：《台湾息歌息影反盗版》，载《参考消息》2002年4月9日。

2. 〔美〕《纽约时报》2003年8月21日相关报道；《报刊文摘》2003年4月18日相关报道；《世界经济报》2003年4月14日相关报道。

3. 美国商业软件联盟(BSA)：《竞争优势：正版软件的经济影响》，http://www.bsa.org/studies/? sc_lang＝zh-CN，2013-05-21。

案例3：鲁迅商标抢注案

沈阳鲁迅美术学院是一所有着60多年历史的学校。该学校的前身是1938年成立于延安的"鲁艺"，1958年更名为"鲁迅美术学院"。学院建院初期，鲁迅夫人许广平和儿子周海婴曾向学院捐献过鲁迅部分稿费，1998年周海婴来学校参加了鲁迅像的揭幕仪式。不过，

2001年周家却因为商标注册问题与该学院发生了纠纷。

近些年,社会上出现了各种打着类似"鲁美"名称的办学形式,一些上当受骗的群众常常找到学校,给学校带来不少烦恼。为了维护学校的声誉,减少麻烦,2000年该学校将校名——"鲁迅美术学院"进行了商标注册。消息传到周家,后者非常生气,认为鲁迅美术学院不应该在根本未与周家联系的情况下,将"鲁迅"作为商标申请注册。认为鲁迅的商标只能由其家属来申请注册,而不应由鲁迅美术学院来申请注册,因为"鲁迅美术学院"一注册,别人就不能再用该名称了。因此,周家认为,这是商标抢注的侵权行为。2001年,鲁迅的儿子周海婴向国际商标局提出申请要求撤销"鲁迅美术学院"的商标注册。

国家商标局某负责人谈了自己的看法,认为鲁迅美术学院这个名称已经用了很多年了,2000年申请注册是学校的一种权利,学校作为政府批准成立的事业单位,不过是为了保护它的专用名称,即"鲁迅美术学院"不受侵犯。

某位法学家认为通过注册商标保护学校名称事实上纯属多此一举,因为学校名称是单位的知识产权,注册的名称是受法律保护的,完全可以通过名称权进行保护,没有必要再进行商标注册。

由于国内有很多以历史、文化名人命名的城市、学校、公园、街道等,"鲁美"的案例也引起人们对于"人名是否可以作为商标注册"问题的讨论。从现行的《商标法》看,法律仅仅规定了国家名称、国际组织名称、中央国家机关所在地标志性建筑物的名称,不得作为商标使用,对于人名则没有具体规定。随着争论范围的扩大,使得人们进而也关注起地名的规范问题。

近些年,不少厂家或开发商为了吸引顾客或消费者,使用"洋名"或双语标识来命名建筑、广场、小区。比如,某城市建筑物出现"美克马尼中心"(Make Moneybusiness Center)的名称;某商场出现"曼哈顿广场"(Manhattan Square)的名称;某开发小区命名为"英伦三岛"等。事实上,国家对于地名的命名早有相关法律规定。

1986年1月国务院发布的《地名管理条例》,以及1996年6月民政部发布的《地名管理条例设施细则》都规定,中国地名的罗马字母拼写使用国家公布的《汉语拼音方案》;中国地名不以外国人名、地名命名。这是因为地名的命名和更名关系到国家的领土主权、民族的尊严和民族团结。20世纪70年代末,国务院曾批复同意废除青海、新疆境内三个外来语地名。居民区、大型建筑物名称属于地名范畴,因此其命名或更名必须遵守国家地名管理的政策法规。

中国的这一法规与联合国地名标准化会议的决定是一致的。1967年第一届联合国地名标准化会议作出决定:地名的国际标准化采用单一罗马拼写法。1972年第二届联合国地名标准化会议决议建议:"在地名国际标准化中,要尽量少使用外来语命名那些完全位于一个国家内的地理实体"。这一原则后来在历次会议中都得到重审。1977年第三届联合国地名标准化会议决定中指出:"注意到《汉语拼音方案》在语言学上是完善的,用于中国地名的罗马字母拼法是最合适的","建议采用汉语拼音方案作为中国地名罗马字母拼法的国际标准"。由此,从1979年1月1日起,中国对外文件、书刊一律采用汉语拼音拼写地名。

在地名是否可以作为商标注册上,《商标法》(2013)第10条规定,同国家名称、国际组织名称、中央国家机关所在地特定地点的名称或者标志性建筑物的名称、图形相同或相似的,都不得作为商标使用;县级以上行政区划的地名或者公众知晓的外国地名,不得作为商标,除非该地名具有其他含义或者作为集体商标、证明商标组成部分，或者已经注册并使用了。

案例讨论：

1. 你认为鲁迅之子质疑沈阳鲁迅美术学院侵权是否有理？换言之，鲁迅美术学院注册学校校名是否构成侵权？
2. 在中国的商标法中是否允许以人名注册商标？举例说明。你认为这种规定是否有益？
3. 你能否通过查阅资料，找出国外类似的案例以及处理意见？
4. 一些风景旅游区在地名标志上，既书写中文，又标注出地名含义的英文解释，这一做法是否合理？为什么？

资料来源：

1. 许刚、武学梅：《鲁迅后人质问鲁迅美术学院：凭什么抢注鲁迅商标》，载《江南时报》2001年4月5日第4版，http://www.people.com.cn/GB/kejiao/40/20010405/433838.html。
2. 白英：《起"洋名"违反国家规定》，载《光明日报》2003年12月27日。

案例4 版权保护与保护的局限

较长一段时间，一首好歌通过演唱者的表演风靡全国，而作词、作曲者除了得到几元或几十元的稿费外再未从中获得报酬；一台节目一旦受到观众的欢迎就会立刻被电视台或广播台编集到精品集中多次播放，同时也可能被音像公司制作成光盘出售，而表演者却不能从中得到什么收益；一则综艺节目只要收视率较高，马上就会有多家电视台纷纷效仿，最后导致该节目迅速衰败，创作人员的心血付诸东流。不过，《著作权法》等版权法律法规颁布以后，上述不合理的现象开始得到一定程度的纠正。

根据《著作权法》，音乐、戏剧、曲艺、舞蹈、杂技艺术作品都被归到版权保护的范围。此外，对出版、表演、录音录像、播放也有了专门条款的规定。比如，规定"使用他人作品演出，表演者（演员、演出单位）应当取得著作权人许可，并支付报酬。演出组织者组织演出，由该组织者取得著作权人许可，并支付报酬"。"使用改编、翻译、注释、整理已有作品而产生的作品进行演出，应当取得改编、翻译、注释、整理作品的著作权人和原作品的著作权人许可，并支付报酬。"表演者对其表演享有许可并获得报酬权，如许可他人从现场直播和公开传送其现场表演、录音录像，复制与发行录有其表演的录音录像制品，通过信息网络向公众传播其表演，并通过这种许可获得相应的报酬。而电视台"播放他人的电影作品和以类似摄制电影的方法创作的作品、录像制品，应当取得制片者或者录像制作者许可，并支付报酬；播放他人的录像制品，还应当取得著作权人许可，并支付报酬"。

中国音乐著作权协会是由国家版权局和中国音乐家协会共同发起成立的中国大陆唯一的音乐著作权集体管理组织，成立于1992年12月17日，对海内外1800多万首音乐作品享有管理权。1994年5月，该协会加入国际作者和作曲者协会联合会（CISAC），2007年6月和2012年10月，又先后加入国际影画乐曲复制权协理联会（BIEM）和国际复制权联合会（IFRRO），开展音乐作品保护的国际合作。至今，协会已与世界50多个国家和地区的同类组织签订相互代表协议。截至2015年底，该协会个人会员已达8034人、出版公司会员67家、海外协会70家。

2000年9月，中国颁布《使用音乐作品进行表演著作权许可使用费标准》，其后中国音乐著作权协会与国内千余家背景音乐使用者签订了许可协议。2009年11月,国务院出台了《广播电台电视台播放录音制品支付报酬暂行办法》,规定了支付报酬标准,词曲作者的广播权得到落实。2010年,中央电视台率先与中国音乐著作权协会达成协议,支付音乐作品版权使用费,并且带领全行业制定了音乐作品付酬标准体系,各级省台基本上都参与了版权保护委员会。

针对部分未经许可擅自使用并不支付背景音乐使用费的商业、企业提出索赔诉讼。首起诉讼的是北京一家商场,后商场败诉,被索赔20万元。2002年最红火的电视连续剧《激情燃烧的岁月》也因背景音乐中多次出现《解放区的天》《保卫黄河》《延安颂》等十首作品,而未向中国音乐著作权协会支付著作权使用费,遭到协会起诉。据该协会法律部反映,全国每年开拍数百部影视作品,或多或少都使用了一些背景音乐,但每年主动来交著作权使用费的不过几家,不少人习惯不交钱,现在突然开始收费,很不习惯,但免费音乐午餐的时代已经结束。

此外,以往一个剧团创作的一台戏只要大获成功,就会立即被其他剧团全盘抄袭,著作权法出台后,剧团的维权意识加强了,通过法律手段保护自己的知识产权。例如,南京市越剧团是一个行业内较著名的剧团,创作的《柳毅传书》20世纪50—60年代曾红遍大江南北,还被拍成彩色戏曲片发行到海外。为了让老剧焕发新姿,南京越剧团对老剧本进行了较大的修改,并在江苏省版权局申办了著作权登记。过去剧团由于缺乏版权保护意识,常常一出经典剧目,就被别人抄袭,因为没有申请作品保护,吃过很大亏。现在申请了著作权和领取了登记证,任何团体或个人想要演出这一台剧目,都必须征得南京市越剧团的同意。

在电视综艺节目保护方面,涉及对好的创意的保护。目前,《著作权法》只对有形的实体,如文字作品、口述作品、艺术作品、美术建筑作品、摄影作品、电影作品、图形作品与模型作品、计算机软件等作品进行保护,对无形的、抽象的东西无法进行保护。2001年,著名电视栏目《梦想成真》制作方因为忍受不了被多方克隆,向国家知识产权局申请电视节目形式受专利保护,但被拒绝受理。国家版权局的有关人士明确表明电视台节目形式不受专利法保护,不能申请专利,但可以寻求版权保护。然而从版权保护看,除了该栏目的图案可以申请保护外,其游戏方法、规则、节目形式等创意性的东西都不能申请版权保护。有律师建议,可以通过另一个途径寻求保护,这就是《反不正当竞争法》。该法的适用范围是"商业行为",电视节目从制作到投入市场可以看作是"商业行为",因此可以通过该法制止好的电视节目不断被"克隆"的现象。

不过,也有人士对批评"克隆"现象的说法很不以为然,认为随着信息技术的快速发展,人类已经进入一个全球化的时代,电视台要完完全全地追求"原创"闭门造车是根本不可能的,也是不值得推崇的。较好的做法还是相互学习、互相借鉴,不断推出更好的节目。

2015年9月新闻出版广播影视50家行业社团联合签署《从业人员职业道德自律公约》,公约中承诺的第8条是"积极自主创新,不抄袭剽窃他人创意及成果"。

不管怎么说,中国音乐著作权协会的建立,不仅维护了作曲者、作词者和其他音乐著作权人的合法权益,鼓励更多人去创作、创新,也增强了公民知识产权保护意识。自协会成立以来,协会会员在增多,许可费收入也在上升。(见图3-6)当然,与国外其他地区或国家相比,中国人均著作权使用费和音乐著作权使用费还是比较低的。2015年,国际作者作曲者协会联合会(CISAC)对120个国家的230家著作权集体管理协会2014年人均著作权使用费进行了统计,从其发表的《著作权集体管理全球报告》看,中国不到0.02欧元,大大低于全

球人均数。根据金砖国家音乐著作权集体管理协会数据,该年中国音乐著作权使用费排名大大低于巴西和俄罗斯。(见图3-7)

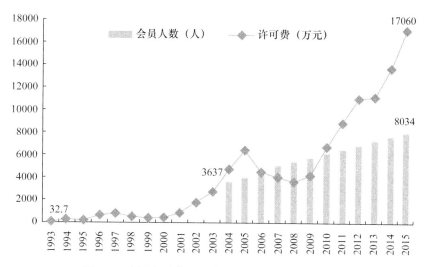

图 3-6　中国音乐著作权协会会员与许可收入状况

数据来源:根据下面数据制图:(1)中国音乐著作权协会历年年报,http://www.mcsc.com.cn/infom-4-1.html;(2)《23年音著协词曲著作权使用收费总额突破10亿元》,http://www.mcsc.com.cn/imS-13-1471.html。

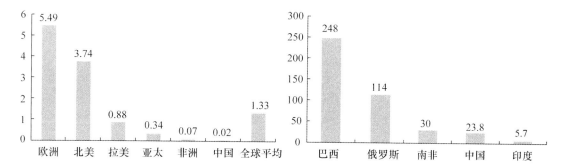

图 3-7　2014 年中国人均著作权使用费和音乐著作权使用费与世界其他国家或地区比较

注释:这里"中国"的数据依据中国音乐著作权协会的数据计算,人均使用费是协会许可收入除以人口。

数据来源:根据下面数据制图:《23 年音著协词曲著作权使用收费总额突破 10 亿元》,http://www.mcsc.com.cn/imS-13-1471.html;人均数据来自国际作者作曲协会联合会(CISAC)2015 年 10 月发布的《著作权集体管理全球报告》;音乐著作权使用费数据来自金砖国家音乐著作权集体管理协会。

此外,从音乐著作权使用费在 GDP 中的比重看,根据 CISAC2015 年发布的《金砖国家创意产业报告》,中国创意产业的经济贡献占 GDP 比重超过 6%,高于其他金砖国家,但是音乐著作权使用费在 GDP 中的比重只有 0.000016%,大大低于欧洲(0.049%)、拉美(0.020%)、北美(即美国和加拿大,0.016%)、亚太(0.014%)、非洲(0.008%),以及全球平均数(0.014%)。显然,中国音乐著作权的保护依然任重道远。

案例讨论：

1. 非营利文艺演出，比如学校的文艺演出，使用了背景音乐或演唱了名歌名曲，是否也要向原创者支付报酬？为什么？
2. 《反不正当竞争法》中哪些条款适用于电视节目的保护？
3. 你是否同意"克隆"有理的说法？为什么？谈谈你对该问题的看法。
4. 中国音乐著作权的保护取得了哪些成就？为什么说"中国音乐著作权的保护依然任重道远"？

资料来源：

1. 《著作权法》第 3 条、第 36 条、第 37 条、第 45 条。
2. 《首例背景音乐著作权案，商场被索赔二十万》，载《报刊文摘》2003 年 11 月 7 日第 4 版。
3. 小尧：《剧中多次使用他人音乐作品，"激情"可能烧掉 51 万》，载《新闻晨报》2003 年 3 月 7 日第 B12 版。
4. 王力、施越：《南京越剧团为〈柳毅传书〉登记著作权》，载《新闻晨报》2003 年 4 月 1 日第 B11 版。
5. 吴勇：《电视节目有没有版权》，载《新闻晨报》2001 年 8 月 21 日第 13 版；丘俪华：《电视综艺节目抄袭成风，克隆是否无药可治》，载《新闻晨报》2001 年 9 月 25 日第 A16 版。
6. 中国音乐著作权协会：《23 年音著协词曲著作权使用收费总额突破 10 亿元》，载《协会动态》，http://www.mcsc.com.cn/imS-13-1471.html，2016-01-19。
7. 张宁：《中央电视台副总编辑：版权保护是媒体强基固本的战略任务》，载《中国新闻出版广电报》2015 年 12 月 10 日。
8. 国家新闻出版广电总局：《新闻出版广播影视 50 家行业社团联合签署从业人员职业道德自律公约》，http://www.mcsc.com.cn/imS-14-1437.html，2015-09-18。

第四章　国际技术贸易管理的法规与惯例

▶ **教学目的和要求**
- 学习国际技术贸易管理的国际公约、条约或协定。
- 了解国际技术贸易的商业惯例，以及管制限制性商业惯例的立法。
- 学习中国有关技术贸易管理方面的法律法规，发现知识产权保护仍待完善的方面，并提出改善的建议。

第一节　国际技术贸易管理的法规

一、《建立世界知识产权组织公约》

1. WIPO 建立的背景

世界知识产权组织（The World Intellectual Property Organization，简称 WIPO），其建立最早可以追溯到 1883 年，这一年正是德国作曲家约翰尼斯·勃拉姆斯（Johannes Brahms）在创作他的第三交响曲，英国小说家罗伯特·路易斯·史蒂文森（Robert Louis Stevenson）在写作他的《金银岛》（Treasure Island），美国设计师约翰·埃米莉·罗布林（John Emily Roebling）在完成纽约布鲁克林大桥的建筑的一年。针对 1873 年在维也纳举办的国际发明博览会上不少外国发明家因为害怕自己的发明思想被人窃取用来赚钱而拒绝参展的现象，一些国家商量是否有必要建立一个为参展的发明者提供知识产权保护的国际公约。1883 年，第一部有关知识产权保护的国际公约《保护工业产权巴黎公约》诞生了。该公约将成员国国民的知识成果以工业产权的形式（包括发明专利、商标和工业品外观设计）加以保护。最初签约国只有 11 个，到 1884 年公约正式生效时，签约国增加到 14 个。

1886 年，《保护文学艺术作品伯尔尼公约》诞生，该公约将知识产权保护的范围扩大到文学艺术作品。1893 年，上述两个公约成立的两个局合并为"知识产权保护联盟国际局"（The United International Bureaux for the Protection of Intellectual Property，简称 BIRPI），该局设立在瑞士伯尔尼，工作人员只有 7 个。

1960 年，BIRPI 从伯尔尼迁到日内瓦，因为当时联合国和其他国际组织的总部都设立在日内瓦。在其后的 10 年里，BIRPI 致力于世界知识产权组织的建立。1967 年，BIRPI 的成员国在斯德哥尔摩签署了《建立世界知识产权组织公约》（Convention Establishing the World Intellectual Property Organizaiton），BIRPI 的组织机构和管理体制进行了一系列的改革，改为 WIPO。1970 年 4 月 26 日，公约正式生效，这时的成员国为 20 个。

2. WIPO 的发展与管理职能

1974 年，WIPO 成为联合国组织系统中一个专门的机构，被授权管理成员国有关知识产权方面的事务，通过各国的合作，负责保护全世界的知识产权，负责实施涉及知识产权的法律和行政方面的各种国际条约。具体来说，其管理职能定位在以下几个方面：(1) 协助各国在知识产权保护方面的立法进程；(2) 为工业产权在国际范围的应用提供服务；(3) 促进知识产权方面的信息交换;(4) 为各国尤其是发展中国家的知识产权保护提供法律援助和技术援助;(5) 建立处理知识产权争端解决机制;(6) 推动信息技术在各国的发展,同时引导人们在维护知识产权的意识下正确使用信息资源和信息技术工具。

1978 年,WIPO 的秘书处迁移到日内瓦总部大楼,该地点现已成为日内瓦重要的文物景点之一。1979 年 9 月 28 日,该公约在斯德哥尔摩进行修订。1980 年 3 月 3 日,中国签署该公约,6 月 3 日正式成为 WIPO 成员国。

1995 年 12 月 22 日,WIPO 与世界贸易组织(WTO)签署了《世界知识产权组织和世界贸易组织协议》(Agreement Between the World Intellectual Property Organization and the World Trade Organization),两个组织在国际贸易的知识产权方面进行合作,强调在全球贸易管理中知识产权保护的重要性。1999 年,中国和阿尔及利亚在世界知识产权组织成员国大会上共同提出关于建立"世界知识产权日"的提案,2000 年 10 月,世界知识产权组织第 35 届成员大会系列会议讨论通过了该提案,决定从 2001 年起将每年的 4 月 26 日定为"世界知识产权日"(World Intellectual Property Day),目的是在世界范围内树立尊重知识、崇尚科学和保护知识产权的意识,营造鼓励知识创新和保护知识产权的法律环境。

随着各国对知识产权保护意识的加强,WIPO 成员国不断增加,WIPO 机构也不断健全。截止到 2005 年 6 月初,成员国已扩大到 182 个,办公人员已达到 938 人,他们分别来自世界 95 个国家。到 2016 年 2 月初,成员国进一步扩大到 188 个。当初,BIRPI 管理的只是 4 个国际公约,而现在 WIPO 管理的则是 26 个公约。

3. WIPO 管理的公约与协定

综观 WIPO 管理的 26 个公约或协定,可以划分为五个类别:

(1) 与版权相关的条约(copyright-related treaties),共 8 个:

第一,《伯尔尼公约》(Berne Convention for the Protection of Litrary and Artistic Works,1886 年 9 月 9 日缔结)。该公约曾于 1896 年、1908 年、1914 年、1928 年、1948 年、1967 年、1971 年和 1979 年进行过 8 次补充、修改或修正。1992 年 7 月 10 日,中国签署该公约,10 月 15 日该公约对中国生效。截止到 2016 年 1 月 12 日布隆迪加入,签约成员为 169 个。

第二,《保护表演者、录音制品录制者和广播组织罗马公约》(Rome Covention for the Protection of Performers, Producers of Phonograms ans Broadcasting Organizations,简称《罗马公约》),这是第一个有关版权邻接权的世界性公约,1961 年 10 月 26 日由联合国国际劳工组织、教科文组织以及世界知识产权组织共同发起在罗马缔结。到 2016 年 2 月初,成员国已有 92 个。中国还未签署该公约。

第三,《保护录制者、防止录制品擅自复制公约》(Convention for the Protection of Producers of Phonograms Against Unauthorized Duplication of Their Phonograms,简称《录制公约》),1971 年 10 月 29 日缔结。1973 年,生效成员国只有 7 个,到 2016 年 2 月初已发展到 78 个。1993 年 1 月 5 日,中国签署该公约,4 月 30 日该公约对中国生效。

第四,《关于由卫星发射的载有信号的方案的布鲁塞尔公约》(Brussels Convention Relating to the Distribution of Programme-Carrying Signals Transmitted by Satellite),1974 年缔结。该协议要求缔约方通过采取适当措施,以防止由人造卫星传播的载有节目的信号发送到未经授权的领土。截至 2016 年 2 月初,缔约方共计 37 个。中国未加入。

第五,《世界知识产权组织版权条约》(WIPO Copyright Treaty,简称 WCT),1996 年 12

月 20 日在日内瓦通过,2002 年 3 月 6 日生效,当年成员国 37 个,到 2016 年 2 月初签约国已达 94 个。中国 2007 年 3 月 9 日签署该公约,6 月 9 日该条约对中国生效。

第六,《世界知识产权组织表演和录音制品条约》(WIPO Performances and Phonograms Treaty,简称 WPPT),1996 年 12 月 20 日在日内瓦缔结,2002 年 5 月 20 日生效。到 2016 年 2 月初签约方已达 94 个。中国 2007 年 3 月 9 日加入,6 月 9 日该条约对中国生效。

第七,《关于视听表演的北京条约》(The Beijing Treaty on Audiovisual Performances),2012 年 6 月 24 日在北京通过。该条约涉及表演者将其视听录制品录制的表演复制、发行、出租以及通过有线或无线方式向公众提供的权利。给予表演者权利的保护期为表演录制之年年终算起至少持续到 50 年期满为止。中国 2012 年 6 月 26 日签署该条约,2014 年 7 月 9 日批准。截至 2016 年 2 月初,签约成员国达到 78 个,不过该条约至此还未实施。

第八,《关于为盲人、视力障碍者或其他印刷品阅读障碍者获得已出版作品的马拉喀什条约》(Marrakesh Treaty to Facilitate Access to Published Works for Persons Who Are Blind, Visually Impaired or Otherwise Print Disabled),2013 年 6 月 23 日在马拉喀什缔结,该条约已成为世界知识产权组织管理的国际版权条约的一部分。到 2016 年 2 月初,签署方已达 80 个。中国 2013 年 6 月 28 日签署该公约。

(2) 与专利相关的条约(Patent-related treaties),共 5 个:

第一,《巴黎公约》(Paris Convention for the Protection of Industrial Property,简称《巴黎公约》),1883 年 3 月 20 日缔结。该公约于 1900 年在布鲁塞尔、1911 年在华盛顿、1925 年在海牙、1934 年在伦敦、1958 年在里斯本、1967 年在斯德哥尔摩以及 1979 年先后进行过 7 次修订、修改。截至 2016 年 2 月初,成员国已达到 176 个。中国于 1984 年 12 月 19 日签署该公约,1985 年 3 月 19 日该公约对中国生效。

第二,《专利合作条约》(Patent Cooperation Treaty,简称 PCT),1970 年 6 月 19 日在华盛顿订立。1979 年、1984 年、2001 年先后 3 次修改或修正。到 2016 年 2 月初,签约方已达到 148 个。中国 1993 年 10 月 1 日签署该公约,1994 年 1 月 1 日该公约对中国生效。

第三,《国际专利分类斯特拉斯堡协定》(Strasbourg Agreement Concerning the International Patent Classification,简称《斯特拉斯堡协定》),1971 年 3 月 24 日缔结。在申请国际专利的过程中,专利文献检索必不可少,为此需要对各类专利进行分类。该协定建立了国际专利分类,将各种技术分为 8 类约 7 万个分类。1979 年 9 月 28 日,该协定修正。截至 2016 年 2 月初,共 62 个签约方。中国 1996 年 6 月 17 日签署该协定,1997 年 6 月 19 日该协定对中国生效。

第四,《国际承认用于专利程序的微生物保藏布达佩斯条约》(Budapest Treaty on the International Recognition of the Deposit of Microorganisms for the Purposes of Patent Procedure,简称《布达佩斯条约》),1977 年 4 月 28 日在布达佩斯订立,1980 年 9 月 26 日修改。到 2016 年 2 月初,签约方为 79 个。中国 1995 年 4 月 1 日签署该条约,7 月 1 日该条约对中国生效。

第五,《专利法条约》(Paten Law Treaty,简称 PLT),2000 年 6 月 1 日在日内瓦通过。截至 2016 年 2 月初,成员国共 36 个。中国未签署该条约。

(3) 与商标相关的条约(trademarks relevant treaties),共 7 个(与上面重复适用的公约不计入):

第一,《商标国际注册马德里协定》(Madrid Agreement Concerning the International

Registration of Marks,简称《马德里协定》),1891 年 4 月 14 日缔结。该协定于 1900 年在布鲁塞尔、1911 年在华盛顿、1925 年在爱海牙、1934 年在伦敦、1957 年在尼斯、1967 年在斯德哥尔摩以及 1979 年进行了 7 次修订和修正。到 2016 年 2 月初,签约方达 55 个。中国 1989 年 7 月 4 日签署该协定,10 月 4 日该协定对中国生效。

第二,《商标国际注册马德里协定有关议定书》(Protocol Relating to the Madrid Agreement Concerning the International Registration of Marks,简称《马德里议定书》),1989 年 6 月 28 日在马德里签署,目的是使马德里体系与某些国家的国内法规或政府组织之间更加灵活和兼容。到 2016 年 2 月初,签约方达到 97 个。中国于 1995 年 9 月 1 日签署该议定书,12 月 1 日议定书对中国生效。

第三,《关于商标注册目的商品和服务国际分类的尼斯协定》(Nice Agreement Concerning the International Classification of Goods and Services for the Purposes of the Registration of Marks,简称《尼斯协定》),1957 年 6 月 15 日缔结。1967 年在斯德哥尔摩、1977 年在日内瓦以及 1979 年先后 3 次进行修定或修正。该协议的分类包括一个列表,由 34 类商品和 11 类服务组成,按字母排序分为 1.1 万个目。这两个列表由缔约国组成的专家委员会定期修正和补充,最新版本是 2012 年 1 月 1 日生效的版本 10。截至 2016 年 2 月初,签约国共 84 个。中国 1994 年 5 月 5 日签署该协定,8 月 9 日该协定对中国生效。

第四,《建立商标图形要素国际分类的维也纳协定》(Vienna Agreement Establishing an International Classification of the Figurative Elements of Marks,简称《维也纳协定》),1973 年 6 月 12 日在维也纳签署,1985 年 10 月 1 日修正。该分类根据标记的象征元素分为 29 类、145 分类和 1700 部分。代表缔约国的一个专家委员会定期对分类进行修订,目前最新版本为 2013 年 1 月 1 日生效的版本 7。到 2016 年 2 月,成员国已达 32 个。中国未签署该协定。

第五,《商标法条约》(Trademark Law Treaty,简称 TIT),1994 年 10 月 27 日在日内瓦通过。到 2016 年 2 月初,签约国共计 53 个。中国 1994 年 10 月 28 日签署该条约,但到 2016 年 2 月初止还未对中国生效。

第六,《商标法新加坡条约》(Singapore Treaty on the Law of Trademarks,简称《新加坡条约》),2006 年缔结,2009 年生效。该条约的目的是为协调商标注册行政程序而建立一个现代的、动态的国际框架。截至 2016 年 2 月初,签约方共 42 个。中国 2007 年 1 月 29 日签署该条约,还未生效。

第七,《保护奥林匹克标志的内罗毕条约》(Nairobi Treaty on the Protection of the Olympic Symbol,简称《内罗毕条约》),1981 年 9 月 26 日通过。截至 2016 年 2 月初,已有 52 个成员国。中国未签署该条约。

此外,《巴黎公约》适用于商标权保护。

(4) 与工业设计相关的条约(industrial design-related treaties),共 3 个(与上面重复适用的公约不计入):

第一,《工业品外观设计国际注册海牙协定》(Hague Agreement Concerning the International Registration of Industrial Designs,简称《海牙协定》),1925 年 11 月 6 日签署。1934 年在伦敦、1960 年在海牙进行两次修订,后于 1961 年在摩纳哥签署《补充法》(Additional Act),1967 年在斯德哥尔摩签署《互补法》(Complementary Act),1999 年在日内瓦进一步加以完善。截至 2016 年 2 月初,签约方已达 65 个。中国未签署该协定。

第二，《建立世界知识产权组织公约》(Convention Establishing the World Intellectual Property Organizaiton,简称 WIPO Convention),1967 年 7 月 14 日在斯特哥尔摩签署,1970 年生效,1979 年修订。WIPO 是政府间组织,1974 年成为联合国组织系统中的专门机构。截至 2016 年 2 月初,成员国达 188 个。中国 1980 年 3 月 3 日加入该公约,6 月 3 日该公约对中国生效。

第三,《建立工业品外观设计国际分类的洛迦诺协定》(Locarno Agreement Establishing an International Classification for Industrial Designs,简称《洛迦诺协定》),1968 年 10 月 8 日在瑞士洛迦诺签署。该分类由 32 类、219 子类、约 7000 个目组成,每个产品所属类、子类按字母排序。1979 年 9 月 28 日该协定被修正。截至 2016 年 2 月初签署方达 54 个。中国 1996 年 6 月 17 日签署该协定,9 月 19 日该协定对中国生效。

此外,《巴黎公约》适用于工业品外观设计保护。

(5) 与地理标志相关的条约(geographical indications relevant treaties),共 3 个(与上面重复适用的公约、协定等不计入):

第一,《制止商品来源虚假或欺骗性标记的马德里协定》(Madrid Agreement for the Repression of False or Deceptive Indications of Source on Goods)。1891 年 4 月 14 日制定,1911 年在华盛顿、1925 年在海牙、1934 年在伦敦、1958 年在里斯本先后进行过 4 次修改。截至 2016 年 2 月初,签署成员国为 36 个。中国未签署该协定。

第二,《保护原产地名称及其国际注册的里斯本协定》(Lisbon Agreement for the Protection of Appellaitons of Origin and their International Registration,简称《里斯本协定》)。1958 年 10 月 31 日缔结,1967 年和 1979 年进行过两次修改和修正。到 2016 年 2 月初,共有 28 个成员国。中国未参加。

第三,《与贸易有关的知识产权协议》(The TRIPs Agreement)。该协议由参加关税与贸易总协定(GATT)多边谈判的 100 多个国家和地区讨论、修改并签署,1995 年 1 月 1 日正式生效。中国也参加了多边谈判并签署了该协议。这是知识产权保护问题第一次纳入多边谈判中,该协议扩大了知识产权的保护范围,加强了保护措施,也为发展中国家提供了特殊待遇的过渡期安排。

此外,《巴黎公约》《马德里协定》《马德里议定书》的一些条款适用于地理标志的保护。[①]

下面就几个最重要的协议、公约或条约作一介绍。

二、《与贸易有关的知识产权协议》

1. 协议的简况

1986—1993 年,《关税与贸易总协定》(GATT)进行了第 8 轮多边谈判,参加的国家和地区从最初的 103 个,增至谈判结束时的 125 个。谈判的最终成果之一是达成一系列协议,包括《与贸易有关的知识产权协议》(Agreement on Trade-Related Aspects of Intellectual Property Rights,简称 TRIPs),1995 年 1 月 1 日生效。中国签署了该协议。

该协议对国际上一些有关知识产权保护的公约进行了补充或强调。比如,在著作权与著作权有关的作品的保护方面,扩大了《伯尔尼公约》中关于追溯力的使用范围,对"合理使用""法定许可"等作出限制,规定了保护年限等;在商标保护方面,重申了《巴黎公约》的基本

---

① See WIPO-Administered Treaties, http://www.wipo.int/about-ip/en/, 2016-02-17.

原则;在专利和工业产品外观设计专利保护方面,规定了最低的保护年限等。

2. 协议的原则与机制

协议引入 GATT 有关货物贸易的基本原则和争端解决的机制:

(1) 最惠国原则。该协议规定:"一缔约方给予任何另一国的利益、优惠、特权或豁免权应无条件地给予其他成员国的公民。"

(2) 管线保护原则。所谓管线保护是指,当一国对某种医药、农业化学和化学产品第一次提供专利保护时,该国不论在何国获得可替代的药品和农用化学品专利的产品,只要它们还未进入该国的市场,都应在该种产品的专利剩余保护期内提供相应的保护。

(3) 透明度原则。缔约方对有关本协定主题(保护主题、范围、授权、实施以及防止滥用知识产权)生效的法律、条例、最终司法判决和一般司法规则应当给予公布。同时,一国与任何缔约方政府或政府机构间有关本协定主题的协定也应当公布。这种透明度是互惠的,各缔约国彼此要公开这些内容,并报送关税与贸易总协定的 TRIPs 理事会,以便后者进行监督。

(4) 解决争端机制。规定除该协定另有规定外,GATT 第 22 条和第 23 条以及缔约方通过的管理解决争端的程序规则的谅解,都应当适用该协定涉及的有关知识产权争端的咨询和调解。

3. 协议的主要内容

协议包括 7 个部分,主要内容有:

(1) 一般条款和基本原则

① 知识产权包括的范围:版权与邻接权、商标、地理标志、工业品外观设计、专利、集成电路布图设计、未公开的信息。

② 协议与其他知识产权公约的关系:该协议不否定《巴黎公约》《伯尔尼公约》《罗马公约》以及《集成电路知识产权条约》已经承担的义务。

③ 国民待遇与最惠国待遇:各成员在知识产权保护方面向其他成员国国民所提供的待遇,不应低于对其本国国民提供的待遇;某一成员国给予任何其他国家国民的任何利益、优惠、特权或豁免,均应立即无条件地给予所有其他成员国的国民。

④ 基本原则:各成员国国内制定或修订的法律法规必须与本协议规定相一致;在此条件下,允许成员国采取适当措施来防止权利持有人滥用知识产权或采用限制贸易或对国际技术转让产生不利影响的不合理做法。

(2) 知识产权的可取得性、范围及使用的标准

① 版权和邻接权。规定计算机程序无论是以源代码还是以目标代码形式表现的,均应作为《伯尔尼公约》(1971)所规定的文字作品受到保护。规定表演者不仅对录音制品拥有许可权、复制权、禁止未经许可实施权,而且也拥有制止未经许可以无线方式广播及向公众传播其现场表演的权利。广播组织有权禁止将其广播固定,或以无线方式重播,或向公众电视传播,或将已固定的广播复制。

② 商标。规定任何能够将一企业的商品或服务与其他企业的商品或服务相区别的标记或标记组合,均应能构成商标。这类标记,尤其是文字(包括人名)字母、数字、图形要素、色彩组合,记忆上述标记的任何组合,均应能作为商标获得注册。商标的首次注册及各次续展注册的期限,均不应少于 7 年。商标注册应当可以无限期地续展。不允许商标强制许可。

③ 地理标志。地理标志是指表明某商品来源于某成员地域或该地域内的某地区或某

地方一种标志,但该商品的特定质量、信誉或其他特点必须主要是由于该标志所示的来源地所形成的。强调对地理标志的保护,特别对酒类地理标志附加保护。

④ 工业品外观设计。规定保护的工业品外观设计应该是独立创作的、具有新颖性或原创性的。保护期总计应不少于 10 年。

⑤ 专利。规定一切技术领域中任何新颖的、具有创造性的(或非显而易见性的)、能够在工业上应用的(或实用性的)发明,无论是产品还是方法,均应可获得专利。专利保护期至少应至申请日起 20 年年终。规定下列各项排除于可取得专利的范围之外:一是用于人类或动物医疗的诊断、治疗及外科手术方法;二是除微生物外的动、植物,以及主要是生物方面的生产动、植物的方法(非生物方法和微生物方法除外)。各成员可以通过专利或有效的专门制度,或两种制度的结合,对植物品种保护作出规定。

⑥ 集成电路布图设计(拓扑图)。规定保护期不应短于自注册申请日算起或自该设计在世界任何地方首次商业实施之日算起 10 年。

⑦ 未公开的信息(亦译"未披露的信息")。规定予以保护。所谓的未公开的信息是指:该信息是秘密的,即该信息作为整体或作为其组成部分的构成和组合,不是通常接触这类有关信息的专业人士普遍了解或容易获得的;该信息因其秘密性而具有商业价值;合法控制该信息的人已经根据情况采取了合理的保密措施。规定对提交未披露的试验数据或其他数据,包括为获得新化学物质的医药或农用化学产品市场销售批准所提供的未披露试验数据进行保护,以防止被人不正当地商业使用。

⑧ 协议许可中对限制竞争行为的控制。允许缔约方通过国内立法防止对市场竞争产生有害影响的滥用知识产权的行为。

(3) 知识产权执法

① 总义务。要求各成员在本法域内提供该协议的执法程序,采取有效行动制止任何侵犯知识产权的行为;知识产权的执法程序应该公平合理,不应过于复杂或收费过高,不应有不合理的时效限制或无保障的拖延;案例判决最好采取书面形式,并应说明理由;对终局的行政决定,诉讼当事各方应有机会提交司法当局复审;该知识产权执法不应影响成员执行一般法律的职能等。

② 民事与行政程序及救济。包括公平合理的程序、支持权利的证据、司法当局的禁令、对遭受损害者的赔偿以及其他救济措施等内容。

③ 临时措施。为了制止任何知识产权侵权的发生,尤其是制止包括刚由海关放行的进口商品在内的侵权商品进入其管辖范围的商业渠道,以及保存被诉为侵权的有关证据,司法当局有权下令采取及时有效的临时措施。

④ 有关边境措施的专门要求。对海关在查处侵权行为中的程序作了规定。比如,当知识产权所有人在掌握了确切证据后可以通过相应的行政或法律机关提出书面申请,要求海关当局对侵犯知识产权的产品的进口或出口予以扣留;但申请人在此情况下应提供相应的保全措施,以便保护被告,防止权利人滥用权利等。

⑤ 刑事程序。要求全体成员提供刑事程序及刑事惩罚,至少应该对有意以商业规模故意假冒商标或对版权盗版的情况如此。惩罚程度应该与对严重情节类似的犯罪的惩罚标准相一致。可采取的救济应包括处以有足够威慑作用的监禁,或罚金,或两者并处;扣押、没收或销毁侵权商品以及主要用于从事犯罪活动的材料及工具。

(4) 知识产权的取得与维持以及有关当事方之间的程序。

(5) 争端的防止与解决。要求法律法规的透明性,即要求各成员国公布知识产权方面的有关法律与法规,以及普遍适用的终审判决和终局行政裁决;如果实际上不能公布,则应该以本国文字向公众提供,以便各成员国政府及权利持有人能够了解。

(6) 过渡期安排。对发展中国家或处于由中央计划经济向市场经济转轨的国家,以及最不发达国家作了过渡期安排。

(7) 机构安排;最后条款。规定了 TRIPs 理事会的职责,以及全体成员之间的国际合作等。[1]

三、《保护工业产权巴黎公约》

1. 公约的简况

《巴黎公约》缔结于 1883 年 3 月 20 日,最初签署公约的国家有 11 个,它们是比利时、巴西、法国、荷兰、葡萄牙、萨尔瓦多、瑞士、西班牙、塞尔维亚、危地马拉、意大利。到 1884 年 7 月 7 日公约生效时,英国、突尼斯、厄瓜多尔又加入,成员国达到 14 个。到 2016 年 2 月初,成员国已达到 176 个。

2. 公约的主要内容

《巴黎公约》是对工业产权保护的公约,该公约从建立至今进行过 7 次修订、修正。各成员国签订的文本有所不同,这里介绍 1979 年 10 月 2 日修正本。该修正本共有 30 条,主要内容包括:

(1) 基本概念的界定。公约第 1 条对工业产权的保护对象、工业产权和专利的概念进行了界定。规定工业产权的保护对象有专利、实用新型、工业品外观设计、商标、服务标记、厂商名称、货源标记或原产地名称和制止不正当竞争。工业产权不仅应适用于工业和商业本身,而且也应同样适用于农业和采掘业,适用于一切制成品或天然产品,例如,酒类、谷物、烟叶、水果、牲畜、矿产品、矿泉水、啤酒、花卉和谷类的粉。专利包括本联盟国家的法律所承认的各种工业专利,如输入专利、改进专利、增补专利和增补证书等。

(2) 国民待遇。公约第 2 条规定,在工业产权保护方面,每个成员国必须以法律的形式给其他成员国国民以本国国民所享有的同等待遇。公约第 3 条规定,即使对非成员国国民,只要他在任何一个成员国国内有住所或有真实和有效的工商营业所的,则也应给予他相同于本国国民的待遇。这里的"国民"不仅包括自然人,也包括法人。这里的"法律"包括成文法、判例法或法院司法实践中的判决、专利局与商标局等有关行政管理机关所作的决定与裁决。

(3) 相互给予优先权。公约第 4 条规定,优先权是指当某个成员国的国民将某项发明(或某项商标)在一个成员国提出专利申请(或注册申请)时,自申请提出之日起(提出申请的当天不计入期限之内)的一定时间内(专利和实用新型为 12 个月,工业品外观设计和商标为 6 个月),如果他在其他成员国也提出同样的申请,则其他成员国应该承认他的申请日应追溯到在第一个国家递交申请的日期。

(4) 独立原则。公约第 4 条之二规定,成员国国民就同一发明在成员国或非成员国申请专利,所获得的专利是相互独立的。特别是在优先权期限内申请的各项专利,就其无效和

---

[1] See WTO, Agreement on Trade-Related Aspects of Intellectual Property Rights, https://www.wto.org/english/tratop_e/trips_e/intel2_e.htm, 1994-04-15.

剥夺其权利的理由以及其正常有效期而言,都是相互独立的。换言之,某项专利在一成员国获得专利,并不意味着在其他成员国的申请必然被批准;同样,当某项专利在一国被撤销时,也不意味着该专利在其他成员国被撤销。各成员国可以独立地按照本国法律决定给予,或拒绝,或撤销,或终止某项发明的专利权。

同样,根据第 6 条,商标注册也实行独立原则,商标在某国申请注册,不受在他国申请注册结果的影响。公约规定,申请和注册商标的条件,由成员国的国内法决定;对成员国国民在任何成员国中所提出的商标注册申请,不能以未在本国申请、注册或续展为理由而加以拒绝或使其注册失效;在一成员国内正式注册的商标,与在其他成员国中(包括申请人所属国)注册的商标相互独立。

(5) 发明人记名权。公约第 4 条之三规定,"发明人有在专利中被记载为发明人的权利"。换言之,发明人拥有的这一精神权利不因专利权的转让或继承而消失。

(6) 有权核准强制许可证。为了防止专利权人对专有权的滥用,比如不实施或不充分实施发明,公约第 5 条规定,对此成员国可采取立法措施规定颁发强制许可证。考虑到专利发明人获得专利权后可能因为经济原因不能马上实施其发明,公约允许其在专利申请之日起 4 年内或自核准专利权之日起 3 年内实施。但若无正当理由不实施或不完全实施发明,则专利局可以依据请求批准强制许可。

(7) 临时国境问题。公约第 5 条之三规定,临时通过某成员国的领土、领水、领空的他成员国的运输工具上,装有为自身运输需要而使用的该成员国享有专利保护的装置,不视为侵犯专利权。

(8) 驰名商标的特别保护。公约第 6 条之二规定,各成员国的国内法应禁止使用与驰名商标相同或相似的商标,拒绝接受与其相同或相似的商标注册,而不论该驰名商标本身是否已经在当地注册。

(9) 禁止作为商标使用的标记。公约第 6 条之三规定,对未经主管机关许可,国徽、国旗、国家徽记、用以表明监督和保证的官方符号和检验印章,一个或一个以上国家参加的政府间国际组织的徽章、旗帜、其他徽记、缩写和名称,不能用作商标或商标组成部分,应拒绝注册或使其注册失效,并采取适当措施禁止使用。但已成为保证予以保护的现行国际协定的对象的徽章、旗帜、其他徽记、缩写和名称除外。

(10) 商标转让。公约第 6 条之四规定,商标的转让只有在与其企业或商誉同时转移时才有效,例如,该企业或商誉位于该国的部分,连同在该国的制造与销售标有被转让商标的商品的专有权一起转让给受让人,即足以承认其转让为有效。如果受让人使用受让的商标事实上会具有使公众对使用该商标的商品的原产地、性质或基本品质发生误解的性质,上述规定并不使本联盟国家负有承认该项商标转让为有效的义务。

(11) 厂商名称。公约第 8 条规定,厂商名称应在本联盟一切国家内受到保护,没有申请或注册的义务,也不论其是否为商标的一部分。

(12) 反不正当竞争。公约第 10 条之二要求联盟国家有义务对各国国民保证给予制止不正当竞争的有效保护。规定凡在工商业事务中违反诚实的习惯做法的竞争行为构成不正当竞争的行为,尤其应对下列各项予以禁止:① 具有采用任何手段对竞争者的营业所、商品或工商业活动产生混淆性质的一切行为;② 在经营商业中,具有损害竞争者的营业所、商品或工商业活动的信用性质的虚伪说法;③ 在经营商业中,使用会使公众对商品的性质、制造方法、特点、用途或数量易于产生误解的表示或说法。

(13) 对国际博览会展品给予临时保护。公约第 11 条规定:"本联盟国家应按其本国法律对在本联盟任何国家领土内举办的官方的或经官方承认的国际展览会展出的商品中可以取得专利的发明、实用新型、工业品外观设计和商标,给予临时保护。"所谓临时保护是指,不能因为发明在展览会上公布于众而否认其新颖性;今后发明所有人将展出的发明产品在任何成员国申请专利,申请日应追溯到首次展出日期。[①]

四、《保护文学艺术作品伯尔尼公约》

1. 公约的简况

《伯尔尼公约》是世界知识产权组织中又一个十分重要的公约,于 1887 年 12 月生效。其后进行过 8 次补充、修订、更改,最近一次更改是在 1979 年 9 月 28 日。公约产生以来,成员国不断增加,到 2016 年 1 月 12 日布隆迪加入,签约成员国为 169 个。

《伯尔尼公约》最初是对小说、短篇小说、诗歌、戏剧、歌曲、歌剧、乐曲、奏曲、素描、油画、雕刻、建筑作品等文学艺术作品进行保护,不过随着时代的进步,该公约所保护的文学艺术作品的内涵不断扩大。公约第 2 条第 1 款指出,"文学和艺术作品"一词包括文学、科学和艺术领域内的一切成果,不论其表现形式或方式如何。该条列举了十个方面:

(1) 书籍、小册子和其他文字作品;;
(2) 讲课、演讲、讲道和其他同类性质作品;
(3) 戏剧或音乐戏剧作品;
(4) 舞蹈艺术作品和哑剧;
(5) 配词或未配词的乐曲;
(6) 电影作品和以类似摄制电影的方法表现的作品;
(7) 图画、油画、建筑、雕塑、雕刻和版画作品;
(8) 摄影作品和以类似摄影的方法表现的作品;
(9) 实用艺术作品;
(10) 与地理、地形、建筑或科学有关的插图、地图、设计图、草图和立体作品。

2. 公约的原则

《伯尔尼公约》的内容中包括如下几项原则:

(1) 国民待遇原则。公约第 5 条第 1 款和第 3 款规定,每个成员国的法律都应该给予本国以外的、受本公约保护的作品现在给予和今后可能给予的国民权利,以及公约特别授予的权利。享受本公约保护的作品必须是:第一,作者是公约成员国的国民,或者非成员国的国民在成员国有经常居所,其作品无论是否出版,都受到保护;第二,作者是非成员国国民,其作品首次在成员国出版或同时在非成员国和成员国出版受到保护;第三,电影作品作者,即使不符合上述规定,但只要电影的制片人的总部或经常居所在成员国中,其作品就受到保护;第四,建筑作品和建筑物中的艺术作品,如果该建筑物位于成员国内,或者建筑物内的艺术作品位于成员国国内,作品受到保护。

(2) 自动保护原则。公约第 5 条第 2 款规定,作者在成员国享受国民待遇和行使这些权利不需要履行任何手续。例如,登记或注册、存样、加注标记等手续。

---

① WIPO,Paris Convention for the Protection of Industrial Property,concluded in 1883(1883-03-20),amended in 1979(1979-10-02),http://www.wipo.int/treaties/en/ip/paris/summary_paris.html.

（3）版权独立原则。公约第 5 条第 2 款规定，按国民待遇所享受的版权保护并不依赖作品在起源国的保护是否存在。作品在成员国受到保护的程度以及为保护作者权利而向其提供的补救方法完全由被要求给以保护的国家的法律规定，但该国的这些法律规定必须符合公约所规定的最低保护要求。比如，公约规定享有和行使国民待遇所提供的权利不需要经过任何手续，但有的国家的著作权法却要求其国民的作品履行一定手续才能享受保护，这种规定就不适用其他成员国作品的作者。

3. 作者的权利与权利限制

《伯尔尼公约》规定作者享有的权利可分为经济权利和精神权利。

根据公约第 9 条、第 11 条、第 13 条、第 14 条、第 15 条规定，作者的经济权利是指拥有对自己作品的复制权（包括录音、录像）、翻译权（配音、字幕）、改编权（改编成电影或其他作品）、公开表演权、公开朗诵权、广播权、录制权等，作者有权许可他人或禁止他人改编、广播其作品。作者的精神权利包括署名权、修改权、发表权和回收权。其中，署名权和修改权列为成员国必须保护的精神权利；而发表权和回收权，成员国有权决定是否给予保护。精神权利不依赖经济权利而独立存在，也就是当经济权利转让后，精神权利依然属于作者。

为了防止过于严格的保护会阻碍文学艺术作品的传播和信息的交流，公约第 2 条之二、第 10 条、第 11 条之二、第 13 条中对作者的权利也作限制规定。比如公约规定：

（1）政治演说和诉讼过程中发表的言论，以及为新闻报道的目的，需要公开发表的讲课、演说或其他同类性质的作品，在什么条件下可由报刊登载，进行广播或向公众传播，这由各成员国自己立法规定。但作品汇编权应该属于作者，并且在任何情况下，这些条件均不应有损于作者的精神权利，也不应有损于作者获得合理报酬的权利，该报酬在没有协议情况下应由主管当局规定。

（2）不经作者许可摘引已发表的作品，或为教学目的，以讲解的形式在出版物、广播或录制品中使用作品，在成员国内也应该许可。但是摘引和使用应说明出处，必须限于合理范围，并注明原作者及作品出处。

（3）通过报刊、广播或对公众有线传播，复制发表在报纸、期刊上的讨论经济、政治或宗教的时事性文章，或具有同样性质的已经广播的作品，除了明确申明予以保留外，各成员国的法律应该给予允许。但这种传播或复制应明确说明出处。

（4）成员国应许可广播机构使用自己的设备并为自己播送之用而进行临时录制，以及批准国家档案馆保存有关录制品。

（5）当作者已经许可对其作品进行录音后，其他的录音制作者无需事先征求许可，也可使用该作品录制，但要支付合理的报酬。

公约也规定了保护年限。根据第 7 条，一般作品保护期为作者有生之年加死后 50 年；不具名作品和假名作品，保护期自作品合法公之于众之日起 50 年，在此期间内作者公开其身份，则按一般作品的保护期；版权为合作作者共有的作品，作者死后的保护期从最后死亡的作者死亡时算起，即最后一个作者有生之年加死后 50 年；电影作品公之于众后 50 年期满，如自作品完成后 50 年内未公之于众，则自作品完成后 50 年期满；摄影作品和作为艺术作品保护的实用艺术作品的保护期不应少于自该作品完成之后算起的 25 年。[①]

[①] See Berne Convention for the Protection of Literary and Artistic Works, http://www.wipo.int/treaties/en/ip/berne/summary_berne.html.

五、《商标国际注册马德里协定》

1. 公约的简况

《巴黎公约》的建立为成员国在两个以上国家进行商标注册提供了保护,但当某成员国的商品需要在更多国家生产或销售时,一个国家一个国家地注册商标便显得非常麻烦。为此,1891年4月14日由法国、比利时、西班牙、瑞士和突尼斯5国发起,缔结了《马德里协定》。该协定后经7次修订,最近一次修改是在1979年10月2日。到2016年2月初,签约方已达到55个。

1989年7月4日,中国签署该协定,10月4日该协定对中国生效。中国加入的是1967年修订并于1979年修改的斯德哥尔摩文本,同时作了如下声明:(1)关于协定的第3条之二:通过国际注册取得的保护,只有经商标所有人专门申请时,才能扩大到中国;(2)关于第14条第2、第4项:本议定书仅适用于中国加入生效之后注册的商标。但以前的中国已经取得与前述商标相同且仍有效的国内注册,经有关当事人请求即可承认为国际商标的,不在此例。

2. 商标国际注册的条件与程序

《马德里协定》是一个有关商标国际注册的国际协定。根据该协定第1条、第3条、第5条的规定,成员国商标所有人只要向世界知识产权组织国际局递交一份注册申请案并获得审查通过,就算获得了"国际注册",其商标有可能在各协定国获得商标注册。商标国际注册的基本条件和程序如下:

(1)商标所有人必须是该协定的成员国之一的国民,或是在某成员国有居所或设有实际商业活动营业所的人,并获得商标注册。

(2)商标所有人在本国进行商标注册后,通过本国商标管理部门或代理组织,向世界知识产权组织国际局呈上商标注册申请案,其文本必须用法语写成。

(3)世界知识产权组织国际局接到申请案后进行形式审查,审查通过,该商标便获得"国际注册";随后,国际局将该注册商标予以公布,并将所有文件(包括申请案、审查结果与"国际注册")复印,分送给申请人要求进行商标保护的那个(或那些)国家。

(4)有关国家的商标管理部门在收到这些文件后,决定是否为该商标提供保护;若在一年内未表示拒绝,则该商标的"国际注册"自动生效,转变为该国的"国内注册";若拒绝提供保护,则需说明原因。

3. 商标申请国际注册的优先权

协定第4条规定,每个申请国际注册的商标,享有《巴黎公约》第4条规定的优先权,但不必履行第4条所规定的那些手续。所谓优先权,是指申请人有将第一次在某成员国提出申请的日期作为第二次在另一个成员国提出申请的日期的权利,商标的优先权期限为第一次申请提出后6个月内提出。

《马德里协定》的商标国际注册是建立在该商标已经获得本国注册的基础上的。协定第6条规定,商标获得"国际注册"满5年时,这种注册即与在原属国原先注册的国家商标无关;但如果该商标在5年内在本国的注册被取消,则该"国际注册"也将失效。

第 7 条规定：在国际局商标注册的有效期为 20 年，并可以续展，每次续展年限为 20 年。[①]

六、《世界版权公约》

1. 公约的简况

《伯尔尼公约》的诞生推进了文学艺术作品方面的知识产权的保护，但是该公约的保护水准比较高，参加的国家主要为欧洲国家。二次大战后，一批新独立的国家进入国际社会，这些国家希望在保护作者权利的同时，能够以较廉价的方式获得外国作品。而美国因为国内著作权保护制度与《伯尔尼公约》很不一致，所以一直没有加入这个以欧洲国家为主的国际著作权保护体系，美国希望能够建立一个不违背本国法律的国际著作权保护体系。由此，推动了联合国教科文组织管理的《世界版权公约》（Universal Copyright Convention）的诞生。

1952 年 9 月 6 日，《世界版权公约》在日内瓦缔结，1955 年 9 月 16 日生效。1971 年 7 月 24 日，该公约在巴黎进行修订，1974 年 7 月 10 生效。截至 2016 年 2 月初，参加该公约的国家有 100 个，其中批准 1971 年文本的有 65 个国家，而只批准 1952 年日内瓦文本的国家有 35 个，它们是安道尔、柬埔寨、巴基斯坦、老挝、海地、智利、以色列、卢森堡、利比里亚、冰岛、古巴、阿根廷、爱尔兰、黎巴嫩、比利时、尼加拉瓜、尼日利亚、巴拉圭、加拿大、加纳、希腊、新西兰、危地马拉、赞比亚、马拉维、马耳他、毛里求斯、斐济、伯里兹、哈萨克斯坦、塔吉克斯坦、乌克兰、白俄罗斯、阿塞拜疆、摩尔多瓦。而其他国家包括中国则两个文本都签署了。

1992 年 7 月 1 日，中国第七届全国人大常委会第二十六次会议通过了关于中国加入《伯尔尼公约》和《世界版权公约》的决定。7 月 15 日和 7 月 30 日，中国政府分别向世界知识产权组织和联合国教科文组织递交《伯尔尼公约》和《世界版权公约》加入书，10 月 15 日和 10 月 30 日，这两个公约分别在中国生效。

根据 1971 年巴黎修订本，公约订立的目的是为了使该版权的保护体系适用于所有国家，同时又不违背正在实施的国际知识产权保护方面的体系，确保对个人权利的尊重，鼓励文学、科学和艺术的发展；通过这种全球性的版权保护体系促使人类精神产品更加广泛地传播和增加各国间的了解。该公约要求每一个缔约国对文学、科学和艺术（包括文字、音乐、戏剧和电影作品，以及绘画、雕刻和雕塑）方面的作者和其他版权所有者的权利提供合适的、有效的保护。

2. 公约的特点

与《伯尔尼公约》相比，《世界版权公约》在版权保护方面更考虑到各国之间在法律体系上的差异。比如，该公约规定以下原则：

（1）非自动保护原则。公约第 3 条第 1 款、第 2 款规定，任何缔约国依其国内法要求履行手续（如缴送样本、注册登记、刊登启事、办理公证文件、偿付费用或在该国国内制作出版等），根据本公约加以保护并在该国领土以外首次出版而其作者又非本国国民的一切作品，应视为符合上述要求。但需要在经作者或版权所有者授权出版的作品的所有各册，自首次

[①] 参见 WIPO, Madrid Agreement Concerning the International Registration of Marks, concluded in 1891 (1891-04-14), amended in 1979 (1979-10-02), http://www.wipo.int/treaties/en/registration/madrid/ summary_madrid_marks.html；史晓东、张文政主编：《世界多边贸易须知大典》，中国财政经济出版社 1996 年版，第 1443 页。

出版之日起,标有"©"版权所有的符号,并注明版权所有者之姓名、首次出版年份等。而任何缔约国对本国初版的作品或其国民于任何地方出版的作品为取得和享有版权而提出的履行手续或其他条件的要求,比如缴送样本、注册登记、刊登启事、办理公证文件等,不视为对公约的违背。

(2) 版权相对独立原则。这表现在保护期限的规定上。该公约第 4 条第 2 款规定:

① 对作品的版权保护期限不得少于作者有生之年及其死后 25 年。但是,如果任何缔约国在本公约对该国生效之日前,已将某些种类作品的保护期限规定为自该作品首次出版以后的某一段时间,则该缔约国有权保持其规定,并可将这些规定扩大应用于其他种类的作品;但对所有这些种类的作品,其版权保护期限自该作品首次出版之日起,不得少于 25 年。

② 任何缔约国如在本公约对该国生效之日尚未根据作者有生之年确定保护期限,则有权根据情况,从作品首次出版之日或从出版前的登记之日起计算版权保护期,只要根据情况从作品首次出版之日或出版前的登记之日算起,版权保护期限不少于 25 年。

③ 如果某缔约国的法律准许有两个或两个以上的连续保护期限,则第一个保护期限不得短于上述两项所规定的最短期限之一。上述年限不适用摄影作品或实用美术作品。公约第 4 条第 3 款,对作为艺术品的摄影作品或实用美术作品的保护期限规定为不得少于 10 年。

3. 公约间的协调

由于《世界版权公约》比《伯尔尼公约》在文学艺术作品的保护水平上要低些,为了防止《世界版权公约》建立后,《伯尔尼公约》的会员国都转会到该公约中去,《世界版权公约》第 17 条规定,本公约绝不影响《伯尔尼公约》的条款或由该公约设立的联盟的会员资格。也就是说,参加《伯尔尼公约》的会员也可以参加《世界版权公约》。

此外,该公约在第 17 条附加声明中规定,如果《伯尔尼公约》的成员国在 1951 年 1 月 1 日之后退出伯尔尼联盟,那么即使其参加了《世界版权公约》,则在那些既是《伯尔尼公约》的成员又是《世界版权公约》成员的国家境内,其作品将不受《世界版权公约》的保护;除非该国是联合国大会确认的发展中国家,但其在退出伯尔尼联盟时,需将一份认为自己是发展中国家的通知书交存联合国教育科学文化组织总干事。①

七、《国际技术转让行动守则(草案)》

1. 《行动守则》简况

随着科学技术的发展和更新速度的加快,各国之间的技术转让逐渐频繁,技术贸易在国际贸易中的比重不断增加。由于没有一部统一的国际技术贸易的法律制度,发达国家利用其在经济上和技术上的优势,在与发展中国家进行技术交易时常常加设种种限制,使得后者的利益遭到损害;而发达国家之间的技术贸易中也存在大公司滥用市场支配地位,垄断价格,违反自由竞争原则等不公平的做法。为此,从 20 世纪 60 年代末到 70 年代初,许多发展中国家在联合国会议上提出需要建立一项有关国际技术转让的国际统一法,以调整各国技

---

① See United Nations Educational Scientific and Cultural Organization, Universal Copyright Convention, 6 September 1952, as revised at Paris on 24 July 1971, http://portal.unesco.org/en/ev.php-URL_ID=12025&URL_DO=DO_TOPIC&URL_SECTION=-471.html.

术贸易行为。在发展中国家的努力下，1974 年 5 月 1 日第 29 届联合国大会通过关于起草《联合国国际技术转让的行动守则》的决议。77 国集团、西方发达国家、前苏联、东欧集团和蒙古等国分别提出草案大纲。

1978 年 10 月第 33 届联合国大会上，专家组将上述各集团的草案进行综合，完成《国际技术转让行动守则（草案）》(Draft International Code of Conduct on the Transfer of Technology，以下简称《行动守则》)，正式提交联合国贸易与发展会议(UNCTAD，以下简称"贸发会议")第五届会议讨论。由于在主要问题上各国立场相去甚远，未能通过。1981 年 12 月 16 日、1982 年 12 月 20 日依然未通过。1985 年 6 月 5 日，《行动守则》修正本发表，但仍未通过。尽管后来对该守则进行过多次修改，但是 1991 年 12 月 20 日、1992 年 12 月 22 日、1993 年 12 月 21 日该草案均以压倒性多数的反对票而未能获得通过。尽管如此，该《行动守则》仍成为发展中国家与发达国家在国际贸易或技术转让等多边谈判时坚持的立场，一些原则被写入最后达成的公约中。比如，在 1994 年生效的《联合国气候变化框架公约》第 4 条"承诺"中，规定发达国家缔约方应"酌情促进、便利和资助"特别向发展中国家缔约方"转让或使它们有机会得到无害环境的技术和专有技术，以使它们能够履行本公约的各项规定"。此外，该《行动守则》也成为一些国家在进行技术贸易或交易合同的制定中可参照遵行的规则和原则。

2.《行动守则》的内容与目标

《行动守则》包括序言和下列九章：(1) 定义和适用范围；(2) 目标和原则；(3) 技术转让交易的国内法规；(4) 限制性惯例；(5) 当事人的责任和义务；(6) 对发展中国家的特别待遇；(7) 国际合作；(8) 国际常设机构；(9) 法律适用与争议解决。

《行动守则》第二章第 1 条规定的行动目标有 10 项：

(1) 制定普遍公平的标准，对发展中国家实现经济和社会的发展目标的特殊需要给予应有的承认；

(2) 促进当事人间及其政府间的相互信任；

(3) 鼓励交易双方在谈判地位均等、不滥用优势地位的条件下进行技术转让交易，尤其在涉及发展中国家的技术转让交易时更应如此；

(4) 便利和促进技术情报，特别是关于替换技术的情报的国际流通，尤其对发展中国家；

(5) 便利和促进财产及非财产性技术的国际流通，以加强一切国家，尤其是发展中国家的科学技术力量的稳固增长，增加它们在世界生产和贸易中的参与；

(6) 增进技术对识别和解决一切国家，尤其是发展中国家中社会经济问题的作用，包括发展国民经济基本因素的作用；

(7) 通过制定国际准则，便利国内有关技术转让的政策、法律和法规的制定、通过及执行；

(8) 避免在涉及技术转让上作出不适当或不必要的一揽子安排；

(9) 具体规定技术转让交易当事人应当避免做的限制性商业措施；

(10) 列出技术转让交易当事人应该承担的一些适当的责任和义务，并且考虑到它们的合法利益及谈判地位的差异。

3. 《行动守则》的原则

《行动守则》第二章第 2 条规定的原则可以归纳为以下 5 项:

(1) 公平合理原则。规定各国有权以符合其国际义务的方式并考虑到所有有关当事人的合法利益,采取一切适当措施便利及规范技术转让,便利和增加在相互一致、公平合理前提和条件下取得技术的机会,对发展中国家尤为如此。

(2) 主权独立平等原则。规定便利和规范技术转让交易,应当承认国家主权和政治独立(包括对外政策和国家安全的要求)原则以及国家主权平等的原则;技术供方在技术受让国从事经营活动时,应当尊重该国的主权和法律,适当考虑到该国声明的发展政策和优先项目,并努力对受让国的发展提供实质性帮助;双方当事人在相互接受的前提和条件下谈判、签订和履行技术转让协议的自由,应基于对上述原则及本守则规定的其他原则的尊重。

(3) 发展中国家特殊待遇原则。指出为维护国际和平与安全、促进国际经济的稳定和进步、增进各国的共同福利,各国应当就国际技术转让进行合作以推动整个世界,尤其是发展中国家的经济增长;这种合作应该不问政治、经济和社会制度上的任何差异,摒弃基于差异的歧视行为;在技术转让中应当按照守则的有关规定给予发展中国家特殊待遇。

(4) 责任区分原则。指出应当明确区分技术转让交易当事人各自的责任与不作为当事人的政府各自的责任。

(5) 双方得益原则。认为只有技术供方和受方的共同利益不断增长,才能维持和促进国际技术流通。

4. 发展中国家的特殊待遇

考虑到发展中国家,尤其是最不发达国家的需要和问题,《行动守则》第六章要求发达国家政府为便利和鼓励发展中国家建立并加强其科学技术能力,以实现经济和社会目标而采取具体措施,比如:(1) 为发展中国家得到技术的有效情报提供便利,制定和实施旨在便利技术转让的法律规章;(2) 与发展中国家合作开发其科学技术资源,援助建立实验室、试验设施和培训及研究机构;(3) 提供专家服务,进行人员培训,帮助发展中国家的企业提高技术能力;(4) 对发展中国家发展和修改适合于本国条件和特别需要的新技术与现有技术的计划提供支持;(5) 提供优惠信贷等。[①]

从 20 世纪 70 年代初到 80 年代初联合国工业发展组织也提出过十多份有关技术转让的文件,如 1979 年《合同评价指南》,为各国进行技术贸易提供可借鉴的合同蓝本。

虽然《行动守则》至今尚未通过,但该守则制定的目的就是为了规范国际技术贸易的行为,推动各国尤其是发展中国家的技术进步。这一目的已部分体现在联合国贸易和发展会议机构的工作职能上。比如,在贸发会议的国家革新和投资政策处的核心职能中,包括审查外国直接投资对技术能力建设的具体贡献,分析这种投资在加强技术能力、竞争能力和企业发展方面所提供的机会;对发展中国家提供技术援助,加强其改善全面投资环境,以及从外国直接投资中获益的能力;促进发展中国家之间的投资,对技术发展的投资,并促进其科学和技术的商业化。[②]

---

① See UN Documentation Center, http://www.un.org/documents/;《国际技术转让行动守则(草案)》,载中国网: http://www.china.com.cn/law/flfg/txt/2006-08/08/content_7057270.htm,2006-08-08。

② See WIPO, The International Patent System 2004 Yearly Review PCT, http://www.wipo.int/pct/en/activity/pct_2004.pdf;刘辉锋:《科技统计报告·2013 年我国专利统计分析》,载《科技统计报告》2015 年 3 月 12 日。

八、其他重要公约或条约

1.《专利合作条约》

20世纪70年代,随着科学技术的迅速发展和跨国公司在各国的拓展,不少国家越来越感到各国不同的申请程序以及逐一国家申请专利的手续,严重地阻碍了本国企业或公司的对外扩展,有必要在《巴黎公约》外再建立一个国际公约,专门协调各成员国专利申请的程序,简化成员国国民一项发明在几个成员国申请专利的手续。1970年6月19日,《专利合作条约》(Patent Cooperation Treaty,简称PCT)在华盛顿订立,1978年1月正式生效,同年6月实施。该条约后进行过3次修改,现在使用的文本是2001年10月3日修订的。

PCT是在《巴黎公约》下只对《巴黎公约》成员开放的一个特殊协议,该条约并非与《巴黎公约》相竞争,事实上是对它的补充。到2016年2月初,签约方已达到148个。中国1993年10月1日签署该条约,1994年1月1日正式履行该条约。

PCT的建立简化了专利申请手续。成员国的专利申请人要想在几个国家申请专利,只需准备一份"国际申请案"(international application file),递交到"国际申请案接受局"(International Bureau as Receiving Office,由各成员国专利局担任)即可,而不是一个国家一个国家的申请。接受局接到"国际申请案"后,将其复印两份,一份送交"国际申请案检索局"(International Search and Preliminary Examination,该局由欧、美、日、俄、澳等国的专利局担任),另一份送交"国际申请案登记局",即世界知识产权组织的国际局(WIPO International Bureau)。检索局负责对申请案进行检索,看它是否与现有的技术重复,然后将检索报告结果送交国际局和申请人。申请人在收到国际检索报告后在规定的时间内有一次修改的机会,但修改不得超出国际申请时公开的范围。国际局将已登记的申请案与检索报告复制后,分交申请人所指定希望获得专利的国家。最后,这些国家根据本国的法律规定,决定是批准还是驳回。

《专利合作条约》的建立,大大促进了专利的申请,尤其是在20世纪90年代,国际申请专利以每年11%—20%的速度增加。1990年国际专利申请为1.9万件,到2000年达到了9.3万件,2004年进一步增加到12.1万件。2013年,仅中国一国PCT国际专利申请量就达2.2万件,首次超过德国,位于世界第三。①

2.《植物新品种保护国际公约》

《植物新品种保护国际公约》(International Convention for the Protection of New Varieties of Plants,简称UPOV),于1961年12月2日在巴黎建立,其目的是以知识产权的方式对植物新品种进行保护。最初签署公约的国家只有德国与荷兰,1962年11月26日,英国和丹麦也签署。1968年8月10日,公约对前三个国家生效;10月6日,又对丹麦生效。但直到1970年,公约成员国仍只有这4个国家。

为了让更多的国家接受并加入,1972年11月10日、1978年10月23日、1991年3月19日,该公约在日内瓦进行了3次补充和修改。到2015年10月22日坦桑尼亚加入止,成员已扩大到119个。中国于1999年3月23日签署该公约,4月23日对中国生效。该公约还建立起具有法人性质的政府间的组织,即植物新品种保护国际协会(The International

---

① 参见联合国贸易和发展会议网站:http://www.un.org/zh/aboutun/structure/unctad/investechdevel.shtml,"投资、技术和企业发展司",2016-02-27。

Union for the Protection of New Varieties of Plants)。①

3.《世界知识产权组织版权条约》

20世纪90年代,随着信息技术的发展和互联网的应用,知识产权保护面临着新的问题:计算机互联网技术的发展是以网上资源的丰富为基础的,而网上大量信息的发布、资料的提供,都涉及作者的权利。如何既扩大公众对因特网的利用,又适当地保护作者的权利,尤其是促进教育、研究工作的开展和信息的获取,成为世界知识产权组织需要解决的问题。显然,有必要出台一项新的国际版权条约,对已有的国际公约作一个补充。

1996年12月20日,世界知识产权组织在日内瓦拟定了《世界知识产权组织版权条约》(WIPO Copyright Treaty),对计算机网络环境下的版权加强了保护。由于该条约强调了对互联网版权的保护,所以有人又将其称为《互联网版权公约》。从条约制定到生效的5年时间里,有关支持其加强版权保护与指责其妨害网络信息业发展的争论十分激烈。2002年3月6日该公约生效时,成员国为31个,年底增加到37个。到2016年2月初,签约国已达94个。中国2007年3月9日签署该条约,6月9日该条约对中国生效。

《世界知识产权组织版权条约》规定了互联网上哪些资讯受到法律保护,其保护的范围不仅包括类似文章和书籍的文字资讯,而且还包括电脑程序、音乐、艺术和电影。根据此公约,任何规避加密技术及其他旨在防止未经许可的拷贝的技术行为都被视为非法。该条约的制定为保护互联网上的版权内容提供了法律基础。

总部设在日内瓦的国际出版商协会对该公约的制定非常高兴,号召各国都加入该公约。此外,1996年12月20日同时缔结的另一项有关唱片版权保护的协定《世界知识产权组织表演和录音制品条约》到2002年5月20日也生效。这两项条约的生效标志着数字时代版权管理法规的加强。

4. 全球知识产权保护的初步成果与面临的挑战

随着国际社会、各国政府知识产权保护法律法规的出台,执法力度的加强,以及保护知识产权教育的不断深入,侵权盗版猖獗现象有所遏制,但各地区的发展不平衡,形势依然不容乐观。表4-1显示的是美国商业软件联盟(Business Software Alliance,简称BSA)统计的2003—2013年全球各地区未经授权软件的安装率及金额情况。

从中可见,2003年以来,欧美、拉美地区盗版率在下降,但是亚太、中东和非洲地区的盗版率则在上升,2013年达到60%以上,这意味着新的软件产品一问世就有60%左右被盗版。由此拉动全球平均盗版率上升,从2003年的36%提高到2013年的43%。此外,因盗版软件市场遭受损失的绝对金额在上升。从表可见,盗版金额所有地区都有所扩大,尤其是亚太地区这十年增加了1.78倍。由此全球盗版金额由288亿美元增加到627亿美元,增加了1.18倍。

从BSA主要考察的83个国家看,位于软件盗版率最高的前15个国家都是发展中国家;而位于盗版率最低的前15个国家主要是发达国家,不过盗版率在40%—48%的西欧国家也不少,如冰岛、塞浦路斯、意大利、西班牙、葡萄牙,而希腊盗版率则高达62%。

图4-1显示的是按BSA统计的金砖四国(巴西、俄罗斯、印度、中国)2003—2013年未经授权软件的安装率及金额情况,从中可见,金额规模有所上升,但盗版率则呈下降趋势。

---

① See International Union for the Protection of New Varieties of Plants, http://www.upov.int/meetings/en/index.jsp.

表 4-1　2003—2013 年全球各地区软件盗版率及金额

年份 地区	2003 盗版率(%)	2003 金额(亿美元)	2005 盗版率(%)	2005 金额(亿美元)	2007 盗版率(%)	2007 金额(亿美元)	2009 盗版率(%)	2009 金额(亿美元)	2011 盗版率(%)	2011 金额(亿美元)	2013 盗版率(%)	2013 金额(亿美元)
亚太	53	75.55	54	80.50	59	140.90	59	165.44	60	209.98	62	210.41
中欧/东欧	71	21.11	69	32.62	68	63.51	64	46.73	62	61.33	61	53.18
拉丁美洲	63	12.63	68	20.26	65	41.23	63	62.10	61	74.59	59	84.22
中东/非洲	56	10.18	57	16.02	60	24.46	59	28.87	58	41.59	59	43.09
北美	23	72.43	22	76.86	21	91.44	21	93.79	19	109.58	19	108.53
西欧	36	96.12	35	118.56	33	116.55	34	117.50	32	137.49	29	127.66
全球	36	288.03	35	344.82	38	478.09	43	514.43	42	634.56	43	627.09

注释:"盗版率"指未经授权的软件安装率;"金额"指未授权软件的商业价值或金额。

数据来源:根据美国商业软件联盟(BSA)对全球软件盗版状况的各年报告数据制表。其中,2003 年,2005 年,2007 年数据来自 Business Software Alliance, Fith Annual BSA and IDC Global Software>Piracy Study, pp.10—11; 2009 年和 2011 年数据来自 BSA. Ninth Editio. Shadow Market 2011 BSA Global Software Piracy Study[R/OL], May 2012, pp.8—9; 2013 年数据来自 BSA Global Software Survey: The Comliance Gap, JUNE 2014, pp.8—9。http://globalstudy.bsa.org/2013/.

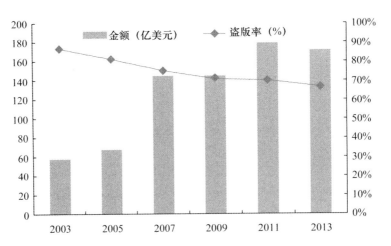

图 4-1　2003—2013 年金砖四国软件盗版率及金额

数据来源：同表 4-1。

显然，知识产权的保护是一项长期工作，在不断加强与完善立法的同时，还需深入持久地加强教育，提高人们自觉维权、护权的意识。

第二节　国际技术贸易的商业惯例

一、商业惯例与国际惯例

1. 惯例

所谓"惯例"（usual practice/customary rule），是指法律无明文规定，但约定俗成，可以仿照办理的做法。比如，坐出租车下车付款，这在运输行业被认为是行业惯例，为此当旅途中出现交通事故，乘客家属要求给予治疗或索赔时，出租公司不能以乘客没有付款为由拒绝承担责任。同样，顾客饭后结账被认为是餐饮行业惯例，用餐期间消费者因为食品出现问题而不结账，餐馆不能以该顾客还没付款为由逃避责任。

2. 商业惯例

"商业惯例"（commercial practice）是指商人在长期贸易中形成的习惯。某些"商业惯例"可能在多个国家流行，但其国际性却非常有限。对"商业惯例"，人们有权作出选择，接受或不接受。若接受，则对选择的当事方就有一定的约束力，否则就没有约束力。比如，在技术贸易合同的技术改进条款中加以明示："受方取得技术后对技术进行的任何改进都应该在不给予补偿或承担互惠义务下转让或回授给供方。"这时，该商业惯例对受方就有约束力。若不接受，就不必在合同中加以明示，则该商业惯例对受方就不具有约束力。

3. 国际惯例

"国际惯例"（international custom）与"商业惯例"不同，它是一种"公法惯例"，又称国际习惯，是指"作为通例之证明而经接受为法律者"。它是指国家之间交往形成的习惯做法，是各国反复的、类似的行为和被各国认为具有法的约束力。比如，世界贸易组织规范国际贸易、国际投资和知识产权的制度安排，不仅是一种约定俗成，还有某种规范意义的措施。一些国际惯例往往经过某些专业行会的编纂而表现为书面的规范，如经国际商会编纂出版的

《国际贸易术语解释通则》和《跟单信用证统一惯例》等。这种商业惯例对当事人的效力通常只能基于当事人的明示的同意。例如,《1990年国际贸易术语解释通则》规定:"希望使用本通则的商人,在他们的合同中明确规定受本通则的管辖。"这里的通则便起着一种标准合同条款的作用。但也有例外的情况,有时当事人没有选择适用国际惯例,但法官或仲裁员却可能主动地依其认为应适用的国际惯例来确定当事人之间的权利义务关系,这时所适用的国际惯例便更具法律规范(而不是合同条款)的性质了。

国际惯例在历史上曾经是国际公法的主要渊源,因为惯例不同于法规,不具有强制性,所以其地位被国际条约所取代。应该看到,国际经济领域中的国际惯例的形成过程直接受到各国的经济实力的影响,目前国际条约中的不少准则源自发达国家之间的习惯做法。[①]

二、限制性商业惯例

1. 限制性商业惯例的定义

"商业惯例"中的"惯例"是一个相对的概念。某些所谓的"商业惯例"可能只是在少数几个国家通行,或者即使在多个国家通行,但其国际性非常有限;还有一些"惯例"可能不过是商家为了牟取商业利益而自行规定的做法。比如,贷款人提前还贷,银行收取"违约金";顾客自带酒水,饭店收取"开瓶费";商业银行对小额储户收取账户管理费;大型超市公司向中小供应商收取合同外"通道费",等等。

在国际技术贸易中,由于专利权人和商标权人在法律上享有独占权,专有权人虽不享有法律上的独占权,但可以通过保密技术掌握该技术。这种特殊的地位使得在技术转让中技术供方可能利用其垄断地位,将限制性贸易条款强加于技术受方。"限制性商业惯例"(restrictive business practice)就是指企业在经济贸易活动中背离公平竞争原则,通过公开或隐蔽的手段牟取经营利益的行为。

1980年4月,贸发会议达成的《管制限制性商业惯例多边协议的公平原则和规则》(简称《原则和规则》),将"限制性商业惯例"定义为:"凡是企业具有下述行径和做法,即通过滥用或谋取滥用市场权利的支配地位,以限制进入市场或以其他方式不适宜地限制竞争,从而对国际贸易(特别是发展中国家的国际贸易及其经济发展)造成或可能造成不利影响,或通过企业之间正式或非正式的、书面或非书面的协议或安排,造成同样影响的,都称之为'限制性商业做法'。"[②]

2. "限制性商业惯例"的表现形式

"限制性商业惯例"的具体表现形式有两种:

(1)垄断行为。比如,实力雄厚的跨国公司或发达国家的企业利用其在技术上的垄断地位,抬高技术转让费价格,对受方规定限制性使用该项技术的范围等。

(2)不正当竞争行为。根据联合国第四次全面审查《原则和规则》,反竞争的做法主要有:协议共同定价;串通投标;安排分配市场与顾客;定额分配销售量和生产量;采取集体行

[①] 参见陈宪:《国际惯例还是商业惯例?》,载《解放日报》,2002-07-11;车丕照:《国际惯例辨析》,载律师人网站: http://www.cer.net,2001-09-30。

[②] 转引自外经贸部国际司:《关税与贸易总协定业务手册》,经济管理出版社1993年版,第505页。

动执行安排,如联合抵制交易;联合拒绝向可能的进口者提供货物;集体拒绝他人参加对竞争关系重大的安排或协会。[①]

1993年,联合国《国际技术转让行动守则》(草案)第四章第二节对限制性商业做法进行了列举:

(1) 单方面的回授条款。要求受方改进技术后,在无供方补偿或互惠的条件下,将改进的技术转让给或回授给供方或供方指定的任何其他企业。

(2) 对技术有效性不持异议条款。要求受方不能对转让中包含的专利及其他形式的发明保护的有效性或对供方声明或取得的其他这类转让标的有效性提出异议。

(3) 排他性交易条款。限制受方就有关相似或竞争性的技术或产品签订销售、代理或制造协议或取得竞争技术的自由。而这种限制并非是为保证合法利益的获得,特别是为了保证转让技术的保密性或保证全力帮助或促进义务所必需。

(4) 限制研究条款。不合理地限制受方从事旨在吸收和修改转让技术,以使其适合于当地条件的研究和发展工作,或限制受方制定实施与新产品、新工艺或新设备有关的研究和开发方案。

(5) 限制人员使用条款。在为保证技术转让的效率及使技术投入使用所必需的期限外,或在此期限后应当充分培训当地人员并可以找到当地人员已被培训的情况下,或对技术受方人员使用不利的情况下,不合理地要求受方雇用供方指派的人员。

(6) 固定价格条款。不公平地强迫受方在技术转让所及的相应市场内就使用供方技术制造的产品或提供的服务遵守价格规则。

(7) 限制修改条款。不合理地阻止受方修改进口技术以适应当地条件或对之进行革新,或者当受方基于自己的责任并在没有使用技术供方的名字、商标、服务标记或商名情况下进行修改时,强迫受方采用其不愿采用或不必要的设计或规格变动。

(8) 排他性销售或代理协议条款。要求受方授予供方或其指定的任何人专卖权或独家代理权。

(9) 附带条件安排条款。不当地迫使受方接受其不愿接受的额外技术、将来的发明及改进、货物或服务,或不当地限制技术、货物或服务的来源,以此作为购买供方要求提供的技术的条件,而该技术并不是受方所必需。

(10) 限制出口条款。供方对受方的产品出口进行地区或数量上的控制,或规定受方在出口产品时必须经供方事先同意,由此来控制受方的出口。

(11) 共享专利或互授许可证协议及其他协议条款。在技术供方之间的共享专利或互授许可证协议或其他国际技术转让交流协议中,对地域、数量、价格、客户或市场进行限制,不当地减少受方接近新的技术进步的机会,或滥用某一行业或市场的支配力量,从而造成对技术转让的不利影响。

(12) 限制广告宣传条款。不合理地对受方的广告宣传加以限制。但当广告宣传利用了供方的名字、商标或服务标记、商名或其他标记时,为了防止损害供方的商誉或信誉所必需,或当供方可能由其承担产品责任时基于避免此责任的合法理由所要求,或适当情况下为

[①] 参见联合国贸易与发展会议:《初步评估〈原则和规则〉条款》,2004-10-13,见 Dag Hammarskjöld Library,文件编号:TD/RBP/CONF/10/Rev.1。

了安全的目的或为了保护消费者的利益,或为了保证转让技术的保密性所必需的对广告宣传的限制,不在此列。

(13) 工业产权权利有效期届满后付款义务和其他义务条款。供方要求受方为已经失效、被撤销或有效期届满的工业产权付款或强加其他义务。

(14) 协议有效期届满后限制条款。供方限制受方在技术转让协议期满或终止后使用该项技术。

值得注意的是,并不是所有的限制性商业惯例都为有关国际贸易准则和国家的法规所不允许。国际法规只是对那些滥用限制性商业惯例,违背公平竞争原则,损害对方经济利益,阻碍国际贸易发展的行为或做法进行管制。

三、管制限制性商业惯例的立法

1. 发达国家反不公平竞争的立法

为了制止商业惯例的滥用,维护公平贸易的原则,发达国家较早建立起竞争法律制度,并随着时代的发展不断补充完善。

比如,美国制定了反托拉斯法,主要由三部法律组成:1890 年《谢尔曼法》(Sherman Act)、1914 年《克莱顿法》(Clayton Act)、1914 年《联邦贸易委员会法》(Fedeal Trade Commission Act)。

英国制定了《限制性贸易行为法》(Restrictive Trade Practices Act 1976,1977)、《竞争法》(Competition Act 1980,1998)等。

德国有《反不公平竞争法》(Act Against Unfair Competition 1909,德语为 UWG 1909;现实施的是经修订的 UWG 2004)、《反限制竞争法》(Act Against Restraints of Competition 1980)。

日本有《防止不正当竞争法》(1934)、《关于禁止私人垄断及保持公平贸易方式的法律》即《反垄断法》(Anti-monopoly Act 1947)、《反垄断法适用于许可证协议的施行准则》(1968)。

此外,加拿大有《竞争力法》(Competition Act 1985);澳大利亚有《贸易惯例法》(Trade Practices Act 1974);瑞士有《不公平竞争联邦法》(Federal Law on Unfair Competition 1986,1995)即《反不公平竞争联邦法》(Federal Act Against Unfair Competition)、《卡特尔和其他限制竞争联邦法》(Federal Act on Cartels and Other Restraints of Competition,1995);瑞典有《瑞典竞争法》(The Swedish Competition Act 2004);以色列有《贸易限制法》(Trade Restriction Law of 1988)等。

传统上,竞争法的目的是为了反不公平商业惯例和消除竞争限制。它被用于三个领域:(1) 反托拉斯法,禁止限制竞争条约;(2) 防止公司滥用其支配性商业地位;(3) 控制连锁约定(interlocking of undertakings)。

不少国家还专门建立起维护公平竞争的执行和管理机构。比如,日本设有公平贸易委员会,加拿大设有竞争委员会,澳大利亚设有竞争和消费者委员会,而在美国则由司法部和联邦贸易委员会来负责反垄断法的实施。

2. 发展中国家的反不公平竞争立法

随着经济的发展,许多发展中国家和地区,以及一些转型经济国家也相继制定起本国或本地区竞争法律或反不公平竞争法。尤其到了 20 世纪 90 年代,欧盟东扩使得申请加入欧盟的一些国家纷纷根据欧盟竞争法惯例修正本国的法律。如匈牙利 1996 年的《禁止不公平和限制性市场惯例》(Prohibition of Unfair and Restrictive Market Practices)、南斯拉夫的《防止不正当竞争和垄断协议法》。

在亚洲,许多国家制定了竞争法。如泰国的《贸易竞争法》(Trade Competition Act)、韩国的《垄断规则和公平贸易法》(Monopolu Regulation and Fair Trade Act)、斯里兰卡的《公平贸易委员会法》(Fair Trading Commission Act)、巴基斯坦的《垄断与限制性贸易惯例(控制和阻碍)法令》(The Monopolies and Restrictive Trade practice Control and Prevention Ordinance)、越南的《竞争法》(Competition Law)、新加坡的《竞争法》(Competition Act)等。

此外,亚洲的印度、蒙古、印度尼西亚,拉丁美洲的阿根廷、巴西、智利,非洲的尼日利亚、肯尼亚等国也都订有各自的竞争法律。① 一些国家也相应建立起维护公平竞争的执行和管理机构。如韩国设立了公平贸易委员会,墨西哥设立了反托拉斯委员会等。

在中国,1980 年国务院颁布首部有关竞争政策的专项规定——《关于开展和保护社会主义竞争的暂行规定》。其后又制定和实施了许多有关公平竞争的法规和规章。1993 年,全国人民代表大会通过了《反不正当竞争法》,将假冒他人的注册商标欺骗消费者、滥用行政权力、公用企业或者具有独占地位的经营者限定他人购买其指定商品、强制搭售商品、以高额奖金或行贿方式销售商品、诋毁竞争对手的商业信誉、以排挤对手为目的销售商品、以低于成本的价格销售商品等,都列为不正当行为。1993 年,国务院颁布《消费者权益保护法》。以后又加紧制定了反垄断法。2004 年 7 月 1 日实施的《对外贸易法》第 32 条规定,在对外贸易经营活动中,不得违反有关反垄断的法律、行政法规的规定实施垄断行为。第 33 条规定,在对外贸易经营活动中,不得实施以不正当的低价销售商品、串通投标、发布虚假广告、进行商业贿赂等不正当竞争行为。这些规定,在维护公平贸易方面起到积极的作用。而 2016 年的《反不公平竞争法(修订草案送审稿)》更是加大对各类不正当竞争行为的执法力度。比如,对"傍名牌"的经营者,最高罚款可高达 100 万。该修订本对不具有市场支配地位,但在交易中具有相对优势地位的经营者的不公平交易行为也进行了规范。这类经营者利用其在资金、技术、市场准入、销售渠道、原材料采购等方面的相对优势地位,对依赖自己而难以转向其他经营者的企业、商家、用户或个体(统称为"相对方")采取不公平竞争的限制做法:限定交易相对方的交易对象;限定交易相对方购买其指定的商品;限定交易相对方与其他经营者的交易条件;滥收费用或不合理地要求交易相对方提供其他经济利益;附加其他不合理交易条件。法律禁止这些行为。

3. 区域与国际组织限制商业惯例、维护公平贸易的努力

除了通过制定专门的竞争法来维护公平贸易外,防止限制商业惯例滥用的条款也渗透

---

① 参见 Pheton Nicolaides, Why Multilateral Rules on Competition are Needed, Intereconomics, September/October, 1994;邵宏华:《国际竞争政策协调与我国的对策研究》,载《国际贸易问题》1998 年第 10 期;联合国贸发会议网站:http://www.un.org/chinese/esa/tradedata.htm;王晓晔、陶正华:《WTO 竞争政策及其对中国的影响》,载《中国社会科学》2003 年第 5 期。

到其他法律法规中。例如,贸易法、外国直接投资规则、知识产权规则等,这些相关的法律涉及消费者保护、价格管制、知识产权、对外贸易、外国直接投资、诱导性广告、公平竞争等方面。

一些区域性组织也在这方面进行了协调。1995年,亚太经济合作组织(APEC)通过《大阪行动议程》将竞争政策列入APEC贸易投资自由化的议程中。APEC贸易与投资委员会专门负责审议竞争政策问题,协调成员的竞争政策。由于竞争政策与放松管制、关税、非关税、服务、投资、政府采购等领域关系密切,APEC在这些方面也进行了对话与讨论,要求各成员提供各自的竞争政策及竞争法的信息,保持政策与法律的透明度,以制定APEC竞争政策非约束性原则。

国际组织更是在限制商业惯例、维护公平贸易方面作出不懈努力。早在1948年的哈瓦那会议上,世界贸易组织(WTO)的前身关税与贸易总协定(GATT)的23个创始缔约方就达成协议,要求通过透明度、协商、调解的方式控制限制性商业惯例的危害。《哈瓦那宪章》第五章第46条规定:各国政府有义务"阻止私营或公共企业采取的影响贸易的商业行为,只要该行为限制了竞争及市场准入,或者扶持了垄断,对生产或贸易的扩大造成了损害"。1960年,GATT缔约方正式通过限制性商业惯例专家组报告,该报告建议GATT承担处理国际贸易中的限制性商业惯例的责任。但由于专家组在采用什么性质的措施问题上存在较大的意见分歧,该报告有关限制性行为的实质条文最后没有被纳入总协定中去。

1969年,在印度新德里召开的联合国贸发会议将有关限制性商业惯例问题纳入议事日程。1980年贸发会议制定了《管制限制性商业惯例的一套多边协议的公平原则和规则》(The Set of Multilaterally Agreed Equitable Principles and Rules for the Control of Restrictive Business Practice,简称《公平原则和规则》),并专门成立了限制性商业惯例问题政府间专家小组,对其进行管理。贸发会议要求各国参照《公平原则和规则》,制定适用本国的法律,在法律适用中与其他国家进行合作,并要求跨国公司重视东道国的竞争法。《公平原则和规则》还提出管制限制性商业行为的具体原则,如禁止国际卡特尔、禁止妨碍进入市场、禁止谋求或滥用市场支配地位等。《公平原则和规则》也有一个普遍例外,即限制竞争行为要考虑发展中国家的利益。为了更有效、更公平地竞争,贸发会议每5年对《公平原则和规则》都要进行一次全面审议,通过会议为发达国家与发展中国家(包括最不发达国家和经济转型国家)的首脑提供一个直接接触、对话的平台,促进各国自愿合作和交流。2015年7月6日至10日,联合国召开第七次审议会议。

虽然《公平原则和规则》不具有法律约束力,但却为完成与国际贸易体系规则有关的具有法律约束力的竞争问题奠定了基础。《公平原则和规则》规定了一套管制反竞争行为的公平规则,让人们认识到竞争法和竞争政策的发展空间,为国际合作和交流提供了最佳实践框架;通过定期的审议会议,提供了各国通过对话、沟通减少摩擦的途径。[①]

---

① 参见邵宏华:《国际竞争政策协调与我国的对策研究》,载《国际贸易问题》1998年第10期;Unuted Nations Conferece on Trade and Development, 7th United Nations Conference to Review the UN SET on Competition Policy, http://unctad.org/en/pages/MeetingDetails.aspx? meetingid=609.

第三节 中国与贸易相关的知识产权保护

一、中国知识产权制度

中国是一个历史悠久的文明古国,数千年来涌现出众多杰出的科学家、发明家、文学家和艺术家,以其辉煌的智力成果为人类的发展和进步作出巨大贡献。但就知识产权制度建立的历史而言,起步却较晚。20世纪70年代末,中国实行改革开放政策,其后保护知识产权的法律法规相继颁布并不断完善,至今中国已经建立起门类比较齐全、符合国际通行规则的知识产权法律法规体系。

1. 专利制度

1980年,中国专利局成立,标志着现代中国专利制度的诞生。1985年4月1日,中国开始实施《专利法》,其后相继颁布《专利法实施细则》《专利代理条例》《专利行政执法办法》以及《关于实施专利权海关保护问题的若干规定》等法律法规,并根据社会经济发展需要对《专利法》进行两次修改。在较短的时间内主要依靠自己的力量建立起比较完整、独立的专利审查体系。

在专利保护的国际公约方面,中国签署了《保护工业产权巴黎公约》《国际承认用于专利程序的微生物保藏布达佩斯条约》《建立工业品外观设计国际分类洛迦诺协定》《国际专利分类斯特拉斯堡协定》等公约或条约和协定。1994年1月1日,中国成为国际《专利合作条约》成员国,中国专利局成为专利合作条约的受理局、国际检索单位和国际初步审查单位。同时,中国建立起较为完善的专利工作体系,根据中国《专利法》的规定,国务院有关部门和地方设立了专利管理机构。中国还建立了5000余人的专利代理人队伍,初步形成了以专利代理、专利信息服务、专利技术转让中介、专利技术评估为主要内容的服务体系。

中国专利法律保护体制的建立,促进了专利事业的蓬勃发展。从1985年4月1日至2004年底,中国国家知识产权局共受理专利申请228.49万件,年均增长率达18.9%,其中国内申请占总量的82%,国外占18%。2004年,国家知识产权局共受理专利申请35.38万件,2014年受理专利申请236.1万件,其中受理发明专利达到92.8万件,同比增长12.5%,连续4年位居世界首位。2004年,国家知识产权局授予专利权19.0238万件,2014年授权专利130.3万件,其中授予发明专利23.3万件,其中国内发明专利授权16.3万件。截至2014年底,有效发明专利拥有量119.6万件,其中国内(不含港澳台地区)有效发明专利拥有量66.3万件,每万人口发明专利拥有量4.9件。依据PCT提出的国际专利申请2.6169万件,同比增长14.2%,其中发明专利申请7.9612万件。[①]

2. 商标制度

1979年11月1日,中国恢复商标统一注册工作。1983年3月1日,《商标法》开始实施。同时,中国又颁布了《商标法实施细则》,并于1988年对其进行修改。1993年2月,全国人大常委会对《商标法》进行修改,将服务商标纳入商标保护范围,加大对商标侵权假冒行为的打击力度,进一步完善商标注册程序。1993年7月,中国政府对《商标法实施细则》进

[①] 2004年数据来自国务院新闻办公室:《中国知识产权保护的新进展》(白皮书),2005-04-21;2014年数据来自国家知识产权局:《2014年我国发明专利授权量达23.3万件》,http://www.sipo.gov.cn/xinwenfabu/201601/t20160105_1225467.html,2015-02-12;国家知识产权局:《二〇一四年中国知识产权保护状况》(白皮书),第4页。

行了第二次修改,将集体商标和证明商标纳入商标法律保护范围,增加对"公众熟知的商标"的保护规定。2001年10月,全国人大常委会对《商标法》作出第二次修改,将立体商标和颜色组合商标纳入商标保护范围,加大对驰名商标的保护力度,规定以商标制度来保护地理标志,增加商标确权程序的司法审查,加大对商标侵权假冒行为的打击力度,使得中国《商标法》的有关规定与世界贸易组织《与贸易有关的知识产权协议》的原则相一致。2002年8月,中国政府对《商标法实施细则》进行了修改,并将其更名为《商标法实施条例》。2013年8月30日,第十二届全国人民代表大会常务委员会第四次会议对《商标法》进行了第三次修正。修订的法律增加了立体商标;允许商标注册申请人以一份申请书就多个类别的商品申请注册同一个商标;增加审查意见书制度;对商标注册异议制度进行了完善。2014年4月2日,国家又颁布了新的《商标法实施细则》,5月1日实施,旧的《商标法实施条例》同日中止。

随着《商标法》和《商标法实施细则》的多次修订或新法的出台,国家工商行政管理总局也先后制定、多次修改或重新出台相关法律。如《商标评审规则》(1995年公布,2002、2005、2014年三次修订);《驰名商标认定和保护规定》(2003年颁布,2014年修订);《集体商标、证明商标注册和管理办法》(1994年发布,2003年重新发布);《马德里商标国际注册实施办法》(2003年发布);《商标印制管理办法》(1996年公布,1998年修订,2004年重新颁布)等部门规章。

随着商标法律制度的不断完善和全社会商标意识的日益提高,中国商标注册申请量迅猛增长。1980年,商标注册申请量仅为2万多件,1993年则达到13.2万件,2004年达到58.8万件。截至2004年底,中国的注册商标累计总量已达224万件,其中从2000年至2004年,商标注册申请量相继跃过20万件、30万件、40万件和50万件四个大关,申请总量达到190.6万件,比1980年至1999年20年的申请总量还多25.6万件,占1980年至2004年25年申请总量的53.6%。此后,注册商标数继续攀升,2014年突破200万件大关,达到228.5万件,连续13年位居世界第一。

伴随着中国投资环境的不断改善,特别是加入世界贸易组织后,外国在中国申请和注册商标的数量不断增长。1982年,外国来华商标注册申请量为1565件,到1993年超过2万件,2004年则超过6万件。1979年前,来中国注册商标的国家或地区仅为20个,注册商标总计5130件;到2004年底,来中国注册商标的国家或地区已增加到129个,累计注册商标达40.3万件,比1979年增长近79倍,约占中国注册商标累计总量的18%。

1985年,中国加入《巴黎公约》,积极履行保护驰名商标的国际义务,国家工商行政管理总局先后在商标异议案件、商标争议案件和商标管理案件中认定了400多件驰名商标,依法保护了国内外驰名商标权所有人的合法权益。仅2004年,国家工商行政管理总局先后认定保护了153件驰名商标,其中有外国企业驰名商标28件。此外,加强对地理标志和农产品商标注册保护工作。截至2014年底,累计注册农产品商标达到168.9万件,累计注册和初步审定地址标志商标2697件,其中外国的达到81件。中国企业也积极申请国际注册商标,2014年国内申请提交马德里商标国际注册申请2140件,累计1.86万件;外国申请人指定中国的马德里商标国际注册申请2.0309万件,继续位居马德里体系第一位,累计达20.89万件。

同时,中国各级工商行政管理机关把驰名商标作为商标保护工作的重点,加大对驰名商标的保护力度,严厉打击了侵犯驰名商标权益的各种违法行为。2001—2004年,全国各级工商行政管理机关共查处各类商标违法案件16.96万件,其中商标一般违法案件5.66万件,商标侵权假冒案件11.3万件(含涉外商标侵权假冒案件1.2万件),收缴和消除侵权假冒商标标识约 5.29 亿件(套),移送司法机关追究刑事责任 286 件共 300 人。2014 年,工商总局全系统共查处侵权假冒案件 6.75 万件,案值 9.98 亿元,移送司法机关涉嫌犯罪案件 355 件,涉案金额 4.8 亿元。①

中国还加入或已经签署了一系列国际协定或条约,如《马德里协定》(1989 年加入)、《商标法条约》(1994 年签署)、《马德里议定书》(1995 年加入)、《尼斯协定》(1994 年加入)、《商标法新加坡条约》(2007 年签署)等。

3. 版权制度

1990 年 9 月 7 日,中国《著作权法》颁布,次年 6 月 1 日实施。这一实施标志着中华人民共和国现代版权保护制度的建立。其后,颁布和实施了《计算机软件保护条例》《著作权法实施条例》《著作权行政处罚实施办法》《著作权集体管理条例》《著作权涉外代理机构管理暂行办法》《作品自愿登记试行办法》《著作权质押合同登记办法》《出版文字作品报酬规定》《民间文学保护条例》《信息网络传播权保护条例》《广播组织法定许可付酬办法》等法律法规。一系列法规规章使得著作权保护有了较为完善的法律基础。

2001 年,中国对《著作权法》进行第一次修改,2010 年第二次修改;2001 年出台《计算机软件保护条例》(2002 年施行),其后于 2011 年和 2013 年两次修订;2002 年又出台《著作权法实施条例》,2011 年和 2013 年两次修订,由此使这些版权法进一步完善。

同时,中国的司法保护与行政监督并行的版权执法体系也相应建立起来。从最高人民法院到全国 31 个省、自治区、直辖市的高级人民法院,及部分中心城市的中级人民法院,都建立起专门审理包括版权在内的知识产权案件的法庭和版权局,从而形成国家局、省级局和中心城市局三级著作权行政管理体系。这一体系在保护知识产权,打击各种危害公共利益的侵权盗版行为中发挥了重大作用。据不完全统计,从 1995 年至 2004 年,各级版权行政管理部门共收缴侵权盗版复制品 3.5 亿件,受理侵权案件 51368 起,结案 49983 起。2014 年,全国版权系统立案查处侵权盗版案 2600 多件。在执法过程中,各级版权行政管理部门还加强与公安、工商、海关、新闻出版、文化等部门的合作,逐步形成相互配合打击侵权盗版的执法机制。

在建立和完善版权法律制度、强化版权行政管理的同时,中国还重视版权社会服务体系的建设。1988 年成立中华版权代理总公司,1990 年成立中国版权研究会(2002 年更名为"中国版权协会")。中国文联、中国作协、中国电影家协会等作者协会团体和图书出版、音像制作、软件开发等版权产业的行业协会,也纷纷成立专门的版权维权组织,并加强国际合作。这些协会后经过国家版权局批准,成为著作权集体管理组织。比如,1992 年,中国音乐著作权协会成立,1994 年,该协会加入国际作者、作曲者协会联合会(CISAC);1998 年,中国版权保护中心成立;2005 年,中国音像著作权集体管理协会和中国电影版权保护协会成立,前者对音像节目的著作权以及与著作权有关的权利实施集体管理,后者则对中国电影著作权进行保护,2009 年,后者从行业维权组织转变为著作权集体管理组织,更名为"中国电影著作权协会";2008 年,文字作品和摄影作品方面的著作权保护的集体管理组织也成立了,前者就是中国文字著作权协会,后者是中国摄影家协会。

此外,近 30 多年,中国也积极参加到版权保护的国际公约中去。20 世纪 80 年代,中国加入《建立世界知识产权组织公约》《巴黎公约》等国际公约,90 年代又相继参加了《伯尔尼

---

① 参见中国国家工商行政管理总局商标局、商标评审委员会编著:《中国商标战略年度发展报告(2014)》,中国工商出版社 2015 年版,第 1—2 页。

公约》《世界版权公约》《保护录制者、防止录制品擅自复制公约》《集成电路知识产权保护华盛顿条约》《与贸易有关的知识产权协议》等一系列国际公约，参与制定新的国际规则的多边谈判和国际会议，与各国一起，为改变对发展中国家不利的国际版权保护制度、提高国际社会知识产权保护意识而努力。

4. 音像制品的保护

在世界各国侵犯知识产权的案件中，音像制品的盗版侵权案件是最为严重的。中国也不例外。为了解决这一世界性难题，中国政府将打击盗版音像制品作为知识产权保护的一项重要工作和长期工作，通过建立与完善知识产权的立法体系，建立音像制品经营许可证制度、出版权专有制度、复制委托书制度、光盘来源识别码（SID码）制度、进口音像制品内容审查制度、奖励举报人制度、音像制品加贴统一防伪标识制度、音像制品仓库登记备案制度、非法音像制品监督举报公示制度等，逐步建立起一整套音像制品管理制度。

1993年1月5日，中国签署《日内瓦公约》，并于4月30日正式成为该公约成员国。1994年8月，中国颁布《音像制品管理条例》，2001年12月，根据社会经济发展的需要对该条例进行修订。中国新闻出版总署、文化部、海关总署、商务部等部门根据《民法通则》《著作权法》《刑法》以及《音像制品管理条例》等有关法律法规的规定，分别或共同发布了《音像制品出版管理规定》《音像制品批发、零售、出租管理办法》《音像制品进口管理办法》和《中外合作音像制品分销企业管理办法》等一系列行政规章，将音像制品的生产与经营纳入法律的保护与监督之中。

1998年，根据《音像制品管理条例》，国务院对音像业的行政管理职能分工作出明确规定：新闻出版总署负责音像制作、出版和复制管理；文化部负责音像批发、零售、出租、放映和进口管理；地方政府参照中央政府的职能分工，对当地管理体制进行调整，从而建立起中央、省、地、县四级音像市场管理网络，绝大多数地区还建立了包括音像市场在内的文化市场稽查队伍，承担起音像市场监管的职责。

同时，国家有关部门通过开展持续不断的音像市场集中治理行动，打击音像制品的盗版行为。据不完全统计，从1994年至2004年，全国给予吊销复制经营许可证处罚的光盘复制企业9家，查获非法光盘生产线200条。2004年，全国文化市场稽查管理部门检查音像经营单位555368家次，查缴各类违法音像制品1.54亿张（盘）。2005年1月12日，文化部、国家保护知识产权工作组办公室在全国开展违法音像制品统一销毁活动，集中销毁6335万多张（盘）各类违法音像制品。2014年，国家版权局联合多部门启动第十次打击网络侵权盗版"剑网2014"专项行动，针对网络文学、音乐、影视、游戏、动漫、软件等领域以及图书、音像制品、电子出版物、网络出版物等产品，打击侵权盗版活动；立案调查网络侵权案件40件，关闭侵权盗版网站750家。这些活动一定程度上遏制了气焰嚣张的盗版活动。

5. 植物新品种的保护

植物新品种，是指经过人工培育或对发现的野生植物加以开发，具备新颖性、特异性、一致性和稳定性，并有适当命名的植物品种。

为了鼓励培育和使用植物新品种，促进农业、林业的发展，需要对植物新品种开发者的利益加以保护。1997年3月20日，中国国务院发布《植物新品种保护条例》，10月1日起施行。2013年1月31日，对该条例进行了修订。根据该法规定，完成育种的单位和个人，要获得植物新品种权,必须经过申请程序,其申请的植物品种必须具有新颖性、特异性、一致性、稳定性并具有适当命名的条件。

根据该法第 14 条至第 18 条,所谓新颖性,是指在申请日前该品种繁殖材料未被销售,或经育种者许可,在中国境内销售该品种繁殖材料未超过 1 年;在中国境外销售藤本植物、林木、果树和观赏树木品种繁殖材料未超过 6 年,销售其他植物品种繁殖材料未超过 4 年。所谓特异性,是指该新品种应当明显区别于在递交申请以前已知的植物品种。所谓一致性,是指该新品种经过繁殖,除可以预见的变异外,其相关的特征或者特性一致。所谓稳定性,是指该新品种经过反复繁殖后或在特定繁殖周期结束时,其相关的特征或特性保持不变。所谓应当具备适当的名称,是指该新品种不仅应有其名称而且还应与相同或相近的植物属或种中已知品种的名称相区别。下列名称不得用于品种命名:仅以数字组成的;违反社会公德的;对植物新品种的特征、特性或者育种者的身份等容易引起误解的。

1999 年 4 月 23 日,中国正式加入《国际植物新品种保护公约》(1978 年文本)。该公约规定,成员国可以根据公约规定的原则,分别对植物新品种授予品种权。为更好地实施中国《植物新品种保护条例》和国际公约,6 月 16 日,中国农业部根据《植物新品种保护条例》发布《植物新品种保护条例实施细则(农业部分)》,2007 年 8 月 25 日,又颁布新的实施细则(2008 年 1 月 1 日起施行,1999 年版同日废止)。2011 年 12 月 31 日、2014 年 4 月 25 日,农业部两次对该细则进行修订。1999 年 8 月 10 日,中国林业局也根据条例颁布了《植物新品种保护条例实施细则(林业部分)》。

此外,中国还陆续颁布了《农业部植物新品种复审委员会审理规定》(2001 年 2 月 26 日发布并施行)、《农业植物新品种权代理规定》和《农业植物新品种权侵权案件处理规定》(均为 2002 年 12 月 30 日发布,2003 年 2 月 1 日起施行)、《农业植物品种命名规定》(2012 年 3 月 4 日发布,4 月 15 日起施行)等规章。

根据以上实施细则,农业植物新品种包括粮食、棉花、油料、麻类、糖料、蔬菜(含西甜瓜)、烟草、桑树、茶树、果树(干果除外)、观赏植物(木本除外)、草类、绿肥、草本药材、食用菌、藻类和橡胶树等植物的新品种。林业植物新品种保护范围有林木、竹、木质藤本、木本观赏植物(包括木本花卉)、果树(干果部分)及木本油料、饮料、调料、木本药材等植物品种。

《植物新品种保护条例》授予新品种的权利人排他的独占权,规定任何单位或个人未经品种权所有人许可,不得为商业目的生产或销售该授权品种的繁殖材料,不得为商业目的将该授权品种的繁殖材料重复使用于生产另一品种的繁殖材料,除非该条例另有规定。农业部分的实施细则对植物的"繁殖材料"的具体定义是:可繁殖植物的种植材料或植物体的其他部分,包括籽粒、果实和根、茎、苗、芽、叶等。林业部分实施细则对植物"繁殖材料"的具体定义是:整株植物(包括苗木)、种子(包括根、茎、叶、花、果实等)以及构成植物体的任何部分(包括组织、细胞)。

以上实施细则也对新品种的命名加以具体规定。比如,国家名称、县级以上行政区划的地名或公众知晓的外国地名都不可用于植物新品种的命名等。2012 年发布的《农业植物品种命名规定》进一步将"不得命名"的情况列为 11 种:

(1) 仅以数字或者英文字母组成的;

(2) 仅以一个汉字组成的;

(3) 含有国家名称的全称、简称或者缩写的,但存在其他含义且不易误导公众的除外;

(4) 含有县级以上行政区划的地名或者公众知晓的其他国内外地名的,但地名简称、地名具有其他含义的除外;

(5) 与政府间国际组织或者其他国际国内知名组织名称相同或者近似的,但经该组织同意或者不易误导公众的除外;

(6) 容易对植物品种的特征、特性或者育种者身份等引起误解的,但惯用的杂交水稻品种命名除外;

(7) 夸大宣传的;

(8) 与他人驰名商标、同类注册商标的名称相同或者近似,未经商标权人同意的;

(9) 含有杂交、回交、突变、芽变、花培等植物遗传育种术语的;

(10) 违反国家法律法规、社会公德或者带有歧视性的;

(11) 不适宜作为品种名称的或者容易引起误解的其他情形。

由此,便利了保护条例和实施细则的施行。此外,国家还分别在农业部和国家林业局成立了植物新品种保护办公室、植物新品种复审委员会,形成了以审批机关、执法机关、中介服务机构和其他维权组织相结合的保护组织体系。

《植物新品种保护条例》等一系列行政法规的出台,调动了育种者的积极性和申报热情。截至 2014 年底,农业部共受理农业植物新品种权申请 1.3483 万件,授予品种权 4845 件;国家林业局受理新品种申请累计 1515 件,授权 827 件。2015 年,国家林业局受理林业植物品种权申请数目继续增加,累计达到 1788 件,其中国内申请 1481 件,国外申请 307 件,国内申请比重达到 82.8%;授权累计达 1003 件。[①]

从 1999 年至 2013 年,国家先后发布了九批 93 个农业植物新品种和五批 198 个林业植物新品种保护名录,受保护植物属或种的数量达到 291 个,远远高于《国际植物新品种保护公约》规定的最低数量。(见表 4-2、表 4-3)

表 4-2　1999—2013 年中华人民共和国植物新品保护名录(农业部分)

第一批 (1999.6.16 发布)			第二批 (2000.3.7 发布)		
序号	属或种名	学名	序号	属或种名	学名
1	水稻	Oryza sativ L.	1	普通小麦	Triticum aestivum L.
2	玉米	Zea mays L.	2	大豆	Glycine max(L.)Merrill
3	大白菜	Brassica campestris L. ssp.	3	甘蓝型油菜	Brassica napus L.
4	马铃薯	Solanum tuberosum L.	4	花生	Arachis hypogaca L.
5	春兰	Cymbidium goeringii (Rchb. F.)	5	普通番茄	Lycopersicon esculentum mill.
6	菊属	Chrysanthemum L.	6	黄瓜	Cucumis sativus L.
7	石竹属	Dianthus L.	7	辣椒属	Capsicum L.
8	唐菖蒲属	GladioIus L.	8	梨属	Pyrus L.
9	紫花苜蓿	Medicago sativa L.	9	酸模属	Rumex L.
10	草地早熟禾	Poa pratensis L.			

[①] 参见《我国植物新品种保护事业蓬勃发展》,载中华人民共和国中央人民政府网:http://www.gov.cn/gzdt/2012-03/22/content_2097849.htm, 2012-03-22;国家知识产权局:《二〇一四年中国知识产权保护状况》(白皮书),第 7 页;王开广:《千余件植物品种权申请获批》,载《法制日报》2016 年 1 月 26 日。

(续表)

第三批 (2001.2.26 发布)			第五批 (2003.7.24 发布)		
序号	属或种名	学名	序号	属或种名	学名
1	兰属	Cymbidium Sw.	1	高粱	Sorghum bicolor(L.)Moench
2	百合属	Lilium L.	2	大麦属	Hordeum L.
3	鹤望兰属	Strelitzia Ait.	3	苎麻属	Boehmeria L.
4	补血草属	Limonium Mill.	4	苹果属	Malus Mill.
第四批 (2002.1.4 发布)			5	柑橘属	Citrus L.
			6	香蕉	Musa acuminata Colla
序号	属或种名	学名	7	猕猴桃属	Actinidia Lindl.
1	甘薯	Ipo moea batatas (L.) Lam.	8	葡萄属	Vitis L.
2	谷子	Setaria italica (L.) Beauv.	9	李	Prunus salicina Lindl. & P. domestica L. & P. cerasifera Ehrh.
3	桃	Prunus persica(L.)Batsch.			
4	荔枝	Litchi chinensis Sonn.			
5	普通西瓜	Citrullus lanatus (Thunb.) Matsum et Nakai	10	茄子	Solanum melongena L.
			11	非洲菊	Gerbera jamesoii Bolus
6	普通结球甘蓝	Brassica oleracea L. var. capitata (L.) Alef. var. alba DC.	第六批 (2005.5.20 发布)		
			序号	属或种名	学名
			1	棉属	Gossypium L.
7	食用萝卜	Raphanus sativus L. var. longipinnatus Bailey & Raphanus sativus L. var. radiculus Pers.	2	亚麻	Linum usitatissimum L.
			3	桑属	Morus L.
			4	芥菜型油菜	Brassica juncea Czern. et Coss.
第七批 (2008.4.21 发布)			5	蚕豆	Vicia faba L.
			6	绿豆	Vigna radiate (L.) Wilczek
序号	属或种名	学名	7	豌豆	Pisum sativum L.
1	橡胶树	Hevea brasiliensis (Willd. ex A. de Juss.) Muell. Arg.	8	菜豆	Phaseolus vulgaris L.
			9	豇豆	Vigna unguiculata (L.) Walp.
2	茶组	Camellia L. Section Thea (L.) Dyer	10	大葱	Allium fistulosum L.
			11	西葫芦	Cucurbita pepo L.
3	芝麻	Sesamum indicum L.	12	花柳菜	Brassica oleracea L. var. botrytis L.
4	木薯	Manihot esculenta Crantz			
5	甘蔗属	Saccharum L.	13	芹菜	Apium graveolens L.
6	小豆	Vigna angularis (Willd.) Ohwi et Ohashi	14	胡萝卜	Daucus carota L.
			15	白灵侧耳	Pleurotus nebrodensis (Inzenga) Quél.
7	大蒜	Allium sativum L.			
8	不结球白菜	Brassica campestris ssp. chinensis	16	甜瓜	Cucumis melo L.
			17	草莓	Fragaria ananassa Duch.
9	花烛属	Anthurium Schott	18	柱花草属	Stylosanthes Sw. ex Willd
10	果子蔓属	Guzmania Ruiz. & Pav.	19	花毛茛	Ranunculus asiaticus L.
11	龙眼	Dimocarpus longan Lour.	20	华北八宝	Hylotelephium tatarinowii (Maxim.) H. Ohba
12	人参	Panax ginseng C. A. Mey.	21	雁来红	Amaranthus tricolor L.

(续表)

第九批 (2013.4.11)			第八批 (2010.3.29)		
序号	属或种名	学名	序号	属或种名	学名
1	芥菜	Brassica juncea (L.) Czern. et coss	1	莲	Nelumbo nucifera Gaertn
2	芥蓝	Brassica alboglabra Bailey L.	2	蝴蝶兰属	Phalaenopsis Bl.
3	枇杷	Eriobotrya japonica Lindl.	3	秋海棠属	Begonia L.
4	樱桃	Prunus avium L.	4	凤仙花	Impatiens balsamina L.
5	莴苣	Lactuca Sativa L.	5	非洲凤仙花	Impatiens wallerana Hook. f.
6	三七	Panax notoginseng (Burk) F. H. Chen	6	新几内亚凤仙花	Impatiens hawkeri Bull.
7	苦瓜	Momordica charantia L.	第九批		
8	冬瓜	Benincasa hispida Cogn.	序号	属或种名	学名
9	燕麦	Avena sativa L. & Avena nuda L.	12	郁金香属	Tulipa L.
10	芒果	Mangifera indica L.	13	烟草	Nicotiana tabacum L. & Nicotiana rustica L.
11	万寿菊属	Tagetes L.			

资料来源:根据以下信息制表:(1)中华人民共和国国家知识产权局网站:http://www.sipo.gov.cn,2007-06-19;(2)农博种业网:http://www.agri.gov.cn,2010-06-29;(3)中央政府门户网站:http://www.gov.cn,2008-04-28;(4)人民网:http://ip.people.com.cn;(5)食品伙伴网:http://www.foodmate.net,2013-04-22。

表4-3 1999—2013年中华人民共和国植物新品保护名录(林业部分)

第一批 (1999.4.22发布)			第二批 (2000.2.2发布)		
序号	种或属名	学名	序号	种或属名	学名
1	毛白杨	Populus tomentosa Carr.	1	杨属	Populus
2	泡桐属	Paulownia	2	柳属	Salix
3	杉木	Cunninghamia Lanceolata	3	桉属	EucalyPtus
4	木兰属	Magnolia	4	板栗	Castanea mollissima
5	牡丹	Paeonia suffruticosa Andr.	5	核桃属	Juglance
6	梅	Prunus mume	6	枣	Zizyphus jujuba
7	蔷薇属	Rosa	7	柿	Diospyros kaki
8	山茶属	Camellia	8	杏	Prunus armeniaca
第四批 (2004.10.14发布)			9	银杏	Ginkgo biloba
序号	种或属名	学名	10	油桐属	Vernicia
1	苏铁属	Cycas Linn.	11	红豆杉属	Taxus
2	崖柏属	Thuja Linn.	12	杜鹃花属	Rhododendron
3	罗汉松属	Podocarpus L'Her. ex Pers.	13	桃花	Prunus persica
4	桦木属	Betula Linn.	14	紫薇	Lagerstroemia indica
5	榛属	Corylus Linn.	15	榆叶梅	Prunus triloba
6	栲属	Castanopsis Spach	16	蜡梅	Chimonanthus praecox
			17	桂花	Osmanthus fragrans

(续表)

7	榆属	Ulmus Linn.	第三批		
8	榉属	Zelkova Spach	(2002.12.2 发布)		
9	桑属	Morus Linn.	序号	种或属名	学名
10	榕属	Ficus Linn.	1	松属	Pinus Linn.
11	芍药属	Paeonia Linn.	2	云杉属	Picea Dietr.
12	木莲属	Manglietia Blume	3	落羽杉属	Taxodium Rich.
13	含笑属	Michelia Linn.	4	圆柏属	Sabina Mill.
14	拟单性木兰属	Parakmeria Hu et Cheng	5	鹅掌楸属	Liriodendron Linn.
15	樟属	Cinnamomum Trew	6	木瓜属	Chaenomeles Lindl.
16	润楠属	Machilus Nees	7	金合欢属	Acacia Willd.
17	继木属	Loropetalum R. Br.	8	槐属	Sophora Linn.
18	紫檀属	Pterocarpus Jacq.	9	刺槐属	Robinia Linn.
19	花椒属	Zanthoxylum Linn.	10	丁香属	Syringa Linn.
20	黄皮属	Clausena Burm. f.	11	连翘属	Forsythia Vahl
21	黄栌属	Cotinus Mill.	12	黄杨属	Buxus Linn.
22	卫矛属	Euonymus Linn.	13	大戟属	Euphorbia Linn.
23	栾树属	Koelreuteria Laxm.	14	槭属	Acer Linn.
24	蛇葡萄属	Ampelopsis Michx.	15	沙棘属	Hippophae Linn.
25	爬山虎属	Parthenocissus Pl.	16	臭椿属	Ailanthus Desf.
26	石榴属	Punica Linn.	17	簕竹属	Bambusa Retz. corr. Schreber
27	常春藤属	Hedera Linn.			
28	紫金牛属	Ardisia Sw.	18	箬竹属	Indocalamus Nakai
29	白蜡树属	Fraxinus Linn.	19	刚竹属	Phyllostachys Sieb. et Zucc.
30	枸杞属	Lycium Linn.			
31	梓树属	Catalpa Linn.	20	省藤属	Calamus Linn.
32	忍冬属	Lonicera Linn.	21	黄藤属	Daemonorops Blume

第五批
(2013.1.22 公布)

序号	种或属名	学名	序号	种或属名	学名
1	六道木属	Abelia R. Br.	62	麻风树	Jatropha curcas L.
2	冷杉属	Abies Mill.	63	刺柏属	Juniperus L.
3	五加属	Acanthopanax (Decne. et Planch.) Miq.	64	油杉属	Keteleeria Carrière
			65	紫薇属	Lagerstroemia L.
4	酸竹属	Acidosasa C. D. Chu et C. S. Chao	66	落叶松属	Larix Mill.
			67	胡枝子属	Lespedeza Michx.
5	七叶树属	Aesculus L.	68	女贞属	Ligustrum L.
6	木通属	Akebia Decne.	69	山胡椒属	Lindera Thunb.
7	合欢属	Albizia Durazz.	70	枫香属	Liquidambar L.
8	桤木属	Alnus Mill.	71	木姜子属	Litsea Lam.
9	沙冬青属	Ammopiptanthus Cheng f.	72	滇丁香属	Luculia Sweet
10	紫穗槐属	Amorpha L.	73	苹果属（除水果外）	Malus Mill. (except fruits)
11	桃叶珊瑚属	Aucuba Thunb.			
12	小檗属	Berberis L.	74	野牡丹属	Melastoma L.
13	木棉属	Bombax L.	75	楝属	Melia L.

(续表)

14	叶子花属	Bougainvillea Comm. ex Juss.	76	水杉属	Metasequoia Miki ex Hu et W. C. Cheng
15	构属	Broussonetia L'Hér. ex Vent.			
16	醉鱼草属	Buddleja L.	77	杨梅	Myrica rubra Sieb. et Zucc.
17	紫珠属	Callicarpa L.	78	白刺属	Nitraria L.
18	沙拐枣	Calligonum mongolicum Turcz.	79	红豆属	Ormosia Jackson
19	凌霄属	Campsis Lour.	80	木犀属	Osmanthus Lour.
20	旱莲木	Camptotheca acuminata Decne.	81	黄檗	Phellodendron amurense Rupr.
21	锦鸡儿属	Caragana Fabr.	82	楠属	Phoebe Nees
22	鹅耳枥属	Carpinus L.	83	石楠属	Photinia Lindl.
23	山核桃属	Carya Nutt.	84	黄连木属	Pistacia L.
24	决明属	Cassia L.	85	化香树属	Platycarya Sieb. et Zucc.
25	栗属	Castanea Mill.	86	侧柏属	Platycladus Spach
26	木麻黄属	Casuarina L.	87	苦竹属	Pleioblastus Nakai
27	雪松属	Cedrus Trew	88	金露梅	Potentilla fruticosa L.
28	朴属	Celtis L.	89	李属（除水果外）	Prunus L. (except fruits)
29	三尖杉属	Cephalotaxus Sieb. et Zucc.			
30	紫荆属	Cercis L.	90	枫杨属	Pterocarya Kunth
31	方竹属	Chimonobambusa Makino	91	青檀属	Pteroceltis Maxim.
32	流苏树属	Chionanthus L.	92	栎属	Quercus L.
33	南酸枣	Choerospondias axillaris (Roxb.) B. L. Burtt et A. W. Hill	93	悬钩子属	Rubus L.
			94	接骨木属	Sambucus L.
34	铁线莲属	Clematis L.	95	无患子属	Sapindus L.
35	大青属	Clerodendrum L.	96	乌桕属	Sapium Jacq.
36	山茱萸属	Cornus L.	97	檫木	Sassafras tzumu (Hemsl.) Hemsl.
37	栒子属	Cotoneaster Medik.			
38	山楂属	Crataegus L.	98	木荷属	Schima Reinw. ex Blume
39	柳杉属	Cryptomeria D. Don	99	秤锤树属	Sinojackia Hu
40	瑞香属	Daphne L.	100	珍珠梅属	Sorbaria (DC) A. Braun
41	珙桐属	Davidia Baill.	101	花楸属	Sorbus L.
42	牡竹属	Dendrocalamus Nees	102	火焰树属	Spathodea P. Beauv.
43	胡颓子属	Elaeagnus L.	103	绣线菊属	Spiraea L.
44	杜英属	Elaeocarpus L.	104	山矾属	Symplocos Jacq.
45	麻黄属	Ephedra L.	105	台湾杉属	Taiwania Hayata
46	杜仲	Eucommia ulmoides Oliv.	106	柽柳属	Tamarix L.
47	箭竹属	Fargesia Franch.	107	柚木	Tectona grandis L. f.
48	皂荚属	Gleditsia L.	108	夜来香属	Telosma Cov.
49	梭梭属	Haloxylon Bunge	109	厚皮香属	Ternstroemia Mutis exL. f.
50	金缕梅属	Hamamelis L.	110	吴茱萸属	Tetradium Lour.
51	木槿属	Hibiscus L.	111	椴树属	Tilia L.
52	沙棘属	Hippophae L.	112	香椿属	Toona M. Roemer
53	坡垒属	Hopea Roxb.	113	榧树属	Torreya Arn.
54	绣球属	Hydrangea L.	114	越桔属	Vaccinium L.
55	金丝桃属	Hypericum L.	115	荚蒾属	Viburnum L.
56	山桐子属	Idesia Maxim.	116	牡荆属	Vitex L.

(续表)

57	冬青属	Ilex L.	117	锦带花属	Weigela Thunb.
58	八角属	Illicium L.	118	紫藤属	Wisteria Nutt.
59	大节竹属	Indosasa McClure	119	文冠果	Xanthoceras sorbifolium Bunge
60	蓝花楹属	Jacaranda Juss.			
61	素馨属	Jasminum L.	120	枣属	Ziziphus Mill.

资料来源:根据以下信息制表:(1)中华人民共和国国家知识产权局:http://www.sipo.gov.cn/zcfg/flfg/qt/bmgz/,2007-06-19;(2)国家林业局:http://www.forestry.gov.cn/portal/main/s/3094/content-583585.html,2013-01-31。

与此同时,国家也建立了由农业植物新品种繁殖材料保藏中心、植物新品种测试中心和分中心,以及林业植物新品种测试中心和分中心、分子测定实验室组成的技术支撑体系。为保证品种权审查的科学性和权威性,在借鉴国际植物新品种测试技术规范的基础上,结合中国实际,有关部门组织制定了玉米、水稻、杨树、牡丹等植物新品种测试指南,以国家或行业标准予以公布实施。仅2014年农业部就组织审定了橡胶树等11个植物新品种测试指南,发布了43个植物新品种测试农业标准,将30个植物新品种测试指南列入国家标准计划;国家林业局则组织编制了12项林业植物新品种测试指南。由此,进一步规范了农业和林业植物新品种保护行政执法和审批工作。

为了保护植物新品种,打击假冒伪劣等侵权行为,从2001年开始,国家选择12个省市开展植物新品种保护执法试点,并逐步在全国展开。截至2004年底,全国有17个省(自治区、直辖市)查处农业植物新品种侵权和假冒案件863件。[①] 2011年,农业部共查处侵犯品种案件123起,涉案种子达200万公斤,案值3000多万元,20多家侵权假冒企业被曝光。2014年,农业部联合公安部、国家工商行政管理总局开展打击侵犯品种权和制售假劣种子专项行动,查处种子案件6400多起,没收种子279万公斤,违法所得433万元,罚款2200万元,吊销许可证31个,移送司法机关处理案件115起,惩处犯罪嫌疑人34名。

6. 知识产权海关保护备案制度

为了确实保护知识产权权利人和消费者的利益,打击假冒、盗版等侵犯知识产权的行为,中国建立起知识产权海关保护备案制度,将查禁侵犯知识产权的货物进出口的权利赋予海关,知识产权权利人可以请求海关对其知识产权实施保护。

1995年7月5日,国务院发布《知识产权海关保护条例》,2003年12月2日颁布新的《知识产权海关保护条例》,2004年3月1日实施,同时旧的条例废止。根据新的条例,海关总署核准知识产权备案不再颁发《备案证书》。

2010年3月24日,知识产权海关保护条例进行修改,4月1日施行。根据该条例,凡向海关提出采取保护措施的申请人,应当向海关提交申请书,申请书的内容包括下列几个方面:

(1) 知识产权权利人的名称或者姓名、注册地或者国籍等;
(2) 知识产权的名称、内容及其相关信息;
(3) 知识产权许可行使状况;
(4) 知识产权权利人合法行使知识产权的货物的名称、产地、进出境地海关、进出口商、主要特征、价格等;

---

① 参见中华人民共和国国家知识产权局:《二〇一四年中国知识产权保护状况》(白皮书),第2、15页。

(5) 已知的侵犯知识产权货物的制造商、进出口商、进出境地海关、主要特征、价格等。

进口货物的收货人或者其代理人、出口货物的发货人或者其代理人应按规定,向海关如实申报与进出口货物有关的知识产权状况,并提交有关证明文件。海关对当事人的商业秘密给予保密。申请书内容有证明文件的,知识产权权利人应当附送证明文件。

海关总署自收到全部申请文件之日起 30 个工作日内,应当作出是否准予备案的决定,并书面通知申请人;不予备案的,应当说明理由。

有下列情形之一的,海关总署不予备案:

(1) 申请文件不齐全或者无效的;
(2) 申请人不是知识产权权利人的;
(3) 知识产权不再受法律、行政法规保护的。

海关若发现知识产权权利人申请知识产权备案未如实提供有关情况或者文件的,可以撤销其备案。知识产权海关保护备案自海关总署准予备案之日起生效,有效期为 10 年。到期后可以申请续展,只要知识产权仍有效,但需要在有效期届满前 6 个月内提出。每次续展备案的有效期为 10 年。有效期届满而不申请续展或者知识产权不再受法律、行政法规保护的,知识产权海关保护备案随即失效。

新条例第 13 条规定,知识产权权利人请求海关扣留侵权嫌疑货物的,应当提交申请书及相关证明文件,并提供足以证明侵权事实明显存在的证据。申请书应当包括下列主要内容:

(1) 知识产权权利人的名称或者姓名、注册地或者国籍等;
(2) 知识产权的名称、内容及其相关信息;
(3) 侵权嫌疑货物收货人和发货人的名称;
(4) 侵权嫌疑货物名称、规格等;
(5) 侵权嫌疑货物可能进出境的口岸、时间、运输工具等。

侵权嫌疑货物涉嫌侵犯备案知识产权的,申请书还应当包括海关备案号。

第 14 条规定,知识产权权利人请求海关扣留侵权嫌疑货物的,应当向海关提供不超过货物等值的担保,用于赔偿可能因申请不当给收货人、发货人造成的损失,以及支付货物由海关扣留后的仓储、保管和处置等费用;知识产权权利人直接向仓储商支付仓储、保管费用的,从担保中扣除。具体办法由海关总署制定。

第 16 条规定,海关发现进出口货物有侵犯备案知识产权嫌疑的,应当立即书面通知知识产权权利人。知识产权权利人自通知送达之日起 3 个工作日内依照该条例第 13 条的规定提出申请,并依照本条例第 14 条的规定提供担保的,海关应当扣留侵权嫌疑货物,书面通知知识产权权利人,并将海关扣留凭单送达收货人或者发货人。知识产权权利人逾期未提出申请或者未提供担保的,海关不得扣留货物。

二、中国技术进出口贸易法规

1. 技术进出口贸易法规

改革开放以来,中国颁布了一系列有关技术进出口贸易的法规,随着社会主义市场经济的建立和发展,以及中国对外开放的不断扩大,尤其是 2001 年中国加入世界贸易组织后,不少法律法规、部门规章已经不适用,面临着修改或废止。从 2001 年 11 月 16 日到 2002 年 3 月 21 日,对外经济贸易合作部先后四次公开宣布废止部门规章 140 个(四次公布废止的规章数目依次为:9个、100个、7个、26个,第二次颁布后恢复2个)。到3月29日副部长讲话止,对外经济贸易合作部已公开废止部门规章381个,废止内部文件178个,拟废止的法规和内部文件53个,初步确定保留和建议保留的法律、法规、规章450个。[①]

与此同时,国务院出台新的法律法规。2001年12月10日,国务院公布《技术进出口管理条例》,12月30日又颁布了《技术进出口合同登记管理办法》。上述条例和办法均于2002年1月1日起开始施行。而1985年5月24日由国务院颁布实行的《技术引进合同管理条例》,以及1987年12月30日由国务院批准、1988年1月20日由对外经济贸易部发布实施的《技术引进合同管理条例施行细则》同时被废止。

2004年4月6日,国家又颁布了新的《对外贸易法》,7月1日正式实施。根据新的外贸法,凡依法办理了工商登记或者其他执业手续的法人、其他组织或者个人,都可以从事对外货物进出口、技术进出口和国际服务贸易。这意味着自然人也可以从事外贸经营活动。此外,在技术贸易方面,对外经营权放开。根据该法,除国家对限制进口或者出口的技术实行许可证管理,以及对某些技术禁止进口或出口外,凡自由进出口的技术,外贸经营者只需履行登记备案手续。由此改变了过去对一般技术也进行审批的做法。

从技术进口管理看,除上述适用法规外,专门法规主要有以下几个:

(1)《技术引进和设备进口标准化审查管理办法》(试行),1984年12月15日由国家标准局、国家经济委员会、国家科学技术委员会、对外经济贸易部联合发布并施行;

(2)《关于承担、代理国家技术和设备进口项目的管理办法》,1995年3月23日由对外贸易经济合作部发布并施行;

(3)《技术引进和设备进口贸易工作管理暂行办法》,1996年3月22日由对外贸易经济合作部发布并施行;

(3)《技术引进合同信息网络管理系统》,2000年12月13日由对外贸易经济合作部发布并施行;

(4)《禁止进口限制进口技术管理办法》,2001年12月1日由对外经济贸易合作部、国家经济贸易委员会联合发布,并于2002年1月1日实施。2009年2月1日,由国家商务部发布新版,3月1日施行,同日2001年版废止。

(5)《对外贸易经济合作部、国家外汇管理局关于加强技术进口合同售付汇管理的通知》,2002年2月20日由对外贸易经济合作部、国家外汇管理局联合发布。

为了促进高新技术产业的发展,国家先后建立了经济技术开发区、高新技术产业开发区,鼓励引进外国先进技术、高新技术,并实行种种优惠政策。为加强开发区进出口货物管理,1988年4月26日,海关总署发布《海关对经济技术开发区进出境货物的管理规定》。1991年9月2日,海关总署又发布《海关对国家高新技术产业开发区进出口货物的管理办法》,规定企业用于开发区内高新技术开发,进口国内不能生产的仪器、设备,免征进口关税及产品税(增值税)或工商统一税。海关验审开发区审批部门批准文件后办理免税手续。该法令于当年10月1日生效。

与技术进口管理相关的规定主要有:《外商投资企业进口管理实施细则》,1995年6月9日由对外贸易经济合作部发布,7月1日开始施行;《外商投资企业自动进口许可管理实施

[①] 参见龙永图:《我国外经贸法律体系要尽快适应WTO规则》,载新华网:http://news.xinhuanet.com/zhengfu/2002-03/29/content_336128.htm,2002-03-29。

细则》,2002年2月8日由对外贸易经济合作部、海关总署发布并施行。

从技术出口管理看,1998年由对外经济贸易合作部和科学技术部联合发布的《限制出口技术管理办法》和《中国禁止出口、限制出口技术目录》,2002年3月被废止,取而代之的是2001年12月12日发布、2002年1月1日施行的《禁止出口限制出口技术管理办法》以及与之相配套的《中国禁止出口限制出口技术目录》。2009年4月20日,《禁止出口限制出口技术管理办法》修订,5月20日施行,2002年版同日废止。此外,技术出口管理方面的法规还有:

(1)《技术出口管理暂行办法》,1990年6月26日由对外经济贸易部、国家科委联合制定并发布;

(2)《关于出口许可证管理的若干规定》,1996年1月2日由对外贸易经济合作部发布并施行;

(3) 在高新技术产品出口管理方面主要有:《中国进出口银行关于高新技术产品出口信贷执行利率的通知》(1999.9.17)、《中国进出口银行关于支持高新技术产品出口的通知》(1999)、《国家高新技术产业开发区高新技术产品出口基地认定暂行办法》(1999)、《关于支持高新技术产业发展若干问题的通知》(2001)、《关于大型高新技术企业适用便捷通关措施的审批规定》(2001)、《关于软件出口有关问题的通知》(2001)、《关于支持高新技术产业发展若干问题的通知》(2001)等。这些规定主要支持高新技术产业发展及其产品出口。

比如,为了适应大型高新技术企业生产经营方式和海关监管要求,2001年对外贸易经济合作部发布的《关于支持高新技术产业发展若干问题的通知》对大型高新技术生产企业的有关审批和海关监管采取了简便措施。该通知规定,凡在中国关境内从事高新技术生产,其赊购农产品已列入《中国高新技术产品出口目录》,并且年出口额在1亿美元以上的大型高新技术生产企业(包括国有企业、民营企业和外商投资企业),可以根据本通知的规定向所在地海关提出申请,经海关会同当地外经贸主管部门审核同意并报海关总署、外经贸部备案后,便可适用本通知规定的各项简便措施。对年出口额未达到上述规定要求,但资信可靠、情况特殊、确实需要适用以上有关便捷通关程序的大型高新技术生产企业,经主管地海关和外经贸部门核报海关总署会同外经贸部批准。经审核批准的高新技术生产企业,可选择适用以下一项或几项便捷通关程序:提前报关、联网报关、快速转关、上门验放、加急通关、担保验放。

(4) 在敏感技术出口管制方面主要有:《核两用品及相关技术出口管制条例》(1998,2007)、《国家秘密技术出口审查规定》(1998)、《导弹及相关物项和技术出口管制条例》(2002)、《有关化学品及相关设备和技术出口管制办法》(2002)、《生物两用品及相关设备和技术出口管制条例》(2002)、《关于敏感物项和技术出口证件海关验放问题的通知》(2002)、《敏感物项和技术出口许可证暂行管理办法》(2003)、《核两用品及相关技术出口管制清单》(2015)等。

2. 海关保护知识产权

1994年9月,中国开始对知识产权实施边境保护。1995年10月,颁布实施《知识产权海关保护条例》,建立符合世界贸易组织规则的知识产权边境保护制度。2000年,全国人大常委会修订《海关法》,从法律上确定海关知识产权保护方面的职能。2003年12月,颁布修订后的《知识产权海关保护条例》(2004年3月1日施行),强化了海关调查处理侵权货物的权力,减轻了知识产权权利人寻求海关保护的负担,明确了海关和司法机关以及其他行政机关之间的职责。随后,国家海关总署制定新条例实施办法,就新条例有关保守商业秘密、国际注册商标备案、担保金收取和退还以及权利人对有关费用的承担等问题予以明确规定。2004年9月,中国公布《行政处罚实施条例》,对进出口侵犯知识产权的行政处罚予以明确规定。12月,最高人民法院和最高人民检察院公布实施《关于办理侵犯知识产权刑事案件具体应用法律若干问题的解释》,进一步明确代理进出口侵权货物的刑事责任。至此,适应经济和社会发展需要的知识产权海关保护法律体系基本建立起来。

海关的知识产权保护主要体现在:对侵权货物扣留和调查、对违法进出口人进行处罚以及对侵权货物进行处置等。目前,中国海关在知识产权保护方面已经建立起以下执法机制:

(1) 知识产权海关保护的中央备案制度。知识产权权利人将知识产权在海关总署进行备案,口岸海关在对进出口货物查验时,若发现有对备案的知识产权侵权的货物,则有权予以扣留。截至2004年底,中国海关总署共核准知识产权海关保护备案6257件。从1996年至2004年,全国海关共查获各类进出口侵权案件4361起,案值6.3亿元人民币,有力地打击了进出口侵权货物的违法行为,净化了口岸秩序,维护了权利人的利益。更多的知识产权人申请海关备案,仅2010年核准知识产权海关保护备案就达3020件。海关总署还编制备案名录,2015年3月实现备案的无纸化网上操作系统,降低了权利人维权成本。2014年海关共采取知识产权保护措施就达2.7万多次,查扣进出口侵犯知识产权嫌疑货物近2.4万批,涉及商品约9200万件,比前一年分别增长14.03%、16.59%和21.09%。

(2) 主动保护与被动保护相结合的执法模式。海关不仅根据知识产权权利人的申请扣留进出口的侵权嫌疑货物,而且主动依据职权对进出口侵权货物的违法行为进行查处,各口岸海关将查处进出口假冒和盗版产品作为海关执法的重点。2000年以来,中国海关每年查获的案件都以30%左右的幅度增长。近些年,海关在查扣侵权嫌疑货物方面呈现出依职权主动查扣为主的特征。2014年,海关主动扣留的侵权嫌疑货物2.3万批,涉及商品9000多万件,分别占全年扣留批次和商品数量的99.9%和98%。扣留的侵权嫌疑货物涉及153个国家和地区。[①]

(3) 海关总署—直属海关—隶属海关三级知识产权执法体系。截至2004年底,全国各直属海关均设立相关部门负责知识产权保护的管理工作,有11个海关还设立了专门的知识产权保护机构,一些具备条件的海关在业务现场设立了知识产权工作的联络员。

(4) 加强国际合作体系。由于侵权贸易是一个全球化的问题,因此打击侵权商品就需要进行各个国家和地区边境执法机关的密切合作与交流。中国海关已经与美国电影协会等权利人组织签订了知识产权保护合作备忘录,开展了卓有成效的合作;与欧盟、美国等国家海关签署了包含开展知识产权海关保护内容的行政执法互助协议;与其他国家海关积极开展知识产权保护的情报交流和执法合作。2014年,中国海关总署与欧盟委员会签署《中欧海关2014—2017年知识产权合作行动计划》。同年,中国海关也参加了欧盟反瞒骗办公室组织的Replica国际执法行动;尝试与英国、法国和中国香港海关对侵权货物的跨境运输进行接力式监控并取得成功。中国海关还与俄罗斯海关署建立并完善了知识产权案件信息交换机制和权利人合作机制等。

(5) 加强与权利人、组织、部门的联系与配合。中国海关在实施知识产权边境保护过程

---

① 参见中华人民共和国海关总署:《2014年中国海关知识产权保护状况》,http://www.customs.gov.cn/publish/portal0/tab2559/info739906.htm,2015-05-08。

中,注重加强与权利人及有关权利人组织协会的联系和配合,加强与知识产权主管部门的沟通和协作,与知识产权管理部门、公安部门等知识产权行政、刑事执法部门多次开展执法合作。由此,促进中国知识产权海关保护执法体系的健全。①

自2004年以来,适用知识产权保护的条例根据经济改革和发展状况也在与时俱进,修正或出台新的法规。2009年5月25日,海关总署公布《海关关于〈中华人民共和国知识产权海关保护条例〉的实施办法》,扩大了实施办法的适用范围,对知识产权海关保护备案制度进行调整,完善申请保护制度,启动依职权保护的条件,减少海关中止放行造成合法货物被延误的情况。此外,还增加了权利人与收发货人就海关扣留的嫌疑货物达成协议后海关可以终止调查的规定,以鼓励当事人通过协商解决侵权纠纷,节约海关执法成本等。2010年3月24日,《知识产权海关保护条例》修订;2013年6月29日,《海关法》第二次修正。

2006年1月26日,海关总署颁布了《海关行政处罚听证办法》(2006年3月1日起施行),规定海关作出暂停从事有关业务,暂停报关执业,撤销海关注册登记,取消报关从业资格,对公民处1万元以上罚款,对法人或者其他组织处10万元以上罚款,没收有关货物、物品、走私运输工具等行政处罚决定之前,应当告知当事人有要求举行听证的权利;当事人要求听证的,海关应当组织听证。由此,保证海关行政处罚的公开、公平、公正、透明。

三、中国与贸易相关的知识产权保护面临的问题

1. 中国知识产权的保护

本世纪初以来,随着中国加入世界贸易组织,中国对外开放度扩大,政府在知识产权保护方面的力度进一步加强。表现为:

(1)健全法律体系。政府通过颁布和修订一系列法律法规,建立起符合国际通行规则、门类比较齐全的法律法规体系。2001年进入世界贸易组织前后,中国上千条法律进行修改或废止。从知识产权法律法规看,由于专利法、商标法、著作权法等法律进行了修改,司法解释也相应修改或重新制定。从2000年底至2002年5月,最高人民法院民事审判第三庭(知识产权庭)完成《关于对诉前停止侵犯专利权行为适用法律问题的若干规定》《关于审理专利纠纷案件适用法律问题的若干规定》《关于审理计算机网络著作权纠纷适用法律若干问题的解释》《关于审理涉及网络域名民事纠纷案件适法律若干问题的解释》《关于审理涉及植物新品种纠纷案件适用法律若干问题的解释》《关于开展审理涉及布图设计案件的工作的通知》《关于审理商标案件有关管理辖和法律适用范围问题的解释》《关于对诉前停止侵犯注册商标专用权行为和保全适用法律问题的解释》等一系列司法解释的制定。2004年底,最高人民法院、最高人民检察院出台了《关于办理侵权知识产权刑事案件具体应用法律若干问题的解释》,降低了刑事追诉门槛和移送标准,加大了对知识产权的刑事保护力度。从近些年看,2010年1月颁布《最高人民法院关于印发基层人民法院管辖第一审知识产权民事案件标准的通知》,确定了各基层人民法院管辖第一审知识产权民事案件的标准;6月印发《最高人民法院关于审理商标授权确权行政案件若干问题的意见》。此外,2010、2011年还发布了2009、2010年《中国法院知识产权司法保护状况》等。

(2)建立双重保护模式。通过多个部门,包括国家知识产权局、国家工商行政管理总

---

① 参见国务院新闻办公室:《中国知识产权保护的新进展》(白皮书),2005-04-21;中华人民共和国海关总署:《2014年中国海关知识产权保护状况》,2015-05-08。

局、新闻出版总署、国家版权局、文化部、农业部、国家林业局、公安部、海关总署、最高人民法院、最高人民检察院等部门,分别履行保护知识产权的职能,形成行政保护和司法保护"两条途径、并行运作"的知识产权保护模式,协调高效的工作体系与执法机制。比如,国家工商行政管理总局以查处食品、药品商标侵权案件为重点,组织开展保护注册商标专用权专项整治行动;新闻出版总署与全国"扫黄打非"办公室一起,查禁违规出版物,取缔非法印刷企业;国家版权局开展清理市场、打击盗版教材教辅、打击盗版软件治理活动;各级法院成立知识产权审判厅,受理侵权案件;海关严查进出口侵权货物等。

(3) 加大执法力度。通过采取保护知识产权的专项行动,在商标权、著作权、专利权保护等重点领域,在货物进出口、各类展会和商品批发市场等重点环节,在制假、售假相对集中等重点地区,以查处重大侵权案件作为突破口,加大了知识产权保护的行政执法力度。

例如,在商标权方面,2004年,全国工商行政管理机关以保护驰名商标、涉外商标,查处食品、药品商标侵权案件为重点,组织开展了三次保护注册商标专用权专项整治行动。全年,全国各级工商行政管理机关查处各类商标违法案件约5.19万件,其中商标一般违法案件约1.17万件,商标侵权假冒案件约4.02万件;收缴和消除商标违法标识3895.18万件,收缴专门用于商标侵权的模具、印版等工具28.08万件,没收、销毁侵权物品5638.53吨,移送司法机关追究刑事责任案件96件共82人。在各类商标违法案件中涉外商标案件5494件。2005年,全国各级工商行政管理机关继续加大对侵权商品的查处力度,上半年共出动执法人员101万人次,检查经营户268万户,检查商品交易市场12万个,捣毁制假售假窝点1745个,查处商标侵权案件18130件,其中涉外商标侵权案件2451件,没收侵权商标标识1445万件(套),没收侵权商标标识701万件,移送司法机关涉嫌商标犯罪案件76件,其中重大案件有:假冒"玉溪""云烟"注册商标案;假冒"杏花村"注册商标案;伪造、擅自制造"迎驾"注册商标标识案;假冒"五粮液""剑南春"等注册商标案、假冒"ZIPPO"注册商标案;假冒"NIKE"注册商标案;假冒"Louis Vuitton(路易威登)"注册商标案;销售假冒"D-link""3com"注册商标商品案;销售假冒"CISCO"注册商标商品案;伪造、擅自制造"CHANEL""PLAYBOY""KENZO"等注册商标标识案。

近10来年,国家工商总局商标局每年就各地反映强烈的侵权案件进行专项部署。比如,2014年国家工商总局商标局对各地反映侵权较为普遍和严重的"维多利亚的秘密""金城""松板""赣南脐橙"等商标侵权案件进行了专项部署,督促地方工商和市场监管部门进行查处。各地工商和市场部门针对公众反映强烈的商标侵权案件,进行查办。例如,江苏无锡对假冒"LOUIS VUITTON"(路易威登)、"GUCCI"(古奇)、"CHANEL"(香奈尔)、"DIOR"(迪奥)等16个世界知名品牌的服饰和假冒"欧普"商标的灯具进行查处;湖南长沙对超市、商店的"五粮液""茅台"等名酒进行地毯式检查,查扣了一批假冒侵权商品;江西赣州没收销毁了侵犯"LOUIS VUITTON"(路易威登)、"HERMÈS"(爱马仕)、"BURBERRY"(巴宝莉)、"COACH"(蔻驰)、"BOTTEGA VENETA"(葆蝶家)、"GUCCI"(古奇)等注册商标专用权的假冒商品,并处以罚金,等等。[①]

在著作权方面,2004年重点案件有:北京翻印政治性非法出版物案、江西赣州4·12非法光盘生产线案、武汉"5·11"非法出版物案、北京海淀"5·28"盗版教材案、长春非法出版

---

① 参见中华人民共和国国家工商行政管理总局商标局、商标评审委员会:《中国商标战略年度发展报告(2014)》,中国工商出版社2015年版,第10—11页。

报刊案、《中国视点》非法出版案、《东方财经》非法出版案、河南《虎胆雄心》案、福建张国銮非法出版案、《战略与管理》非法出版案、《WTO与中国》非法期刊案、《中华财富》非法出版案、云南宾川"9·15"盗版教辅案、湖南郴州非法光盘生产线案、广州389万张非法光盘案、河北沧州左春进盗版案、河南省郑州监狱印刷非法出版物案、河南浚县印刷厂盗版案、山东德州盗版教辅读物案等。[①] 2005年7月,国家版权局根据美国微软公司的投诉,依法对两家国内光盘企业(北京中新联公司和天津民族公司)从事非法复制行为给予罚款、没收非法所得的行政处罚。从2004年到2005年4月,新闻出版总署、全国"扫黄打非"工作小组办公室先后公布4批169种被取缔的非法报刊名单。为了形成"盗版软件过街老鼠人人喊打"的局面,国家版权局网站设立了反盗版栏目,将各地发现的盗版品随时公之于众。网站大大提高了行政执法和打击盗版的功能和社会服务功能,例如设立问题解答栏目,对地方版权局执法过程中和社会公众常见的有关版权法律问题进行解答;对著作权法律法规、著作权保护政策、权利人如何维护自身权利等基础知识,进行普及性宣传等。针对网络侵权盗版严重的现象,国家版权局开展了"剑网"行动。2012年第八次"剑网"行动中,各地查破了一批利用网络平台销售盗版制品的案件。在2014年9月展开的"剑网2014"专项行动中,10起典型案件涉及网络影视、文学、游戏、动漫作品的著作权,以及网络制售盗版制品等类型。

在专利方面,截至2004年底,全国各地专利管理部门共受理专利侵权、专利纠纷案件12058件,结案10411件,结案率达86.3%。其中,2004年受理专利纠纷1455件,结案1215件,查处假冒专利案件3965件,查处假冒他人专利案件358件,专利纠纷办案量与假冒专利办案量的比例为0.37∶1。2014年,专利纠纷办案量与假冒专利办案量的比例提高到0.51∶1,2015年更是上升到1.14∶1,即专利行政执法办案总量达到1.019万件,其中办理专利纠纷案5437件,查处假冒专利案4753件。该比例的上升表明全国知识产权系统打击专利侵权假冒办案工作力度的不断加强、办案能力的提高。[②]

(4)加快国内法与国际法的接轨。通过参加国际保护知识产权的主要公约和条约,以及建立双边保护协作机制,积极履行知识产权国际保护义务和外商的合法权益。自1980年加入世界知识产权组织后,中国相继加入了《巴黎公约》《专利合作条约》《国际承认用于专利程序的微生物菌种保藏布达佩斯条约》《工业品外观设计国际分类洛迦诺协定》《马德里协定》《尼斯协定》《马德里议定书》《与贸易有关的知识产权协议》《国际植物新品种保护公约》《伯尔尼公约》《世界版权公约》和《保护录音制品制作者防止未经许可复制其录音制品公约》等10多个国际公约、条约、协定或议定书,并据此修订国内法律法规,使其与国际法相一致。

此外,中国还通过与世界知识产权组织或联合国教科文组织联合举办版权和邻接权研讨会(1996年)、版权和相关权集体管理亚洲地区研讨会和版权集体管理国家研讨会(1999年)、数字化时代的著作权和邻接权培训研讨会(1999年)等,与各国共同探讨有关知识产权保护的法律法规问题,加强与各国之间的沟通和协作。为了有效保护电影版权,严厉打击盗版家庭录像产品,加强和促进中美文化交流和合作,2005年7月,中国文化部、广电总局与美国电影协会就建立"中美电影版权保护协作机制"达成共识,共同签署了《关于建立中美电

---

① 参见中华人民共和国国家工商行政管理总局商标局、商标评审委员会:《中国商标战略年度发展报告(2014)》,中国工商出版社2015年版,第10—11页。

② 《京华时报》2005-02-15;中华人民共和国国家知识产权局:《我国专利打击专利侵权假冒办案工作力度不断加大》,载中华人民共和国国家知识产权局网站"媒体聚焦"栏目:http://www.sipo.gov.cn/mtjj/2015/201508/t20150807_1156693.html,2015-08-07。

影版权保护协作机制的备忘录》,双方确定定期举行联合会议,交换影片及其家庭录像产品上映发行信息,研究和协商打击盗版家庭录像产品、保护电影版权的行动方案,由此协调行动,形成合力,有效地打击侵权行为。① 中国国家知识产权局与欧洲专利局、日本特许厅、韩国特许厅、美国专利商标局加强合作,组成世界五大知识产权局(简称"五局"),专注于努力解决各局共同关心的问题,每年出版一本《五局统计报告》,就五国专利申请和授权情况进行统计和分析。图4-2为《2014五局统计报告》初始数据,从中可见中国专利申请2012年以来各年位于五局之首位。

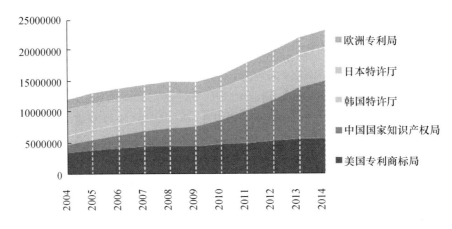

图 4-2　2004—2014 年世界五局知识产权专利申请量(件)

资料来源:世界五大知识产权局:2014年世界五大知识产权局关键统计数据,第2页。图内数据为2015年3月初步数据。

(5) 开展教育普及活动。通过确定每年4月20日至26日为"保护知识产权宣传周",利用报刊、电视、广播、互联网等各种媒体,举办研讨会、知识竞赛以及制作公益广告等多种形式,开展知识产权保护的普及教育活动,提高全社会的知识产权意识。

显然,中国知识产权保护体系已经建立起来且不断完善。中国在一个不太长的时间里走过发达国家通常需要几十年甚至逾百年的历程,国内知识产权保护取得重大进展,

2. 中国知识产权保护存在的问题

提高公民保护知识产权意识是一个长期的过程,事实上,即使在发达国家,比如经济合作与发展组织成员国,也存在盗版侵权现象,而且盗版率也较高。根据美国商业软件联盟2010年的报告,2009年全球盗版率平均为43%,其中美国、日本、卢森堡、新西兰、澳大利亚、奥地利、比利时、芬兰、瑞典、瑞士、丹麦、英国、德国、荷兰、加拿大、挪威、以色列、新加坡、法国、波兰、西班牙等国,盗版率达到20%—42%。② 中国是一个拥有13亿多人口的发展中大国,各地区经济发展不平衡,公民重视知识产权意识存在差异,因此任务更加艰巨。目前,国内存在的主要问题是:

(1) 不少公民依然缺乏保护知识产权意识。表现为:一是不重视保护自己的知识产权,掌握和运用专利等知识产权保护制度的能力和水平也不高;二是不尊重他人的知识产权,缺

---

① 参见周玮:《中美建立电影版权保护协作机制》,载《人民日报(海外版)》2005年7月14日。
② 参见《全球国家软件盗版率排名:中国排第27》,载新浪游戏,http://games.sina.com.cn/j/n/2010-05-12/1349398584.shtml, 2010-05-12。

乏知识产权法律意识;三是利欲熏心,知法犯法。比如,国内每年都会产生大量侵权假冒商标、非法生产光盘、盗版图书、剽窃他人研究成果等案件。从所破获的各类大小案件可以看出,犯法者中有不少是唯利是图、知法犯法、铤而走险之徒。

(2) 利用知识产权成果的能力和水平有待进一步提高。从版权贸易看,2002年,中国大陆图书版权贸易输入与输出比近8∶1,输出版权地主要为中国台湾和香港、韩国、日本。1995—2003年,中国大陆引进版权的数量58077件,输出版权的数量5362件,输入与输出比10∶1。2014年,比例进一步缩小到1.92∶1,输出地也从亚洲扩大到北美、欧洲等地。但该年软件出口比例仍比较小,输入与输出比例为9.2∶1。①

(3) 知识产权保护的法律制度有待完善。早先专利审查周期较长、专利保护力度不够、专利司法与行政执法不严格、知识产权管理缺乏强有力的统筹协调机制等情况已经在逐步扭转。目前面临的一个严峻问题是:随着微信的出现与发展,侵犯著作权的行为进入微信领域,为此呼唤相应法律法规的出台。根据2016年1月11日腾讯公司发布的《2015微信知识产权保护白皮书》,2014年第四季度至2015年第四季度,微信部门收到针对微信公众账号的投诉超过2.2万件,其中涉及知识产权的1.3万件,占比60%;针对个人账号的投诉超过1.2万件,其中涉及知识产权的200多件,占比2%。从微信收到的著作权侵权投诉看,在公众账号涉嫌侵权行为中,对文字类作品抄袭的占比61%,图片占比25%,视频类占比14%;在个人账号侵权投诉中,涉嫌侵害摄影作品的投诉占到67%,侵害他人电影作品的占15%,文字作品占10%,美术作品占8%。②

(4) 企事业单位掌握和运用知识产权进行科技创新的能力与水平也需提高。中国是一个知识产权的大国,但还不是一个知识产权的强国。从微观层面看,在国家各类科技计划项目申请中,没有进行专利检索、预测、分析论证、提出知识产权目标的占相当比重,技术创新活动中低水平重复研究依然比较严重。在技术引进过程中,注重专利信息检索和在消化吸收基础上进行创新并依法获得专利权的企业还不是很多。从专利申请看,发明专利被称为"硬专利",但发明专利申请在全部专利申请中占比不到40%。2014年,全国共受理专利申请236.1万件,其中发明专利占39.3%,实用新型占36.8%,外观设计占23.9%。③ 后两类专利被称为"软专利",其申请程序简单,审核时间也大大短于发明专利。从发明专利看,虽然中国国内发明专利逐年增多,与美国旗鼓相当,但根据《中国区域产业专利密集度统计报告》课题组研究,国内企业发明专利授权占国内发明专利授权比重只有51.7%(而美国这一比重接近90%)。换言之,另外48.3%由外资企业、科研机构、高校等部门或个人获得。从宏观层面上看,专利战略研究与运用在国家经济、科技发展战略中缺乏相应地位,在国家经济结构调整、高技术发展和产业政策的制定中未发挥应有的作用。

(5) 整体科技投入和经济发展规模不匹配。随着中国经济规模的日益扩大,研发经费的投入也逐年增多,2010年中国研发经费投资总量超过德国,2013年又超过日本,成为世界上仅次于美国的第二大研发经费投入国。不过,从总量和人均量看还是大大低于美国。根

---

① 2002年数据来自《江南.高校知识产权保护亟待加强》,载《人民日报(海外版)》2005年6月17日;2014年数据来自:中华人民共和国国家版权局版权统计的《2014年版权引入地汇总表》《2014年版权输出地汇总表》,http://www.ncac.gov.cn/chinacopyright/channels/6468.html,2015-10-30。

② 参见赖名芳:《〈2015微信知识产权保护白皮书〉显示公号著作权侵权投诉文字作品超六成》,载《中国新闻出版广电报》2016年1月13日。

③ 参见中华人民共和国国家知识产权局:《2014年国家知识产权局年报》,http://www.sipo.gov.cn/gk/ndbg/2014/。

据中国国家统计局数据,2014年中国研发经费投入为1.3万亿元(按全年人民币平均汇率1美元兑6.1428元人民币折合,为2118.8亿美元),在GDP中占比2.05%。同年,美国研发经费投入4650亿美元,中国的研发经费投入是美国的45.6%。2015年,中国研发经费投入总量进一步提高,达到1.4万亿元(按人民币平均汇率1美元兑6.2284元人民币折合,为2248亿美元),在GDP中占比2.1%,但依然没有实现"十二五"期间达到2.2%的目标。①为此,要实现"十三五"确定的2.5%的目标任重道远,未来不仅需要政府加大投入,也需要社会各方面的投入。

(6) 知识产权管理机构三权分立。目前,国内专利权、商标权、版权的行政管理与执法由国家知识产权局的专利局、国家工商行政管理总局、国家版权局分别负责,而在国际上许多国家实行"三权统一"的模式。

3. 保护与创新需做的工作

中国在保护知识产权和技术创新方面需要进一步做好以下工作:

(1) 加强知识产权战略研究,并将这一研究纳入国家科技发展战略和经贸发展战略之中,正确选择科技创新的重点和目标,培育和形成中国的科技优势,并努力将这种优势提升为知识产权优势。

(2) 重视知识产权工作队伍的建设和执法队伍的建设,培养一批懂业务、会管理、熟悉法律和国际规则的知识产权人才。

(3) 完善知识产权管理制度,加强知识产权管理与经济管理、科技管理和外贸管理之间的有机结合,提高监督与执法力度。

(4) 加强知识产权保护的普及教育工作,提升全民知识产权意识,特别是各级领导干部的知识产权意识。

(5) 推动知识产权权益的合理分享,形成新的激励机制,促进原创性专利的增多。

(6) 实现专利、商标、版权管理机构的"三合一"。同时,设立案件统一受理的知识产权法院,如此有助于克服不同诉讼类型之间的冲突,适应知识产权案件的专业性,提高解决知识产权纠纷的针对性和有效性。

> **本章习题**

一、名词和词组解释

1. 世界知识产权组织　　2. 管线保护原则　　3. 国际惯例　　4. 限制性商业惯例
5. 植物新品种　　6. 非自动保护原则

二、阐述题

1. 试述世界知识产权组织建立的意义及其管理职能。
2. 试述《与贸易有关的知识产权协议》的主要内容。
3. 试述《保护工业产权巴黎公约》的主要内容。
4. 《保护文学艺术作品伯尔尼公约》的原则有哪些?

---

① 2014年数据来自国家统计局、科学技术部、财政部:《2014年全国科技经费投入统计公报》;潘兴彪:《2014年中国研发经费投入同比增长9.9%》,载光明网经济频道:http://economy.gmw.cn/2015-11/23/content_17829531.htm, 2015-11-23;2015年数据来自《2015年全国研发经费投入总量为1.4万亿元》,载中国新闻网:http://news.163.com/16/0309/13/BHNIL0DL00014JB6.html, 2016-03-09;2014年和2015年国家统计局年报;《2014年全球研发经费预测中国2022年超美国》,载中国行业研究网:http://www.chinairn.com/print/3446111.html。

5. 试述商标国际注册的条件与程序。
6. 试述本世纪初以来中国知识产权保护的进展、成果、问题及解决的途径。

三、分析题

1. 与《伯尔尼公约》相比,《世界版权公约》在版权保护方面有什么特点?
2. 试析《联合国国际技术转让行动守则草案》难以通过的主要原因。
3. 在家电市场或电器市场,人们有时会看到标有"国际专利"的高科技产品,2003年国际知识产权局原局长、中华全国专利代理人协会会长高卢麟在接受记者采访时指出:"根本没有'国际专利'一说,所谓的'国际专利'纯属欺骗消费者的幌子。"为什么他这么说?根据本章中所学的专利法知识,进行分析。

四、讨论题

实地调查或上网查询后,讨论下述问题:

1. 中国知识产权的保护现状、面临的问题及解决的途径。
2. 盗版软件为什么屡禁不止?一种观点是:"自1997年开始光碟机和刻录机的发明以及CD音质的提升,使得盗版CD与正版CD的音质不相上下,由于原版价格昂贵,而盗版品花费不到一半的钱就可买到,并且购买盗版品也不会受到惩罚,因此盗版软件有较大市场,打击盗版运动步履维艰。要想彻底解决盗版现象,最好的办法是将正版价格降下来。"你同意这一看法吗?为什么?谈谈你的看法。你认为应该如何解决盗版问题?

五、案例分析题

案例5　入世后第一场知识产权之争

"chemnet"是一个由英文"chemical"(化工)和"network"(网络)两个单词的简称组合而成的词。1995年2月,www.chemnet.com域名由美国俄克拉荷马一家机构注册,并于当年4月左右建立站点。此后,该域名相继出现在世界各大搜索引擎显著位置,并被与化工有关的企业、图书馆、大学系部链接到首页。

1997年10月前,该域名被转让到印度一家信息公司。1999年3月后,瑞典的Vertical Development AB(简称"VDAB")花费一千多万美元将该域名购入。2001年4月,VDAB因经营不善而使该域名站点面临倒闭。2001年4月10日,澳大利亚最大的化工企业Orica公司同VDAB达成将该域名转让给Orica公司的协议。然而,Orica公司后来并未按注册规定在8月30日前向注册服务机构NSI及时续费,因而该域名于2001年8月30日被NSI注销。

按规定,被注销的域名谁都可重新注册使用。2001年8月31日,韩国一家互联网公司DomainAgent.com成功注册。令人意外的是该公司并不知道这一域名的价值,开价一万美元出售。2001年9月5日,中国杭州世信信息技术有限公司(后改名为"杭州中化网络技术有限公司",简称"中化公司")以9000美元的价格将这一域名顺利购入。

然而,9月9日,中化公司孙总经理收到一封发自澳大利亚的律师函,信中称该域名为Orica公司所有,Orica公司对中化公司擅自使用该域名的行为表示严正抗议,希望中化公司立即归还域名并限24小时给予答复,否则Orica公司将诉讼世界知识产权组织仲裁。

10月5日,中化公司孙总经理收到世界知识产权组织用联邦快递寄过来的书面应诉通知,以及Orica公司的投诉书副本。经过10多天紧张的应诉准备,中化公司于10月19日向日内瓦世界知识产权组织递交了答辩状,对所有指控一一加以驳斥,并陈述了大量事实和国际法依据。同时,中化公司对澳大利亚公司传送了答辩状副本。

10月31日,Orica公司方面请求世界知识产权组织延期裁决,称将同答辩方寻求通过商业途径解决域名纠纷。11月1日和12日,世界知识产权组织两次通知Orica公司,如果需要延期裁决,请递交书面请求,并限定最后时间。11月18日,Orica公司提出撤诉请求,世界知识产权组织立即发出裁决,正式通知中化公司:该域名判归中化公司所有。由此,中国加入世界贸易组织后第一起知识产权纠纷案以中方企业获胜结案。

案例讨论:
1. 为什么Orica公司在世界知识产权组织作出裁决前撤回诉讼?
2. 如果你是中化公司的总经理,你将从哪几个方面入手准备材料积极应诉?
3. 中化公司为什么要购入这一化工网域名,该域名的经济价值体现在哪里?

资料来源:
《中国捧得传奇域名》,载《新闻晨报》,2001-11-20。

案例6 新品种保护与物种流失

从上世纪70年代开始,日本在进行产业结构调整中,将大量资源型的工业生产基地转移到东南亚地区。本世纪,面对经济不景气,为了降低生产成本,日本一些农产品进口商社将一些农业生产也转移到海外,利用当地的土壤进行种苗繁殖和栽培,利用当地廉价的劳动力进行生产,然后再将收获物返回到日本销售,以此获得利润。虽然,海外劳工只得到很低的工资,但日本政府认为如此返销对日本的农业造成很大的不良影响,并且也侵犯了育种人的权利。

根据日本的法律,任何人只要开发培育出"产量高""抗病虫害""花卉或果实大"等不同于原品种的新品种,都可申请注册"育成者权"即专利权。经审查、认可后,享有新品种种苗和收获物的生产、销售和进出口等专用权。未经权利人许可,任何人不得栽培和销售该品种的种苗和收获物,否则构成侵权。希望种植这些新品种,必须向权利人支付专利使用费。新优良品种保护期为20年,果树等树木为25年。

为了保护日本国内受专利保护的种苗,2003年7月8日,日本颁布并实施了《种苗修改法》,该法对1988年的《种苗法》作了修改,扩大了处罚范围,加大了处罚力度。原来的法律只对非法繁殖、销售和进出口受保护种苗的企业和个人进行处罚,《种苗修改法》还把购买并栽培受保护品种种苗、销售和进出口其收获物的企业和个人也列为处罚对象。根据该法规定,非法繁殖、销售和进出口受保护种苗的企业和个人,以及非法购买种苗栽培并销售收获物者,个人处以3年以下徒刑或处以最高300万日元的罚款,企业法人处以1亿日元以下罚款。

法规出台几个月后,日本熊本县向长崎海关提出诉讼申请,指控中国向日本出口的榻榻米使用了熊本县拥有的知识产权。2001年,日本熊本县开发出一种具有光泽的榻榻米用的蔺草,取名为"日绿",并于当年注册登记,申请了专利。使用这种蔺草编织的榻榻米十分滑溜,手感和脚感很好,因此非常畅销。2003年11月,该县向日本海关提出诉讼申请,指控中国产的榻榻米中使用了熊本县拥有的知识产权,即未经许可在中国非法栽培蔺草,并向日本出口用这种蔺草编织的榻榻米。据日本《朝日新闻》报道,熊本县有关方面已对中国产的榻榻米的蔺草做了DNA的鉴定,发现与日本熊本县取得的专利权的蔺草完全一致。该县怀疑有人将日本的种苗偷偷带到中国,并在中国繁殖和栽培。长崎海关接受了该县的申请,其后,日本全国9个海关接到通知对从中国进口蔺草或榻榻米进行外观、外型、基因等方面的检测,一旦认定是侵权产品,立即给予没收和销毁。

日本是中国重要的蔬菜、水果、花卉等农产品进口国,近些年一些日本商社委托中国农业企业栽培大葱、生姜、大蒜、菠菜等农产品,这些农业企业很可能在完全不知晓的情况下成为日本新品种专利的侵权者。日本有关方面已经把从中国进口的一种白四季豆列为"嫌疑犯",认为它可能是在北海道培育出的白四季豆"雪手亡"的盗种,并进行了调查。日本《种苗修改法》的实施无疑对中国农产品的对日出口产生重要影响。

日本《种苗修改法》提出了有关物种流失问题。事实上,中国动植物物种流失现象十分严重。中国是世界上生物多样性最丰富的国家之一。中国物种具有多样性,约有高等植物3万多种,居世界第三位;生物物种的特有性高,拥有大量特有的物种和孑遗物种,如大熊猫、白鳍豚、水杉、银杉等;生物区系起源古老,如晚古生代的松杉类植物,中国占世界现存的7科中的6科;经济物种异常丰富,如药用植物11,000多种,原产国的重要观赏花卉超过2238种。然而,长期以来,由于缺乏对物种重要性的认识,不少物种流失到国外。下面根据《环球时报》记者报道,分别以野生大豆、北京鸭、猕猴桃为例。

中国是大豆的原产地,拥有世界上已知野生大豆种质资源的90%。野生大豆的许多特别性状对于改良大豆品质具有重要意义,因而也成为育种与生物工程公司争夺专利权的目标。在过去的几十年中,美国在中国大量收集大豆种质资源。1995年至1998年间,美国孟山都农化公司从美国农业部的种质库里获得来自中国的野生大豆遗传材料,并从中发现一种能够检测大豆高产性状的"标记基因"。1998年10月1日,该公司向美国专利局提交了一项名为"高产大豆及其栽培和检测方法"的标记基因专利申请。2000年4月6日,又向101个国家申请这种标记基因的专利。此项专利一旦被批准,意味着该公司对使用这种标记基因的所有大豆的研究与生产具有专利权。此事件很快在中国曝光,受到舆论的强烈批评。随着大豆资源的流失,中国已从世界上最大的大豆出口国变为最大的大豆进口国,产量在美国、巴西和阿根廷之后。

北京鸭又是一起典型的案例。北京鸭在英国被杂交后,繁育出"樱桃谷"鸭,重新回到中国,占领市场。现在真正的北京鸭市场份额很小,而樱桃谷鸭却成为北京烤鸭的主要原料。中国输出北京鸭时没有获利,引进樱桃谷鸭却价格不菲。据了解,中国每年用于引进种畜禽的费用超过2000万美元。

猕猴桃是中国特有物种,但流失也很严重。1906年一个新西兰人到中国旅行时,从湖北武昌带回野生猕猴桃种子,1934年开始商业化栽培,现在以"基维果"为名畅销世界。为了维持和改良品质,新西兰还继续在中国收集猕猴桃野生资源。

随着经济全球化的日益盛行,发达国家的跨国公司加速对发展中国家的市场占有和经济垄断。发展中国家的遗传资源又面临一项新的挑战——遗传资源商业专利。发展中国家很多优良品种资源被外国拿走,经育种和生物技术加工,变为新的品种,申请专利,再高价让发展中国家引进,或将发展中国家赶出原有的市场。印度香米就是一例。

印度香米被称为"皇冠上的珠宝",千百年来多在印度与巴基斯坦和与尼泊尔交界地区种植,印度香米以细长的形状和浓郁的香味而闻名。印度农民一直使用它来培育不同品种的香米,以配合不同的环境和气候。印度香米是印度出口的重要农产品,仅1997/1998年度的出口额就达4亿多美元。1997年,美国稻米科技公司RiceTec获得有关印度香米的20项专利权,其中包括品种特质和培育方法等多个方面。RiceTec公司给自己生产的印度香米取了两个新的名字,意在将印度农民种植的香米赶出市场。值得欣慰的是,2000年,印度政府正式向 RiceTec 的专利提出挑战,并成功迫使其撤销了4项权利要求。

1992年6月1日,联合国环境规划署发起的政府间谈判委员会第七次会议在内罗毕通过《生物多样性公约》(Convention on Biological Diversity),这是一项保护地球生物资源的国际性公约,规定使用另一个国家自然资源的国家要与那个国家分享研究成果、盈利和技术。截至2016年2月,168个经济体(欧盟作为整体)签约,成员已达196个。中国1992年6月11日签署,1993年1月5日批准,1993年12月29日成为正式成员。

中国已经制定并实施了《中国生物多样性保护行动计划》《中国自然保护区发展规划纲要》《中国生物多样性国情研究报告》《中国国家生物安全框架》等保护管理规划和科学规范。截至2014年底,中国共建立各类自然保护区2729个,总面积147万平方公里,约占陆地国土面积的14.84%,高于世界12.7%的平均水平。其中,森林生态系统类型自然保护区1410个,各类植物园230多个,收集保存植物物种2万多个。立法机构也一直在组织专家学者讨论、研究制订《自然保护区法》《转基因生物安全法》等,拟订生物多样性保护、外来入侵物种监管和生物遗传资源获取与惠益分享等方面的法律法规;组织开展全国生物物种资源重点调查,进行生物物种资源编目,摸清中国生物物种资源本底状况;组织制定生物物种资源保护与利用规划,为物种资源的保存与可持续利用提供政策指导和投入保障;组织生物遗传资源获取与惠益分享政策调研,拟订国家生物物种资源专利保护战略,参与相关的国际谈判,建立与完善中国的相关管理制度等。

中国2016年施行的《种子法》规定,国家应有计划地普查、收集、整理、鉴定、登记、保存、交流和利用种质资源,定期公布可供利用的种质资源目录;实行植物新品种保护制度;鼓励和支持种业科技创新、植物新品种培育及成果转化。规定应当审定的农作物品种未经审定的,不得发布广告、推广、销售;从境外引进农作物或者林木试验用种,应当隔离栽培,收获物也不得作为种子销售;禁止进出口假、劣种子以及属于国家规定不得进出口的种子。

这些措施、计划、法律的实施,将有助于保护国内的野生物种资源,一定程度上遏制物种外流现象和生物入侵带来的危害。

案例讨论:

1. 为什么日本政府要修改《种苗法》?其意义何在?对中国农业企业可能会产生什么影响?为什么?
2. 物种保护的意义何在?中国保护现状如何?
3. 你能列举出一个案例,说明新品种保护或物种保护在经济上的意义吗?

资料来源:

1. 乐绍延:《日加强农产品知识产权保护 中国出口将受冲击》,载《经济参考报》2003年12月5日。
2. 张莉霞、李颖:《全聚德烤的是英国鸭 猕猴桃吃不出自家味》,载《环球时报》2003年7月2日。
3. 《生物多样性公约》,载新华网:http://news.xinhuanet.com/ziliao/2004-02/12/content_1311642.htm。
4. 《积极履行公约保护生物多样成效显著 六大措施推进中国物种安全监督管理》,http://www.sepa.gov.cn/eic/649094490434306048/20050519/7751.shtml。

第三篇

交易与合同

第五章　技术交易程序与合同签订

▶ **教学目的和要求**
• 从技术进口与技术出口两个角度,了解国际技术交易的基本程序,包括交易前的准备、商务谈判的准备、谈判的策略与技巧以及合同的签订与履行。

第一节　交易前的准备

国际技术转让是一个复杂的工作。无论是技术受方还是技术供方在交易前都需要进行一系列的准备工作,包括市场调查、可行性研究、方案制定等,其中技术受方的准备工作比之技术供方更为细致。

一、交易前技术受方的准备

1. 机会研究(opportunity study)

技术引进是一种投资行为,投资是需要获得收益的,所以在选择项目投资前首先需要进行机会研究,即进行项目选择,确定投资方向。

(1) 地区优势。根据国民经济和社会发展的长远规划、国家的产业政策、行业和地区的发展规划,以及国家有关技术引进的法律与法规,分析、鉴定所在地区的优势,确定地区发展方向。

(2) 部门优势。按照地区经济发展的战略目标,分析鉴定地区各部门优势,确定优先发展部门。

(3) 资源优势。根据当地的资源状况,包括自然资源和人力资源,分析开发资源的意义与可能性;既要研究资源的现状,又要研究其发展的趋势,由此确定技术引进项目是否适宜,是否能充分利用当地资源,真正发挥其效益。这方面,发展中国家有过不少教训,盲目追求技术的"高、新、尖",结果引进的先进技术和新建项目就业创造率很低;或者是引进成套技术设备,需要动员当地最大的资源(能源、原材料、技术力量)保证其正常运转,由于难以长时间维持,则不得不将其搁置一边,几百万、上千万美金付之东流。

(4) 企业优势。上述研究由政府部门进行,在此基础上形成一个初步的建议,落实到具体行业或企业去进一步研究。行业或企业需根据政府提出的建议,结合本行业或企业的技术条件和对技术实施的需要,将技术内容具体化:

① 选择产品。根据本行业或本企业优势、发展目标、市场需要,确定生产目的是进口替代还是出口为主;根据当地资源和企业自身条件,确定生产产品的品种、规格、档次和规模。

② 选择技术和设备。根据选择的产品,确定技术和设备,提出技术引进和设备购买的粗略设想。

在中国,企业引进技术项目需要编报项目建议书,建议书应对技术引进项目的经济和社会效益作初步评价。项目建议书批准之后才能进行(或委托)项目可行性研究和开展对外工作。① 因此,企业在确定投资方向后,需作进一步的研究论证。

2. 初步可行性研究与项目建议书

初步可行性研究,又称预可行性研究(pre-feasibility study)。大中型项目一般在提交项目建议书申请立项时,须附初步可行性研究报告。初步可行性研究报告的内容可参照可行性研究报告,采用比较简单的计算方法,但精确度略低,一般误差率在±20%。初步可行性研究报告可委托有资格的规划、设计单位或工程咨询单位编制。已经列入国家专项计划,明确不需另行审批项目建议书的项目除外。

项目建议书是在初步可行性研究的基础上编写的,其内容主要包括以下几个方面:

(1) 项目的主办单位。包括法定地址、法定代表姓名、主管部门名称、生产经营的范围等。

(2) 技术项目的内容和设立的理由。包括项目的名称、内容;设备的名称、规模和数量;生产工艺流程和生产条件;国内外技术差距和概况;投资的必要性及经济意义等。

(3) 技术供方的名称。包括技术供方国别、法定地址、法定代表姓名及国籍以及资信情况。

(4) 技术项目的范围和规模。包括技术产品的生产方案和生产规模;产品和副产品的品种、规格;质量指标;拟建规模。

(5) 引进技术和设备情况分析。包括产品名称;市场初步预测分析;销售议案,内外销比例;外汇收支情况;标准化水平分析。

(6) 项目建设条件。主要是生产条件,如原材料、燃料、动力的种类、规格及供应;资源供给的可能性和可靠性;交通运输、场地、协作配套人员的要求及现有条件等。

(7) 项目总投资估算。包括投资总额、外汇总额;资金来源与筹措方案;初步安排使用方案。

(8) 经济效益和社会效益初步评价。包括产品成本和费用估算;财务分析;借款偿还能力分析;国民经济分析,即从国家整体角度考察项目的效益和费用,计算分析项目给国民经济带来的净效益;社会效益分析,例如对节能的影响,对环境保护和生态平衡的影响,提高产品质量对用户的影响,对提高国家、地区和部门科技进步的影响,对节约劳动力或提供就业机会的影响,对减少进口节约外汇和增加出口创汇的影响,对地区或部门经济发展的影响等。

(9) 项目实施初步规划。包括项目实施进度表,比如何时与外商洽商,何时进行可行性研究报告,何时完工投产等。

(10) 结论与建议。如果邀请外商前来进行技术交流,或派员出国考察的话,还需列出附件技术交流计划、出国考察计划。如果技术引进项目是大型的成套技术设备并需新建工厂,那么项目建议书的附件中除了项目初步可行性研究报告外,还须有:(1)厂址选择初步方案报告(新建项目);(2)主要原材料、燃料、动力供应及运输等初步意向性文件或意见。(3)资金筹措方案初步意向性文件;(4)有关部门对建厂地址或征用土地的初步意见。(5)资本金来源和融资意向的证明材料;(6)项目法人组建方案;(7)项目行业归口主管部

---

① 参见《国家经济委员会关于技术改造和技术引进项目管理程序的若干规定》。

门初步审核意见;(8)有资质的咨询机构或专家组的评估论证意见。①

3. 可行性研究

项目建议书经业务主管部门同意、审批机关批准后,便被纳入部门的年度计划中。这时企业可以直接跟外商接洽,进行技术交流、询访、出国考察,为可行性研究报告做好必要的准备工作。但还不能跟外商签订任何有约束性的协议。在这个阶段,企业需要组织力量着手项目可行性研究,编制可行性研究报告。

可行性研究主要是对项目建设设计的有关问题,如市场、工厂生产能力、材料投入、建厂地区、厂址、工程规划、工厂组织、管理工程项目实施、财务、经济评估等进行更深入的调查研究、计算与调整,提出可行性最佳方案。预测市场对技术项目生产投入要素的可供性,对项目进行可行性研究,是提高决策水平和加强项目管理的关键环节。可行性研究需要采用精确数据,误差只能在±10%。进行可行性研究时应做出多个方案,从多个方案比较论证中选出最佳方案,尽量避免项目决策的失误。可行性研究报告,是引进项目的决策依据,经批准之后,才能列入年度成交计划中,对外签约。

可行性研究报告主要包括下列内容:

(1)总说明。包括项目名称、承办单位及法人、项目负责人、企业主管部门;可行性研究工作主要技术负责人和经济负责人;项目建议书审批文件号;可行性研究工作的组织;可行性研究概论;项目提出的依据和必要性;结论和建议。

(2)承办企业的基本情况与条件。包括企业性质、生产能力、技术条件等。

(3)产品方案和市场预测。包括产品的名称、规格、技术性能与用途;产品生产规模;国内外市场供需预测;进入国际市场设想与措施;国内外产品销售价格调查与分析;分年国内外需要估算;产品生产能力的选定;分年产品产量与国内(外)销售量规划等。

(4)物料供应规划。包括原材料、半成品、配套件、辅助材料、电力燃料以及其他分用设施等的使用、来源、价格;物料选用可供选择方案的比较与论证,选择的理由;分年物料供应量规划,其中包括进口部分;运输方案。

(5)厂址选择。包括厂址的自然、经济、社会、交通运输等条件。

(6)技术与设备。包括技术供方的国别与厂商名称;进口设备来源的国别与厂商;技术转让费的估算;技术设备的选定,主要生产设备与辅助设备的名称、型号、规格、数量、标准化情况;几个可供选择方案的比较与论证,选定的理由;设备分交方案,外国厂商合作制造方案;设备费用的估算。

(7)环境卫生与安全。包括环境保护、消防、合理用能专题论证;职业安全、卫生措施。

(8)企业组织、劳动定员和人员培训。

(9)项目实施计划。包括询价、谈判、签订合同、工程设计、技术与设备交付、工程施工、调试与试生产进度及正式投产年月;建筑安装工程内容和工作量;施工力量的安排与施工组织规划等。

(10)总投资估算和资金筹措。包括项目的总用汇额,包括工作阶段实际发生费用;外汇资金来源;偿还方式;资金筹措方案。

(11)经济分析。包括生产成本与销售收益估算;分年现金流量;分年计算表和资金平

---

① 参见《化工建设项目项目建议书内容和深度规定》,http://www.chemdevelop.com/Consulting/XMJYS.HTM;《申请项目审批流程》,载滁州市人民政府计委行政服务中心网站,2004-11-15。

衡表;投资回收年限,投资回收率;净现值内部回收率;折现率依据;项目敏感性分析。

(12)结论及建议。

可行性研究报告的附件通常包括:

(1)出国培训或聘请外国专家计划。

(2)资金(外汇和国内资金)分年、分用途计划。

(3)利用外资贷款或补偿贸易项目的本息和补偿计划。

(4)厂址选择报告。

(5)工程项目一览表。

(6)有关主管部门对有关主要原材料、电力、燃料、配套件等供应来源落实情况与供应可能的意见书。

(7)有关主管部门对劳动安全、环保、消防卫生设施、地震、选址等方面的意见。

(8)国家外汇管理局、财政部或省市自治区财政厅局对于外汇资金来源和安排审核意见书。

(9)科学技术部或省市自治区科委对拟引进技术的审核意见书。

(10)工业和机电设备进口审查部门对进口设备分交、合作制造方案的审定意见书。

(11)与外国厂商技术交流及非正式探询价格的有关资料。

(12)国内外技术市场调研和产品市场调研报告。

根据有关规定,技术引进项目中凡有进口设备的,在报审可行性研究报告时,应同时附上申请进口的设备清单,以便审批时对进口设备进行审查。

在进行可行性研究和编写可行性报告时,应当注意以下几个问题:

第一,在选择与确定技术和设备进口前,应及时了解国家最新的政策法规和技术供方相关法律。明确哪些产业、产品是国家重点鼓励发展的,哪些技术或产品是国家明文禁止或限制进口,以及技术供方所在国限制或禁止出口的。

第二,引进的项目生产线(包括设备)和生产产品应当符合国内相应品种规格的发展方向;采用的标准要有利于改善国内标准体系,标准技术水平要先进合理,其水平不得低于国内现行标准。

第三,在选定技术、产品生产能力、物料、厂址上,最好提供几个可供选择的议案进行比较与论证,并说明选定的理由。

可行性研究报告编制完成后,应由编制单位的行政、技术、经济负责人签字。项目主管部门应组织有关方面的专家对可行性研究报告进行预审或评估。

4. 评估与决策

项目可行性研究完成后,需要委托专门的咨询机构对该项目的财务效应、经济效应和社会效应作出综合的评估。

引进技术是一项政策性很强的业务,引进什么技术?从哪儿引进?这些都涉及一国的产业政策和基本国情。20世纪80年代,中国不少地区追求技术和设备的"大、高、新";90年代,有专家根据国情提出"中间技术";其后,更多的人提出"适用技术"。不管怎么说,进口技术的选定是否合理,一般从技术性与经济性两个方面进行评估。

就技术性而言,根据2002年1月1日实施、2011年1月8日修订的《技术进出口管理条例》,"国家鼓励先进、适用的技术进口"①。因此,引进的技术首先是先进的、适用的。此外,还应该是成熟的、可靠的。

（1）先进性是指超过国内现有的技术水平。即能够提高产品的质量和性能；有助于提高科学技术水平,缩小国内技术与国外技术之间的差距。

（2）适用性是指适合国内的社会环境和条件。即能够开发新产品；能够充分利用本国资源；能够降低生产成本,节约能源和原材料；能够最有效地满足社会的需要。

（3）可靠性是指技术成熟、性能可靠。即该技术不是正在试验中、性能不稳定的；而是技术成熟,性能稳定,生产产品的质量很好。

就经济性而言,技术引进项目的评估不仅应该考察项目本身的财务效益,而且还应该考察企业、行业长远的经济效益,以及国家和地区的社会效益。

（1）财务效益。从企业财务的角度进行盈利分析,以评估该项目是否可行。常用的分析指标分为静态指标和动态指标,前者有投资回收期、投资利润率、投资利税率、资本净利润率、全员劳动生产率和盈亏平衡点等指标；后者有净现值、内部收益率等指标。

（2）经济效益。首先,从企业综合的角度分析净效益。分析评估该项目给企业发展可能带来的综合效益,不确定因素对项目经济效益的影响及风险程度。要考虑项目对现有技术、产品和装备的影响,对成本、市场销售额、利税、创汇、节汇的影响；预测的市场需求是否符合实际,由此确定的生产规模是否符合规模经济的要求；能源、原材料的供应是否能够充分保证,采取的补救措施有哪些,是否可行；运输能力的现状和改进的措施是否合理可行等。其次,从国民经济的角度分析效益和费用。这是从国家整体的角度来考察的,计算分析项目给国民经济带来的净效益。最后,作出综合评价。

在经济效益评价上,常用的经济指标有经济内部收益率、经济净现值、收支平衡点、敏感性分析等。

（3）社会效益。这是从社会角度分析评价项目,是非量化的评价,其内容根据项目具体情况而定。一般包括：技术引进对环境保护和生态平衡的影响,对节能的影响；提高产品质量对用户的影响；技术水平提高对国家、地区和部门科技进步的影响；新建工程对劳动力节约或就业岗位创造的影响；进口替代产品的生产或主要出口目标的确定,对减少进口、节约外汇或增加出口创汇的影响；项目对地区经济或部门科技发展的影响等。

总之,要求引进的技术和设备应该是安全的、无污染的,不是重复引进的,符合国家产业政策、环境保护政策、地区发展目标、行业技术更新换代要求的；项目不仅应该给企业带来收益,也应该给地区经济的发展注入活力,促进国民经济的发展。

评估机构或专家组根据三方面的效益分析作出评价。决策人可以根据对项目的财务效益、经济效益和社会效益的综合评估作出自己的选择方案的决策。

从项目的机会研究到可行性报告研究的评估,需要进行大量的市场调查、资料收集、数据处理等研究工作。一个企业或政府部门要独立地完成这些工作是很困难的。因此,企业和政府往往委托有资质的咨询机构、专业公司或科研、设计单位编制。②

5．送交审批

无论是项目建议书,还是可行性研究报告,都需按项目总额大小和项目隶属关系,送交

---

① 《技术进出口管理条例》第二章第7条。
② 参见武振山：《国际技术贸易》（第三版）,东北财经大学出版社1998年版,第153—175页。

国务院对外经济贸易主管部门批审；省、自治区、直辖市、计划单列省辖市安排的技术引进项目，由当地人民政府对外经济贸易主管部门批审。根据原国家经济委员会颁布的《关于技术改造和技术引进项目管理程序的若干规定》(1986年)，技术改造和技术引进项目根据投资金额和外汇金额被划分为限上项目、限下项目和小型项目三类（除了国务院对个别地方或部门的报批额另有规定外）：

(1) 凡投资总额在3000万元以上（含3000万元）的技术改造项目，或外汇总额在500万美元以上（含500万美元）的引进技术改造项目，称为限额以上项目（简称"限上项目"）；

(2) 凡投资总额在3000万元以下的技术改造项目，或外汇总额在500万美元以下的技术改造项目，称为限额以下项目（简称"限下项目"）；

(3) 凡投资总额在100万元以下的技术改造项目，称为小型项目。

送审的程序是：

(1) 限上项目

① 项目建议书、可行性研究报告，按企业隶属关系，送经省、自治区、直辖市、计划单列城市或国务院主管部门审查同意后，报国家计委和经委（现在是国家发展和改革委员会）批准。后者委托中国国际工程咨询公司等有资格的咨询单位评估，其后根据评估报告进行审批。需要银行贷款的项目，审批时还要会签有关银行总行。技术引进中带有设备进口的，在审批可行性研究报告的同时还需经中国机电设备招标中心对进口设备组织招标或设备分交。

② 项目建议书、可行性研究报告报出以前，地方项目要征求国务院主管部门的意见，国务院各部门直属项目要征求所在省、自治区、直辖市、计划单列城市的意见，报出时应附上述意见，并将正式报出的文件抄送。需要银行贷款和涉及环境保护的项目，还要将当地有关银行和环保部门的评估、审查意见，作为设计任务书和可行性研究报告的附件一并上报。

(2) 限下项目

① 项目建议书和可行性研究报告，按企业隶属关系，由国务院主管部门或省、自治区、直辖市和计划单列城市审批。审批单位可指定或委托有资格的咨询单位，对认为需要评估的项目进行评估，提出评估报告。地方的所有技术引进项目和投资总额在500万元以上的技术改造项目，审批可行性研究报告之前，要与国务院主管部门协商，审批后同时抄报国务院主管部门。国务院主管部门如有异议，可在一个月内提出复议，一个月内未提出异议的，地方即可组织实施。

② 对于技术引进项目，在申报可行性研究报告的同时，引进单位还应按隶属关系，将可行性研究报告所需设备清单报相应机电设备进口审查机构审批。对具备招标条件的设备应委托国家对外贸易主管部门（现在是商务部）核准的机电设备招标公司组织招标。各部门和地方机电设备进口审查机构应及时将审批情况报国家机电设备进口审查办公室备案。审查办公室如有异议，应在收到审批件的20日内提出意见，有关部门和地方再组织复议，并作出决定。需银行贷款的项目，企业上报可行性研究报告或技术改造方案时应附有当地承担贷款银行的认可书或评估、审查意见。

③ 对于技术改造项目，国务院各主管部门和各省、自治区、直辖市以及计划单列城市，所属厅局、市县和企业的审批权限，可以自行确定。

(3) 小型项目

投资总额在100万元以下的小型技术改造项目或者主要单台设备更新的项目，在项目建议书批准之后,只须编写技术改造方案,代替可行性研究报告或设计任务书。国务院各主管部门和各省、自治区、直辖市和计划单列城市,所属厅局、市县和企业的审批权限,可以自行制定。

值得注意的是技术引进项目的设备审查方面。根据规定,技术引进项目中凡有进口设备的,都要经过进口设备审查。项目的引进单位,在报审可行性研究报告时,应同时附上申请进口的设备清单。计划部门将依据可行性研究报告对申请进口的设备内容进行审定,并通知有关单位开展设备审查工作。审查结果作为下达技术引进年度计划依据之一。①

随着中国对外开放度的日益扩大,原属国务院对外贸易主管部门或省、自治区的审批权限逐步下放,特别是中国加入世界贸易组织后,2002年1月1日实施的《对外贸易法》将外贸经营者的范围扩大至自然人。地方政府主管部门的管理权限增大。项目建议书、可行性研究报告的报审,除了限上项目和要求国家支持的重大、重点项目必须报请国务院对外贸易主管部门审批外,限下项目一般都由省级或省级以下机关审批。所谓重大项目,根据2002年施行的《技术进出口合同登记管理办法》规定是指:① 项目资金来源中含有国家财政预算内资金、外国政府贷款、国际金融组织贷款的项目;② 国务院立项批准的项目。

2009年2月1日修改的《技术进出口合同登记管理办法》将上述"重大项目"统一表述为"《政府核准的投资项目目录》和政府投资项目中由国务院或国务院投资主管部门核准或审批的项目",规定该目录和项目项下的技术进出口合同由商务部负责登记管理,其他自由进出口技术合同由各省、自治区、直辖市和计划单列市商务主管部门等负责。②

根据《对外贸易法》(2004),国家将进口技术分为禁止进口技术、限制进口技术、自由进口技术三类,并相应地发布《中国禁止进口限制进口技术目录》。根据《禁止进口限制进口技术管理办法》(2009),在目录上禁止进口的技术不允许进口,限制进口的技术需要进行审查,自由进口的技术则实行合同登记。

《禁止进口限制进口技术管理办法》要求,技术进口经营者进口限制进口技术时,应填写《中国限制进口技术申请书》,报送地方商务主管部门履行进口许可手续。地方商务主管部门自收到申请书之日起30个工作日内,组织贸易和技术专家对申请进口的技术进行贸易和技术审查,并决定是否准予进口。

贸易审查的内容包括:

(1) 是否符合本国对外贸易政策,有利于对外经济技术合作的发展;

(2) 是否符合中国对外承诺的义务;

(3) 是否对建立或加快建立国内特定产业造成不利影响。

技术审查的内容包括:

(1) 是否危及国家安全、社会公共利益或者公共道德;

(2) 是否危害人的健康或安全和动物、植物的生命或健康;

(3) 是否破坏环境;

(4) 是否符合国家产业政策和经济社会发展战略,有利于促进中国技术进步和产业升级,有利于维护中国经济技术权益。

---

① 参见《国家经济委员会关于技术改造和技术引进项目管理程序的若干规定》、《加强技术引进管理的若干规定》(1991)第9款。

② 参见《技术进出口合同登记管理办法》第4条、第5条。

进口申请获得批准后,由地方商务主管部门颁发由商务部统一印制和编号的"技术进口许可意向书"(有效期3年)。这时,技术进口经营者才可对外签订技术进口合同。合同签订后,持"技术进口许可意向书"、合同副本及其附件、签约双方法律地位证明文件到地方商务主管部门申请技术进口许可证。地方商务主管部门自收到文件之日起10个工作日内,对技术进口合同的真实性进行审查,并决定是否准予许可。技术进口经许可的,地方商务主管部门向进口经营者颁发由商务部统一印制和编号的"技术进口许可证"。限制进口技术的进口合同自技术进口许可证颁发之日起生效。①

二、交易前技术供方的准备

技术出口贸易在发达国家的出口贸易中占据十分重要的地位。其贸易的方式主要包括许可贸易、技术咨询服务、合作生产、工程承包、国际租赁、与投资相结合的技术贸易、与设备相结合的技术转让等。中国技术出口起步较晚,但发展迅速,其中许可贸易、工程承包、与设备相结合或与投资相结合的技术转让以及软件出口增加迅速。不管采用哪种方式出口技术,出口何种技术,供方都需要进行一系列出口前的准备,包括市场行情的调查与研究、国内外政策的了解、适合技术项目的筛选、销售市场的选择、谈判策略的制订、价格的确定、经营方案的策划等。

1. 市场调研

市场调研是交易前技术供方首先要做的工作,其目的是为了能够筛选出适合技术出口的项目,以便在可行性研究的基础上制订贸易计划。市场调研的范围包括国外与国内两个方面:

(1) 国外市场调研。内容有三:

① 经济调研。了解世界经济与政治形势;技术受方国经济状况、生产力发展水平、产业结构特点、国家宏观政策、消费水平和偏好、货币汇率制度、税收制度、相关法律法规、技术壁垒状况、存在的经济与政治风险等。宏观经济与政治状况的调研对于工程承包项目以及与投资相结合技术贸易项目尤为重要。

② 技术调研:了解国外市场技术供需状况、技术标准化要求;国外同行技术水平、生产状况、产品性能、特点、成本、市场竞争与垄断程度。这一调研对于贸易与经营方案的确定十分重要。

③ 客户调研:了解欲与之建立贸易关系的国外厂商(或可能发展成为客户)的历史、资金规模、经营范围、组织状况、经营作风、合作诚意、信誉等级;其与世界各地其他客户和技术供方所在国客户开展贸易的情况等。其中,对国外客户的资金和信誉状况必须有所了解,不可急于求成。这一调研对于选择确定贸易或合作对象十分重要。

(2) 国内市场调查。了解本国对外技术贸易的政策法规;国内同行生产状况、技术水平和成本、技术产品性能和特点、市场竞争力与垄断程度、对外贸易状况。通过这一调研,选择出口项目、出口地区、技术与产品价格、生产规模等。

上述市场调研可以通过以下几个途径进行:

(1) 网上资料搜索。包括官方公布的国民经济统计数据和资料;新闻媒体对时事政治、经济形势的报道;同行企业与客户网站上的自我介绍和媒体的报道等。

---

① 参见《禁止进口限制进口技术管理办法》(2009)。

(2) 通过本国外贸公司驻外分支机构和商务参赞处,在国外进行资料收集。

(3) 委托国内外咨询公司进行调查。

(4) 派遣代表团或小组出国调研。

(5) 利用交易会、博览会、洽谈会,了解有关信息。

(6) 查阅国内外相关报刊。

2. 筛选技术项目

在市场调研的基础上,筛选适合的技术出口项目。筛选中需要考虑两个标准:

(1) 社会标准。所谓社会标准就是法律、政策标准。根据中国《对外贸易法》(2004)第16条、第17条和《技术进出口管理条例》(2011)第31条的规定,技术出口项目分为禁止出口、限制出口和自由出口三类。国家基于下列原因,可以限制或者禁止有关技术的出口:

第一,为维护国家安全、社会公共利益或者公共道德,需要限制或者禁止出口的;

第二,为保护人的健康或者安全,保护动物、植物的生命或者健康,保护环境,需要限制或者禁止出口的;

第三,依照法律、行政法规的规定,需要限制或者禁止出口的;

第四,根据中国缔结或者参加的国际条约、协定的规定,其他需要限制或者禁止出口的;

第五,为维护国家安全,需要对与裂变、聚变物质或者衍生此类物质的物质有关的技术出口,及与武器、弹药或者其他军用物资有关的出口,采取限制或禁止出口的;

第六,在战时或者为维护国际和平与安全,需要在技术出口方面采取限制或禁止出口的。

除了上述情况之外的技术均可自由出口。[①]

禁止或者限制出口的技术目录,由国务院外经贸主管部门会同国务院有关部门制定、调整和公布。企业在选择适合的技术出口项目前必须对公布的目录有所了解。

(2) 技术标准。所谓技术标准就是技术本身的状况。它包括技术研制程度、法律保护状况、市场规模,服务配套,以及标准化状况。

① 拟出口的技术研制程度。技术生产周期处于研制期,还是成熟期,还是衰老期;该技术是小规模生产获得成功,还是已经达到大规模商业化或产业化生产程度。

② 法律保护状况。该技术已经获得专利,还是正在申请专利;获得国外专利的可能性有多大;已经获得专利的有效年限还有多少。

③ 使用范围和技术产品市场规模。该技术生产产品的规模有多大,达到的经济效益如何。

④ 服务配套。企业能否向受方提供所需的技术配套服务,比如人员培训、专家指导和培训基地;能否向受方提供技术设备、零部件、原材料等。[②]

⑤ 标准化状况。该技术是否符合国际公认的标准,或者进口国认定的技术标准;是否获得进口国或国际权威机构的认证。

根据《技术进出口管理条例》第30条的规定,国家鼓励成熟的产业化技术出口。因此,技术供方在筛选适合的技术出口项目时,最好选择国家鼓励的、成熟的、国内已经进行大规模产业化生产的技术。因为这类技术不仅在项目初始研发时可能享受政府基金资助,而且

---

① 这里去掉了与货物相关的限制或者禁止出口条目。

② 参见王玉清、赵承璧主编:《国际技术贸易》,对外经济贸易大学出版社1996年版,第324—325页。

出口时在项目审批、出口信贷、出口信用保险、海关检验通关等方面,往往享受便捷或优惠待遇。

3. 可行性研究

技术出口项目选定后,应着手进行可行性研究分析。这是在市场调研的基础上,根据所选择的技术,寻找出最有利的出口地区和合作伙伴。这需要对拟进口国的政策法规、投资环境、市场需求,以及风险进行有目标性的研究分析;对技术受方或合作伙伴的经营状况进行具体研究,从而作出可行性分析。可行性研究对于国际工程承包项目、国际合作项目、与设备相结合的技术转让项目、与投资相结合的技术转让项目来说,尤为重要。它的内容涉及以下几个部分:

(1) 法律、法规与政策的研究。技术受方国有关投资、技术与设备进口、税收、外汇管理和劳工等方面的法律、法规和政策规定。

(2) 投资场地条件。投资地区基础设施状况与生产供应条件,包括水、电、燃料、原材料、交通运输、地质状况、气候条件等情况。

(3) 市场需求。当地的收入水平、消费偏好、市场容量;对商品品质、规格、包装、性能、价格的要求;经营商品的基本做法和销售渠道;可能发生变化的趋势。

(4) 合作伙伴情况。资信状况、资金规模、经营效应、经营作风、合作诚意、所在国政治稳定情况等。

(5) 技术项目效益。技术项目名称、技术水平、专利情况;市场需求状况、价位预测;技术产品特点、规格、包装、价格、产量;经营计划安排,包括采用的贸易方式、支付手段与结算办法、销售渠道与运输方式;投产后经济效益;项目盈利性分析等。技术项目盈利与否是决定项目投资的关键因素。[①]

4. 填写申请书

根据《禁止出口限制出口技术管理办法》(2009),列入《中国禁止出口限制出口技术目录》中的禁止出口技术,不得出口;限制出口技术实行许可证管理,需要报请国家指定的审批机构审批。

根据规定,限制出口技术的经营者需填写《中国限制出口技术申请书》,报送地方商务主管部门履行出口许可手续。地方商务主管部门自收到《申请书》之日起30个工作日内,会同地方科技行政主管部门分别对技术出口项目进行贸易审查和技术审查,并决定是否准予出口。

贸易审查包括以下内容:

(1) 是否符合本国的对外贸易政策,并有利于促进外贸出口;

(2) 是否符合本国的产业出口政策,并有利于促进国民经济发展;

(3) 是否符合本国的对外承诺义务。

技术审查包括以下内容:

(1) 是否危及国家安全;

(2) 是否符合本国的科技发展政策,并有利于科技进步;

(3) 是否符合本国的产业技术政策,并能带动大型和成套设备、高新技术产品的生产和

---

① 参见武振山:《国际技术贸易》,东北财经大学出版社1990年版,第186—187页;《交易前的准备阶段》,载福步商贸网站:FOBShanghai.com,2003-07-01。

经济技术合作。

属于国家秘密技术的限制出口技术,还需进行保密审查。

审查未通过,申请未经批准的不得出口。申请一经批准,地方商务主管部门颁发由商务部统一印制和编号的"技术出口许可意向书"(有效期3年)。申请人取得技术出口许可意向书后,方可对外进行实质性谈判,签订技术出口合同。法律规定,对没有取得"技术出口许可意向书"的限制出口技术项目,任何单位和个人都不得对外进行实质性谈判,不得作出有关技术出口的具有法律效力的承诺。[①]

属于自由出口的技术,实行合同登记管理。

第二节 商 业 谈 判

一、技术贸易谈判的特点与内容

1. 谈判的特点

人们之间的交往、国家之间的交往,除了友好相处、互通有无、互惠互利外,有时也会出现冲突,解决矛盾的最好方式就是通过谈判达成谅解或协议,避免矛盾与冲突的发展、升级或恶化。谈判的结果可能是双方均作出让步,实现和解;但也可能是其中一方让步的多些,甚至重大损失。这主要取决于谈判双方实力的对比,以及谈判策略与技巧的运用。

技术贸易谈判与上述谈判相比,有相同之处,这就是解决问题,达成共识;但也有不同之处:

(1) 谈判双方不只是追求自己设定目标的实现,还期望结果也使对方满意并接受。在正常的商务往来中,技术贸易的双方为了满足各自在经营活动方面的需要,进行技术转让或许可活动,并期望能够彼此增加了解,寻求长期合作的可能性。因此,商业谈判的目的是寻找一个对方也能获利和满意的利益平衡点。用今天的术语来说,就是追求"双赢"的结果。昔日殖民公司那种通过强权、欺诈的方式,迫使、骗取或诱引对方接受不平等的贸易谈判结果,以及今天某些发达国家或跨国公司利用其在技术上的垄断地位,通过限制性商业惯例,漫天要价的做法已经或正在为商界所唾弃。因为这违背了公平交易的商业道德与原则。

(2) 谈判的结果可能实际上是不公平的,但从形式上看却是公平的。由于谈判双方经济实力的不同、技术依赖度的不同、谈判策略与技巧运用各异,最终谈判结果可能使得一方获利要大些,而另一方获利要小些;但由于双方都拥有否决权,只要一方认为无利可图就可以完全不接受;在无人为压力下,接受协议意味着认可和确定,因此从形式上看又表现为公平交易。

(3) 谈判成功的标准不是以对方是否让利多少为衡量标准,而是以双方是否能够继续保持良好的合作关系,是否能推动转让或许可的技术产生高效益、各项指标均达到预期谈判的目标为衡量标准。否则,一锤子买卖,双方再也不想继续交往,或者看似赚了大便宜,但引进的技术难以达到预期效果,则不能说明这一谈判是成功的。

2. 谈判的内容

从技术贸易谈判的内容看,可以分为商务谈判与技术谈判两个方面:

---

① 参见《禁止出口限制出口技术管理办法》(2009)第2条、第5条至第9条、第11条。

(1) 商务谈判。主要是就技术的费用或价格、税费、支付方式、付款条件、设备的运输与保险、技术产品的销售与利润的分割等展开谈判。

(2) 技术谈判。主要就技术、设备、专利、专有技术、工程承包等方面的技术质量、技术标准、考核指标、技术先进性、技术更新、技术资料的提供、交付方式与时间、技术使用范围等领域进行谈判。

这两方面的谈判涉及财务会计、法律、技术、工程、经贸等专业领域,为了使谈判价格合理,谈判团(组)应该由涉及这些领域的熟悉业务并具有一定谈判经验的人员组成。[①]根据原对外经贸部发布的《签订与审批技术引进合同指导原则》(1990)第 6 条的规定,公司对外谈判应与项目单位联合进行。技术谈判应以项目单位为主;商务谈判应以公司为主。

二、技术受方商业谈判前的准备

成功的谈判建立在充分准备的基础上。在准备工作方面,技术受方与技术供方关注角度和重点有所不同。这里首先考察技术受方的准备。

作为技术受方,在项目建议书批准后,就可以着手与外国厂商进行直接的技术交流,包括探询价格、技术考察等。但还不能全面地对外开展工作,更不能作出什么承诺。只有当技术引进项目可行性报告批准下来,项目列入年度成交计划后,有关公司才可以根据对外经贸主管部门下达的任务书正式对外开展工作。

1. 选择贸易对象

选择贸易对象的途径很多,比如通过因特网搜寻相关信息,了解技术供方情况;通过本国驻外领事馆、商务机构、本国银行或外商银行的介绍;通过向国际友好组织与协会、各国商业或工业民间组织、国际咨询公司咨询;也可以从国内外报刊杂志广告或行业名录、企业年鉴中了解和物色对象;还可通过举办各种科技博览会、商品展销会、广交会结识外商。

2. 组织谈判团

技术引进项目涉及经济、技术与法律等问题,因此谈判团(组)的成员组成应该包括这些人员。一般来说,这些成员有:

(1) 项目负责人。由能够对项目谈判全权负责并对项目所涉及的技术、法律法规、经营核算等全面了解的企业负责人担任。

(2) 项目技术负责人。由精通该项目技术的专家担任,主要负责合同中技术条款的审定与谈判。

(3) 项目经济负责人。由财务与销售专家担任,主要负责财务销售协议与合同的谈判。

(4) 法律顾问。不仅应该了解本国的有关法律,也应该了解技术供方国家的有关法律,以保证合同的有效性。

(5) 翻译人员。由经贸外语专业的人士担任,除了具有较高的外语水平,还必须了解有关的技术术语,负责对合同的外文文本进行翻译或审定。

(6) 标准化人员。根据国家有关引进技术标准化要求,[②]参加对外谈判的人员,应该熟悉标准化工作,并充分反映中国标准化要求。因此,对外谈判在必要时应有标准化人员

---

① 参见傅家政主编:《国际经济技术合作》,天津大学出版社 1999 年版,第 207—209 页。
② 比如,在《化学工业技术引进和设备进口标准化审查实施细则》(1987)第二章对引进项目有着专门的标准化审查,第四章第 13 条要求"对外谈判在必要时应有标准化人员参加"。

参加。

3. 准备资料

广泛收集有关情报,包括该技术的国际价位,同类技术的竞争情况;技术供方的资信、财务、技术、设备等状况;技术供方谈判的风格,谈判人员的组成;本企业的情况介绍;有关法律和政策的规定等。

4. 拟定谈判方案

谈判方案包括价位的确定、交付方式、付款条件、税费安排等;确定谈判的最高目标与底线;设想可能会遇到的问题,并拟定出几个方案,以便谈判中对原有目标进行修正。方案的拟定需要征求有关部门的意见。

5. 其他准备工作

如果谈判是在技术引进方进行的,就需要安排场所,准备谈判所需要的通信工具与办公用品。如电脑、投影仪、电话、传真机、话筒、白板、笔、纸、文件夹等;并准备好回赠的小礼品或纪念品,东西无须昂贵,但要有寓意,可以是印有企业标记的办公用品,也可以是企业自己生产的颇有特色的小产品,以防一旦供方馈赠礼品时可以回赠。[①]

三、技术供方商业谈判前的准备

对于技术供方来说,一旦出口申请书被批准后,便可着手出口方案的拟定。这就是根据国家有关的政策、法令与企业的经营目标,对技术出口项目作出业务计划安排,同时也为谈判作准备。

1. 拟定出口方案

在前期可行性研究的基础上,通过对国外市场供销状况、价格动态、政策法令措施和贸易习惯等方面情况的进一步调查研究,择优选出适当的目标市场,并根据该目标市场拟定出具体的出口方案。

2. 策划广告宣传

聘请专业广告公司对企业的形象进行策划和包装,以扩大企业在海外的知名度,为其后进入海外市场打下良好的舆论基础。

3. 挑选谈判对象

通过各种途径对客户的政治、文化背景、资信情况、经营范围、经营能力和经营作风等方面的情况进行了解和分析,从中选择谈判对象。

4. 制定商务谈判方案

根据出口任务制定应达到的最高目标与最低目标,以及为实现最高目标所应采取的策略、步骤和做法。在谈判方案中,对需要谈判的问题,应分清主次,合理安排谈判的先后顺序,明确对每一主要问题应当掌握的分寸和尺度,以及可能发生变化的应对措施,力争谈判成功,取得最佳效果。

5. 选择谈判人员

在谈判的过程中,买卖双方在确定价格和各种交易条件以及拟定合同条款方面,往往因为利害关系的不同而存在分歧和争论,有时这种分歧和争论甚至是十分激烈的。并且在洽商过程中,还可能出现种种预先没有估计到的变化。为了保证洽商交易的顺利进行,事先选

---

① 参见傅家政主编:《国际经济技术合作》,天津大学出版社1999年版,第210—212页。

配精明能干的谈判高手,熟悉商务、技术、法律和财务方面的人员,非常重要。这是确保交易成功的关键。为此,作为技术供方,参加商务谈判的人员也需要具备多方面的基础知识,并善于综合运用各种知识。在缺乏通才的情况下,可以由具备下列单方面或多方面知识的人员组成。这就是:

(1) 熟悉本国与对方国家有关的法律法规与政策的法律专家。

(2) 掌握谈判过程中可能涉及的各种商务知识,如进出口贸易、商品销售、金融外汇、运输保险等方面知识的业务负责人。

(3) 了解技术出口项目中有关技术设计、工艺流程、设备状况、工作效能、技术标准等方面知识的技术人员。

(4) 熟练地掌握外语,并能用外语直接洽谈交易的外语人才。

(5) 具有较高的政治、心理素质和策略水平,并善于机动灵活地处理洽商过程中出现的各种问题的谈判高手。

6. 准备资料

由谈判团(组)成员分头负责准备谈判所需资料,包括技术说明书的撰写和有关法律法规文本的准备。事先的资料准备十分重要,准备得充分与否,将直接影响到谈判的效率与结果。

7. 其他准备

即类似技术进口的其他准备。[①]

四、技术贸易的对外询价

1. 询价的概念

无论是技术引进方还是技术输出方,在正式谈判前都需要就技术的交易条件向对方进行询问、了解、洽谈,以便寻找合适的交易者,并在谈判中有的放矢。

询价(enquiry or inquiry)是技术交易的一方向另一方提出技术条件与交易条件,包括技术转让价格、转让方式,并期望对方据此提出自己愿意接受的条件的一种初始交易的行为。

2. 询价书的内容

在国际技术贸易中对外询价通过询价书的方式进行。一般由技术引进方发送给技术出口方。询价书的内容包括:

(1) 技术引进方基本情况的介绍。包括企业名称、业务范围、资金规模、现有技术设备、技术水平、产品种类、工厂所在地、基础设施条件等。

(2) 拟引进技术的技术要求。包括技术名称、技术标准、技术性能、产品应达到的规模、质量等级等。

(3) 拟引进技术的商务要求。包括技术价格、支付方式、产品销售范围、人员培训要求等。

技术出口方收到询价书后,根据对方的要求提出可以提供的技术和愿意交易的条件。通常,技术引进方会选择几家发出询价书,以便比较报价,选出最适宜的交易对象。

---

① 参见 JCTRANS 资讯中心网站:http://info.jctrans.com/jinchu/myht/200552778739.shtml。

五、技术贸易的比价

1. 比价的概念

比较报价,简称"比价"。它是指技术交易的一方在收到交易的另一方或多方报价后,将对方能够接受的条件与自己掌握的信息进行比较,或者将收到的几种报价进行比较,从中选择谈判对象,实现最后成交的基础过程。

在国际技术贸易中,比价主要是比较技术价格、商务条件与技术效益。技术受方与技术供方在价格的确认上角度不同,采用的方法也会不同。比如,在专利技术转让上,当技术供方专利权人不准备自己实施专利,希望将专利权尽快转让给他人,以便获得资金进行新的研究开发时,他在比较引进方所报价格时首先关心的是转让费是否能够补偿他进行发明创造活动、申请专利以及为转让的交易活动所支出的全部或部分费用。他可能会采用最低收费评估法,比较技术受方的报价。而技术受方可能首先考虑的是这项技术引进后是否能够提高企业的生产率,是否能够给企业带来更多的利润。所以,他可能会采用经济效益比价法。

2. 常见的比价方法

下面从技术受方的角度介绍几种常见的比价方法。关于技术供方的价格比较与估算将在第八章介绍。

(1) 直观法。一般用于多家供方可以选择的情况下。这是将各技术供方的报价换算成统一的基础,然后进行比较,从中选择出条件较优者作为谈判对象的一种方法。举例如下:

A 公司为引进技术向一些外国公司发出询价书,现收到 B 公司与 C 公司的报价。B 公司报价:入门费 40 万美元,提成率为销售价的 1%,提成时间与合同有效期相同,为 6 年。C 公司报价:总付 100 万美元,三年分四次支付。假设预计技术产品每年销售 1000 台,每台 1 万美元。在其他条件相同的情况下,指出哪一种报价对引进方有利,计算比较 B 公司与 C 公司的报价,并说明原因。

解:首先,计算出 B 公司总的使用费金额,使其可以直观地与 C 公司的报价进行比较:

B 公司总的使用费为:40 万+(1 万×1000)×1%×6=100 万(美元)

C 公司总的使用费为:100 万美元

其次,分析对比两家公司。虽然都是 100 万美元,但 B 公司允许分 6 年还清,除了第一年负担大些,需支付 50 万美元外,其余的 5 年每年均支付 10 万美元;而 C 公司则要求三年付清,如果按次数分摊的话,某一年的支付额也要达到 50 万美元。显然,对于技术引进方 A 公司而言,B 公司的报价比之 C 公司有利。

(2) 类比法。往往在没有多家供方可供技术引进方选择的情况下运用。假定只有一家供方报价,如何判定其报价的合理性。可以运用类比的方法,即将技术项目分解成若干技术单元,要求对方分项报价,然后根据所掌握的资料与信息对各项进行比较,分析报价是否合理,就不合理部分进一步磋商,为最后的谈判作好准备。

对于大型的国际工程承包项目,也可以采用类比法。这就是将报价与以往类似的工程项目进行比较,看其是否合理。如果寻找不到一个可以在应用领域、环境和复杂度上与目前工程相似的历史样本,则可以通过将目前整个工程的用工、用料、机器设备的单价,工程直接费、间接费,技术许可费等因子分解的类比方法来解决。即将分解的因子分别与目前的市场价格、掌握的资料数据对照,评估对方所报价格是否有重复计算或高估因子的存在;扣除了高估部分,总项目费用应该是多少,以此作为与工程承包商进一步磋商和谈判的依据。

(3) 经济效益评估法。这是将报价中估计的经济效益与引进方估计的经济效益进行比较,评判该报价是否合理的一种比价方法。[1] 常用于专利许可贸易的比价上。举例如下:

A公司拟从B公司引进一项技术使用权的许可,根据自己开发该技术需要的成本计算,A公司愿意出资24万美元得到该项技术使用权的许可。现在B公司的报价是:提成率6%,合同有效期为6年。假设A公司现在产品的单位成本为100美元,利用技术后估计为80美元,根据市场预测每年可销售1万件。问:B公司在新增利润中所占的份额是多少?B公司的报价与A公司的估算有多大差距?A公司是否可以接受B公司的报价?

解 首先,根据B公司的报价计算出其在新增利润中所占比率。可以利用提成率公式:

提成率=B公司在新增利润中所占比率×[(原生产成本−利用新技术后估计成本)÷产品净销价]

假设:提成率=R

B公司在新增利润中所占比率=P_s

原生产成本=C_0

利用新技术后估计成本=C_1

A公司产品净销价=$NP=C_0$

则

$$R = P_s \times [(C_0 - C_1) \div NP]$$
$$P_s = R \div [(C0 - C1) \div NP]$$
$$= 6\% \div [(100 - 80) \div 100]$$
$$= 30\%$$

其次,计算出合同期内按6%提成率,B公司可获得的增值利润:

假设:合同有效期=T

预测每年市场销售量=Q

按提成率,B公司可获得的增值利润=P_r

则

$$P_r = (C_0 - C_1) \times Q \times T \times P_s$$
$$= (100 - 80) \times 10000 \times 6 \times 30\%$$
$$= 360000(美元)$$

下面,从A公司愿意支付的角度计算新增利润在A公司与B公司中的分割(只需计算出B公司便可知A公司):

假设:A公司愿意支付给B公司技术使用权许可费=P

B公司在新增利润中的比率=Ps'

A公司在新增利润中的比率=$1-Ps'$

---

[1] 参见王玉清、赵承壁主编:《国际技术贸易》,对外经济贸易大学出版社1996年版,第34—36页。

则

$$P = (C_0 - C_1) \times Q \times T \times Ps'$$
$$\begin{aligned}Ps' &= P \div [(C_0 - C_1) \times Q \times T] \\ &= 240000 \div [(100 - 80) \times 10000 \times 6] \\ &= 20\%\end{aligned}$$

最后,比较 A 公司的计算与 B 公司的报价:

根据 B 公司所报出的 6% 提成率计算,其在新增利润中所占份额达到 30%,高出 A 公司计算的 20%;并且根据该利润分割,合同期内 B 公司可获得 36 万美元,比 A 公司愿意支付的 24 万美元要多出 12 万美元,有较大差距。因此,A 公司不能接受该报价,需要进一步磋商,或者寻找新的许可方。

(4) 计算机软件计算法。随着计算机技术在国际贸易实务中的运用,传统手工操作的比价、估算方式正在逐渐被运用专门的软件方式所替代。一些软件公司根据国际商务活动的需要,利用国际贸易和企业管理的理论与方法,开发出一套国际商务管理的通用软件,其中包括采购、成本核算、比质比价、经营决策、生产、销售等各个环节所需管理的子系统,每个系统中都由不同的模块所组成,它们既可单独使用,又可组合使用。比如,在比价部分,输入技术贸易方式、报价数据、相关信息或本企业注重的要素,计算机就会自动选择最佳方法,立即将比较的结果显示出来。由此,大大提高了工作效率。

六、商务谈判的程序与技巧

1. 谈判的程序

正规的商务谈判(business negotiation)一般包括以下几个程序(这里借用商品交易中使用的几个术语):

(1) 开局(opening)

由谈判双方负责人各自介绍谈判小组成员的姓名与身份。如果有成员曾经在对方国家生活或学习过,则要突出地介绍,以拉近彼此的亲切感,创造良好的谈判气氛。如果双方已经接触多次,彼此熟悉了,则需要相互寒暄一下,时间不宜过长。作为东道主可以将这次谈判的议题和会后安排说一下,其后切入谈判的正题。

(2) 询盘(inquity/enquity)

询盘原是商品交易中一方向另一方通过口头或书面的方式询问购买或出售某种商品或某几种商品的各项交易条件的方式。在谈判中,它是双方探测、摸底的阶段。为了弄清对方的价格底线和基本态度,在这个阶段要尽可能地倾听对方的陈述、要求,不要过早地将自己的底线暴露出来;也不要急迫地表现出希望引进或转让该项技术的心情,以免价格难以朝着自己希望的方向变动。

(3) 发盘(offer)

发盘在商品交易中是指交易的一方向另一方提出购买或出售某种商品的各项交易条件,并表示愿意按这些条件与对方达成交易、订立合同的行为。在谈判中,它是双方报价的阶段,是针锋相对的阶段。在这个阶段报价应该是确定、完整和坚定的,主要的交易条件应该明确表示,而不是使用含糊不清、模棱两可的词句。从这个阶段开始,谈判进入实质性阶段,应注意通过对方的报价,判断报价中哪些是不可以改动的,哪些是可以有商量余地的,哪些不过是试探性的报价。

(4) 还盘(counter offer)

还盘是指受盘人收到发盘后,经过比价,对发盘的内容不同意或不完全同意,讨价还价的阶段。在谈判中,这是双方交锋阶段,也是磋商阶段。这是最讲究谈判技巧的一个阶段,谈判的最后结果是成功地达成协议;还是陷入僵局,另开谈判;还是破裂,不欢而散,取决于这一阶段谈判双方的诚意与灵活性。在这个阶段,应注意在坚持自己所求方向、说明自己理由、驳斥对方理由的同时,寻找出解决分歧的途径。

(5) 接受(acceptance)

接受是指受盘人无条件地同意发盘人在发盘中提出的各项交易条件,并同意按照这些条件订立合同的一种肯定表示,在法律上称为承诺。在谈判中,接受是建立在让步或妥协的基础上的。经过讨价还价,最后双方作出让步,达成妥协;或者某方不再坚持己见,作出让步。当意见达成一致时,拍板成交。

(6) 签约(signing a contract)。这是谈判双方代表在协议书上签字的阶段。协议书需要事先准备好,谈判过程中对发生变动的内容,应当场进行修改,重新打印。其后双方负责人在修改后的协议书上签字。

当然,并不是每次谈判都能当场拍板成交。在国际技术贸易中,不少买卖需要多次谈判才能最后达成协议,一些则是无功而返。因此,当谈判双方在某个或某些要点上仍争论不休,坚持己见,不能达成协议时,可以暂停本次谈判,各自回去很好地思考一下对方的意见,并且就已经达成一致意见的部分,写成书面小结,或者用签订备忘录的方式记录下来,以便下次在此基础上进一步谈判。①

技术引进项目若涉及多个部门共同参与建设,就需要由相关部门组成联合谈判小组,统一谈判,一致对外,必要时由国家经贸主管部门参与协调。

对外谈判的内容、范围应严格依据项目的可行性研究报告进行。若谈判中需要更改已批准的可行性研究报告内容,需要报原批准机关审批。

2. 谈判的策略与技巧

商务谈判是一场心理、意志、口才、风度、知识面的较量,具有很高的原则性和策略性,运用得当,可以加快谈判的进程,否则会使谈判陷于僵局或"崩盘"的状态。谈判的策略是指谈判者为了达到预期的效果而在谈判过程中运用的战术与谋略。下面简单地介绍几个策略:

(1) 平等待人策略。这主要是针对那些自身实力大大超过谈判对手的公司而言的。平等待人不仅仅表现在谈判时注意倾听对方的陈述、不轻易打断对方发言、正确把握对方的思想、耐心交换意见、亲切随和的谈吐,而且还表现为事先认真准备材料、重视此次谈判的态度。这么做的好处十分显然:首先使对方感到贵公司的热情亲切,对此次谈判的重视和交易的诚意,因此愿意促使此次谈判的成功,在一些要点上作出让步。其次,对贵公司充满好感,认为一个拥有优秀素质的员工队伍和良好商业道德的公司,是值得本公司长期交往的,因此愿意与贵公司进行长期合作。此外,贵公司良好的口碑很快会在商界传播开来,将有更多的公司愿意前来贸易洽谈。

固然,谈判中企业自身的实力很重要,"好东西不怕卖不出好价钱",但如果不对谈判人

---

① 参见新疆建设兵团商务局网站:http://www.xpcgec.com/f_filelist_v.asp? p_index=wmcs&p_id=41,"商品交易";傅家政主编:《国际经济技术合作》,天津大学出版社1999年版,第213—215页;王玉清主编:《国际技术贸易》,中国人民大学出版社2001年版,第80—81页。

员进行精心的选择和培训,不事先认真地准备有关资料和捕捉信息,不求对业务的熟悉和了解,谈判时衣着随便、态度生硬、漫不经心,则会使买方感到贵公司的傲慢、轻蔑、狂妄、无知和缺乏诚意,甚至对转让技术的质量产生怀疑,最后终止谈判,寻找其他卖家。而由此可能出现"好东西卖不出好价钱"的结果。因此,对于实力雄厚的大企业而言,谈判的第一个策略是平等待人。

(2) 留有余地策略。谈判初始不要轻易亮出底牌,要有耐心,引而不发。要多探测对方真实意图,注意观察。少说、多听、多想,在关键问题上提出见解与疑问。提出的条件和要求,要留出让步和妥协的余地,不能一下子就到了底线。

(3) 休会策略。谈判犹如运动场上赛球,当对方不断进球,整个球势向着对方急剧逆转时,教练会立刻采取暂停的策略打破这一局面。谈判也是如此。当对方一连串地对贵公司报价分项目中的不合理提出疑问,而贵公司一时不知如何应答;或者当双方在某个问题上争论不休,难以有进展时,可以采用暂时休会的方式调整对策,其后再战。

(4) 利用竞争策略。无论是技术引进还是技术输出,都应该尽可能寻找多个卖家或买家,利用它们相互之间的竞争和压价或抬价,选择出较低价位的买进或较高价位的卖出;通过对它们报价中各因子的比价分析,在谈判桌上争取主动。

(5) 折中妥协策略。在谈判中既需要坚持己方的立场,迫使对方让步的强硬策略;也需要在双方完全僵局的状况下,寻找出路的策略,这就是折中妥协策略。当发生僵局,而己方又都希望尽快成交时,可以不断地提出建议,调和双方的意见;也可以提出各种假设条件,让对方作出选择,以实现最后的互惠贸易。[①]

谈判的技巧是指谈判人员灵活并适宜地运用语言、表情、神态、动作、业务知识等,使得对方在心理上朝着己方期望的目标变化的洽谈技能。谈判的技巧有倾听的技巧、叙述的技巧、提问的技巧、回答问题的技巧、说服对手的技巧、使用沉默方式的技巧、转移话题的技巧、打破僵局的技巧等。所有这些技巧运用的目的,就是为了实现己方所期望的目标。关于这些技巧可以阅读有关谈判技巧的书籍,这里不一一介绍。

第三节 合同的签订与履行

一、合同的订立与签订

1. 合同的订立与签订

经过艰苦的谈判,最后达成一致意见,便可以签订合同了。合同草稿应该事先草拟好,其后根据谈判的最后结果进行修改。

合同的订立,有书面形式、口头形式和其他形式。根据《合同法》(1999)第342条、第238条、第270条规定,以及《技术进出口合同登记管理办法》(2009)要求,专利权转让合同、专利申请权转让合同、技术秘密转让合同、专利实施许可合同、融资租赁合同、建设工程合同以及其他涉外技术贸易合同,都应当采用书面形式订立。

合同的内容由双方约定,一般包括以下条款:当事人的名称或者姓名和住址,标的;数量,质量,价款或者报酬,履行期限、地点和方式,违约责任,解决争议的方法。贸易双方可以

[①] 参见傅家政主编:《国际经济技术合作》,天津大学出版社1999年版,第215—218页;王玉清主编:《国际技术贸易》,中国人民大学出版社2001年版,第81页。

参照各类技术贸易合同的示范文本订立合同。

根据中国对外经贸主管部门的有关规定,有关公司对外谈判,应该选择技术先进、商务条件优惠的外商签订合同。合同的主签为公司,附签为项目单位。[①]

2. 合同中不应带有的限制性条款

根据中国《技术进出口管理条例》(2011)第29条的规定,技术进口合同中不得含有下列限制性的条款:

(1) 要求受让人接受并非技术进口必不可少的附带条件,包括购买非必需的技术、原材料、产品、设备或者服务;

(2) 要求受让人为专利权有效期限届满或者专利权被宣布无效的技术支付使用费或者承担相关义务;

(3) 限制受让人改进让与人提供的技术或者限制受让人使用所改进的技术;

(4) 限制受让人从其他来源获得与让与人提供的技术类似的技术或者与其竞争的技术;

(5) 不合理地限制受让人购买原材料、零部件、产品或者设备的渠道或者来源;

(6) 不合理地限制受让人产品的生产数量、品种或者销售价格;

(7) 不合理地限制受让人利用进口的技术生产产品的出口渠道。

二、合同的登记管理

1. 自由进出口技术的合同登记管理

为了规范自由进出口技术合同的管理,建立技术进出口信息管理制度,促进技术进出口的发展,2001年11月16日,中国对外贸易经济合作部发布《技术进出口合同登记管理办法》;2009年2月1日,商务部对该办法进行了修订,公布30日后施行。根据新的管理办法,技术进出口合同包括专利权转让合同、专利申请权转让合同、专利实施许可合同、技术秘密许可合同、技术服务合同和含有技术进出口的其他合同,所有均需登记管理。自由进出口技术合同实行网上在线登记管理。商务主管部门是技术进出口合同的登记管理部门。

中外合资、中外合作和外资企业成立时作为资本入股并作为合资章程附件的技术进口合同,按外商投资企业有关法律规定办理相关手续。

2004年颁布的《对外贸易法》第9条规定,除了法律、行政法规和国务院对外贸易主管部门规定不需要备案登记的除外,从事货物进出口或者技术进出口,对外贸易经营者都应当向国务院对外贸易主管部门或者其委托的机构办理备案登记。未按照规定办理备案登记的,海关不予办理进出口货物的报关验放手续。根据该法第15条、第19条规定,属于自由进出口的技术,进出口应当向国务院对外贸易主管部门或者其委托的机构办理合同备案登记;属于限制进口或出口的技术,实行许可证管理。

对于自由进出口技术合同的登记,实行分级管理制度。即商务部负责对《政府核准的投资项目目录》和政府投资项目中由国务院或国务院投资主管部门核准或审批的项目项下的技术进口合同进行登记管理;各省、自治区、直辖市和计划单列市商务主管部门负责对其他自由进出口技术合同进行登记管理;中央管理企业的自由进出口技术合同,按属地原则到各

[①] 参见《合同法》(1999)第二章、第十三章、第十四章、第十八章;原国家计委、外经贸部:《关于印发〈加强技术引进管理的若干规定〉的通知》(1991),"附:商务管理细则"。

省、自治区、直辖市和计划单列市商务主管部门办理登记;各省、自治区、直辖市和计划单列市商务主管部门可授权下一级商务主管部门对自由进出口技术合同进行登记管理。

关于限制进口或出口技术的许可证管理在第九章阐述。

2. 合同登记程序与相关事项

根据中国《技术进出口管理条例》(2011)第二章、第三章规定,以及《技术进出口合同登记管理办法》(2009),属于自由进出口的技术,实行合同登记管理,其登记程序如下:

(1) 网上登记。技术进出口经营者登陆商务部政府网站上的"技术进出口合同信息管理系统"进行登记,并持技术进(出)口合同登记申请书、技术进(出)口合同副本(包括中文译本)和签约双方法律地位的证明文件,到商务主管部门履行登记手续。

(2) 内容核对。商务主管部门在收到上述文件起3个工作日内,对合同登记的内容进行核对。

(3) 颁发证书。商务主管部门对合同登记内容核对无误的技术进出口经营者颁发"技术进口合同登记证"或"技术出口合同登记证"。

(4) 办理相关手续。申请人凭技术进口许可证或者技术进口合同登记证,办理外汇、银行、税务、海关等相关手续。

(5) 错误补正与修改。对申请文件不符合《技术进出口管理条例》规定要求的或登记记录与合同内容不一致的,商务主管部门在收到申请文件的3个工作日内通知技术进出口经营者补正、修改,并在收到补正的申请文件起3个工作日内,对合同登记的内容进行核对,核对无误的颁发"技术进口合同登记证"或"技术出口合同登记证"。

(6) 合同变更。技术进出口经营者若要变更已登记的自由进出口技术合同的内容,需要办理合同登记变更手续。即登陆"技术进出口合同信息管理系统",填写合同数据变更记录表,持合同变更协议和合同数据变更记录表,到商务主管部门办理手续。后者收到完备的变更申请材料之日起3日内办理合同变更手续。

(7) 合同终止。经登记的进出口技术合同在执行过程中因故中止或解除,技术进出口经营者应当持技术进出口合同登记证等材料及时向商务主管部门备案。

根据2009年2月1日修改的《技术进出口合同登记管理办法》第4条和第5条规定,商务部负责对《政府核准的投资项目目录》和政府投资项目中由国务院或国务院投资主管部门核准或审批的项目项下的技术进出口合同进行登记管理;各省、自治区、直辖市和计划单列市商务主管部门负责其他自由进出口技术合同进行登记管理;中央管理企业的自由进出口技术合同,按属地原则到各省、自治区、直辖市和计划单列市商务主管部门办理登记;各省、自治区、直辖市和计划单列市商务主管部门可授权下一级商务主管部门对自由进出口技术合同进行登记管理。

3. 登记的主要内容与标准代码

自由进出口技术合同登记的主要内容为:合同号,合同名称,技术供方,技术受方,技术使用方,合同概况,合同金额,支付方式,合同有效期。

国家对自由进出口技术合同号实行标准代码管理。要求技术进出口经营者编制技术进出口合同号应符合下述规则:

(1) 合同号总长度为17位。

(2) 前9位为固定号:第1—2位表示制订合同的年份(年代后2位),比如2016年,写作"16";第3—4位表示进口或出口国别地区(国标2位代码);第5—6位表示进出口企业所在地区(国标 2 位代码);第 7 位表示技术进出口合同标识(进口 Y,出口 E);第 8—9 位表示进出口技术的行业分类(国标 2 位代码);后 8 位为企业自定义。①

例如:合同号 01USBJE01CNTIC001。01 表示 2001 年;US 表示美国;BJ 表示北京;E 表示出口;01 表示出口技术的行业分类,比如农业技术;CNTIC001 则为企业自己定义的合同编号。

三、合同的生效、履行与终止

1. 合同的生效期

根据中国《技术进出口管理条例》(2011)第 17 条、第 39 条的规定,自由进出口技术合同自依法成立时生效,不以登记为合同生效的条件;根据第 16 条和第 38 条规定,限制进口或限制出口的技术出口合同,则自技术进口或出口许可证颁发之日起生效。

2. 合同履行步骤

根据中国《合同法》(1999)第四章,合同生效后,当事人应当按照约定全面履行自己的义务。当事人应当遵循诚实信用原则,根据合同的性质、目的和交易习惯履行通知、协助、保密等义务。

在国际技术贸易中,技术交易双方应该按照合同的规定,保质保量地按时履行合同。例如,含有技术转让内容的成套设备进出口贸易合同生效后,合同履行的步骤应包括以下几个环节:

(1) 供方交付技术资料,受方支付入门费;

(2) 受方派遣技术人员赴供方进行人员培训;

(3) 供方交付机器设备、生产线,货到后受方提货及报验;

(4) 供方派遣技术人员协助受方安装技术设备,帮助受方了解与掌握技术的性能与操作;

(5) 受方投料进行试验性的生产,供方与受方按照合同规定的技术标准验收产品,如果合格则签署验收报告单;

(6) 受方支付合同价款。

(7) 争议的解决、索赔等。如果出现机器在运输途中的磨损、毁坏或以次充好,受方则可通过合同中的"争议解决"条款的规定要求索赔。

3. 合同中未明确问题的解决

根据《合同法》第 61 条、第 62 条规定,合同生效后,当事人就质量、价款或者报酬、履行地点等内容没有约定或者约定不明确的,可以协议补充;不能达成补充协议的,按照合同有关条款或者交易习惯确定。如果仍不能确定,就按下列规定确定:

(1) 质量要求不明确的,按照国家标准、行业标准履行;没有国家标准、行业标准的,按照通常标准或者符合合同目的的特定标准履行。

(2) 价款或报酬不明确的,按照订立合同时履行地的市场价格履行;依法应当执行政府定价或者政府指导价的,按照规定履行。

(3) 履行地点不明确,给付货币的,在接受货币一方所在地履行;交付不动产的,在不动产所在地履行;其他标的,在履行义务一方所在地履行。

---

① 参见《技术进出口管理条例》(2011);《技术进出口合同登记管理办法》(2009)。

(4) 履行期限不明确的,债务人可以随时履行,债权人也可以随时要求履行,但应当给对方必要的准备时间。

(5) 履行方式不明确的,按照有利于实现合同目的的方式履行。

(6) 履行费用的负担不明确的,由履行义务一方负担。

根据《合同法》第76条,合同生效后,当事人不得因姓名、名称的变更或者法定代表人、负责人、承办人的变动而不履行合同义务。

4. 合同的解除

根据《合同法》规定,有下列情形之一的,合同的权利义务终止:

(1) 债务已经按照约定履行;
(2) 合同解除;
(3) 债务相互抵销;
(4) 债务人依法将标的物提存;
(5) 债权人免除债务;
(6) 债权债务同归于一人;
(7) 法律规定或者当事人约定终止的其他情形。

合同的权利义务终止后,当事人应当遵循诚实信用原则,根据交易习惯履行通知、协助、保密等义务。

有下列情形之一的,当事人可以解除合同:

(1) 因不可抗力致使不能实现合同目的;
(2) 在履行期限届满之前,当事人一方明确表示或者以自己的行为表明不履行主要债务;
(3) 当事人一方迟延履行主要债务,经催告后在合理期限内仍未履行;
(4) 当事人一方迟延履行债务或者有其他违约行为致使不能实现合同目的;
(5) 法律规定的其他情形。

法律规定或者当事人约定解除权行使期限,期限届满当事人不行使的,该权利消灭。

本章习题

一、名词解释

1. 可行性研究   2. 询价   3. 比价   4. 技术进出口合同

二、阐述题

1. 某家化工企业需要从国外引进一项治污技术,其交易前应该进行哪些准备工作?
2. 某家计算机软件公司需要向国外输出其公司开发的软件,该公司应该进行哪些准备?国家在这方面有什么政策?
3. 商务谈判团应该由哪些人员组成?选择人员时需要考虑哪些因素?谈判前各成员应该做好哪些准备工作?
4. 常见的比价方法有哪些?
5. 谈判的程序有哪些?需要使用哪些策略与技巧?
6. 技术进出口合同登记程序有哪几步?去哪里办理登记手续?

三、模拟题

1. 课堂模拟:技术进口交易的业务程序。

2. 根据上述课堂交易内容,买卖双方模拟撰写一份技术转让合同。

3. 通过到企业实习和网上资料查询,模拟撰写一份《技术引进项目建议书》,其内容包括:

(1) 技术引进项目的目的和意义。包括技术引进项目提出的背景和依据;国内外技术差距和概况;投资的必要性及经济意义。

(2) 技术产品市场预测分析。包括技术产品国内外市场供需现状,近期、远期需要量及主要消费地的预测;国内外相同或可替代产品近几年已有和在建的生产能力、产量情况及变化趋势预测;近几年产品进出口情况;产品销售预测、竞争能力和进入国际市场前景估计;国内外产品价格的现状及销售价格预测。

(3) 技术产品的生产方案和生产规模。包括产品和副产品的品种、规格、质量指标及拟建规模;产品生产方案是否符合国家产业政策、行业发展规划、技术政策和产品结构的要求;对生产规模的初步分析。

(4) 工艺技术初步方案。包括原料路线和生产方法简述;工艺技术(软件)来源的选择与初步比较;引进技术和设备的范围和内容,技术的来源国和厂商的名称。

(5) 原材料、燃料和动力的供应。包括主要原材料、辅助材料、燃料的种类、规格、年需用量及供应来源;资源来源、品位、成份等情况,资源供给的可能性和可靠性;水、电、汽和其他动力小时用量及年需用量,供应方式和供应条件。

(6) 建厂条件和厂址初步方案。包括建设地点的自然条件和社会经济条件;建设地点是否符合当地规划的要求;厂址方案选择的初步意见,拟建厂址周围的生活居住区、文教区、水源保护区、名胜古迹游览区、自然保护区等情况,是否符合环保卫生防护距离要求等。

(7) 环境保护。包括说明企业"三废"排放和环保工作情况;分析拟建项目环境的影响。

(8) 技术引进项目实施初步规划。包括建设工期初步规划;项目实施初步进度表。

(9) 投资估算和资金筹措方案。投资估算包括建设投资估算、固定资产投资方向调节税估算、初步计算建设期利息、固定资产投资、流动资金估算、建设项目工程总投资、报批项目总投资。资金筹措方案包括资金来源、逐年资金筹措数额和初步安排使用方案。

(10) 经济效益和社会效益的初步评价。包括产品成本和费用估算;财务分析;借款偿还能力分析;国民经济分析,即分析项目给国民经济带来的净效益;社会效益分析,包括对节能的影响,对环境保护和生态平衡的影响,对用户的影响,对科技进步的影响,对就业机会的影响,对创汇的影响,对地区或部门经济发展的影响等。

(11) 结论与建议。对项目各方面进行初步研究后作出结论,包括存在的问题和建议。

第六章 合同的结构与基本条款

▶ **教学目的和要求**
- 了解国际技术贸易合同的类型、结构与内容。
- 掌握常见国际技术贸易合同的基本条款。
- 学会制作国际技术贸易合同。

第一节 合同的类型与结构

一、合同的类型

本书第一章已作介绍,国际技术贸易的方式主要有:许可贸易、技术咨询服务、合作生产、工程承包、国际租赁、与投资相结合的技术贸易、与设备相结合的技术转让。相应地,签订的合同种类就有:

(1) 许可贸易合同。具体形式有:专利实施许可合同、专利权转让合同、专利申请许可合同、专利申请权转让合同、商标许可合同、商标权转让合同、技术秘密许可合同、技术秘密转让合同、计算机软件许可合同、计算机软件转让合同等。

(2) 技术咨询服务合同。具体形式有技术服务合同、技术咨询合同。

(3) 租赁合同。具体形式有国际租赁合同、国际融资租赁合同。

(4) 混合型技术贸易合同。具体形式有:国际工程承包合同、与投资相结合的技术进出口合同;含技术许可在内的合作生产合同、与设备进出口相结合的专利转让合同等。

本章首先介绍合同的结构与基本条款,其后分别介绍10种常用的合同,它们是专利实施许可合同、专利申请技术实施许可合同、专利权转让合同、专利申请权转让合同、技术秘密许可合同、商标使用权许可合同、计算机软件许可合同、技术服务合同、技术咨询合同以及国际工程承包合同。

二、合同的基本结构

根据中国《合同法》(1999),当事人订立的合同,有书面形式、口头形式和其他形式之分。作为国际技术贸易而言,绝大多数的交易合同要求是书面形式。尤其是随着计算机信息技术在国际贸易中的运用,文本格式的标准化是电子化的基本要求。国家专利局、各省市科委、工商行政管理局等部门为技术交易合同设计出不同类别的统一文本,以便电子化管理。

从正规的技术贸易合同看,通常由两大部分组成:一是合同的正文;二是合同的附件,包括技术附件与商务附件。

1. 合同的正文

合同的正文包括以下三部分内容:

(1) 合同首部(title of contract)。在统一文本中通常表现为合同的封面(front cover),其内容包括合同类型、合同登记编码、技术项目名称、当事人双方的法定名称和法定地址、双方代表人、签订地点、签订日期、有效期限、合同监制部门名称。

(2) 前言或序文(preface/preamble)。表明交易双方就某项技术转让或许可的愿望与态度。

(3) 合同主体(the body of contract)。即条款部分,一般包括以下几类条款:

① 定义条款。对合同中出现的容易引起争议的关键名词与术语进行定义。

② 技术条款。包括技术内容、许可方式与范围、技术资料的交付、验收标准与方法、保密要求与措施、技术服务与培训、技术改进与分享等条款。

③ 商务条款。包括使用费用或转让费用及支付方式、税费等条款。

④ 涉法条款。包括保证、侵权、不可抗性、违约与索赔、争议与解决、法律适用与仲裁、合同生效、变更与终止等条款。

(4) 合同尾部(end portion of contract)。包括当事双方签章、双方法人代表签章、签章日期。在统一文本中还包括当事各方基本情况表,包括姓名、法人代表、联系人、单位名称、住所(通信地址)、电话、开户银行、账号;印花税票粘贴处;登记机关审查登记栏与签章处。

2. 附件

附件主要是对合同中的技术部分、合同的履行作较为详细的说明。根据技术贸易方式的不同,附件内容各异。单纯的许可合同或转让合同比较简单,但有时也会因为交易双方的讨价还价,最后在签订合同时,按照双方或多方当事人的约定,将一些材料放到附件中。比如,在专利实施许可合同或专利权转让合同中,可能会出现如下附件:

(1) 专利技术资料名称与内容;

(2) 合同产品的名称、型号、规格和技术参数;

(3) 技术资料的内容、数量和交付计划;

(4) 合同产品的考核程序和验收标准;

(5) 许可方对被许可方人员培训计划或派遣专家指导计划;

(6) 专利名称、专利号、专利授予日期、专利权有效期等法律文书,等等。

三、合同的主体

在中国《合同法》《技术进出口管理条例》《技术进出口合同登记管理办法》中,对于技术进出口合同的主体没有通过专门条款加以规定。但从国内现行有关法律条例和国外常用术语看,技术贸易合同主体大体有这么几种表述:

(1) 许可方(licensor)与被许可方(licensee)。这对术语主要使用于许可贸易合同中,如专利实施许可合同、专利申请技术实施许可合同、技术秘密许可合同、商标使用许可合同等。国家专利局监制的专利许可贸易合同文本就使用这对术语。

(2) 转让方(transferor)与受让方(transferee)。该对术语使用在产权转让合同中,如专利权转让合同、专利申请权转让合同、商标权转让合同中。国家专利局监制的专利权转让的合同文本中使用这对术语。

在《合同法》(1999)第十八章第三节中使用了"让与人"与"受让人"这对术语,虽然这两对术语英语翻译相同,但由于使用了"让与人"这一术语,而不是"转让方",因此该对术语既可使用在技术使用权的"让与"合同中,也可以使用在技术所有权的"让与"合同中,即许可贸易合同与产权转让合同中都可使用。由此,使用范围扩大。

(3) 供方(supplier)与受方(recipient)。该术语使用范围较大,在许可贸易合同和产权转让合同中都可使用,并且还可以使用在混合型技术贸易合同中。中国《技术进出口合同登记管理办法》(2009)第10条"自由进出口技术合同登记的主要内容"中使用了这对术语,并且还增加了"技术使用方",即出现三方。因为技术受方并不一定是技术使用方。

(4) 委托方(trustier/client)与受托方(trustee),或委托人与受托人。该对术语主要用于技术咨询合同与技术服务合同中。中国《合同法》第十八章第四节"技术咨询合同与技术服务合同"中使用这对术语。此外,在国家科学技术部《技术合同示范文本》的"技术转让(技术秘密)合同"中也使用这对术语。

不过,国内某些地方科委和工商行政管理局合制的技术咨询合同文本中,使用的是"委托方"与"顾问方"(consultant),技术服务合同文本中使用的是"委托方"与"服务方"(server)这样的术语,并且合同中还有"中介方"(tertium quid),即共三方。

(5) 出口方(exporter)与引进方(importer)或出口方与进口方。该对术语在技术贸易中一般用于包括技术转让或许可在内的技术设备进口合同或出口合同中。2002年后施行的有关技术贸易法律条例较为统一地使用"技术出口经营者"与"技术进口经营者"这对术语。该术语使用面较广,可以用于各类技术贸易合同中。

(6) 出租人(lessor)与承租人(lessee)。《合同法》第十三章"租赁合同"中使用该对术语;第十四章"融资租赁合同"中除了使用该对术语外,还出现"出卖人"(seller)第三方。该对或该套术语可专门用于国际租赁合同中。

(7) 发包人(promoter)与承包人(contractor)。在《合同法》第十六章"建设工程合同"中使用。该术语一般用于国际工程承包合同中。

(8) 甲方(part A)、乙方(part B)、丙方(part C)。一般用在版权贸易合同中,也用于国际工程承包合同、含投资在内的技术贸易、技术秘密转让合同中,尤其是涉及多方时,一般附在这些合同专用术语之后。比如,在技术服务合同文本中有这样的表述:委托方(甲方)、服务方(乙方)、中介方(丙方)。在技术秘密转让合同文本中有:委托方(甲方)、受托方(乙方)。

(9) 买方(buyer)与卖方(seller)。这对术语涵盖范围较大,比较口语化,一般用于交易所、拍卖行等地方。在正式的买卖合同中以"买受人"和"出卖人"的术语来表达。

第二节 专利贸易合同条款

一、技术合同的定义与一般条款

1. 技术合同的定义

1999年3月15日,第九届全国人民代表大会第二次会议通过了《合同法》,10月1日施行,同日早期颁布的《经济合同法》《涉外经济合同法》《技术合同法》废止。新《合同法》的颁布实现了中国合同立法的统一和与世界合同规则的相通,意味着该法适用于中国对外技术贸易的合同。

什么是技术合同?《合同法》第十八章第322条作了这样的定义:"技术合同是当事人就技术开发、转让、咨询或者服务订立的确立相互之间权利和义务的合同。"

该法律规定,技术合同的订立"应当有利于科学技术的进步,加速科学技术成果的转化、应用和推广"。凡是"非法垄断技术、妨碍技术进步或者侵害他人技术成果的技术合同无效"。这就是说,为了垄断的目的购买技术,置而不用,或者盗用他人技术成果进行交易,则签订的技术合同均无效。

2. 技术合同的一般条款

根据《合同法》第 324 条规定,技术合同的内容由当事人约定,一般包括以下条款:

(1) 项目名称;

(2) 标的的内容、范围和要求;

(3) 履行的计划、进度、期限、地点、地域和方式;

(4) 技术情报和资料的保密;

(5) 风险责任的承担;

(6) 技术成果的归属和收益的分成办法;

(7) 验收标准和方法;

(8) 价款、报酬或者使用费及其支付方式;

(9) 违约金或者损失赔偿的计算方法;

(10) 解决争议的方法;

(11) 名词和术语的解释。

此外,与履行合同有关的技术背景资料、可行性论证和技术评价报告、项目任务书和计划书、技术标准、技术规范、原始设计和工艺文件,以及其他技术文档,按照当事人的约定都可以作为合同的组成部分。

技术合同涉及专利的,应当注明发明创造的名称、专利申请人和专利权人、申请日期、申请号、专利号以及专利权的有效期限。

二、专利实施许可合同条款

1. 专利实施许可合同的概念

所谓专利实施许可合同是指以许可专利技术为唯一标的、双方当事人为实施该标的的特定目标而规定双方权利和义务的法律性文件。在专利实施许可合同中,提供专利技术方称为许可方,又称为让与人;接受许可的一方称为被许可方,又称为受让人。

2. 专利实施许可的种类

按照使用技术地域的范围和使用权的大小,专利实施许可可以划分为以下几类:

(1) 独占许可(exclusive license)。即指被许可方独占专利的实施权,包括使用权、生产权、销售权,甚至进口权,其他任何方包括许可方无实施权。比如,为了获得较高的报酬,许可方给予被许可方在合同期内独占实施权,但合同到期后,实施权重新归属许可方。因此,独占许可不是所有权或财产权的转让,它与专利权转让不同。值得一提的是,强行许可不是独占许可。根据中国《专利法》(2008)第 56 条规定,"取得实施强制许可的单位或者个人不享有独占的实施权,并且无权允许他人实施"。

(2) 排他许可(sole license)。许可方给予被许可方实施专利的权利是排他性的,即除了许可方仍可以实施专利外,其他第三方都不能实施该专利。

(3) 普通许可(simple license contract)。即指许可方给予被许可方专利实施权不是排他性的,许可方可以向第三方、第四方或更多的自然人或法人实施许可。

(4) 分许可(sub-license),又称再许可。即指被许可方经得许可方同意,可以将实施权的专利技术再许可给第三方实施。由于分许可是第二层次的授权,因此许可费没有第一层次的授权那么高。在专利实施许可合同签订时,被许可方应该了解许可方是否为专利权人或专利持有人,以避免支付过高的使用费。

(5) 交叉许可(across license)。即指交易双方在互惠互利的基础上将各自拥有的专利许可给对方实施,互为许可方与被许可方,双方对对方的专利技术享有使用权、产品生产权和销售权。由于双方权利对等,因此无须支付使用费。比如,A 公司希望利用 B 公司某项专利来解决本公司技术开发中的难题,而 B 公司希望得到 A 公司的某项技术来生产某种产品,经过谈判,彼此订立互换许可性质的专利实施许可合同,从而实现各自的目的。[①]

3. 专利实施许可合同的主要条款

国际技术许可合同的内容包括两个部分,一是合同的正文,二是合同的技术附件和商务附件。根据中国国家专利局监制的《专利实施许可合同》文本,正文中包括一般性条文和基本条款。

一般性条文包括合同的名称、合同编号、专利名称、专利号;许可方名称、地址、代表人;被许可方名称、地址、代表人;合同备案号;签订地点、签订日期、有效期限。

基本条款包括:

(1) 鉴于条款,即"前言"。该条款由许可方和被许可方交易的背景与愿望构成。

首先,许可方的姓名或名称(必须与所许可的专利的法律文件相一致)、许可的专利名称(必须与专利法律文件相一致)、性质(是职务发明创造,还是非职务发明创造)、专利号(9位数)、公开号(8位,包括最后一位字母)、申请日、专利的法定届满日、交易的性质,以及拥有实施该专利所涉及的技术秘密及工艺的声明。

其次,被许可方的姓名或名称,技术背景(属于哪个领域的企业、事业单位、社会团体或个人等),拥有的技术条件(厂房、设备、人员及其他条件),技术专业(如对许可方的专利技术有所了解),以及希望获得许可而实施该专利技术(及所涉及的技术秘密、工艺等)的愿望。

最后,"鉴于许可方同意向被许可方授予所请求的许可,双方一致同意签订本合同"。

(2) 定义条款,即第 1 条"名词和术语"。合同在履行过程中发生的许多争议往往由双方对合同中一些名词或术语的理解不同而造成,因此合同首先就应该对合同中容易造成不同理解的关键性的名词和术语进行定义。常见的名词和术语有:专利、技术秘密(或称专有技术)、技术资料、合同产品、技术服务、销售额、净销售额、纯利润、改进技术、普通实施许可、排他实施许可、独占实施许可、分许可等。例如:

1. 专利——本合同中所指的专利是许可方许可被许可方实施的由中国专利局受理的发明专利(或实用新型专利或外观设计专利),专利号:(编号),发明创造名称:(具体名称)。

2. 技术秘密——是指实施本合同专利所需要的、在工业化生产中有助于本合同技术的最佳利用、没有进入公共领域的技术。

3. 技术资料——指全部专利申请文件和与实施该专利有关的技术秘密及设计图纸、工艺图纸、工艺配方、工艺流程及制造合同产品所需的工装、设备清单等技术资料。

4. 合同产品——指被许可方使用本合同提供的被许可技术制造的产品,其产品名称为:(具体名称)。

5. 技术服务——指许可方为被许可方实施合同提供的技术所进行的服务,包括传

[①] 参见中华人民共和国专利局监制:《专利实施许可合同签订指南》;史晓东、张文政主编:《世界多边贸易须知大典》,中国财政经济出版社 1996 年版,第 1483—1484 页。

授技术与培训人员。

6. 销售额——指被许可方销售合同产品的总金额。

7. 净销售额——指销售额减去包装费、运输费、税金、广告费、商业折扣。

8. 纯利润——指合同产品销售后,总销售额减去成本、税金后的利润额。

9. 改进技术——指在许可方许可被许可方实施的技术基础上改进的技术。

10. 普通实施许可——指许可方许可被许可方在合同约定的期限、地区、技术领域内实施该专利技术的同时,许可方保留实施该专利技术的权利,并可以继续许可被许可方以外的任何单位或个人实施该专利技术。

11. 排他实施许可——指许可方许可被许可方在合同约定的期限、地区、技术领域内实施该专利技术的同时,许可方保留实施该专利技术的权利,但不得再许可被许可方以外的任何单位或个人实施该专利技术。

12. 独占实施许可——指许可方许可被许可方在合同约定的期限、地区、技术领域内实施该专利技术,许可方和任何被许可方以外的单位或个人都不得实施该专利技术。

13. 分许可——被许可方经许可方同意将本合同涉及的专利技术许可给第三方。

(3) 授权条款,即合同的第 2 条"专利许可的方式与范围"。在技术实施许可合同中,许可方在一定的条件下,可以授予被许可方使用合同技术、制造产品、销售产品、进口产品的权利,以及对侵权行为的起诉权等多种权利,也可以只授予其中一种或几种权利。这种授权被称为"技术使用授权",它是被许可方合法使用许可方技术的条件。技术使用授权不是技术财产权或所有权的转让。在专利实施许可合同中应注明授权的范围、方式、领域、使用的地域和产品的销售地域:

① 专利的许可范围:专利的使用权、专利产品的制造权、专利产品的销售权。

② 专利的许可方式:独占许可、排他许可、普通许可、交叉许可、分许可。

③ 专利的许可领域:用于民用还是军用;用于纺织工业,还是化工业,还是多种工业等。

④ 专利的使用地域:可以使用专利的国家、地区、工厂。

⑤ 产品的销售地域:使用该专利方法生产的产品销售何地。

(4) 技术条款,即合同第 3 条"专利的技术内容"。专利的技术内容并不只是一个专利的授权证明和专利的说明书,还应该包括专利技术的各类指标(如产品指标、技术性能指标、能耗、环境保护、废品率等)、工艺流程文件、设备清单、技术秘密等。专利的技术指标是合同验收时的依据,因此技术条款订立的好坏,直接影响到合同履行的质量。专利技术的各部分内容可以通过附件的形式放在合同后,作为合同的一个组成部分。例如:

许可方向被许可方提供专利号为(编号),专利名称为(具体名称)的全部专利文件(见附件 1),同时提供为实施该专利而必须的工艺流程文件(见附件 2),提供设备清单用于制造该专利产品(见附件 3),并提供实施该专利所涉及的技术秘密(见附件 4),及其他技术(见附件 5)。

(5) 技术资料交付条款,即合同第四条"技术资料的交付",说明技术资料交付的时间、地点,以及交付的方式。根据谈判结果的不同,有着不同的约定。例如:

1. 交付时间

合同生效后,许可方收到被许可方支付的使用费(金额)美元后的(天数)日内,许可方向被许可方交付合同第三条所述的全部资料,即附件(1—5)中所示的全部资料。

自合同生效日起,(天数)日内,许可方向被许可方交付合同第三条所述部分技术资料,即附件1—3中所示的全部资料。

2. 交付方式

许可方将全部技术资料以空运方式递交给被许可方,并将资料清单以传真方式递交给被许可方,将空运单以邮寄方式递交给被许可方。

3. 交付地点

技术资料交付地点为被许可方所在地(具体地点)总经理办公室。

(6) 支付条款,即合同第5条"使用费及支付方式"。内容主要包括使用的货币(如人民币、美元、英镑、欧元、日元等)、支付的方式、付款的方式。在通常情况下,使用的货币与计价使用的货币相同,比如以美元计价,则使用的货币便是美元。支付方式上有总付、分期付款、入门费加销售额提成、入门费加利润提成、以专利技术入股等;在付款方式上有银行转账、托收、现金等。以支付方式为例:

1. 总付

本合同涉及的使用费为(金额)美元,采用一次总付方式。合同生效之日起(天数)日内,被许可方将使用费全部汇至许可方账号。

被许可方将使用费按上述期限以现金方式支付给许可方。

2. 分期付款

(1) 本合同涉及的使用费为(金额)美元,采用分期付款方式。合同生效后,(天数)日内,被许可方即支付使用费的(百分比)%即(金额)美元给许可方;待许可方指导被许可方生产出合格样机(数字)台(天数)日后再支付(百分比)%即(金额)美元,直至全部付清。

被许可方将使用费按上述期限汇至许可方账号。

(2) 使用费总额(金额)美元,采用分期付款方式。自合同生效日起(数字)个月内支付(金额)美元;(数字)个月内再支付(金额)美元;最后于(天数)日内支付(金额)美元,直至全部付清。

被许可方将使用费按上述期限汇至许可方账号。

3. 入门费加销售额提成(一般提成3—5%)

该专利使用费由入门费和销售额提成两部分组成。合同生效日支付入门费(金额)美元,销售额提成为(百分比)%,每(时间)年结算一次。

被许可方将使用费按上述期限汇至许可方账号。

4. 入门费和利润提成(一般提成3%—5%)

该专利使用费由入门费和利润提成两部分组成。合同生效日支付入门费(金额)美元,销售额提成为(百分比)%,每(时间)月结算一次。

被许可方将使用费按上述期限汇至许可方账号。

5. 技术入股方式(一般不超过20%)

该专利使用费以专利技术入股方式计算,被许可方与许可方共同出资(金额)万美元联合制造该合同产品,许可方以专利技术入股,股份占总投资的(百分比)%,第(时间)年分红,分配利润。

注意：在上述在(3)(4)(5)情况下，许可方有权查阅被许可方实施合同技术的有关账目。支付地点一般选择为合同签约地。

(7) 验收条款，即合同第6条"验收的标准与方法"。内容包括生产完成合同产品的数量(个、件、套、吨等)与标准(国际的、国家的、行业的)；检测部门、验收不合格问题的处理等。例如：

1. 被许可方在许可方指导下，生产完成合同产品(数字)个须达到许可方所提供的各项技术性能及质量指标(具体指标参数见附件6)并符合国际(名称)标准。

2. 验收合同产品。由被许可方委托省一级的检测部门进行，许可方参加，并给予积极配合，所需费用由被许可方承担。

3. 如因许可方的技术缺陷，造成验收不合格的，许可方应负责提出措施，消除缺陷。第二次验收仍不合格，许可方没有能力消除缺陷的，被许可方有权终止合同，许可方返还使用费，并赔偿被许可方的部分损失。

4. 如因被许可责任使合同产品验收不合格的，许可方应协助被许可方，进行补救，经再次验收仍不合格，被许可方无力实施该合同技术的，许可方有权终止合同，且不返还使用费。

5. 合同产品经验收合格后，双方应签署验收合格报告。

(8) 保密条款，即合同第7条"对技术秘密的保密事项"。由于专利实施许可不将专利所有权(即财产权)转让给被许可方，因此需强调被许可方在合同中与合同后的技术保密义务。例如：

1. 被许可方不仅在合同有效期内，而且在有效期后的任何时候都不得将技术秘密(附件4)泄露给本合同当事双方(及分许可方)以外的任何第三方。

2. 被许可方的具体接触该技术秘密的人员均要同被许可方的法人代表签订保密协议，保证不违反上款要求。

3. 被许可方应将附件4妥善保存(如放在保险箱里)。

4. 被许可方不得私自复制附件4，合同执行完毕，或因故终止、变更，被许可方均须把附件4退给许可方。

(9) 服务与培训条款，即合同第8条"技术服务与培训"。可以就技术服务与培训问题另外签订一个从属合同。该条款的要点是：

① 许可方在合同生效后(多少时间)内负责向被许可方传授合同技术，并解答被许可方提出的有关实施合同技术的问题。

② 许可方在被许可方实施该专利申请技术时，要派出合格的技术人员到被许可方现场进行技术指导，并负责培训被许可方的具体工作人员。

③ 被许可方接受许可方培训的人员应符合许可方提出的合理要求。(确定被培训人员标准)

④ 被许可方可派出人员到许可方接受培训和技术指导。

⑤ 技术服务与培训的质量，应以被培训人员能够掌握该技术为准。(确定具体标准)

⑥ 技术服务与培训所发生的一切费用，如差旅费、伙食费等均由被许可方承担。

⑦ 许可方完成技术服务与培训后，经双方验收合格共同签署验收证明文件。

(10) 技术改进条款，即合同第9条"后续改进的提供与分享"。要求：

① 在合同有效期内,任何一方对合同技术所作的改进应及时通知对方。
② 有实质性的重大改进和发展,申请专利的权利由合同双方当事人约定。没有约定的,其申请专利的权利归改进方,对方有优先、优价被许可,或者免费使用该技术的权利。
③ 属原有基础上的较小的改进,双方免费互相提供使用。
④ 对改进的技术还未申请专利时,另一方对改进技术承担保密义务,未经许可不得向他人披露、许可或转让该改进技术。
⑤ 属双方共同作出的重大改进,申请专利的权利归双方共有,另有约定除外。

(11) 违约索赔条款,即合同第 10 条"违约及索赔"。许可方与被许可方分别作出保证,即许可方保证按规定提供技术资料、技术服务与培训等;被许可方保证按时支付技术使用费等。一方若不能履行其保证,即违约时,另一方有权要求其进行索赔,索赔的基本方式就是缴纳违约金。该条款对违约金的数目作出规定。例如:

对许可方:

    1. 许可方拒不提供合同所规定的技术资料,技术服务及培训,被许可方有权解除合同,要求许可方返还使用费,并支付违约金(数额)。

    2. 许可方无正当理由逾期向被许可方交付技术资料,提供技术服务与培训的,每逾期一周,应向被许可方支付违约金(数额),逾期超过(具体时间),被许可方有权终止合同,并要求返还使用费。

    3. 在排他实施许可中,许可方向被许可方以外的第三方许可该专利技术,被许可方有权终止合同,并要求支付违约金(数额)。

    4. 在独占实施许可中,许可方自己实施或许可被许可方以外的第三方实施该专利技术,被许可方有权要求许可方停止这种实施与许可行为,也有权终止本合同,并要求许可方支付违约金(数额)。

对被许可方:

    1. 被许可方拒付使用费的,许可方有权解除合同,要求返还全部技术资料,并要求赔偿其实际损失,并支付违约金(数额)。

    2. 被许可方延期支付使用费的,每逾期(具体时间)要支付给许可方违约金;逾期超过(具体时间),许可方有权终止合同,并要求支付违约金(数额)。

    3. 被许可方违反合同规定,扩大对被许可技术的许可范围,许可方有权要求被许可方停止侵害行为,并赔偿损失,支付违约金(数额);并有权终止合同。

    4. 被许可方违反合同的保密义务,致使许可方的技术秘密泄露,许可方有权要求被许可方立即停止违约行为,并支付违约金(数额)。

(12) 侵权条款,即合同第 11 条"侵权的处理"。合同履行中,可能会出现侵权事件的发生:一是有第三方指控被许可方实施了其专利;二是被许可方实施的专利遭到第三方侵犯;三是许可方侵犯了第三方的专利。出现这种情况,应该如何处理,合同拟定时应有所准备并确认。例如:

    1. 在合同有效期内,若有第三方指控被许可方实施的合同技术侵权,由许可方出面给予应诉,若确实构成侵权事实,许可方应承担一切法律后果。

    2. 合同双方任何一方发现第三方侵犯许可方的专利权时,应及时通知对方,由许可方与侵权方进行交涉,或负责向专利管理机关提出请求或向人民法院提起诉讼,被许可方给予协助。

(13) 专利撤销条款,即合同第 12 条"专利权被撤销和被宣告无效的处理"。由于某种原因,获得批准的专利可能被宣布无效,比如许可方侵犯了第三方的专利、专利过期了、专利被强制许可等。因此,合同中必须规定当这种情况发生时,合同双方当事人的权利和义务将作怎样的变动或处理。一般有这样两种处理方式:

在合同有效期内,许可方的专利权被撤销或被宣告无效时,如无明显违反公平原则,且许可方无恶意给被许可方造成损失,则许可方不必向被许可方返还专利使用费。

在合同有效期内,许可方的专利权被撤销或被宣告无效时,因许可方有意给被许可方造成损失,或明显违反公平原则,许可方应返还全部专利使用费,合同终止。

(14) 不可抗力条款,即合同第 13 条"不可抗力"。所谓不可抗力,是指发生不以双方意志为转移的当事人的力量难以对抗的事件,如火灾、水灾、地震、战争等,由此妨碍履行合同义务。当不可抗力发生时,当事人应该采取适当措施减轻损失,并及时通知对方当事人。例如,可以有这样一些约定:

1. 在(某种事件)期间,出具合同不能履行的证明。
2. 发生不可抗力事件在(合理时间)内,合同延期履行。
3. 发生不可抗力事件在(列举情况)情况下,合同只能履行某一部分(具体条款)。
4. 发生不可抗力事件,持续时间超过(具体时间),本合同即告终止。

(15) 税费条款,即合同第 14 条"税费"。通常原则是由许可方纳税。根据《企业所得税法》(2008)第 3 条,无论是中国企业还是外国企业,其发生在中国境内的所得都应该缴纳企业所得税。

(16) 争议解决条款,即合同第 15 条"争议的解决方法"。双方在履行合同中发生争议时,应根据合同订立的条款,本着友好协商的态度,自行解决。如果不能解决,则有以下几种选择:

① 双方不能协商解决争议的,提请专利管理机关调处,对调处决定不服的,向人民法院起诉。
② 双方发生争议,不能和解的,向人民法院起诉。
③ 双方发生争议,不能和解的,向仲裁机构申请仲裁。

(17) 合同生效条款,即合同第 16 条"合同的生效、变更与终止"。有几点需注意:

① 属自由贸易的技术合同依法生效(按该合同规定的时间起生效,一般合同规定"自双方签字、盖章之日起生效"),而属限制贸易的技术合同则自该技术进口或出口许可证颁发之日起生效。但不管怎样,合同的有效期不得超过专利的有效期。
② 为了防止获得独占实施许可的被许可方将专利搁置不用,又排斥他人使用现象的发生,许可方可以在独占实施许可合同中这么约定:"被许可方无正当理由不实施该专利技术的,在合同生效日后半年,合同自行变更为普通实施许可合同。"
③ 由于被许可方的原因,致使本合同不能正常履行的,本合同即告终止,或双方另行约定变更本合同的有关条款。
④ 合同期满后,许可方和被许可方可以依照公平合理的原则,就技术的继续使用进行

协商。

(18) 其他条款。前 16 条中没有包含的但需要特殊约定的内容,可以放在这一条款中。比如出现不可预见的技术问题如何解决,出现不可预见的法律问题如何解决等。①

4. 签订专利实施许可合同应注意的事项

(1) 合同中专利许可方应当保证自己是该技术的合法拥有者或有权许可者。当被许可方按照合同约定使用许可方提供的技术,侵害他人合法权益的,由许可方承担责任。但当事人另有约定的除外。

(2) 合同中专利许可方应保证该专利权有效。根据中国《专利法》,"专利权有效,在该专利权下的许可依法有效"。换言之,一旦专利权无效,则以该专利权授予的许可也就无效了。

(3) 合同应以专利在被许可方国家或专利产品销售地获得专利权为基础签定。假如所转让的专利在被许可方国家或销售地域未获得专利,这项技术的实施就得不到当地法律的保护。因此,拟引进技术的公司应该首先了解技术是否已在该公司所在国或产品销售地获得专利,如果没有,则要求许可方申请专利,然后再与许可方签订专利实施许可合同。

(4) 签订合同应包括技术秘密内容在内的专利实施许可合同。因为如果不包括技术秘密内容,许可方就只提供专利说明书和授予实施权,从而使被许可方难以掌握其技术。

(5) 合同中,许可方、被许可方应当在合同约定的保密范围和保密期限内,对许可方提供的技术中尚未公开的秘密部分承担保密义务。在保密期限内,承担保密义务的一方在保密技术非因自己的原因被公开后,其承担的保密义务即予终止。

(6) 合同中不能含有这些限制性条款和不合理要求条款:

① 限制被许可方改进许可方提供的技术;

② 限制被许可方使用所改进的技术;

③ 限制被许可方从其他来源获得与许可方提供的技术类似的技术或者与其竞争的技术;

④ 限制被许可方购买原材料、零部件、产品或者设备的渠道或者来源;

⑤ 限制被许可方产品的生产数量、品种或者销售价格;

⑥ 限制被许可方利用进口的技术生产产品的出口渠道;

⑦ 要求被许可方购买非必需的技术、原材料、产品、设备或者服务;

⑧ 要求被许可方为专利权有效期限届满或者专利权被宣布无效的技术支付使用费或者承担相关义务。

根据中国《技术进出口管理条例》(2011)第 29 条,上述限制性等条款不能在进口合同中出现。

(7) 当事人应该按照互利的原则,在专利许可合同中约定实施专利后续改进的技术成果的分享办法。没有约定或者约定不明确,可以通过协议加以补充。不能达成补充协议的,则按照合同有关条款或者交易习惯确定。根据中国《技术进出口管理条例》第 27 条规定,在技术进口合同有效期内,改进技术的成果属于改进方。即如果是被许可方对使用的专利有所改进,则改进技术成果应该属于被许可方。②

---

① 参见中华人民共和国专利局监制《专利实施许可合同签订指南》《合同法》《企业所得税法》。
② 参见《合同法》第 61 条、第 354 条;《技术进出口管理条例》第 27 条。

三、专利申请技术实施许可合同条款

1. 专利申请技术实施许可合同的概念

从专利的申请到批准有一个期间,这时如果有人希望获得该项技术的使用权,就需要与技术发明人签订《专利申请技术实施许可合同》,支付使用费。专利申请技术实施许可合同就是在专利申请过程中技术发明人与他人签订的许可实施该项技术的合同,这是就还未获得专利权的技术实施许可的合同。

根据《专利实施许可合同备案办法》(2011)第 21 条,当专利申请被批准授予专利权后,当事人应当及时对专利申请实施许可合同名称及有关条款作相应变更。当专利申请被驳回、撤回或视为撤回的,当事人应当及时办理注销手续。

2. 专利申请与专利的区别

专利申请与专利的区别主要表现在技术公开性不同、法律状态不同,以及技术可靠性不同。

(1) 技术公开性不同

当一项发明获得专利时,国家专利行政部门就会在定期出版的专利公报上公告该发明的说明书摘要以及保密专利的解密等,这意味着该项发明专利的秘密被公开了。专利申请则不同,在申请被批准之前,技术发明一般是不公开的,处于保密状态。比如在美国,专利申请在审查过程中,始终由专利局保密,真正批准授权后,才会予以公布。但也有国家则是在初步审查之前不公开,比如中国。

根据中国《专利法》(2008)第 34 条、第 35 条,以及《专利法实施细则》(2010)第三章,一项发明要获得专利,需要经过初步审查和实质审查。当国务院专利行政部门收到发明专利申请后,经初步审查认为符合本法要求的,自申请日起满 18 个月,即行公布;国务院专利行政部门也可以根据申请人的请求早日公布其申请。发明专利申请自申请日起 3 年内国务院专利行政部门可以根据申请人随时提出的请求,对其申请进行实质审查;或者国务院专利行政部门认为必要的时候,自行对发明专利申请进行实质审查。审查合格,由国务院专利行政部门作出授予该项发明专利权的决定,颁发专利证书,并予以登记和公告。这意味着在专利授权前发明的保密程度处于两种状态:一是公布申请前的专利申请,这时的专利申请许可可作为技术秘密许可对待;二是公布后的专利申请,由于申请公开,因此通过国家法律的临时保护。如果专利申请不被批准,申请的技术发明进入公有领域,这时对专利申请技术实施许可合同的履行就会产生影响。

(2) 法律状态不同

专利受到《专利法》保护。一项发明获得专利后,专利权人便拥有专利独占的实施权。任何人未经专利权人许可擅自实施该专利,都构成侵权,法律追求其侵权责任。而专利申请则不同,申请公布前,主要依靠发明人的保密加以保护;申请公布后,原发明会失去其秘密状态,他人可能会仿制。为此,不少国家规定,从专利申请公布日起至授权专利权止,对专利申请的发明实行临时保护。所谓临时保护,就是当他人未经许可而实施这项发明时,申请者有权要求其支付报酬或保留在专利批准后补收专利使用费的权利。比如,中国《专利法》(2008)第 13 条和第 68 条规定:"发明专利申请公布后,申请人可以要求实施其发明的单位或者个人支付适当的费用。""发明专利申请公布后至专利权授予前使用该发明未支付适当使用费的,专利权人要求支付使用费的诉讼时效为二年,自专利权人得知或者应当得知他人

使用其发明之日起计算,但是,专利权人于专利权授予之日前即已得知或者应当得知的,自专利权授予之日起计算。"显然,在专利获得之前,专利申请者不能像已获得专利的专利权人那样去制止未经许可者实施自己技术的行为,只能通过要求其支付使用费的方式减少损失。

(3) 技术可靠性不同

一项发明通过实质性审查获得专利,其技术是比较可靠的,被许可方使用这项技术,风险较小。而专利申请则不同,由于处于尚未批准状态,技术的可靠性处于不确定状态,因此被许可方使用这项技术,风险较大。

正因为上述不同,专利申请许可的费用往往低于专利许可的费用,被许可方在签订专利申请技术实施许可合同时,应该了解这点。①

3. 合同条款的特殊内容

从合同条款来看,专利申请技术实施许可合同与专利实施许可合同的条款大体相同,包括鉴于条款,定义条款,专利申请技术许可的方式与范围,专利申请技术的技术内容,技术资料的交付,使用费及支付方式、验收的标准与方法,对技术秘密的保密事项,技术服务与培训,后续改进的提供与分享,违约及索赔,不可抗力,税费,争议的解决方法,合同的生效、变更与终止,其他等条款。由于专利申请许可是就未获得专利权的技术实施许可,因此该合同还包括"专利申请被驳回的责任条款"。在专利未确定的情况下,为了保护许可方和被许可方的利益,在上述条款中也补充了一些特殊内容。②

(1) 定义条款

一些国家的许可方常常利用"专利申请技术"与"专利技术"二者一词之差,将前者充当为后者实施许可,收取较高的使用费。事实上,并不是所有的专利申请都能获得批准,不少国家的专利申请批准率很低,仅为20%左右。中国专利批准率相对高些,2005年中国三种专利申请通过率超过50%,其中发明专利申请的授权比例为27.09%。2013年,全球最大的五个知识产权局(欧盟专利局、日本特许厅、韩国知识产权局、中国国家知识产权局、美国专利商标局)共受理发明专利申请220万件,授权发明专利近95.7万件,比例为43.5%。③因此,在合同的定义条款中,首先要对"专利申请技术"进行定义。例如:

<u>专利申请技术</u>——本合同中所指的专利申请技术是许可方许可被许可方实施的由中国专利局受理的发明专利申请(或实用新型专利申请,或外观设计专利申请),专利申请号:(编号),发明创造名称:(全称)。

(2) 保密条款

在中国,一项发明在提交专利申请后经初步审查认为符合《专利法》要求予以公布,需要18个月。在这段时间,原保密的发明创造可能会泄密。此外,专利申请公布后,原发明会失去其秘密状态,他人可能会仿制,尤其是当该申请未获得专利后。为了保护申请者的利益,在专利申请技术实施许可合同中需订立对公布前专利申请的保密条文,以及专利申请被驳回或撤回后的保密条文。例如:

---

① 参见《专利法》第13条、第34条、第35条、第68条;王玉清主编:《国际技术贸易》,中国人民大学出版社2001年版,第124—125页。
② 参见中华人民共和国专利局监制《专利申请技术实施合同签订指南》。
③ 2005年数据来自熊金超:《我国专利申请的通过率超过50%》,http://news.xinhuanet.com/st/2005-11/03/content_3726403.htm/2005-11-3;2013年数据来自《2013年五局主要统计数据报告》(2014年4月初步数据)。

1. 被许可方不仅在合同有效期内,而且在有效期后的任何时候都不得将技术秘密(附件4)泄露给本合同当事双方(及分许可方)以外的任何第三方。

2. 被许可方具体接触该技术秘密的人员均要同被许可方的法人代表签订保密协议,保证不违反上款要求。

3. 被许可方应将附件4妥善保存(如放在保险箱里)。

4. 被许可方不得私自复制附件4,合同执行完毕,或因故终止、变更,被许可方均须把附件4退还给许可方。

5. 以上各款适用于该专利申请被驳回和被视为撤回。

(3) 专利申请被驳回的责任条款

当专利申请因为下列原因被驳回时,被许可方可以要求许可方返还全部或部分使用费,若给自己带来损失还应要求进行赔偿:根据《专利法》第47条,宣告无效的专利权视为自始即不存在。如果是因专利权人的恶意给他人造成的损失,应当给予赔偿;如果专利权人不向被许可实施专利人返还专利使用费,则明显违反公平原则,专利权人应当向被许可实施专利人返还全部或者部分专利使用费。有以下处理意见:

1. 对许可方不是该专利申请的合法申请人,或因未充分公开请求保护的申请主题的专利申请被专利局驳回,许可方应向补充许可方返还全部或部分使用费。

2. 对许可方侵害他人专利权或专利申请权的,专利申请被专利局驳回,未给被许可方造成损失的,许可方应向被许可方返还全部使用费;已经给被许可方造成损失的,除返还使用费外,许可方还应赔偿被许可方的损失。

3. 因其他原因,该专利申请被驳回的,一般不返还使用费。若给被许可方造成较大损失的,可视情况约定给予赔偿。

(4) 合同的生效、变更与终止条款

专利申请有可能被批准,也有可能不被批准,因此专利申请技术实施许可的费用往往低于专利实施许可的费用。对于许可方而言,倘若以较低价格签订合同,一旦专利被批准,许可方就会蒙受损失。因此,需要在合同的生效、变更与终止条款中增加"专利申请被批准后增加费用"的内容。对被许可方而言,当专利申请被驳回后,申请的技术发明进入公有领域,如果该技术发明作为交换价值依然存在,则可继续使用,但须降低使用费。因此,需要增加"专利申请被驳回后降低费用"的内容。例如:

1. 本合同自双方签字、盖章之日起生效,合同的有效期为(具体时间)年。

2. 该专利申请被授予专利权后,自授权日开始,本合同自行变更为专利实施许可合同,该专利技术的使用费在本合同涉及的使用费基础上增加(金额)元;或选择下列一项:

(1) 增加(百分比)%;

(2) 提成增加(百分比)%;

(3) 股份增加(百分比)%;

(4) 增加(具体数字)倍。

3. 该专利申请被驳回后,本合同自行变更为普通非专利技术转让合同,该技术转让费在本合同涉及的使用费基础上减少(金额)元;或选择下列一项:

(1) 减少(百分比)%;

(2) 提成减少(百分比)%;
(3) 股份减少(百分比)%;
(4) 该技术转让费等同于本合同使用费。

四、专利权转让合同条款

1. 专利权转让合同的概念

所谓专利权转让合同,是指专利权人就某项专利整体的转让与受让方订立的合同。与专利实施许可不同,专利的转让是整体的转让,是财产权的转让,即所有权的转让,而不是使用权、制造权和销售权某项权力的转让。

根据中国《专利法》(2008)第10条,专利权可以转让。中国单位或者个人向外国人、外国企业或外国其他组织转让专利权,必须依照法律、行政法规的规定办理手续。当事人应当订立书面合同,并向国务院专利行政部门登记,由该部门予以公告。专利权的转让自登记之日起生效。

2. 专利权转让合同的条款

专利权转让合同包括以下条款:①

(1) 鉴于条款,即"前言",位于合同正文的最前面。内容包括:技术转让方与受让方各自的姓名或名称,转让方拥有的工业产权名称、状况,交易的性质,以及双方愿意交易的愿望。转让方的姓名或名称、转让的专利名称必须与所转让专利的法律文件相一致。例如:

鉴于转让方(姓名或名称)拥有(专利名称)专利,其专利号(编号),公开号(号码),申请日(日期),授权日(日期),公开日(日期),专利权的有效期为(年限)。

鉴于受让方(姓名或名称)对上述专利的了解,希望获得该专利权。

鉴于转让方同意将其拥有的专利权转让给受让方。

双方一致同意签订本合同。

(2) 交付资料条款,即合同的第1条"转让方向受让方交付资料"。该条款是转让方的承诺。提供的专利技术内容应该是全面的、完整的、准确的;技术资料应该是准确无误的、清晰可阅的、完整无缺的。例如:

上述所述"全部资料"是指:

附件1:专利申请文件,包括说明书、权利要求书、附图、摘要及摘要附图;

附件2:专利受理通知书,中间文件,授权决定,专利证书及副本;

附件3:最近一次专利年费缴费凭证。

附件4:专利技术指标、性能及专家论证。

所有资料应该是清晰可阅的、完整无缺的。

除了上述资料外,如果该专利在转让之前,已经许可他人实施该专利,则合同附件中还应该包括该专利实施许可合同书,及与实施该专利有关的技术、工艺等文件;若该专利申请的是国际专利(PCT),还要包括所有PCT申请文件;如果该专利属于国家限制出口的技术,则附件中还需要有上级主管部门或国务院有关主管部门的批准转让文件及出口许可证。

---

① 参见中华人民共和国专利局监制《专利转让合同签订指南》。

(3) 交付资料条款,即合同第 2 条"交付资料的时间、地点及方式"。确定交付资料的期限;如果是通过邮寄的,地址最好选择长期的、固定的地点。例如:

① 交付时间

合同生效后,转让方收到受让方支付给转让方的转让费后20 日内,转让方向受让方交付合同附件 1、附件 2、附件 3、附件 4 全部资料。

(或者)合同生效后,20 日内转让方向受让方交付合同资料附件 1、附件 2;其余资料附件 3、附件 4 在受让方将转让费交付给转让方后,15 日内由转让方交付给受让方。

② 交付地点

全部资料的交付地点为(受让方所在地或双方约定的地点)。

③ 交付方式

转让方将上述全部资料以特快专递邮政 的方式递交给受让方,并将资料清单以特快专递邮政 的方式递交给受让方。

(4) 情况处置条款,即合同第 3 条"专利实施和实施许可的情况及处置办法"。在合同签订前,如果转让方已经实施了该专利,双方应该约定合同签订生效后,转让方可以继续实施该专利,还是应该停止实施该专利。一般来说,当专利转让给另一方时,转让方应该自该专利转让之日起停止实施该专利。合同可以这样表述:

自本合同生效之日起,转让方(姓名或名称)应停止对专利(专利的名称与专利号)的使用。

如果合同中没有对转让方终止实施专利作出约定,则也视为转让方自合同生效之日起应停止实施该专利。如果在该合同签订前,转让方已经许可他人实施该专利,在合同中双方应该约定终止他人实施该专利,将该许可权利转让给受让方。例如:

在本合同签订前,转让方已经许可(某单位名称、地址)实施的许可合同(合同号与合同名称),其权利义务关系在本合同签订生效之日起,转移给受让方。

(5) 支付条款,即合同第 4 条"转让费及支付方式"。该条款对专利转让费用的金额、币种、支付方式、交付时间进行约定。支付方式有银行转账、托收、现金兑付等形式。现金兑付的地点一般为合同签约地。例如,有这样几种支付形式:

① 一次付清

本合同涉及的专利权的转让费为150 万美元,采用一次付清方式。

在合同生效之日起30 日内,受让方将转让费全部汇至转让方的账号。

② 资料到后付清

本合同涉及的专利权的转让费为150 万美元,采用分期付款方式支付。

在合同生效之日起30 日内,受让方即将转让费的30 % 即 45 万美元汇至转让方的账号;待转让方交付全部资料后30 日内,受让方将其余转让费汇至转让方。

③ 多次付清

本合同涉及的专利权的转让费为150 万美元,采用分期付款方式支付。

在合同生效之日起30 日内,受让方即将转让费的30 %即 45 万美元汇至转让方的账号;待转让方交付全部资料后,受让方在其后1 个月内支付30 万美元,在其后3 个月内支付30 万美元,最后在3 个月内付清其余转让费。

(6) 专利权被撤销的处理条款,即合同第 5 条"专利权被撤销和被宣告无效的处理"。该条款是为了防止转让的专利权在合同生效后因为某种原因被撤销或宣告无效情况的发生所设立的。例如,当他人在合同成立后向专利局提出请求撤销该专利权,并最终胜诉;或者在合同成立后发生《专利法》(2008)第六章"专利实施的强制许可"的情况。比如,在国家出现紧急状态或者非常情况时,或者为了公共利益的目的,国务院专利行政部门给予该实施发明专利或者实用新型专利强制许可。根据《专利法》第 56 条,取得实施强制许可的单位或个人便不享有该专利独占的实施权,并且无权允许他人实施。前一情况发生的原因有多种,后一类变故则是非转让方意志可左右的,因此应该事先在合同中订立这一条款。可以这么写:

在本合同成立后,转让方的专利权被撤销或被宣告无效时,或因强制许可使得本合同无法实施或被宣告无效时,如转让方无明显违反公平原则,且转让方无恶意给受让方造成损失,则转让方不向受让方返还转让费,受让方也不返还全部资料。但如果合同的签订明显违反公平原则,或转让方有意给受让方造成损失的,则转让方应返还转让费。

他人向专利局提出请求撤销专利权,或请求专利复审委员会对该专利权宣告无效或对复审委员会的决定(对发明专利)不服向人民法院起诉时,在本合同成立后,由受让方负责答辩,并承担由此发生的请求或诉讼费用。

(7) 过渡期条款,即合同第 6 条。在合同签字生效后,至专利局登记公告之日,有一个过渡期。为了保证受让人最后得到的专利仍然有效,合同上应订立该条款,写明年费、续展费等应缴纳的费用由何方承担。此外,该条款应明确对于合同生效后的费用由何方承担,如专利的年费、续展费、行政撤销和无效请求的答辩及无效诉讼的应诉等事宜的费用。最后,在过渡期由于不可抗力导致双方不能履行合同时应该如何办,都应写入进该条款中。例如:

1. 在本合同签字生效后,至专利局登记公告之日,所要缴纳的年费由转让方支付。
2. 在本合同签字生效后,维持该专利权有效的一切费用由受让方支付。
3. 在过渡期内,签约双方中任何一方由于战争、严重火灾、地震以及双方同意的其他人力不可抗拒的事件影响本可合同履行时,本合同即告解除。

(8) 税费条款,即合同第 7 条"税费"。专利权转让中的税费规定,直接关系到交易双方的总收入或总成本,因此需要在该条款中加以明确。各国税收制度不同,技术转让税费的规定有所不同。根据《税法》(2008),技术转让中的税费应该由转让方支付。

(9) 违约及索赔条款,即合同第 8 条"违约及索赔"。该条款对转让方与受让方分别订立。首先,对转让方,要求其按时递交资料、办理专利转让手续以及遵守过渡期条款的约定。对于违约者可以终止合同,并要求其赔偿违约金。例如,有这样几种表示:

若转让方收到全部转让费后,30 日内拒不交付合同规定的全部资料,办理专利权转让手续,则受让方有权解除合同,要求转让方返还转让费,支付利息,并支付违约金 15 万美元。

转让方无正当理由,逾期向受让方交付资料办理专利权转让手续(包括向专利局做著录事项变更),每逾期 1 周,支付违约金 5000 美元,逾期 2 个月,受让方有权终止合同,并要求返还转让费。

转让方应该遵守本合同第六条规定,如果在专利局登记公告前,由于转让方不按时缴纳年费,而导致专利权失效,转让方应支付给受让方违约金 10 万美元。

其次,对受让方,要求其按时支付价款,若违约可以要求其赔偿损失或支付违约金。例如:

> 当受让方收到全部资料后,未在本合同第四条规定的期间里支付转让费,则视为拒付转让费。转让方有权解除合同要求返回全部资料,并要求其支付违约金10万美元。
>
> 受让方逾期支付转让费,每逾期10天支付违约金1000美元;逾期2个月,转让方有权终止合同,并要求支付违约金10万美元。

(10) 争议解决条款,即合同第9条"争议的解决办法"。合同生效后,在履行合同的过程中可能会发生争议,双方应本着友好协商的态度,解决问题。如果自行解决不了,可以寻求受让方所在地或合同签约地专利管理机关进行调解;或者通过诉讼程序,请求法院解决;或者请求某个国际仲裁机构进行仲裁。例如:

> 双方在履行合同中发生争议的,应按本合同条款,友好协商,自行解决。若不能协商解决争议的,提请合同签约地专利管理机关调解处理。对调处结果不服的,向签约地法院起诉。

(11) 其他条款,即合同第10条"其他"。该条款是将前面条款尚未包括在内、但需特殊约定的内容,包括出现不可预见的技术问题,或出现不可预见的法律问题的约定等放入。例如:

> 转让方保证所转让的专利技术是先进的,适用于受让方生产条件的,生产的专利产品能够达到合同附件4约定的技术目标。如果不能达到规定的标准,转让方将派遣专家进行研究改进;如果仍不能达到预期的标准,则转让方将如数退还受让方预先支付的入门费。
>
> 转让方同意将合同专利转让给受让方后,对合同专利的核心技术与技术资料进行保密。受让方同意在专利局登记公告前,或者由于不可抗力导致本合同不能履行后,对合同专利的核心技术与技术资料进行保密。

(12) 生效条款,即合同第11条"合同的生效"。一般来说,双方签定的日期就是合同生效之日,但由于各国合同法规定有所不同,所以合同中应该约定合同生效日。例如:

> 合同经双方签字后即对双方具有约束力,自专利局对双方所做的《著录事项变更》进行登记并予以公告之日起,合同具有法律效力。

3. 专利权转让合同签订中应注意的事项

根据《技术进出口管理条例》(2011)第24条、第25条、第29条,以及《合同法》(1999)第343条、第351条、第352条的规定,对专利权转让合同而言,应该注意以下事项:

(1) 合同中的专利转让方应当保证自己是所提供技术的合法拥有者或者有权转让者。当受让方按照合同约定使用转让方转让的技术,被第三方指控侵权时,受让方应当立即通知转让方;转让方接到通知后,应当协助受让方排除妨碍。

(2) 合同中的转让方应当保证所提供的技术完整、无误、有效,能够达到约定的技术目标。

(3) 合同中可以约定转让方和受让方实施专利的范围,但不得限制技术竞争和技术发展。

(4) 转让方未按照约定转让技术的,应当返还部分或者全部使用费,并应当承担违约责任。受让方未按照约定支付使用费的,应当补交使用费并按照约定支付违约金;不补交使用费或者支付违约金的,应当停止实施专利,交还技术资料,承担违约责任。

(5) 从国外引进专利,进口合同中不得含有下列限制性条款:

① 要求受让方接受并非技术进口必不可少的附带条件,包括购买非必需的技术、原材料、产品、设备或者服务;

② 要求受让方为专利权有效期限届满或者专利权被宣布无效的技术支付使用费或者承担相关义务;

③ 限制受让方改进转让方提供的技术或者限制受让方使用所改进的技术;

④ 限制受让方从其他来源获得与转让方提供的技术类似的技术或者与其竞争的技术;

⑤ 不合理地限制受让方购买原材料、零部件、产品或者设备的渠道或者来源;

⑥ 不合理地限制受让方产品的生产数量、品种或者销售价格;

⑦ 不合理地限制受让方利用转让的技术生产产品的出口渠道。

五、专利申请权转让合同

1. 专利申请权转让合同概念

专利申请权转让合同是指专利申请人就正在申请的技术发明财产权转让给他人所签订的合同。根据《专利法》(2008)第10条,不仅专利权可以转让,专利申请权也可以转让。法律规定,中国单位或者个人向外国人、外国企业或者外国其他组织转让专利申请权,当事人应当订立书面合同,并向国务院专利行政部门登记,由国务院专利行政部门予以公告。专利申请权的转让自登记之日起生效。

2. 合同中特殊内容条款

专利申请权转让合同与专利转让合同的条款基本相同,包括鉴于条款、转让方向受让方交付资料、交付资料的时间和地点及方式、转让费及支付方式、过渡期条款、税费、违约及索赔、争议的解决办法、其他、合同的生效等条款。此外,由于是对尚未确定的技术发明的法律地位进行转让,即该专利申请可能获得批准,也可能不获得批准,因此合同中还包括"专利申请实施和实施许可的情况及处置办法"条款,以及"专利申请被驳回的责任"条款。此外,如果转让人也进行了国际或国外专利申请,则合同中还包括有关"优先权的处理办法"条款。下面仅对这三个条款作一说明。

(1) 专利申请实施和实施许可的情况及处置办法。该条款应该注意两点:

① 在本合同签订前,转让方已经实施该专利申请的,合同可约定在本合同签订生效后,转让方可继续实施或停止实施该专利申请。如果合同没有约定,则转让方应停止实施该专利申请。

② 在本合同签订前,转让方已经许可他人实施的许可合同,其权利义务关系在本合同签订生效之日起,转移给受让方。

(2) 专利申请被驳回的责任。若专利申请被驳回,该项发明处于不受专利法保护的状态,受让方将遭受很大损失。为此,合同上可以约定以下几种情况:

① 对于转让方不是该专利申请的合法申请人或侵害他人专利权或专利申请权的,专利申请被专利局驳回,转让方返还全部转让费,并支付违约金(金额)美元;

② 对转让方未充分公开自己的专利申请请求保护的申请主题,专利申请被专利局驳

回,转让方返还全部或部分转让费;

③ 对其他情况,专利申请被驳回的,转让方不返还转让费;

④ 本合同登记公告后,由受让方负责对专利局的有关通知进行答复,并缴纳有关费用,登记公告后专利申请被驳回的,由受让方承担权利与义务。

双方还可约定其他情况。

(3) 优先权的处理办法。分本国优先权处理与国外优先权处理两个方面。本国优先权必须与专利申请权一起转让。国外优先权的处理分两种情况:

① 不转让优先权,优先权属原专利申请人,即本合同的转让方;

② 转让优先权,转让方式同专利申请权转让,与本合同同时生效。

转让优先权的,需提供有关优先权的证明,如优先权申请文件、要求优先权证明、优先权有效证明等。①

第三节 其他技术贸易合同

一、技术秘密转让合同条款

1. 技术秘密转让合同的概念

技术秘密(know-how),又称专有技术,该概念涉及范围广泛。不过在实践中,该标的的合同内容是根据交易的内容而确定。在国际技术贸易实务中,技术秘密往往与专利许可、工程承包、设备进出口、租赁服务等结合在一起,作为一项独立的条款订立在技术合同、建设工程合同、买卖合同、加工合同、服务合同、租赁合同等中。

作为单独的技术秘密转让合同,它是指让与方将拥有的某项技术秘密转让给受让方的合同。根据《技术进出口管理条例》(2011)第 2 条,技术秘密转让合同属于技术进出口合同管理范围。对于自由进出口的技术,需要履行登记手续;属于非自由进出口的技术,则需办理进出口许可证。

2. 技术秘密转让合同的条款

因为技术秘密涉及面较广,所以长期以来由贸易双方根据交易的内容自行设定合同,主管部门则通过印发示范文本,对当事人进行引导,使其了解和掌握交易的特点和注意事项,推介当事人参照使用。1999 年《合同法》颁布后,为促进科技成果转化,规范技术合同交易活动,提高技术交易质量,依法保护技术合同当事人的合法权益,2001 年 7 月 18 日国家科学技术部发布了《关于印发〈技术合同示范文本〉的通知》,要求各地科技部门和技术合同登记机构积极提倡和引导当事人使用新编制的示范文本。根据科学技术部印发的《技术转让(技术秘密)合同》的示范文本,其特点是在确定了技术秘密转让合同的格式、基本条款的同时,留出更多的空间由当事人自己填写。下面介绍该合同的基本条款:

(1) 鉴于条款。该条款是签约各方就合同中所述技术秘密的技术内容、成果权益的转让交易表达各自的意愿。例如:

本合同乙方(受托方)将其拥有(项目名称)的技术秘密(使用权或转让权)转让给甲方(委托方),甲方受让并支付相应的使用费。双方经过平等协商,在真实、充分地表达

---

① 参见中华人民共和国专利局监制《专利申请权转让合同签订指南》。

各自意愿的基础上,根据《中华人民共和国合同法》的规定,达成如下协议,并由双方共同恪守。

(2) 技术秘密内容。包括技术秘密的范围、技术指数和参数、技术成果工业化程度。例如:

乙方转让给甲方的技术秘密内容如下:
1. 技术秘密的范围:(包括技术种类、性能、核心内容等);
2. 技术指数和参数:(包括技术有关指标、计算和设计公式、图纸、工艺流程说明等);
3. 本技术秘密的工业化开发程度:(包括产品的产量、质量、废品率、能耗、市场前景等)。

(3) 技术资料内容。受托方应提供的技术资料内容,包括资料的种类、使用的技术标准、使用的文字、各份资料的份数,以及与技术秘密相关的样品、样机、原材料等。为了保证委托方能够据此顺利地使用所转让的技术秘密,生产出合格产品,应要求受托方充分披露技术秘密的核心内容,并将资料开列出清单,作为合同的附件。该条款格式如下:

为保证甲方有效实施本项技术秘密,乙方应向甲方提交以下技术资料:
1. 附件1:(资料名称);
2. 附件2:(资料名称);
3. 附件3:(资料名称)。

(4) 技术资料交付条款。在技术秘密转让合同中,技术资料交付是一个重要环节,应该将技术资料提交的方式、地点、时间准确列出。提交的方式一般采用空运方式。提交的地点应以委托方所在国机场、码头或委托方所在地为佳,因为一旦资料在运输过程中发生丢失或损坏,受托方有责任补寄丢失的或损坏的资料。提交的时间应根据资料的多少、项目计划进度以及翻译和转化资料的能力确定。如果采用空运方式,则提交的日期不应以空运单上的印戳为准,而应以目的地机场的印戳为准。该条款格式如下:

乙方提交技术资料时间、地点、方式如下:
1. 提交时间:(具体时间);
2. 提交地点:(具体地点);
3. 提交方式:(特快专递)。

(5) 技术秘密状况。受让方应列出本合同订立前,自行使用该技术秘密的时间、地点和规模,以及合同订立前,许可他人使用该合同技术秘密的情况。例如:

乙方在本合同生效前实施或转让本项技术秘密的状况如下:
1. 乙方实施本项技术秘密的状况:(时间、地点、方式和规模);
2. 乙方转让他人本项技术秘密的状况:(时间、地点、方式和规模)。

(6) 技术秘密实施。这是受托方对委托方实施该秘密的范围、方式和期限的限定。技术秘密实施范围,指技术秘密实施的产业领域或行业领域,用于民用还是军用,纺织工业还是化学工业等;实施方式,包括技术秘密的使用、产品制造和销售方式。一般规定只能将技术秘密用于合同产品上,而不能用于合同产品之外;只能在受托方指定委托方的合同工厂进行产品制造；只能在受托方划定的销售地域进行销售。实施期限，一般为合同期间。该条款格式如下：

  甲方应以如下范围、方式和期限实施本项技术秘密：
  1. 实施范围：(具体领域)；
  2. 实施方式：(使用、制造、销售方式)；
  3. 实施期限：(具体期限)。

（7）保证条款。受托方对该技术的实用性、可靠性、合法性进行保证。例如：

  乙方保证本项技术秘密的实用性、可靠性，并保证本项技术秘密不侵犯任何第三人的合法权利。发生第三人指控甲方实施技术，乙方应当(积极应诉；败诉退还款项，并给予赔偿)。

（8）技术秘密公开。在合同履行过程中，当技术秘密被公开后，一方应在规定的时间里通知另一方，解除合同；如果逾期使对方受到损失，则应进行赔偿。例如：

  在本合同履行过程中，因本项技术秘密已经由他人公开（专利权方式公开的除外），一方应在(具体天数)日内通知另一方解除合同。
  逾期未通知并致使另一方产生损失的，另一方有权要求予以赔偿。

（9）保密条款。签约各方对本合同涉及的技术秘密在合同有效期内均负有保密义务。该条款规定双方应该保密的内容、范围、期限和泄密责任。保密的内容包括双方的技术信息和经营信息，包括受托方交付的资料中属于不为公众所知的秘密。保密的期限一般是合同期限再加上合同期满后几年。为了保证合作中技术秘密不被泄露，应尽可能缩小涉密人员的范围，并对资料的保管人员、保管方法、资料复制和适用作出规定，对泄密的责任进行追究。该条款格式如下：

  双方确定因履行本合同应遵守的保密义务如下：
  甲方：
  1. 保密内容：(包括技术信息和经营信息)；
  2. 涉密人员范围：(主要负责人、技术负责人、资料保管人员等)；
  3. 保密期限：(具体年限)；
  4. 泄密责任：(如行政处罚、罚金、刑法处理)。
  乙方：
  1. 保密内容：(包括技术信息和经营信息)；
  2. 涉密人员范围：(主要负责人、技术人员、技术档案保管人员等)；
  3. 保密期限：(具体年限)；
  4. 泄密责任：(如行政处罚、罚金、刑法处理)。

（10）技术秘密申请专利。在合同期内，当受托方将技术秘密申请专利或以其他方式公开时，应征求委托方同意；当技术秘密获得专利权时，委托方拥有依合同继续使用的权利。例如：

  双方确定，乙方在本合同有效期内，将本项技术秘密申请专利或以其他方式公开的，应当征得甲方同意；乙方就本项技术秘密申请专利并取得专利权，甲方承认本合同有继续使用的权利。

(11) 技术服务与指导。技术秘密转让后,受托方应向委托方提供技术指导,以帮助委托方尽快地熟悉、掌握该技术诀窍。本条款是对技术服务和指导的内容、地点或方式进行约定。如受托方派遣专家进行指导,举办培训班;委托方派送员工到受托方企业进行培训,尽快熟悉和掌握技术设备的操作、维修技能等。该条款格式如下:

为保证甲方有效实施本项技术秘密,乙方应向甲方提供以下技术服务和技术指导:
1. 技术服务和技术指导的内容:(具体内容)。
2. 技术服务和技术指导的方式:(具体方式)。

(12) 支付条款。双方就技术秘密使用费总额、技术服务和指导费、支付方式、支付时间作出约定。例如:

甲方向乙方支付受让该项技术秘密的使用费及支付方式为:
1. 技术秘密使用费总额为:(具体金额);
其中:技术服务和指导费为:(具体金额)。
2. 技术秘密使用费由甲方(一次、分期或提成)支付乙方。
具体支付方式、付款方式和付款时间如下:
(1)(若分期付款,写明分几次,每次支付金额,以及使用货币:人民币、美元、欧元等);
(2)(具体付款方式:转账、托收、现金);
(3)(具体付款时间)。
乙方开户银行名称、地址和账号为:
开户银行:(银行名称)。
地址:(详细地址与邮政编码)。
账号:(乙方在该银行的账号)。
3. 双方确定,甲方以实施该项技术秘密所产生的利益提成支付乙方许可使用费的,乙方有权以每半年一次派遣检查组方式查阅甲方有关的会计账目。

(13) 验收条款。就合同产品进行验收,应具体规定验收的标准、方法、时间、地点等。应该根据不同的产品定出不同的标准,比如对于大型机电产品一般应对每种规格的第一个产成品都进行考核试验;对于成批生产的小型产品,可以通过抽样的方式。同时,对考核验收的产品数量加以规定,即多少数量的产品合格才算是质量合格;对合格产品的性能、指标、技术参数,以及考核的次数应加以确定。验收的地点一般放在委托方所在企业。下面是条款格式:

双方确定,乙方许可甲方实施本项技术秘密、提供技术服务和技术指导,按以下标准和方式验收:
1. 合同产品符合附件1规定的标准;
2. 乙方派遣代表与甲方技术人员一起在合同工厂对合同产品进行验收,具体验收方式见附件4;
3. 验收合格书一式四份,其中两份为中文,两份为英文,并具有同等法律效力;由双方各持两份(中英文各一份)。

(14) 逾期未实施。如果转让费是根据提成收益来计算的话,合同生效后,委托方若迟迟不实施该技术秘密,就会影响受托方的收益。为此,该条款对此作出这样的规定:

甲方应当在本合同生效后(天数)日内开始实施本项技术秘密;逾期未实施的,应当及时通知乙方并予以正当解释,征得乙方认可。甲方逾期(天数)日未实施本项技术秘密且未予解释,影响乙方技术转让提成收益的,乙方有权要求甲方支付违约金或赔偿损失。

(15) 技术发展与竞争。根据中国《合同法》第343条的规定,技术转让合同可以约定当事人使用技术秘密的范围,但不得限制技术竞争和技术发展。因此,技术秘密合同中应有任何一方不得限制另一方的技术竞争与技术发展的约定。例如:

双方确定,在本合同履行中,任何一方不得以下列任一方式限制另一方的技术竞争和技术发展:

1. 将甲方根据当地情况对本合同约定转让的技术秘密进行改进的行为,视为对合同的违约;

2. 将甲方根据企业需要对本合同约定转让的技术秘密的发展,视为对合同的违约;

3. 将乙方在本合同约定转让的技术秘密相同领域、但不同发明的专利申请,视为对合同的违约。

(16) 技术改进。《合同法》第323条规定,订立技术合同应当有利于科学技术的进步,加速科学技术成果的转化、应用和推广。《技术进出口管理条例》(2011)第29条规定,技术进口合同不得"限制受让人改进让与人提供的技术或者限制受让人使用所改进的技术"。因此,本条款对此要加以确认,并且就技术改进成果的利益分配作出具体约定,由于是技术秘密的转让,因此改进的成果可以由单方所有,也可以由双方所有,但应该是互惠原则。例如:

双方确定:

1. 甲方有权利用乙方让与的技术秘密进行后续改进,由此产生的具有实质性或者创造性技术特征的新的技术成果,归(甲方、双方)方所有。具体相关利益的分配办法如下:(具体方式)。

2. 乙方有权对甲方让与的技术秘密进行后续改进。由此产生的具有实质性或创造性技术进步特征的新的技术成果,归(乙方、双方)方所有。具体相关利益的分配办法如下:(具体方式)。

(17) 合同变更。在履行合同过程中,可能会因为某种原因,合同的某一方提出变更合同权利和义务的请求。比如技术秘密获得了专利权,受托方认为原先确定的技术使用费过低,要求重新估算;或者委托方因为国内经济不景气,约定的分期付款难以履行,要求延期等。这时需要通过双方协商,以书面的形式确定。当一方向另一方要求变更合同权利和义务时,在什么情况下可以提出这样的要求,另一方限定答复时间的长短,这些都需要在合同条款中作出规定。例如:

本合同的变更必须由双方协商一致,并以书面形式确定。但有下列情形之一的,一方可以向另一方提出变更合同权利与义务的请求,另一方应当在(天数)日内予以答复;逾期未予答复的,视为同意:

1. 当本合同约定转让的技术秘密在合同期间内获得专利权,原合同中确定的技术秘密使用费总额需要重新议定时;
2. 当甲方因为非企业自身原因而发生支付困难提出延期付款要求时;
3. 当由于另一方将合同约定转让的技术秘密的一部分泄露,使得合同的正常履行遇到困难时。

(18) 违约责任。根据《合同法》第 351 条、第 352 条的规定,受托方未按照约定转让技术的,应当返还部分或者全部使用费,并承担违约责任;使用技术秘密超越约定的范围的,违反约定擅自许可第三人使用该项技术秘密的,应当停止违约行为,承担违约责任;违反约定的保密义务的,应当承担违约责任。委托方未按约定支付使用费的,应当补交使用费并按照约定支付违约金;不补交使用费或者支付违约金的,应当停止使用技术秘密,交还技术资料,承担违约责任;使用技术秘密超越约定的范围的,未经受托方同意擅自许可第三人使用该技术秘密的,应当停止违约行为,承担违约责任;违反约定的保密义务的,应当承担违约责任。违约承担的后果一般是支付违约金。条款中应约定违约金额或赔偿损失额的计算方法。例如:

双方确定,按以下约定承担各自的违约责任:
1. 甲方违反本合同(第几条)约定,应当支付违约金(金额,或按总价百分比% 支付损失赔偿额)。
2. 乙方违反本合同(第几条)约定,应当支付违约金(金额,或按总价百分比% 支付损失赔偿额)。

任何签约方违反本合同(第几)条、(第几)条、(第几)条、(第几)条、(第几)条中的任何一条,按以下(第几种)方式承担违约责任:
1. 支付(金额)元违约金;
2. 按合同总标的(百分比)%支付违约金;
3. 按实际损失支付赔偿金:(实际损失的范围和计算方法);
4. 其他计算方式:(具体的计算方法)。

违约方承担违约责任后,签约方约定本合同内容:
1. 继续履行;
2. 不再履行;
3. 是否履行再行协商。

(19) 联系人。为了加强双方在合同履行过程中的配合,以合同条款的形式确定双方各自的联系人。例如:

双方确定,在本合同有效期内,甲方指定(姓名)为甲方项目联系人,乙方指定(姓名)为乙方项目联系人。项目联系人承担以下责任:
1. 督促本方人员按质按量地完成合同所规定的义务;
2. 监督对方人员履行合同义务的质量,出现问题及时通报;
3. 沟通与协调合同履行过程中出现的问题和双方可能出现的分歧。

一方变更项目联系人的,应当及时以书面形式通知另一方。未及时通知并影响本合同履行或造成损失的,应承担相应的责任。

(20) 合同解除。该条款是对可能出现情况导致合同解除的约定,除了发生不可抗力外,还可能是某一方或第三方原因导致技术秘密被公开等。例如:

双方确定,出现下列情形,致使本合同的履行成为不必要或不可能的,可以解除本合同:
1. 发生不可抗力;
2. 本合同约定转让的技术秘密被一方或第三方泄露;
3. 本合同约定转让的技术秘密属于第三方。

(21) 争端解决。当履行合同时发生争议,应本着友好的态度进行协商解决,协商解决不成,签约方同意可以提交人民法院或仲裁委员会解决。中国《合同法》第129条规定,因技术进出口合同争议提起诉讼或者申请仲裁的期限为4年,自当事人知道或者应当知道其权利受到侵害之日起计算。

双方因履行本合同而发生的争议,应协商、调解解决。协商、调解不成的,确定按以下(第几种)方式处理:
1. 提交(机构名称)仲裁委员会仲裁;
2. 依法向人民法院起诉。

(22) 名词和技术术语。技术秘密也会涉及一系列术语,为了避免签约各方理解上的分歧,合同最后需要对上述出现的以及相关补充内容中涉及的有关名词及技术术语进行定义。由于技术秘密概念范围广泛,不像专利转让合同拥有较多的常用名词或术语,因此技术秘密名词和术语应根据实际合同去选定。该条款格式如下:

双方确定:本合同及相关附件中所涉及的有关名词和技术术语,其定义和解释如下:
1. (具体名词或术语及解释);
……

(23) 附件。技术秘密转让合同不可能将所有文件内容放在合同中,因此可以通过设立附件条款的形式将这些文件纳入合同中成为其组成部分。例如:

与履行本合同有关的下列技术文件,经双方以签字认可的方式确认后,为本合同的组成部分:
1. 技术背景资料:附件1;
2. 可行性论证报告:附件2;
3. 技术评价报告:附件3;
4. 技术标准和规范:附件4;
5. 原始设计和工艺文件:附件5;
6. 其他:附件6。

(24) 其他条款。根据实际情况,双方约定本合同其他相关事项。比如,可以加入免责条款或责任条款:

在本合同履行过程中,出现下列情形之一,签约各方均无责任,乙方不返还已收取的技术秘密使用费:

1. 第三方将本合同约定转让的技术秘密公开;
2. 非合同签约各方的责任,造成本合同技术秘密公开;
3. (其他情形)。

甲方按照约定使用技术秘密侵害他人合法权益的,由乙方承担责任。[①]

3. 技术秘密合同签订中应注意的事项

严守技术秘密是合同顺利履行的关键。与专利权转让合同相比,技术秘密转让合同的顺利履行特别强调合同当事双方的忠实与信任。因为交易的标的是技术秘密,如果技术秘密泄露,合同就难以继续维持。所以,在合同签订中需要双方履行保密义务。

中国《合同法》第347条、第348条对此作出规定,要求当事双方承担保密义务:"技术秘密转让合同的让与人应当按照约定提供技术资料……承担保密义务。""技术秘密转让合同的受让人应当按照约定使用技术……承担保密义务。"第351条规定,"违反约定的保密义务的,应当承担违约责任。"

二、商标使用权许可合同条款

1. 商标使用权许可合同的概念

商标使用权许可合同是商标权人将注册商标许可给被许可方在指定的商品上使用签订的合同。授权规定:他人使用其商标不意味着商标权的转移。中国《商标法》(2013)第43条规定:"商标注册人可以通过签订商标使用许可合同,许可他人使用其注册商标。"

商标是企业的商誉,企业授权他人使用其商标,意味着授权他人使用自己的企业信誉和市场信誉。因此,《商标法》要求注册商标权人将该商标使用权许可他人使用后,"许可人应当监督被许可人使用其注册商标的商品质量。被许可人应当保证使用该注册商标的商品质量"。"经许可使用他人注册商标的,必须在使用该注册商标的商品上标明被许可人的名称和商品产地。"

根据《商标法》第43条和《商标法实施条例》第69条的规定,许可他人使用其注册商标的,许可人应当在许可合同有效期内向商标局备案并报送备案材料,由商标局公告。报送的备案材料应当说明注册商标使用许可人、被许可人、许可期限、许可使用的商品或者服务范围等事项。

2. 商标使用权许可合同的基本条款

(1) 鉴于条款。双方表达签约的目的与愿望:许可方声称是本许可商标的拥有者,拥有授予被许可方使用商标的合法性;被许可方表示愿意获得该商标使用权。例如:

许可方拥有本许可商标的所有权,本商标已经在(国名)国家登记注册,注册号(号码)。

许可方花费了大量的财力、精力保持着以本许可商标出售货物的高质量和良好信誉。

被许可方认识到本许可商标的价值及其有效性,希望从许可方得到非独占许可,使用在(产品名称)产品上。

许可方愿意将本许可商标的非独占许可授予被许可方,同意许可方在(与上面相同

[①] 参见中华人民共和国科学技术部印制《技术转让(技术秘密)合同书》(2001);《合同法》(1999)。

的产品名称)产品上使用该商标。

(2) 定义条款。主要是就许可商标、合同产品、合同工厂的概念进行描述或定义。比如,许可商标。被许可方使用的商标形式多样:① 原商标:单纯使用许可方商标;② 联结商标:被许可方商标的主要特征与许可方商标的主要特征联结在一起,组成一个新的商标;③ 联合商标:将被许可方与许可方的商标放在一起使用。被许可方根据企业发展目标从中选择一种。例如:

"许可商标"指的是已经注册的正被许可使用的商标,注册号(号码),注册日期(具体日期),其标志见附件1所示。

"合同产品"指的是合同附件2所列的产品,这些产品与许可方正在使用而被许可方将要使用的商标相联系。

"合同工厂"指生产合同产品的工厂,该工厂在(国名)国(市名)市,名叫(厂名)工厂。

附件1:许可标志

本许可标志为商标,是许可方已经注册了的、注册号为(号码)的商标,它由字母"LACOSTE"和如下的形式组成:

白色图案上一只绿色红舌鳄鱼,构成标志的一部分。(贴上该标志)

(3) 授权条款。商标使用授权包括许可方式、使用地域、时间和范围等。许可方式分独占许可和非独占许可,一般多是非独占许可。许可使用地域指带有该商标的销售地域。许可时间一般为合同期限。许可范围,是指使用该商标的产品范围,比如允许被许可方在其所有电器上都使用该商标,还是只允许其在洗衣机一种产品上使用该商标。例如:

1. 按照本协议的条款和条件,许可方授予被许可方非独占许可证:在附录3中充分描述的产品制造和销售中,被许可方可以使用本许可商标。

2. 上述第3条第1款授予的许可证是有限制的。被许可方只能在合同工厂所在地点生产,只能在所在国销售许可商标的产品。

3. 按第3条第1款授予的许可,被许可方不可以将许可商标向第三方和分公司或其他有关的公司提供货物或服务。

4. 按第3条第1款授予的许可不赋予被许可方让他方为其制造产品的权利。

5. 被许可方确认许可方本许可商标的所有权,保证尊重和维护这一所有权,在许可商标的使用中被许可方保证不损害许可方的名誉和利益。被许可方理解并同意:除本协议规定的许可商标的使用权外,本协议未授予被许可方任何别的权利、资格或利益。被许可方不怀疑许可方对本许可商标的所有权或本协议的有效性。

(4) 支付条款。在单纯的商标使用权许可合同中,商标使用费一般采取提成支付方式,以产品净销售价作为提成基础,提成率一般为0.5%—1%。使用许可商标或与之有关的产品或服务的销售情况,被许可方应作完整而精确的记录,并加以妥善保存。目的是用于确定使用费的支付是否按照本协议得到了正确执行。许可方或其代表有权在适当的时候及正常营业时间内审查被许可方的账目。例如:

1. 当事双方确认合同关于报酬的规定是充分的、适当的。

2. 在本协议生效日后(天数)天内,被许可方应付给许可方(金额)美元。

3. 被许可方同意因在推销产品中使用许可商标而支付使用费,使用费按被许可方销售额的(百分比)%计算。每月 15 日前支付,按上个月总产品净销售额计算使用费。总销售额不应包括附加税、营业税或由被许可方向顾客征收的其他税。

4. 使用许可商标和与之有关的产品销售情况,被许可方应作完整而精确的记录,并加以妥善保存。许可方或其代表有权在适当的时候及正常营业时间内审查被许可方的账目,审查费用由许可方自己负担。若发现差错超过 5%(按报告的总产品净销售量计算),则被许可方应赔偿许可方全部的审查费用,包括旅费、伙食费、住宿费和许可方派出的审查人员工资等。

(5) 质量条款。商标直接关系到企业的声誉,许可方授权被许可方使用本企业商标,必须对被许可方使用其商标的产品质量进行监督。要求被许可方生产的产品质量、规格与自己的相一致。例如:

1. 所有使用许可商标的货物,其制造、宣传和销售必须与许可方所提供的产品规格一致,其规格列于附录 3 中。

2. 被许可方同意在维持许可方的标准和控制其所销售的所有与许可商标有关的货物的质量和性能方面与许可方合作。

A. 许可商标产品在初次投放市场或初次进入商业流通之前,任何使用许可商标的广告和文字材料发表之前,应将这种产品的样品或这种广告或文字材料的样本送交许可方认可。许可方在收到所述样品后的 10 个工作日内应将认可或不认可的意见以书面方式告诉被许可方。如果不认可,许可方应说明其理由。

B. 在本合同有效期内,许可方有权提出要求,检查被许可方的许可商标产品宣传广告的样品或样本。被许可方应及时向许可方提交许可商标产品宣传广告的样品或样本。如果该产品或广告不符合许可方的规格和标准,许可方可行使其否定权,被许可方则应停止销售这种被否定的产品,停止使用这种被否定的广告。被许可方必须克服产品和广告上的缺点,并再次谋求许可方的认可,才能重新开始销售该产品和使用该广告。

3. 被许可方同意,仅以许可方规定的方式或形式使用许可商标,在未得到许可方的书面认可前,不在许可商标上添加任何别的标记。

4. 在每次使用许可注册商标中,被许可方应严格遵守一切标记规定,这是法律的要求或者是为了保护许可方在许可商标方面的权利。按照可适用的法律行事。根据许可方的书面要求,被许可方同意在使用许可商标时加上一个说明,说明本许可商标是许可方授予的许可。

(6) 保证条款。许可方保证自己是本许可商标的所有者,将商标使用权许可给被许可方;被许可方保证自己是独立订约人,按合同条款履行其义务。例如:

1. 许可方保证自己是本许可商标的所有者;许可方未发现由于销售本许可商标产品而侵犯任何别的权利;许可方有权签订本协议,可以将本协议规定的权利授予被许可方。

2. 许可方对被许可方制造和销售的产品或提供的服务不作任何担保。

3. 被许可方是一个独立订约人,不是代理人,不是联合投机商的合伙人,不是许可方雇员。被许可方有权签订本协议。

4. 被许可方保证不因承担本协议的义务而违反它作为当事方的其他协议；保证按本协议的条款和条件明确规定的方式使用本许可商标。

(7) 保险条款。许可方为了保证所授予的权利产生的索赔能够得以兑现，要求被许可方参加保险，以便一旦发生索赔问题，由保险公司承担。例如：

1. 在本协议有效期内，被许可方应自费参加综合责任保险，包括契约和产品责任保险，涉及与本协议许可商标有关的所有货物与活动，保险总额不少于(金额)美元。

2. 被许可方应向许可方提供一份保险凭证副本，或其他保险证明副本，这种凭证使许可方确信其权利以及由本协议所授予的权利而产生的索赔均已得到了保护。

(8) 广告宣传。在本许可证授权的被许可方市场内做宣传广告，当事双方可能都希望在协议中包括这样的条款，规定各方的广告类型和费用分担份额。广告的形式、规模和布局，被许可方要得到许可方的保证。而许可方在被许可方的市场内做许可商标货物或服务广告，可能又希望得到被许可方的资助。例如：

被许可方支付许可方在本市场内做许可商标产品的部分广告宣传费用，分摊份额根据被许可方销售总额在本市场内许可方、被许可方和别的被许可方的全部销售总额之比来计算。

(9) 第三方侵权。当被许可方所在地发生商标侵权案时，被许可方应立即通告许可方，由作为商标权人的许可方决定对侵权行为或不正当竞争是否诉诸法律。因为侵权案是发生在被许可方所在地，侵权行为直接影响到被许可方的利益，因此在处理侵权案中，被许可方应该对许可方采取的行动给予积极的配合。例如：

1. 被许可方同意，一旦发现任何未经许可而使用许可商标的行为，立即通告许可方，并积极配合许可方采取的行动。

2. 许可方同意对上述情况采取行动要同被许可方协商，包括诉讼费以及所得赔偿的分配等。

(10) 许可期限及终止后的权利和义务。根据中国《合同法》第 44 条的规定，除了法律、行政法规规定应当办理批准、登记等手续生效的合同外，"依法成立的合同，自成立时生效"。合同生效意味着被许可方获得的商标使用权开始，合同终止，该授权也终止。合同期间，若发生被许可方重大违约、破产、被兼并等情况，许可方有权要求终止合同，收回授权。例如：

1. 若不是按规定提前终止，这里授予的许可将自生效日起持续到(具体年份)年。

2. 如遇下列情况，许可方有权终止本协议，但需提前 30 天以书面方式通知被许可方：

A. 被许可方违反本协议的重大条款；
B. 被许可方宣告破产或肯定无偿付能力；
C. 被许可方指定接管人或受托人占有其资产或政府当局查封了被许可方的财产；
D. 被许可方进行拍卖或甩卖；
E. 被许可方与别的企业合并。

3. 当协议终止时:

A. 这里授予的许可证应按规定终止。

B. 协议终止后,被许可方不得以许可商标或任何易于产生混淆的类似商标的名义宣传或销售任何货物、宣传或提供任何服务、保留采用任何业务名称,或进行其他活动。

C. 协议终止后,被许可方应停止一切自认为有许可商标使用权的活动,停止一切自认为与许可方相联系的活动;除了被许可方违反协议,许可方终止许可外,对于终止日前收到的订单,被许可方可以照常供货。

(11) 其他条款。包括纠纷的解决、合同的修改、管辖的法律、不可抗力等。比如,关于合同的修改:

1. 本协议是当事双方关于所涉及标的物的完整协议。以前关于上述标的物的一切口头或书面的谅解或协议均由本协议代替。

2. 本协议的修改必须经当事双方签署书面文件并说明修改的目的。[①]

3. 特殊标志使用许可合同

所谓的特殊标志,是指经国务院批准举办的全国性和国际性的文化、体育、科学研究及其他社会公益活动所使用的,由文字、图形组成的名称及缩写、会徽、吉祥物等标志。凡是经过国务院工商行政管理部门核准登记的特殊标志,都受国务院颁布的《特殊标志管理条例》(1996)的保护。

根据该条例第13条和第14条的规定,特殊标志所有人可以在与其公益活动相关的广告、纪念品及其他物品上使用该标志,并许可他人在国务院工商行政管理部门核准使用该标志的商品或者服务项目上使用。特殊标志的使用人应当是依法成立的企业、事业单位、社会团体、个体工商户。特殊标志使用人应当同所有人签订书面使用合同,并且自合同签订之日起1个月内,将合同副本报国务院工商行政管理部门备案,以及报使用人所在地县级以上人民政府工商行政管理部门存查。

该条例第5条规定,特殊标志所有人使用或许可他人使用特殊标志所募集的资金,必须用于特殊标志所服务的社会公益事业,并接受国务院财政部门、审计部门的监督。

该条例第15条规定,特殊标志所有人或使用人有下列行为之一的,由其所在地或者行为发生地县级以上人民政府工商行政管理部门责令改正,可以处5万元以下的罚款;情节严重的,由县级以上人民政府工商行政管理部门责令使用人停止使用该特殊标志,由国务院工商行政管理部门撤销所有人的特殊标志登记:

(1) 擅自改变特殊标志文字、图形的;

(2) 许可他人使用特殊标志,未签订使用合同,或者使用人在规定期限内未报国务院工商行政管理部门备案或者未报所在地县级以上人民政府工商行政管理机关存查的;

(3) 超出核准登记的商品或者服务范围使用的。

三、计算机软件许可合同条款

1. 计算机软件许可合同的概念

计算机软件许可合同,是拥有计算机软件的许可方与被许可方就某项软件的使用权,通

---

① 参见《国际(非独占)商标使用许可合同》,载南方网: http://www.southcn.com/law/flgw/shflzn/flws/200210160215.htm,2002-10-16;王玉清主编:《国际技术贸易》,中国人民大学出版社2001年版,第179页。

过协商达成的双方权利与义务的具有法律约束力的文件。

根据中国《计算机软件保护条例》(2013)，许可他人行使软件著作权的,应当订立许可使用合同;许可他人专有行使软件著作权的,当事人应当订立书面合同。上述两种合同可以向国务院著作权行政管理部门认定的软件登记机构登记。中国公民、法人或其他组织向外国人许可或者转让软件著作权的,则要遵守《技术进出口管理条例》的有关规定。①

2. 计算机软件许可合同的基本条款

(1) 鉴于条款。与上述合同相似,计算机软件许可合同在正文开始前,首先要就签约双方的愿望与目的进行表述。例如:

鉴于许可方开发并拥有一个取名为(名字)的计算机系统,一个集成数据库办公室管理和财务控制系统的所有权;

鉴于被许可方希望获得上述系统并在其总部加以使用;

许可方愿意向被许可方提供上述系统并发给使用许可证。双方同意签订协议,协议书条文如下:

……

(2) 定义条款。就本合同所有的有关术语进行定义,准确、清晰的定义对于合同的履行十分重要。例如,在计算机软件许可合同中常见的术语有:

1. "使用"是指把本程序的任何部分输入到计算机中或为计算机指导书的加工、说明书的加工或本程序资料的加工,转换到计算机的行为。

2. "CPU"是指(名称)台中央处理机。

3. "计算机程序"是指控制 CPU 运行的任何源码或目标码指令。

4. "指定 CPU"是指安装于(地址)被许可方的办公室的一台(型号品牌)计算机及其升级机。

5. "软件包"是指可以把源程序写成除本程序(即许可的程序)以外的任何语言的软件程序组。

6. "许可程序"是指可执行于指定 CPU 的许可信息处理程序,它由许可方的(名称)计算机软件系统中若干模块组成,该软件系统列于附件1,它附属于本协议书并作为其一部分,所有进一步的说明均定义于附件1。

7. "许可软件"是指许可程序和许可资料。

8. "许可资料"是指与许可程序有关的资料,它属许可方所有并随同许可程序许可给被许可方使用,该资料包括附件1中所指明的那些文件及以书面形式特别说明的其他文件输入形式、用户手册、接口格式及输入/输出格式,上述资料均作为保密内容或许可方的专属产权,交付被许可方使用。

9. "被授权人员"是指被许可方的雇员。

10. "改进"是指许可软件的任何修订、修改或进化,或者是增加该软件的使用范围、功能或其他有用特性所进行的任何工作。

(3) 授权条款。说明授予的使用许可是独占的,还是非独占的;约定被许可方软件使用的范围和使用的地点。例如:

---

① 参见《软件出口管理和统计办法》(2001)第4条、第5条;《关于印发〈软件出口管理和统计办法〉的通知》(2001)。

1. 根据本协议的条款及条件,许可方同意授予、被许可方同意接受一个不可转让的非独占的使用许可,准许被授权人员在指定的该公司的(某座建筑物)内的 CPU 上使用该许可软件,上述使用仅限于被许可方内部使用和为其子公司或附属公司提供信息服务;除上述规定外的任何第三方无权使用该许可软件或其中任何一部分。任何人无权将该许可软件或其中任何一部分向他人出售、出租、转让权利或者以其他形式进行转让或提供利用。

2. 上述限制适用于将本许可软件作为其中一部分的任何软件系统,除非许可方和被许可方另外达成了书面协议。

3. 每个将要使用许可软件的 CPU,都要求分别签订使用许可,以作为本协议书的补充。当指定 CPU(或根据补充许可而授权的 CPU)不能操作或因故不能使用,则被许可方根据本协议书而获得的指定 CPU 的使用许可或者根据补充协议而获得的任何一台 CPU 的补充许可均可转移到一台备份 CPU 上,但被许可方必须尽最大努力尽可能迅速地克服这种情况。

4. 被许可方可以预先征得许可方的书面批准,为该许可软件重新指定另一台 CPU,对此许可方不得无故拒绝。重新指定 CPU 不另外再收费。

(4) 提供软件和服务条款。双方约定许可方许可软件提交的时间,许可方承诺对被许可方进行人员培训,提供技术咨询,或派遣顾问指导,软件维护与缺陷更正等服务。例如:

许可方应按时向被许可方递交许可软件和提供约定的服务:

1. 许可软件递交与递交地点

许可方应在合同生效后的(天数)日内,向被许可方(地点)递交许可软件。递交的许可软件包括许可程序和许可资料。许可方将以源码和目标码两种形式向被许可方提供各一份许可程序,并提供不少于两份的许可资料。

2. 安装、初级培训及调整

许可方应根据附件 2 向被许可方提供安装和初级培训,如需要还应提供初始调整服务,附件 2 附属于本协议书并作为其一部分。为此目的,被许可方应在正常工作时间向许可方提供使用指定 CPU 的合理机时。

3. 人员培训

除了附件 2 第 2 节规定的最大培训时间外,如果被许可方以书面形式向许可方提出附加的培训要求,许可方应按被许可方的要求尽最大努力及时地提供这种培训服务,培训地点可设在指定 CPU 的所在地或双方可接受的其他适当地方。

4. 资料交付

本协议生效后,双方应就上述所规定的提供许可软件和许可资料以及许可方提供的各种服务进行协商,并作出双方都一致同意的安排。

5. 其他顾问性服务

A. 除了根据上述第 3 款和附件 2 所规定的培训服务外,根据被许可方的书面要求,许可方还应该向被许可方提供有关许可软件的顾问性服务。

B. 在开始提供任何附加服务之前,许可方应与被许可方共同制定一个满足许可软件要求和其他特殊服务要求的附加的许可软件调整清单。

C. 被许可方应指明这些附加服务的优先次序及何时要利用这些服务。

D. 此后,许可方应向被许可方报告上述服务的各项收费并根据这些收费估算出总体开支,同时,它还必须确认上述时间安排是否可以接受。

E. 在收到被许可方对上述收费及时间安排被接受的书面答复之前,许可方将不着手进行这种服务工作。

6. 软件维护

A. 在可应用的许可软件安装完备之日起2个月的初始期,许可方将改正许可软件中的错误或故障,如果在此期间许可方还开发出该许可软件的更新版本,则将提供给许可方。维持服务的时间从星期一至星期五,北京标准时间早上8点到下午5点,但国家节日除外。

B. 在上述2个月时间之后,许可方还将继续向被许可方提供同样水准的维护许可软件的服务,但被许可人必须按本合同第4条第5款的规定支付服务费。在本合同第4条规定的初始期届满前,被许可方可以以书面的形式通知许可方,在初始期届满后将不再需要许可方的上述维护服务。在初始期之后,被许可方可以提前7天以书面形式通知许可方,终止许可方提供的维护服务,在上述情况下,被许可方预先付给许可方维护费,因终止服务而未能履行那部分服务,许可方将不再返还其剩余的费用。

C. 任何时候,当被许可方拖欠许可方的维护费时,许可方将停止向被许可方提供上述维护服务。无论因何种原因而中止维护服务,均不影响本协议书的其他部分。

(5) 支付条款。约定软件许可的使用费用及支付方式。计算机软件使用费的计算一般采用两种形式:① 固定计价,即使用费为一个固定数额,可按工作进度分期支付;② 计时支付,根据使用的时间来支付使用费。在计时支付方式下,许可方常常会提出保留中途调整计时价格的权利,这对被许可方来说很不合理。因此,对于被许可方来说,选择固定计价方式比较好。例如:

1. 由于许可方向被许可方授予使用许可,提供该许可软件,以及根据合同第4条第3款提供有关服务,作为报酬,被许可方应向许可方支付如下费用:

A. 一次总付费为(金额)美元。

B. 若许可方提供的培训费超过30人小时,则对超过部分将按每小时(金额)美元/每个专家支付服务费。

C. 对于许可方依本合同第4条第5款B提供的附加咨询服务,服务费用由双方另行商定的小时费计算。

D. 对于许可方依本合同第4条第5款提供的服务,被许可方要合理地负担许可方人员除服务费外的其他实际费用,其中包括服务人员从原工作地到被许可方工作所在地的机票(经济舱票)、食宿及地方交通费,同时,被许可方还应负责预定必要的机票及旅馆客房。

2. 从许可程序在指定CPU安装后第2个月开始,被许可方还应向许可方支付每月为许可费(即总付费)的0.5%的维护费。

A. 若被许可方终止许可方的某些维护服务,则月维护费也应相应降低。

B. 当被许可方依合同第3条第6款规定终止所有维护服务,则不再支付终止后的维护费。

3. 合同第 5 条第 1 款第 A 项所规定的费用按下列期限支付：

A. 在许可软件按要求安装完备后20天内，被许可方应向许可方支付(金额)美元。

B. 在试用期结束后的第一个工作日，被许可方应向许可方支付剩余部分的美元。如果在试用期结束之前，被许可方依本条第 2 款规定通知许可方，许可方决定终止本协议，则许可方应按比例返还被许可方已支付的部分费用，返还比例按该通知发出后试用期所剩天数计算。

4. 对于依本条第 1 款 B 项和 C 项所规定的人时费，以及依本条第 1 款 D 项所规定的差旅费，当被许可方收到许可方的清单后10 天内应立即支付，清单要附上人时费恰当的时间表和差旅费开支证明文件。

5. 如果在最初2 个月期限结束后，被许可方不提出终止维护服务，则在第3 个月的前7 天内，被许可方应提前向许可方支付1 年的月维护费。此后，只要被许可方不提出终止该维护服务，则每3 个月就要付费一次。

6. 如果被许可方依本合同第 3 条第 3 款规定准备获得一个或多个补充许可，以便将该许可软件用于另外的 CPU，则有关的许可费和维护费的数量、支付时间和支付方式另行商定，但无论如何，上述许可费将不会超过原来将该许可软件用于指定 CPU 上的许可费，维护费也不会超过用于指定 CPU 上的维护费。

7. 该付而又未按期支付的费用应按一般做法支付 1% 自然增长率的利息，即(城市名)市(银行名称)银行公布的基本利率，日期计算从应付款之日起或从在此之前的最后一个银行工作日起。

8. 被许可方将不补偿许可方的所有税收，其中包括个人财产税(但不包括基于许可方纯收入或总收入的专营税或者是地方特许权税)和由于许可方的疏忽或未能设法减税而遭致的各种收费，同时也包括任何政府机关由于本协议书而征收的各种费用。依该许可软件所在地或执行服务所在地的不同，销售及使用税将按地分开提供有关文件或列表。被许可方对由此产生的任何税收及各种收费有权提出异议。

(6) 保护条款。许可软件是许可方投入大量资金开发的，它包含若干专有的公式、计算及商业秘密，是许可方的专有产品。为了保护知识成果，许可方要求被许可方在使用中不可将软件提供给第三方使用，或向第三方泄露技术秘密。例如：

1. 许可方在此申明，被许可方同意，没有得到许可方明确准许，将不实施以下行为：

A. 除被授权人员外，将许可软件全部或部分地向他人提供或以其他形式供他人利用；

B. 除一份备用许可程序和若干份供被许可方人员获准接受培训及获准使用许可软件所必需的许可资料外，制作、指使制作或许可制作该许可软件的拷贝；

C. 除准于使用该软件而需向其揭示的被授权人员外，向其他人泄漏或允许这种泄漏。

上述这些限制将适用于包含许可软件的任何软件系统，尽管这样的系统可能包含属于被许可方产权的软件。

2. 如果被许可方决定终止本协议及其许可软件的使用权，则被许可方应将该许可程序从指定 CPU 中卸出，并随同提供给被许可方的或由被许可方复制的所有拷贝全部原本返还许可方。

3. 本条中各款的规定不适用于公有领域中的信息,当许可方向被许可方进行揭示时被许可方通过正常方式已经掌握的信息,或者被许可方以正当的方式从第三方直接或间接获得的信息,该信息是由第三方独立开发并有权向被许可方揭示,此种揭示并不直接或间接违反向许可方承担的保密义务,同样,本条各款的规定也不适用于这样的信息,即由被许可方接受了该信息之后,该信息成为公有领域中的信息,但不是因为被许可方的过失所致。

4. 由被许可方复制的所有许可软件的所有拷贝和其介质包含许可软件程序或其任何部分的所有拷贝,都应该照许可方提供的说明附上如下提示,在无法登载这种提示的场合,也应在适当的地方以适当的形式注明其内容:

"版权所有(属于许可方),(公司名称)计算机股份有限公司根据(国名)国版权法,本资料为未出版的作品,在本资料中还包含属于(公司名称)计算机股份有限公司商业秘密的某些思想和概念。未经许可对本资料进行复制或以其他方式加以揭示必将受到严厉处罚。"

5. 本条的各项规定不因本协议的终止而终止,当向被许可人发放的使用许可全部或部分终止并依本条第2款规定返还所有资料后(年限)年内,本条的各项规定将继续有效。

(7) 改进条款。根据《技术进出口管理条例》第27条的规定,被许可方在使用许可软件时,对软件进行改进,"在技术进口合同有效期内,改进技术的成果属于改进方",改进部分应该属于被许可方。但是,如果改进的内容包括许可方的信息,则被许可方向第三方揭示或提供使用时就需得到许可方的同意;当这种改进涉及许可方软件时,则许可方也应拥有对该改进进行再发展的权利。例如:

由被许可方投资,由被授权的人员单独进行的或与其他被授权的人员共同进行的任何改进,其成果属于被许可方,但是:

A. 如果这种改进包含许可方的信息,而对其揭示或使用在未经许可方批准的情况下将会导致许可方对这种信息的权利的丧失或受到侵害,则除被授权人员外,将这种改进向任何人进行揭示及提供使用应得到许可方与被许可方共同同意;

B. 如果被许可方所进行的这种改进涉及许可软件,则许可方具有对该改进进行再发展的非独占权,以及将其产品投放市场或许可给第三方的优先取舍权。

(8) 保证条款。许可方对提供的软件的性能作出保证,对提供的软件的原创性进行担保,对提供的软件程序的功能与说明书相符进行担保。但许可方不对使用程序的计算机媒介的质量进行担保,也不对因被许可方修改软件使得原软件性能发生变化的后果进行担保。当发生第三方指控许可方侵权时,由许可方进行应诉。例如:

1. 许可方保证该许可软件安装到指定CPU上将符合许可方出版的说明书的指标。但是,除许可方的雇用承包人和代理人之外,如果其他任何人对该软件作任何方式的修改,其中包含(但又不限于)对该许可软件进行改制,本性能保证将无效。

2. 许可方担保,许可软件不侵犯任何第三方版权、专利权或商标权,同时也不违反任何第三方的信息专有权。

3. 当有人就被许可方在本协议许可的范围内使用该许可软件或是任何一部分向被许可方提起诉讼,指控其侵犯在(国名)国的版权、商业秘密权或专利权,许可方将以自己的费用应诉。

4. 他人向被许可人提起的诉讼直接归因于上述权利要求时,许可方将支付被许可方任何有关的开支、损失和最后判归被许可方的诉讼处理费及律师费,倘若:

　　A. 被许可方以书面形式迅速地将该权利要求通知许可方;

　　B. 被许可方给予许可方全面完整的授权、信息及帮助以对该权利要求进行应诉;

　　C. 许可方对该权利要求进行应诉以及对此案了结或和解的谈判均拥有全面的控制权。

5. 如果该许可软件成为或依许可方的判断很可能要成为侵犯他人在权利要求中所称的版权、商业秘密权及专利权时,许可方有权采取措施以使被许可方得以继续使用该许可软件或者其替代或修改软件,在使用替代或修改软件时,许可方保证其功能相等且不侵权。

6. 不论本合同有什么样的条款,许可方对下列情况所提出的侵犯版权、商业秘密权及专利权均不承担任何责任:

　　A. 当最新版本的许可软件免费不加改变地向被许可方提供利用,而使用这种最新版本的软件又能避免上述侵权,但被许可方仍采用其他版本;

　　B. 本协议的许可软件的程序或数据是经过认真研究才提供使用的,但被许可方将该许可软件与其他的程序或数据一起使用,如果不将该许可软件与上述其他程序或数据一起使用可避免上述侵权,但被许可方没有这样做;

　　C. 在指定 CPU 操作系统之外使用许可软件。

(9) 合同期限与终止。本条款内容包括软件使用试用期、终止期,以及终止前被许可方的权利及义务。例如:

1. 本合同从最后一个签字的日期起生效。从许可程序在指定 CPU 上最后安装完备起,开始计算本合同所规定的许可期,除非根据本条如下的规定而发生终止。

2. 从许可程序最后安装完备次日起 15 天为试用期。在试用期内,被许可方将决定是否终止许可软件的使用许可,同时还相应地决定是否全部或部分地终止本合同。如果没有发生上述终止,则在向许可方发出书面通知后的 10 天内,被许可方将有权终止本协议和由此发放给被许可方的使用许可。

　　A. 在试用期内,被许可方如果决定终止本合同和许可软件的使用许可,则它应以挂号信的方式向许可方发出书面通知,挂号信上的邮戳日期应不迟于试用期的最后一天。

　　B. 对上述的终止,除了被许可方必须返还该许可软件并根据本合同第 6 条对该软件不加泄漏外,许可方和被许可方均不再承担任何责任。

3. 如果被许可方违反了本合同所规定的任何义务,则许可方除了采取任何可采取的补救措施之外,如果认为有必要,它还可以终止本合同中许可给被许可方的所有权利,只要它以书面形式提前 3 天通知对方,说明其违反有关规定。除非在此通知规定的期间内被许可方就上述违约行为提供了许可方认为是满意的补救,如果补救期限要求多于 7 天,则被许可方必须在此期间开始并不断努力改正其违约行为。

4. 本合同发生上述终止后,许可方不承担任何义务返还被许可方根据本协议所支付的费用。被许可方应该在终止之后7天内立即支付该款项。被许可方应将提供给它或由它改作的与许可软件有关的所有文件交给许可方,同时,被许可方应列出置于任何存储器和记入任何介质中的所有未用的许可软件。被许可方可以保留一份许可软件拷贝,但是,它只能用于存档的目的。在正常的时间,许可方应获得合理的机会来了解该软件的情况,以证实被许可方是否遵守上述义务。本款受约于下面第5款。

5. 一旦当事人就被许可方实际是否违反本合同产生争议,在该争议获得最后的司法决定而不再提出上诉之前,将不应要求被许可方放弃对该软件或其任何一部分的控制权。

(10) 其他。可以将上面未写入的内容放入该条款中,比如争端的处理等。①

2. 计算机软件许可合同的登记与管理

为贯彻《计算机软件保护条例》,促进中国软件产业发展,增强信息产业的创新能力和竞争能力,国家著作权行政管理部门鼓励软件登记,并对登记的软件予以重点保护。同时,也要求软件著作权专有许可合同和转让合同进行登记。

2001年10月,原外经贸部、科技部、信息产业部、国家统计局、国家外汇局联合发布《软件出口管理和统计办法》。根据该办法,这五个部门和外汇指定银行联合在中国电子商务中心的MOFTEC网站上设立"软件出口合同合同登记管理中心",对软件出口合同实现在线登记管理。规定软件出口合同正式生效后,软件出口企业须在"软件出口合同登记管理中心"进行在线登记,并按属地原则,持生效的软件出口合同正本到当地外经贸厅(委、局)领取《软件出口合同登记证书》。

根据《计算机软件保护条例》第22条的规定,对外许可或转让软件著作权的,应当遵行《技术进出口管理条例》的有关规定。根据《技术进出口管理条例》,属于自由进口或出口的技术,实行合同登记管理;属于禁止进口或出口的技术,不得进口或出口;属于限制进口或出口的技术,实行许可证管理,未经许可,不得进口或出口。国家定期发布《中国禁止进口限制进口技术目录》。

四、技术服务合同与技术咨询合同条款

1. 技术服务合同与技术咨询合同概念的区分

长期以来,"技术服务"与"技术咨询"这两个概念被混为一谈,两种不同的合同合而为一,被统称为"技术服务咨询合同"。1999年,《合同法》颁布,将这两类合同进行了区分。

根据《合同法》第356条的规定,技术服务合同是指当事人一方以技术知识为另一方解决特定技术问题所订立的合同,不包括建设工程合同和承揽合同。而技术咨询合同是包括就特定技术项目提供可行性论证、技术预测、专题技术调查、分析评价报告等内容的合同。

根据《技术进出口管理条例》第2条的规定,技术服务的进出口属于国家技术进出口管理内容之一。技术服务的进口与出口都需办理合同登记手续。

2. 技术服务合同的条款

技术服务合同的模本很多,各省、市科委或单位都有自己的合同模本,这里以国家科学

---

① 参见《计算机软件使用许可合同》,中华学习在线:http://www.cnxuexi.com/xiezuo/hetongfanwen/36702.html,2005-04-01。

技术部印制推介技术合同当事人参照使用的示范文本为蓝本,介绍技术服务合同的基本条款。

(1) 鉴于条款。这是合同正文开始前的阐述,作为前言,不列入正式条文之中。合同一开始,委托方(甲方)与受托方(乙方)就进行的某项技术服务为标的交易表示各自的愿望,对最终达成的协议表示共同的认可、共同的恪守。

(2) 服务条款。合同正文开始,委托方首先应该对技术服务目标、内容和方式提出要求。双方就技术服务的主题、特征、标的范围及效益情况,特定技术问题的难度、主要技术经济指标,具体的做法、手段、程序以及交付成果的形式进行确认。

(3) 责任条款。根据中国《合同法》第 360 条、第 361 条的规定,技术服务合同的委托人应当按照约定提供工作条件,完成配合事项,接受工作成果并支付报酬。受托人应当按照约定完成服务项目,解决技术问题,保证工作质量,并传授解决技术问题的知识。因此,在责任条款中,双方应当对各自的责任作出保证。例如:

① 受托方:对约定的服务地点、服务期限、服务进度、服务质量等要求进行确认,对保质保量地完成技术服务工作作出承诺。

② 委托方:为保证受托方有效进行技术服务工作,承诺向受托方提供所需的技术资料和工作条件,并就应提供的技术资料、工作条件和协作事项的时间及方式进行确认。

(4) 支付条款。确认委托方向受托方支付技术服务的报酬及支付方式。技术服务报酬应包括技术服务人员的旅费、签证费或移民费、工作许可证费等。技术服务费的支付一般有以下三种形式:一次总付、分期支付、提成方式。合同中应确定具体支付方式和时间,以及受托方开户银行名称、地址和账号。

(5) 保密条款。双方分别确定履行合同应遵守的保密义务。应约定保密内容(包括技术信息和经营信息)、涉密人员范围、保密期限和泄密责任。

(6) 合同变更条款。合同的变更必须由双方协商一致,并以书面形式确定。双方约定可以变更合同的具体情形,当这种情况发生时,一方可以向另一方提出变更合同权利与义务的请求,另一方应当在规定的期限内予以答复;逾期未予答复的,视为同意。

(7) 验收条款。当受托方完成技术服务工作后,委托方根据合同约定的标准和方式对其技术服务工作成果进行验收。该条款双方对受托方完成技术服务工作的形式、技术服务工作成果的验收标准、技术服务工作成果的验收方法、验收的时间和地点以及验收后的保证期限作出约定。比如,可以规定:"在保证期限内发生服务质量缺陷的,服务方应当负责返工或者采取补救措施。但因委托方使用、保管不当引起的问题除外。"

(8) 技术服务改进条款。《合同法》第 363 条规定,技术服务合同履行过程中,受托人利用委托人提供的技术资料和工作条件完成的新的技术成果,属于受托人。委托人利用受托人的工作成果完成的新的技术成果,属于委托人。当事人另有约定的,按照其约定。

据此,在合同的技术服务改进条款中,双方应确定是规定改进成果属改进方,还是在对等的原则下,任一方改进的成果属双方所有。

(9) 违约条款。《合同法》第 362 条规定,技术服务合同的委托人不履行合同义务或者履行合同义务不符合约定,影响工作进度和质量,不接受或者逾期接受工作成果的,支付的报酬不得追回,未支付的报酬应当支付。受托人未按照合同约定完成服务工作的,应当承担免收报酬等违约责任。

据此,双方应约定一旦出现违约时,违约方应承担的责任。一般对关系到自身重大利益的条款进行确认。比如,受托方关心的是是否能按合同约定收到价款,而委托方关心的是受托方是否能保质保量地提供技术服务,并产生经济效益。因此,双方可以对支付条款、责任条款、验收条款进行约定,例如,若一方违反本合同约定,应当支付违约金多少,损失赔偿额的计算方法如何。

(10) 项目联系人条款。为了保证项目的完成,双方应确定在本合同有效期内,各方的项目联系人,并规定项目联系人应承担的责任。当一方变更项目联系人时,应当及时以书面形式通知另一方;未及时通知并影响合同履行或造成损失的,应承担相应的责任。

(11) 合同解除条款。双方应确定,发生不可抗力等情形致使本合同的履行成为不必要或不可能时,可以解除本合同。

(12) 争议处理条款。履行合同中若发生争议,双方应本着协商的态度,调解解决。协商与调解不成的,按合同确定的方式处理。比如,提交仲裁委员会仲裁,或依法向法院起诉。应在合同该条款中具体确定何处仲裁委员会或法院。作为委托方,最好是选择本国的仲裁委员会或法院。如果双方争执不下,可以选择第三国或地区的仲裁委员会或法院。如果事先没有在合同上约定,则可根据合同履行地、标的物所在地、合同签订地进行推定。

(13) 名词与术语条款。从技术服务本身而言,其内容涉及广泛,不同标的的技术服务合同,有着不同的专有名词和术语,但下列名词则是最常见的:技术服务、技术资料、工作条件、技术服务改进、验收合格等。合同签订双方应对合同及相关附件中所涉及的有关名词和技术术语一一进行定义和解释。

(14) 中介方条款。如果有第三方即中介方的话,则应对中介方的权利、义务、服务费及其支付方式进行确定。

(15) 附件条款。与履行本合同有关的技术文件,如技术背景资料、可行性论证报告、技术评价报告、技术标准和规范、原始设计和工艺文件等,经双方确认后,可以以附件的形式作为合同的组成部分。如果技术服务以专家组或技术服务组形式,附件中还应有一个比较详细的包括技术服务人员名单、财务安排、福利待遇、法律约束、人员更换等内容的服务协议书。

(16) 其他。双方约定本合同其他相关事项。比如,"合同书中未尽事项,可由当事人附页另行约定,并作为合同的组成部分";"确定本合同一式三份,具有同等法律效力";"合同经双方签字盖章后生效"等。

注意:上述条款并非合同当事人都要填写,约定无需填写的条款,可以在规定模本的合同书该条款处注明"无"字样即可。[①]

3. 技术咨询合同签订中应注意的事项

国家科学技术部推介的《技术咨询合同》范本与《技术服务合同》范本的格式基本相同,这里不重复。下面主要从委托方的角度,就技术咨询合同签订中应注意的事项进行阐述。

(1) 注意技术咨询公司的选择和合同相关条款的约定

与其他技术贸易合同相比,技术咨询合同与技术服务合同既存在相同之处,也具有不同之处。在这两种技术贸易合同的签订中,委托方都要求受托方提供的咨询或服务必须是实用的、成熟的、现有的,能够解决实际问题的,而不苛求其提供的咨询或服务是否新颖与独创。

---

① 参见《科学技术部关于印发〈技术合同示范文本〉的通知》(2001)中《技术服务合同》文本;《合同法》(1999)。

根据中国《合同法》第四节,技术服务合同与技术咨询合同在实施方案中,当事人的责任不同。技术服务合同要求受托方"应当按照约定完成服务项目,解决技术问题,保证工作质量,并传授解决技术问题的知识"。(第361条)这意味着实际效果是检验受托方是否完成任务的标准,若不能解决实际问题,受托方便要承担免收报酬等违约责任。而技术咨询合同则要求"受托人应当按照约定的期限完成咨询报告或者解答问题;提出的咨询报告应当达到约定的要求"。(第358条)这就是说,受托方按期提出咨询报告,咨询报告符合约定便意味着任务的完成,至于该报告最后实施效果如何,受托方不负什么责任,除非另有约定。实施失败的风险完全由委托方承担。

因此,在技术咨询贸易中,委托方承担着技术咨询报告和意见实施失败的全部风险,作为委托人应该了解到这点,尽可能地选择有经验、有信誉的技术咨询公司进行合作,并且在合同中必须注意咨询报告的验收标准、验收方式和评价方法的确定。

(2) 明确咨询人员职责范围、工作任务和咨询报酬

技术咨询费一般采用两种计算方式:一是按总付的方式,比如给出总价,要求完成一份技术咨询报告;二是按咨询服务人员工作量计算。采用后一种方式,要特别注意在合同中明确咨询人员的职责范围、传授技术的内容、工作任务、工作时间、工作进度以及加班含义的确定,合理制定出咨询报酬。

(3) 税费的规定应该符合中国法律

根据中国税法,技术咨询合同中的税费应由受托方支付,技术咨询人员在华收入应交纳个人所得税。在进口合同中,中国委托方应该事先向外方说明中国的税法,在支付价款时按国家的税法规定扣缴国外受托方的所得税和咨询人员的个人所得税,代其缴纳,以免因为漏税问题,给自己带来不必要的麻烦。同样,在出口合同中,中国受托方也应该了解国外税法,并自觉遵守,主动缴纳应缴纳的税款。关于税费问题,在第八章将专门论述。

本章习题

一、名词解释

1. 国际技术贸易的方式 2. 技术合同 3. 独占许可 4. 分许可
5. 鉴于条款 6. 技术使用授权

二、试述题

1. 合同由哪几部分组成?正文主要包括哪些条款?
2. 合同的主体有哪几种表述?它们主要用于哪类合同中?
3. 阐述技术合同的一般条款。
4. 试述专利实施许可的种类。
5. 专利申请与专利有什么区别?专利申请技术实施许可合同与专利实施许可合同相比有哪些特殊条款?
6. 技术咨询合同签订中应注意哪些事项?
7. 专利实施许可合同与专利权转让合同的主要区别是什么?作为引进方,应该关注哪些条款?

三、写作题

1. 根据下列给出的假设与主题,自设其他条件,起草一份技术咨询合同:

委托方(甲方):中国A公司;受托方(乙方):美国B公司

主题:新机场设计技术咨询;委托方要求:新机场设计可行性报告

技术咨询目标:保证新机场的初步设计达到世界先进水平。

2. 两人合作,自设条件,撰写一份计算机软件许可合同。

3. 以小组形式,分成许可方与被许可方,合作撰写一份专利实施许可合同。

第七章 混合型技术贸易合同

▶ **教学目的和要求**

• 通过区分国际合作生产、补偿贸易合作生产、国际合作开发、国际工程承包等概念,了解混合型技术贸易的基本特点和类型。

• 通过学习各类混合型技术贸易合同条款,发现其异同点,并学会制作某种混合型技术贸易合同。

• 通过招标、投标、开标、评标与定标的课堂模拟活动,了解国际工程承包活动的基本过程,以及作为业主与作为承包商各自的关注点,加深对国际工程承包合同条款的理解。

第一节 混合型技术贸易合同的特点与类型

一、混合型技术贸易合同的特点

所谓混合型技术贸易合同,是针对上述介绍的单一型合同而言的。与一般的技术合同相比,混合型技术贸易合同具有以下特点:

(1) 一项合同中包括多项交易对象。例如,货物贸易带有技术转让,或技术转让带有货物贸易。

(2) 合同中不同类型的交易按各自贸易的规则分别规定。例如,技术转让内容按技术转让规则规定,货物贸易内容按货物贸易规则规定,服务贸易内容按服务贸易规则规定。

(3) 合同中多项交易对象相互紧密联系。例如,技术转让必须是所购买的成套设备设计、制造等方面的技术。如果技术转让与购买的设备毫不相关,则应视为独立的或单一的技术转让合同。[①]

二、混合型技术贸易合同的类型

混合型技术贸易合同的类型主要有:

(1) 与生产结合的合同。如国际合作生产合同、补偿贸易合作生产合同。

(2) 与研究开发结合的合同。技术开发合同分为委托开发合同和合作开发合同。国际合作开发合同的形式有国际合作开发合同、国际合作设计合同、国际合作研究合同等。

(3) 与设备买卖结合的合同。国际技术转让与设备购买合同,如专利技术转让与成套设备购买合同、专利技术实施许可与生产线购买合同、技术秘密与关键设备购买合同等。

(4) 与直接投资结合的合同。如国际直接投资合同。

(5) 与劳务贸易结合的合同。如国际工程承包合同,又分为项目承包合同、"交钥匙"工程承包合同、"半交钥匙"工程承包合同、"产品到手"工程承包合同。[②]

[①] 参见王玉清、赵承璧主编:《国际技术贸易》,对外经济贸易大学出版社 1996 年版,第 186-187 页。
[②] 参考王玉清主编:《国际技术贸易》,中国人民大学出版社 2001 年版,第 237—238 页。

下面分别介绍国际合作生产合同、补偿贸易合同、国际合作开发合同、国际技术转让与设备购买合同以及国际承包合同。

第二节　国际合作生产合同

一、国际合作生产合同的概念与特点

1. 国际合作生产合同的概念

国际合作生产合同是指一国公司与另一国或地区公司之间就生产某种产品，或研究某个项目，或联合设计某种产品，进行经济合作和技术转让达成的合同。

国际合作生产是国际技术转让常见的一种形式。国际合作生产不仅是跨国公司打开发展中国家市场采用的一个重要手段，也是发展中国家引进技术、资金的一个重要途径。例如，中国与欧洲宇航界进行卫星合作生产，中国的汽车公司与韩国现代集团合作生产现代轿车，中国的乳业公司与国际乳业巨头合作生产高档配方奶粉等。通过跨国性的合作生产，中国企业得到了生产所需要的追加资本与技术，国外企业提高了投资回报率，双方扩大了产品的市场销路。

2. 国际合作生产合同的特点

与单纯的技术转让合同相比，国际合作生产合同有以下几个特点：

（1）合同期较长。进行国际合作生产，至少有一方是希望通过合作生产，学习与掌握对方的先进技术，提高产品生产的质量和扩大市场。而只有通过一定时间的合作，才可能真正地掌握对方的技术，消化这些技术，有所创新，获得良好的经济效益。因此，一般来说，国际合作生产合同期比较长。

（2）当事人可能是多方。国际合作生产有时当事人不一定只有供方与受方两方，可能还有多方，比如双方投资的制造工厂、产品的最终用户；或者供方有多家，受方有多家等。这时的合同可以分别签订，比如供方与受方签订合同后，在该合同下与制造单位签订技术合作合同；与生产单位签订分批交货合同，或者与合作产品的用户签订销售合同等。也可以将上述各方并在一个合同中签订。

（3）分别核算。国际合作生产中各自提供的技术、机器设备、零部件、生产工具，一般要分别计价算入各自投资的金额中，或者是对方使用时要支付价款。合作双方的关系是一种买卖关系、经济关系。

3. 国际合作生产的形式

国际合作生产主要有以下几种形式：

（1）零部件生产的合作。根据合同规定进行分工，各方生产不同的零部件，然后组装成成品。在这种方式下，技术较强的一方往往负责整个产品的生产图纸和工艺技术的指导，承担关键部件的生产。而技术较弱的一方根据图纸生产较为次要的零部件。然后各自将自己生产的部件提供给对方，分别组装完成成品，各自出售。提供给对方的部件分别计价。飞机、汽车的生产常采用这种国际合作生产的方式。

（2）关键部件提供。由技术较强的一方向技术较弱的一方提供关键部件以及免费的技术指导，技术较弱一方自己生产次要部件，并组装成成品出售。技术较强一方通过出售关键部件获得收益。

（3）生产技术或设备的提供。由技术较强一方向技术较弱一方提供生产技术或设备，技术较弱一方利用这些技术或设备生产出成品出售。技术较强一方通过转让技术或出售设备获得收益。①

比如，中国海思技术公司与美国铿腾电子科技有限公司（Cadence Design Systems, Inc.）以及中国台湾中芯国际公司合作生产通信设备，帮助客户设计出系统级芯片。海思技术公司利用铿腾公司提供的 Encounter 平台和中芯公司提供的工艺技术，成功设计出高品质的应用芯片。而铿腾公司与中芯公司负责为共同的客户提供支持低功耗要求的数字设计参考流程。对于海思技术公司而言，通过合作，缩短了技术开发的时间，降低了开发成本，满足了客户的要求，公司在无线设计、软件开发及系统设计方面的能力都有所提高。对于铿腾公司及中芯公司而言，通过合作，扩大了客户，增加了销售量。②

（4）合作生产成品。由合作各方合资建立工厂，技术较强一方提供先进的生产技术与工艺，以及管理体制；技术较弱一方提供厂房与设备，利用先进技术改进生产工艺，共同生产成品出售。合作各方根据各持股份计算收益。

比如，内蒙古蒙牛乳业（集团）股份有限公司是中国乳品行业的著名企业，但奶粉销量未形成强势，仅占所有产品销售额的5%左右。丹麦的阿拉·福兹公司是欧洲最大的乳品企业，技术力量雄厚，特别是配方奶粉技术处于全球领先地位，但面对欧洲市场逐渐饱和的状况，急希望到其他地方寻找更有利的投资场所。于是这两家公司走到一起，于2005年签订合同协议，合作生产高档配方奶粉。根据协议，双方共同投资5.4亿元人民币，组建一个注册资本为1.8亿元的奶粉场。其中，蒙牛公司占51%的股份，阿拉·福兹占49%的股份。双方希望以蒙牛公司的品牌、市场网络和厂房为基础，以阿拉·福兹公司的技术、研发、管理为依托，通过合作，逐步占领中国国内高档配方奶粉市场。③

（5）特许生产合作。技术较强的国家允许技术较弱国家生产由其提供设计图纸或技术的产品，或者合作生产由技术较强国家提供技术并为集体采购的产品。比较典型的是国防工业领域的特许生产合作。

比如，冷战初期，美国与原苏联都曾通过特许生产合作的方式帮助其盟国重建和发展它们的国防工业。美国在英国和日本特许生产F-4喷气式战斗机，在德国和中国台湾地区特许生产响尾蛇导弹。特许生产成为国际武器合作的主要形式。20世纪70—80年代，这种特许生产的形式转为合作生产、集体采购。如美国和比利时、丹麦、荷兰及挪威制订合作生产F-16战斗机计划，五国合作生产F-16战斗机，并集体采购F-16战斗机组件和部件。在这一时期还出现了"武器家族"的合作生产模式，如英国和法国合作生产大山猫、美洲豹、小羚羊族直升机。④

二、国际合作生产合同

国际合作生产合同的条款依据合作生产具体内容来确定，一般包括以下几项基本

---

① 参见王玉清主编：《国际技术贸易》，中国人民大学出版社2001年版，第238—239页。
② 参见《海思与CADENCE及中芯国际合作生产通讯设备》，载 TOM 科技：http://tech.tom.com/1121/1793/2005824-244074.html，2005-08-24。
③ 参见佚名：《蒙牛将与国际乳业巨头合作生产高档配方奶粉》，载新华网：http://www.feedtrade.com.cn/market/whey/milk_market/200508/80965.html，2005-08-30。
④ 参见朱启超：《国防工业全球化的影响》，载《战略与管理》2000年第5期。

条款：①

第一条，定义条款。首先要对合同中有关术语或概念进行定义。比如：

1. 合作产品——指本合同附件 1 所规定的由受方根据供方提供的技术资料和（或）部件所生产的 3000 吨 3.6 米立式弯板机。

2. 考核产品——指受方根据供方提供的技术资料和部件，按附件 5 规定进行考核验收的第一台合作产品。

3. 技术服务——指技术供方派遣技术人员对受方单位人员进行合作产品的设计、制造、装配、调试的技术指导，以及根据附件 3 内容的技术培训。

第二条，合同内容与范围条款。说明合作生产的性质、内容、范围。例如：

1. 由供方向受方转让合同产品的设计、制造、销售、安装和维修使用的技术。合作产品的规格和技术参数详见本合同附件 1 。

2. 供方负责向受方提供合作产品全部有关技术和技术资料（以下简称"资料"），其具体内容和交付时间详见本合同附件 2 。

3. 供方授予受方在中国制造和销售合同产品的权利。前 4 台 合作产品只在中国国内销售。在此以后受方制造的合作产品可销往下列国家：（国名）。如合作产品按政府间经济贸易协议规定销往其他国家或由中国承包商在中国购买，随承包工程出口，则不受上述规定的限制。

4. 在合同期间，如受方需要，供方有义务以优惠价格向受方提供制造合同产品所需的部件及原材料，双方将通过协商另签合同。第一台及其后诸台合作产品的分工详见附件 1 。

5. 供方负责图纸及资料的转化并在供方工厂及其有关协作工厂培训受方人员。供方应尽最大努力使受方人员掌握合作产品的技术，具体内容见本合同附件 3 。

6. 供方有义务派遣技术人员到受方工厂进行技术服务，详见本合同附件 4 。

7. 供方同意向受方提供所需的专用工具、夹具及设备和检测合作产品所需的技术资料，详见本合同附件 2 。

8. 在合同有效期内，供方同意受方有权在其合作产品上标注双方联合 商标或"按公司许可证制造"字样。

第三条，价格条款。国际合作生产的方式不同，因此计价方式也有所不同。一般来说，供方提供的技术资料、设备、零部件均要计价。例如：

1. 鉴于供方按本合同第二条 1、2、3、4、5、6、7、8 所尽的义务，受方同意向供方支付（金额）英镑的入门费。

2. 合同期内，如受方要求供方提供其他规格产品的全部资料，则受方应为每一规格的资料向供方支付（金额）英镑。供方应向受方交付所得税。

3. 受方应就每台出售的合作产品向供方支付提成费，前五年为合作产品净销售价的 8%，后五年为合作产品净销售价的 6%。供方应向受方交付所得税。

4. 净销售价是指：销售价扣除运费、税费、包装费、储存费、保险费、安装费，并减去

---

① 参见中国学习在线：http://www.cnxuexi.com/xiezuo/hetongfanwen/36746.html 或 http://www.com-law.net/hetong/zhuanrang.htm。

向供方购买零部件的费用(包括运费、关税等)。

第四条,支付条款。规定受方向供方支付款项的方式和应提交的文件。例如:

1. 受方以英镑信汇(m/T)的方式向供方支付本合同费用。如采用电汇方式支付,电汇费用由供方负担。受方通过北京中国银行和英国(名称)银行支付。所有在中国发生的银行费用由受方负担,在中国以外发生的银行费用由供方负担。

2. 本合同第三条第1款所规定的入门费按下述办法和比例由受方向供方支付:

(1) 入门费的10%,计(金额)英镑,于受方收到供方下列正确无误的单据之日起,不迟于30天向受方支付:

A. 英国政府有关当局出具的有效出口许可证影印本一份,或同样的有关当局出具的不需要出口许可证的证明文件一份;

B. 金额为入门费总数的形式发票一式四份;

C. 即期汇票正副本各一份;

D. 由英国(名称)银行出具的,以受方为受益人的,金额为(数目)英镑(大写数目英镑)的不可撤销的保证函正副本各一份(保证函格式见本合同附件6)。

(2) 入门费20%,计(金额)英镑,于供方发出本合同附件3第3.2.1条所规定的临时资料3个月后,并于受方收到供方下列正确无误的单据之日起,不迟于30天向供方支付:

A. 四份商业发票;

B. 即期汇票正、副本各一份;

C. 两份资料空运提单及附件2及附件3第3.2.1条规定的临时资料交付已毕的证书的影印件。

(3) 入门费40%,计(金额)英镑,于受方收到附件3第3.6条所规定的资料起,如供方提供下列正确无误的文件,则不迟于30天,向供方支付:

A. 四份商业发票;

B. 即期汇票正、副本各一份;

C. 两份资料空运提单及附件3第6条规定的资料交付已毕的证书的影印件。

(4) 入门费15%,计(金额)英镑,于附件3第3.8.2条规定的受方培训人员按本合同附件3接受培训完毕之后,从收到供方下列正确无误的文件之日起,不迟于30天,向供方支付:

A. 四份商业发票;

B. 即期汇票正、副本各一份;

C. 两份由双方签署的关于附件3第3.8.2条规定的受方培训人员已按本合同之规定接受培训完毕的证书的影印件。

(5) 入门费15%,计(金额)英镑,于受方收到供方下列正确无误的文件之日起,不迟于30天,向供方支付:

A. 四份商业发票;

B. 即期汇票正、副本各一份;

C. 两份由双方签署的第一台合作产品在受方工厂考核检验后的质量性能试验合格证书的影印件。

(6) 如果不是因为供方的失误,即使届时没能签署第一台合作产品的质量性能试验合格证书,从受方收到供方提供的第一台合作产品的硬件后,不晚于24天,受方应向供方支付该款。

3. 执行了本合同第7条第2款的内容并在受方售出合作产品之后,受方应按下列条款开始向供方支付提成费。

(1) 受方应从每年的12月31日起,15天之内,通知供方过去一年里的总销售量。

(2) 从受方收到供方下列正确无误的文件之日起30天之内,由受方向供方支付提成费:

A. 四份相应的该期内提成费金额的计算资料;
B. 四份商业发票;
C. 两份即期汇票。

第五条,技术资料交付条款。 主要规定技术资料交付的内容、时间、地点与方式。例如:

1. 供方应按本合同附件2规定的交付时间及本合同附件2和附件3所规定的内容将资料交付到北京机场。

2. 北京机场空运单的印戳日期为资料的实际交付日期,受方应将盖有到达印戳日期的空运提单影印各一份分别寄给供方和北京中国银行。

3. 每批资料发运后24小时内,供方应将合同号、空运提单号、空运提单各日期、资料名称、件数、重量、班机号和预计抵达北京日期用电报或电传通知受方,同时将空运提单和技术资料详细清单一式两份寄给受方。

4. 如果技术资料短缺或空运中丢失、损坏,供方应在收到受方书面通知后的45天内,再次免费补寄给受方。

5. 交付资料应具有适合长途运输、多次搬运、防雨和防潮的坚固包装。

6. 每包技术资料的包装封面上,应用英文标明下述内容:

(1) 合同号:(号码);
(2) 收货人:(名称)公司;
(3) 目的地:(地点);
(4) 唛头:(标签图形);
(5) 重量(公斤):(数目);
(6) 箱号/件号:(数目);
(7) 收货人代号:(代号);
(8) 离岸港口:(港口名)。

7. 包装箱内应有详细的技术资料清单一式两份,标有技术资料的内容、名称及数量。

第六条,技术资料修改与技术改进条款。 如果供方提供的技术资料不适合受方,就需要对合同资料进行修改。如果合作过程中技术有所改进,则改进部分属于改进方,除非另有规定。例如:

1. 供方提供的技术资料如不适合受方的实际生产条件(如设计标准、材料、工艺装备等),供方有责任帮助受方修改技术资料并在培训和技术服务期间予以确认。

2. 在合同有效期内和合同规定的范围内,任一方对合同产品所作的任何改进与发展,都应免费提供给对方。

第七条,考核和验收条款。内容包括考核的方式与地点,参加考核的人员,考核结果的安排。例如:

3. 为了验证供方技术资料的正确性和可靠性,合作产品考核试验应有供方技术人员参加,受方与供方双方在受方工厂共同进行。考核方法见合同附件5。

2. 经考核,如合同产品的性能符合本合同附件5规定,即通过验收,双方联合签署合作产品的考核证书一式四份,每方各持两份。

3. 经考核,如合作产品的技术性能达不到合同规定的技术性能,双方应通过友好协商,共同研究分析原因,在采取措施消除缺陷后,进行第二次性能考核。合格后,按本条第2款规定,双方签署考核证书。

4. 如第一次考核不合格系供方的责任,则参加第二次考核的供方技术人员的费用及更换和修复缺陷件的费用由供方承担。如系受方责任,上述费用由受方承担。

5. 如经过第二次考核仍不能验收合格且又系供方责任,供方应采取有效措施,消除缺陷,进行第三次试验,费用由供方承担。

6. 经过三次考核不合格,如系供方责任,则受方有权终止合同,并按第8条第6款处理。如属受方责任,则双方应在考核证书上签字,但供方仍有义务帮助受方考核成功。

第八条,保证及索赔条款。供方需要保证技术资料的完整与技术的先进有效;受方要保证价款的支付。如果某一方不能实现其保证,并给对方带来损失,则另一方可以要求其索赔。例如:

1. 供方保证所提供的技术资料是供方使用的最新技术资料,并在合同有效期内向受方提供有关合作产品的任何改进和发展的技术资料。

2. 供方保证所提供的技术资料是完整的、正确的、清晰的,并及时交付的。

3. 如果供方提供的技术资料不符合本条第2款规定,供方必须在收到受方书面通知后45天内,免费将所缺的技术资料或正确、清晰的技术资料寄给受方。

4. 如果供方因第12条第1款以外的原因未能在本合同规定的时期内交付附件2所指的技术资料,受方应书面通知供方。如供方在一周之内仍未能交付资料,则应向受方支付违约罚金,每拖延一周支付第三条第1款价格的0.25%,违约罚金的总额不得超过第三条第1款价格的5%。

5. 供方向受方支付第8条第4款规定的违约罚金不能免除供方向受方继续交付技术资料的责任。

6. 按第7条规定,由于供方的责任,产品考核三次不合格时,则按以下办法处理:

A. 若产品不合格以致受方不能投产,受方提出终止合同时,供方必须将受方已经支付的全部金额,并加以年利2%(根据现行利率)的利息,一并退还受方。

B. 若只有部分性能指标达不到合同的规定,但受方仍可投产,供方应按合同附5中的规定赔款。

第九条,侵权和保密条款。供方保证自己是合作产品技术提供的合法所有人,如果发现有侵权行为愿负法律责任;受方保证对供方提供的技术资料予以保密,除非供方或第三方已经将秘密泄露。例如：

1. 供方保证它是本合同规定提供的技术的合法所有者，并有权向受方转让。如果发生第三方指控侵权，供方应负责与第三方交涉，并承担由此产生的一切法律和经济责任。

2. 受方同意对供方提供的技术予以保密。如果上述技术内容之部分或全部被供方或第三方公布，而且受方获得了已公布的证据，则受方不再承担保密义务。

3. 合同终止后，受方仍有权使用供方提供的技术，即受方有权继续设计、制造使用、销售和出口合作产品。

第十条，税收条款。根据《企业所得税法》(2008)第3条规定，税费应由供方支付。合同对此必须说明和约定。例如：

1. 凡因履行本合同而发生在受方国家以外的一切税费，均由供方承担。

2. 中国政府根据《企业所得税法》对供方课征有关执行本合同的一切税费，由供方支付。上述所得税将由受方从本合同规定的支付中予以扣除，并代供方向税务当局缴纳，受方应向供方提供税务当局出具的税收单据一份。

3. 中国政府根据现行税法对受方课征有关履行本合同的各项税费，由供方支付。

第十一条，仲裁条款。当合同履行中发生争议时，双方应本着友好协商的态度进行解决。若协商不成则可诉讼法律，可以将争议提交仲裁机构解决。应该事先在合同中将仲裁机构的名称和地点、仲裁费用的支付加以确定。例如：

1. 因执行本合同所发生的或与本合同有关的一切争议，双方应通过友好协商解决。如协商仍不能达成协议时，则应提交仲裁解决。

2. 仲裁地点确定在瑞典的斯德哥尔摩，按斯德哥尔摩商会仲裁院仲裁程序进行仲裁。

3. 仲裁裁决是终局裁决，对双方均有约束力。

4. 仲裁费用由败诉方承担。

5. 除了在仲裁过程中进行仲裁的部分外，合同应继续执行。

第十二条，不可抗力条款。什么才算作是"不可抗力"；当不可抗力发生后，最长不能超过多少时间通知合作对方；以及是否推延合同的履行等等，应在该条款中加以说明。例如：

1. 签约双方中的任何一方，由于战争、严重水灾、火灾、台风、地震和其他双方同意的不可抗力事故而影响合同执行时，延长履行合同的期限应相当于事故所影响的时间。

2. 当不可抗力事故发生后，责任方应尽快将事故情况用电传或电话或电子邮件方式通知双方，并于14天内以航空挂号信将有关当局出具的证明文件提交给另一方确认。

3. 如不可抗力事故的延续时间超过120天时，双方应通过友好协商尽快解决继续执行合同的问题。

第十三条，合同生效、终止及其他。《合同法》(1999)第32条规定："当事人采用合同书形式订立合同的，自双方当事人签字或者盖章时合同成立。"根据《技术进出口管理条例》(2011)第17条、第39条的规定，自由进出口技术，合同自依法成立时生效，不以登记为合同生效的条件。但如果是限制进口或出口的技术,根据第 11 条、第 34 条,则需要向国务院外经贸主管部门提出申请。在后者的情况下,可以将合同生效日确定为当局的批准日。例如:

1. 本合同由双方代表于2004 年8 月20 日签订。合同签字后,各方应分别向本国政府当局申请批准。以最后一方的批准日期为本合同生效日期。双方应尽最大努力在60 天内获得批准,用电传通知对方并用信件确认。如从签订合同之日起,6 个月内合同未能生效,则本合同对双方均无约束力。

2. 从合同生效日算起,本合同有效期为10 年。

3. 本合同的任何终止,不影响双方发生的债权和债务,债务人应继续偿付未了债务,直至偿清债权人的全部债务为止。

4. 本合同用中、英文写成,一式四份,每种文字双方各执一份。

5. 本合同附件 1 至附件 7 为本合同不可分割的组成部分,与合同正文有同等效力。

6. 对本合同条款的任何修改及补充,需由双方代表签署书面文件,此文件作为本合同不可分割的组成部分,与合同有同等效力。

7. 为执行合同而发生的双方间的通信均用英文进行。正式通知以挂号信航寄,一式四份。

第十四条,法定地址。合同的最后是供受双方公司的通信地址、联系方式(电话、电传、电子邮件)及供受双方代表的签字。此外就是合同中所提到的附件。例如:

附件 1:合作产品的技术规范和合作生产的分工;
附件 2:合作产品技术资料的内容及交付;
附件 3:图纸、资料的转化及供方对受方人员的培训;
附件 4:供方人员在中国的技术服务;
附件 5:合作产品的验收;
附件 6:供方银行出具的不可撤销保证函;
附件 7:受方银行出具的不可撤销保证函。

第三节 补偿贸易合作生产合同

一、补偿贸易的概念与方式

1. 补偿贸易的概念

补偿贸易(compensation trade)是指在信贷的基础上,一国企业从另一国企业购买机器设备、技术、原材料或劳务,约定在一定期限内,用其生产的产品、其他商品或劳务,分期清偿贷款的一种贸易方式。20 世纪 80 年代,中国沿海地区盛行的"三来一补"的"补",指的就是补偿贸易。根据中国当时的规定,凡是中国企业利用外国投资者提供的或用外国出口信贷购置的生产设备和技术进行生产,并以返销的方式分期偿还这些设备和技术的价款或信贷本息的交易方式,都属于补偿贸易。[①]虽然随着中国经济的发展,这种贸易方式趋于减少,但

---

① 参见傅家政主编:《国际经济技术合作》,天津大学出版社 1999 年版,第 28 页。

就经济不发达地区而言,补偿贸易在利用外资、国外先进技术设备以及促进销售方面,其优越性不可忽视。

补偿贸易较多地出现在生产原材料的部门,或产品为对方所需要,或产品有出口前途的产业部门。补偿贸易既解决了进口国企业资金不足的问题,也解决了出口国原料不足问题,并扩大了设备销售市场,因此这种贸易方式很受外汇短缺的发展中国家欢迎,也为急于开拓市场的一些发达国家的企业所接受。

2. 补偿贸易的特点

补偿贸易主要有以下特点:

(1) 贸易与信贷相结合。一国企业购入设备等商品,要求对方提供信贷,或由银行介入提供信贷。

(2) 贸易与生产相联系。设备进口、产品出口与产品的生产相联系,设备进口方同时也是产品的生产方和出口方,需要以产品出口来偿还进口设备的贷款;而设备出口方同时又是产品的进口方,其出口设备是以承诺回购对方的产品为前提的。在大多数情况下,出口的商品是利用进口设备制造出来的产品。

(3) 贸易双方是买卖关系。设备的进口承担还本付息的责任,对设备拥有完全的所有权和使用权;设备的出口方承诺提供信贷并购买对方所生产产品的义务。可以说,这是一种进出口相结合的特殊的信贷交易。对于设备进口方而言,少动用外汇或不动用外汇,进口所需设备和较先进的技术,既有利于缓和对外支付手段不足的矛盾,又可提高本国的生产能力,扩大出口,增收外汇,同时也给产品的出口建立了长期的比较稳定的销售渠道和市场,具有明显地利用外资的作用。对设备出口方而言,可突破进口方支付能力不足的障碍,扩大设备出口的销售市场,获得比较固定的原材料供应来源。①

3. 补偿贸易的方式

补偿贸易主要有三种方式:

(1) 返销(buy-back)。由设备进口方利用对方提供的设备和技术制造产品,包括直接产品或相关产品,偿付进口设备的货款。

(2) 互购(counter purchase)。即设备进口方支付设备的货款,不是用直接产品,而是用双方商定的其他产品或劳务来偿付。这是两笔互有联系而分别进行的交易。互购有两种,一是价格对等的互购,即出口的产品价值等于进口设备的价款;二是部分互购,即以部分产品或劳务补偿部分现汇。

(3) 多边补偿(multlateral compensation)。如果有第三方参与补偿贸易,则可能出现多边补偿。比如由第三方接受并销售补偿产品,或由第三方承担或提供补偿产品等。

不论采用哪种形式,双方或多方磋商达成协议后,一般都要签订补偿贸易的书面文件。这些文件包括补偿贸易协定、设备进口合同、返销或互购合同等。②

二、补偿贸易合作生产合同

1. 补偿贸易合作生产合同的概念

补偿贸易合作生产合同是指一国公司或企业与另一国公司或企业根据所签订的合同,

---

① 参见潮州商务网:http://www.chaozhou.com/swsc/wmzs/gjmyfs11.htm,"对销交易"。
② 同上。

在信贷的基础上,以补偿贸易的方式进行合作生产的合同。

2. 补偿贸易合作生产的形式

广义上,补偿贸易合作生产按照补偿形式可以分为直接补偿、间接补偿、综合补偿和劳务补偿四种。

(1) 直接补偿合作生产,是指技术受方在信贷的基础上获得技术供方的技术或设备与原料,或被许可使用该技术进行合作生产,以向技术供方提供所生产的零部件或者直接相关的原材料作为补偿。补偿部分可能占合同金额的全部,也可能只占部分。例如,19 世纪 80 年代,中美合作规模最大、金额最多、时间最长的一项重要工程就是部分利用直接补偿贸易合作生产进行的。1985 年,上海航空工业公司与美国麦克唐纳·道格拉斯飞机公司签署《合作生产 MD-82 型飞机和补偿贸易总协议》,合作生产 25 架 MD-82 型飞机,其中 30% 为补偿贸易。上海航空工业公司的主要工作是利用麦道公司提供的零部件完成机身装配、机翼对接、飞机总装、试验、试飞和交付,并很快过渡到利用美方提供的原材料自制机头、水平安定面、起落架舱门、货舱门、服务门、襟翼滑轨支架等飞机部件。自制件除满足 25 架装机需要外,还为航空产品的补偿贸易返销美国与麦道公司的飞机生产配套。补偿贸易加工生产的 MD-82 飞机部、组件,有 111 套/件安装到合作生产的 25 架飞机上。[①]

(2) 间接补偿合作生产,是指技术受方在信贷的基础上获得技术供方的技术或设备,或被许可使用该技术进行合作生产,以向技术供方提供与生产无直接关系的产品和原材料作为补偿。例如,技术受方通过许可证与技术供方合作生产武器,用与武器制造无直接相关的原材料如石油、食品作为补偿。

(3) 综合补偿合作生产,是直接补偿与间接补偿相结合。即对技术供方提供的技术或设备,部分用这些机器设备、技术合作生产出来的产品直接偿还,部分用本企业的其他产品间接偿还。例如,1988 年土耳其政府与美国福特汽车公司签订的价值 10.7 亿美元装甲战斗车辆的补偿贸易合作生产合同,规定 4.05 亿美元的直接贸易补偿和 3 亿美元的间接贸易补偿。

大宗武器出口的补偿额有时接近、甚至超过武器出口额本身。美国商务部曾对 1995 年美国公司报告的武器出口协议进行跟踪研究,发现补偿协议额占到美国整个出口总额的 47%。该研究还发现,1995 年美国公司签署的协议中补偿额占到整个出口合同总额的 81%;与欧洲国家政府签订的协议在全部美国补偿协议中占据主要部分,是相关出口合同的 104%。显然,补偿贸易形式不仅仅发生在发达国家与发展中国家之间的贸易上,还发生在发达国家之间。[②]

(4) 劳务补偿合作生产,是指技术受方不是用产品补偿技术转让或设备费用,而是通过承接技术供方提供的来料加工和来件装配的劳务费用进行补偿。比如,印度购买俄罗斯的"米-17"中型运输直升机,作为补偿,2016 年 3 月俄罗斯国防产品出口公司与印度国防部达成协议,提供长期的保养、维修与大修服务,以支持印度武装部队"米-17"中型运输直升机的使用,此外也将通过与印度工业合作来完成零部件的生产。为了扩大两国国防贸易补偿项目的合作,该月俄罗斯国防产品出口公司与印度巴拉特电子有限公司(BEL)签订了一项协

---

① 参见《邓小平八次南巡纪实(30)》,http://www.jfdaily.com.cn/gb/node2/node4419/node4485/userobject1ai42908.html;上海市地方志办公室:http://www.shtong.gov.cn/node2/node2245/node64983/node64990/node65041/userobject1ai59516.html。

② 参见朱启超:《国防工业全球化的影响》,http://www.usc.cuhk.edu.hk/wk_wzdetails.asp?id=3564。

议,俄罗斯该公司将向印度巴拉特公司进行技术转让,在印度进行许可生产及联合研发。[①]

3. 补偿贸易合作生产合同的条款

补偿贸易合作生产合同的条款主要包括以下内容:

(1) 技术名称和资料。包括技术名称、权属;技术文件资料的定义、范围及交付时间与交付方式。

(2) 合作生产期限。规定以补偿贸易进行合作生产的期限。

(3) 技术转让内容和形式。比如补偿贸易合作生产中的技术秘密转让,其技术文件包括合同产品的设计计算、产品图纸、制造工艺、质量控制和试验安装、调试、运载及维修等有关合同产品的全部技术资料。规定对合同产品资料进行审核和验证;技术供方提供给技术受方的产品设计图纸、制造技术资料应该是完整的、正确的和清晰的;保证转让的技术秘密和技术资料不受任何第三者的指控。同时,也要求合作生产期间,受方应以最优惠的价格向供方提供本项目市场不能提供的零部件。

(4) 价格和支付方式。包括受方向供方支付技术秘密和技术资料的费用、期限以及方式。

(5) 合作生产和补偿贸易。确定合作生产的内容和补偿贸易的方式。例如:

1. 为了有利于受方的外汇平衡,供方同意受方生产主机返销。

2. 上述订单的总价值必须保证不低于受方每年向供方支付购买零部件所需费用总额的80%。

3. 供方同意在受方补偿能力扩大及供方需求的前提下,其补偿的百分比可以不受限制。

4. 受方将以优惠价格向供方提供产品,其品种、数量、交货期等将由双方在每批合同中商定。

5. 供方要求受方接到上述产品图纸后立即试制主机。首批产品各一台将分别在双方进行试验,在试验合格的基础上供方要求受方1年内提供主机60台,其价格、交货期在签订正式合同时商定。

(6) 保证条款。供方保证在合同有效期内所供应的资料应是最新技术的成果,其内容与目前使用的完全一致;供方保证所提供的资料是完整的、正确的、清晰的。受方保证返销给供方的产品符合标准。

(7) 税费条款。规定合作生产中各自应承担的税费。例如规定:凡因履行本合同需缴纳的一切税收,发生在受方国内的均由受方承担,发生在受方国外的均由供方承担。

(8) 商标条款。合作生产涉及产品商标问题,供方可以授权受方有权使用其商标。例如:

1. 受方有权使用供方商标和合同产品的序号,并将下列商标标明在受方所生产的合同产品上:(产品名称)。

2. 受方制造的铭牌、报价单、技术规格书、广告、说明书、样本等,凡是合同产品均以供方名称表示。

---

① 参见田涵:《印度巴拉特电子公司和俄罗斯国防产品出口公司签订国防贸易补偿合作协议》,http://www.dsti.net/Information/News/99079;英国《简化防务周刊》2016年3月30日。

(9) 包装条款。无论是供方提供的技术设备，还是受方返销给供方的合同产品或零部件或原材料，都有一定的运输包装要求。例如：

1. 须用坚固的木箱包装，适合长途海运，防湿、防潮、防震、防锈、耐粗暴搬运。由于包装不良所发生的损失，或者由于采用不安全或不妥善的防护措施而造成的任何损失，供方应负担由此而产生的一切费用或损失。

2. 供方应在每件包装上，用不褪色油漆清楚地刷件号、尺码、毛重、净重、"切勿受潮"等字样，并刷有下列唛头：(标签图形)。

3. 装箱单两份，注明毛重、净重、尺码和所装货物每项的品名数量。

(10) 不可抗力。与其他技术贸易合同一样，补偿贸易合作生产合同中也设有不可抗力条款。规定因战争及严重的自然灾害或其他签约双方同意的事件而影响合同的执行时，应处理的办法。一般是当事故发生时，应立即通知对方，并在一定的期间内以航空挂号信将有关部门出具的证明文件交给另一方确认；延长合同期限的时间相当于事故所影响的时间；假若不可抗拒事故延续到120天以上时，双方应通过友好协商尽快解决本合同继续执行的问题。

(11) 仲裁条款。对仲裁机构、地点、费用作出规定。

(12) 合同生效及其他。与前面相似。①

第四节　国际合作开发合同

一、国际合作开发合同的概念

国际合作开发合同是指一国公司或企业与另一国公司或企业之间就新技术、新产品、新工艺或者新材料及其系统的合作研究开发所订立的合同。

《合同法》(1999)第335条规定："合作开发合同的当事人应当按照约定进行投资，包括以技术进行投资；分工参与研究开发工作；协作配合研究开发工作。"可见，投资、研究、开发是国际合作开发合同的核心内容。

改革开放以来，中国企业积极开展对外合作，尤其是本世纪初以来在高科技领域的国际合作日益增多。例如，2003年，中国的联想集团与美国的英特尔公司在北京投资成立"联想—英特尔未来技术研究中心"，合作研究和开发面向全球消费和商业客户的产品。该研究中心旨在构建可信赖的计算环境及下一代互联网的关键技术，并共同致力于设计面向通信和计算融合的领先产品，如笔记本电脑、面向数字办公和数字家庭的计算平台，以及平台规范等。

二、国际合作开发的特点

国际合作开发与国际合作生产相比，有以下显著的特点：

(1) 注重技术突破，而不是产品销路。从合作的目的看，通过共同开发，利用各方的资金、技术优势，可在较短的时间内攻克技术难关，实现产品的更新。因此，对于合作者来说，更关心技术突破，新产品的诞生。

---

① 参见上海法律服务网：http://www.yishu148.com/type.asp?news_id=2144。

(2) 强强联合,而不是强弱结合。由于合作的目的是为了实现技术突破,因此国际合作开发者往往实力相当,至少在合作领域各有所长。比如在国防领域,美国与英国合作开发 AV-8B 鹞式战斗机,美国和日本合作开发 FSX/F-2 战斗机,英国、意大利和德国三国合作开发旋风喷气式战斗机,英国、德国、意大利和西班牙四国合作开发欧洲-2000 型喷气式战斗机,这些国家的技术水平相当。

(3) 共同投资,合作开发。国际合作开发研究要求合作各方都要投入资金,包括以技术进行投资。比如,奥地利和德国在多瑙河合作修建多瑙河电站,各投资 50%,各获得发电量 50%。

(4) 规避开发失败风险,维持技术周期。国际合作生产是利用已有的、成熟的技术进行生产,因此不存在技术失败的风险。而国际合作开发则不同,它是就某项新技术、新产品、新工艺或者新材料及其系统进行研究,受现有技术水平和条件的局限,很可能由于某一部分遇到难以克服的障碍而最终导致整个合作项目或部分合作项目失败。也正是因为如此,合作者的选定需要强强联合。比如,2012 年 3 月中国的中芯国际集成电路制造有限公司(中芯国际)与美国的国际商业机器公司(IBM)签订协议,合作开发行业兼容 28 纳米技术,通过强强联合来降低公司开发风险,维持技术周期。

三、国际合作开发合同的内容

根据国家科学技术部推介的《技术开发(合作)合同》范本,国际合作开发合同主要包括以下条款:

(1) 项目要求。合作研究开发项目的要求,包括技术目标、技术内容、技术方法和技术路线。

(2) 项目分工。合作各方在研究开发项目中进行分工,规定甲方、乙方、丙方各自应承担的研究开发工作的内容、工作进度、研究开发期限以及研究开发地点。

(3) 管理与协调。为了确保合同的全面履行,规定对研究开发工作的组织管理和协调应采取的方式。

(4) 技术资料与条件。确定合作各方为本合同项目的研究开发工作应提供的技术资料和条件,以及合同履行完毕后,上述技术资料和条件的处理方式。

(5) 经费与投资。规定合作各方提供或支付本合同项目的研究开发经费及其他投资方式,包括资金提供或支付方式、支付或折算为技术投资的金额以及资金的使用方式。

(6) 侵权条款。合作各方应保证所提供的技术不侵犯任何第三者的合法权益。如发生第三者指控合作一方或多方因实施该项技术而侵权,提供技术方应当承担法律责任,并赔偿由此给各方带来的损失。《合同法》第 336 条规定:"合作开发合同的当事人违反约定造成研究开发工作停滞、延误或者失败的,应当承担违约责任。"

(7) 合同变更。合同的变更必须由合作各方协商一致,并以书面形式确定。除非有各方约定的情形发生,合作一方或多方可以向其他合作方提出变更合同权利与义务的请求,其他合作方应当在规定的日期内予以答复;逾期未予答复的,视为同意。该条款应将例外的情况和规定的日期一一列出。

(8) 项目转让。未经其他合作方同意,合作一方或多方不得将本合同项目部分或全部研究开发工作转让给第三人承担。除非约定在某种情况下,合作一方或多方可以不经其他合作方同意,将本合同项目部分或全部研究开发工作转让给第三人承担。该条款应该将约定的情况以及可以转让的具体内容写明。

(9) 技术风险的承担与认定。研究开发本身存在着失败的风险,在现有技术水平和条件下可能存在难以克服的技术困难,导致研究开发最终失败或部分失败,从而造成合作一方或多方损失。因此,合同中应约定各方按什么方式承担风险损失。当发现可能导致研究开发失败或部分失败情况时,应及时通知其他合作方。《合同法》第 61 条、第 338 条规定,在技术开发合同履行过程中,因出现无法克服的技术困难,致使研究开发失败或者部分失败的,该风险责任由当事人约定。没有约定或者约定不明确,可以协议补充;若不能达成补充协议的,按照合同有关条款或者交易习惯确定,即风险责任由当事人合理分担。

该合同条款还应对合同项目的技术风险的方式、基本内容、基本条件进行认定。基本内容包括技术风险的存在、范围、程度及损失大小等。基本条件包括合同项目在现有技术水平条件下具有足够的难度;合作方在主观上无过错且经认定研究开发为合理的失败。根据《合同法》第 338 条的规定,当事人一方发现可能致使研究开发失败或者部分失败的情形时,应当及时通知另一方并采取适当措施减少损失。没有及时通知并采取适当措施,致使损失扩大的,应当就扩大的损失承担责任。

(10) 合同解除。在合同履行过程中,因作为研究开发标的的技术已经由他人公开(包括以专利权方式公开),合作一方或多方应在规定的时间内通知其他合作方解除合同,逾期未通知并致使其他合作方产生损失的,其他合作方有权要求予以赔偿。《合同法》第 337 条规定:"因作为技术开发合同标的的技术已经由他人公开,致使技术开发合同的履行没有意义的,当事人可以解除合同。"此外,因发生不可抗力和技术风险,合同的履行成为不必要或不可能时,也可以解除合同。

(11) 保密条款。合作各方确定合同履行中应遵守的保密义务、保密内容(包括技术信息和经营信息)、涉密人员范围、保密期限、泄密责任。

(12) 研究开发成果的交付与验收。合作各方确定交付研究开发成果的方式、交付形式及数量、交付时间及地点,以及对研究开发成果进行验收的标准及方法。

(13) 成果及其知识产权归属。合作各方应确定在履行合同中所产生的并由合作各方分别独立完成的阶段性技术成果及其相关知识产权权利归属问题。包括技术秘密的使用权、转让权和相关利益的分配办法;申请专利的权利、专利权取得后的使用和转让权利以及有关利益分配方式等。《合同法》第 340 条规定:"合作开发完成的发明创造,除当事人另有约定的以外,申请专利的权利属于合作开发的当事人共有。当事人一方转让其共有的专利申请权的,其他各方享有以同等条件优先受让的权利。合作开发的当事人一方声明放弃其共有的专利申请权的,可以由另一方单独申请或者由其他各方共同申请。申请人取得专利权的,放弃专利申请权的一方可以免费实施该专利。合作开发的当事人一方不同意申请专利的,另一方或者其他各方不得申请专利。"

(14) 合作者权利。合作各方分别独立完成并与履行本合同有关的阶段性技术成果的研究开发人员,享有在有关此阶段性技术成果文件上写明技术成果完成者的权利和取得有关荣誉证书、奖励的权利。合作各方应以协商方式确定最终研究成果的完成人员名单,完成人员享有在有关最终技术成果文件上写明技术成果完成者的权利和取得有关荣誉证书、奖励的权利。

(15) 资产处理。合作一方或多方利用共同投资的研究开发经费所购置与研究开发工作有关的设备、器材、资料等财产归何方所有,应该在合同中写明。

(16) 违约。合作各方应在合同中确定,任何一方或多方违反本合同约定义务,造成其他合作方研究开发工作停滞、延误或失败的,应当按约定承担违约责任,支付违约金或损失赔偿金额。

(17) 成果利用。合作各方确定,任何一方有权利用本合同项目研究开发所完成的技术成果,进行后续改进。由此产生的具有实质性或创造性技术进步特征的新的技术成果,归完成方或合作各方所有。合同中应规定相关利益的具体分配办法。

(18) 合作开发项目联系人。为了有效地履行合同,合作各方应确定在合同有效期内各方项目的联系人和项目联系人应承担的责任。当一方变更项目联系人时,应当及时并以书面形式通知其他合作各方;未及时通知并影响本合同履行或造成损失的,应承担相应的责任。

(19) 争议解决。合作各方因履行本合同而发生的争议,应本着友好态度协商、调解解决。协商、调解不成的,可以提交仲裁委员会仲裁,或者依法向人民法院起诉。

(20) 名词与技术术语。将合同及相关附件中所涉及的有关名词和技术术语进行定义和解释。

(21) 附件。与履行本合同有关的下列技术文件,经合作各方确认后,作为本合同的组成部分。附件一般包括技术背景资料、可行性论证报告、技术评价报告、技术标准和规范、原始设计和工艺文件等。[①]

第五节 国际工程承包合同

一、国际工程承包合同的概念和特点

1. 国际工程承包合同的概念

国际工程承包合同是指一国政府部门、公司、企业项目所有人委托国外工程承包人负责按规定条件承担完成某项工程建设任务,并支付其价款,双方达成的有关权利与义务协议的书面协议。《合同法》第269条规定:"建设工程合同是承包人进行工程建设,发包人支付价款的合同。建设工程合同包括工程勘察、设计、施工合同。"第270条规定:"建设工程合同应当采用书面形式。"

国际工程承包是一种综合性的国际经济合作方式,包括技术贸易、劳务合作或设备出口等内容。因此所签订的合同属于混合型技术贸易合同。

2. 国际工程承包合同的特点

与其他混合型技术贸易合同相比,国际工程承包合同有以下几个特点:

(1) 交易内容复杂。从合同的环节上看,从最初的设计、采购设备与原材料,到其后的施工、试车,直至工程完成移交业主,包括众多环节。从商务方面看,包括购买、信贷、运输、保险、分包、技术转让、劳务输出等多项内容。

(2) 项目营建时间一般较长。例如,修筑铁路或高速公路、建造水坝与发电站,所需的时间往往少则几年,多达十几年。

(3) 工程投资大。国际工程项目往往投资金额巨大,不少项目金额超过上亿美元,甚至

---

① 参见中华人民共和国科学技术部印制《技术开发(合作)合同》示范文本(附7)。

达到上百亿美元。

（4）当事双方承担风险较大。由于工程项目投资大、涉及面广、时间长，而且又多为露天作业，因此一旦政治风波、经济危机、自然灾害发生，业主与承包人均有可能难以收回成本。①

二、国际工程承包合同的种类

国际工程承包合同有多种，根据不同的角度或不同的划分标准，可以分为下列几类：

1. 根据承包内容划分

（1）统包合同，即"一揽子"承包合同。承包商负责工程的方案选择、规划、勘探、设计、全部工艺及总体规划和供应、设备安装、试车运转、人员培训、技术援助、知识产权转让、资金融通等全部工作。

（2）阶段承包合同，即分项目承包合同。将总项目分成若干阶段，如一期、二期、三期工程，发包给不同的承包者，并与后者签订分项目承包合同。

（3）专项承包合同，即专业分包合同。将合同中某一专项工程承包给专业公司，比如将工程地质勘探的研究与设计项目发包给工程地质研究所，与其签订专业分包合同。利用专业强的优势更好地完成项目。

2. 根据承包方式划分

（1）总包合同，指某项工程或某阶段工程由一家承包商负责组织实施，承包商承担该项或该阶段工程的全部责任。

（2）分包合同，指承包商与业主签订了总包合同后，将该项目分包给分包商签订的合同。分包的标的可能是工程的某个阶段或某个部分。分包商承担分包工程的一切责任。

（3）独立承包合同，指承包商依靠自己的力量完成承包的项目，不实行分包的合同。这种情况往往发生在工程较小、技术较简单的修缮工程上。

（4）联合承包合同，指两个或两个以上的单位联合承包一项工程，由各方代表统一与业主签订的合同。承包各方承担合同中规定义务和分享各自的利益。

（5）直接承包合同，指一项工程由不同的单位承包，各单位分别与业主签订承包合同，各自对业主负责。

（6）转包合同，指某承包商与业主签订了工程建设合同后，由于种种原因将该项目工程建设转包给另一个承包商所签订的合同。另一承包商承担起工程建设的一切权利和义务，不仅需要付给原承包商佣金，而且还要承担可能发生亏损的风险，因此风险很大。

中国《合同法》（1999）对此有严格规定。第272条规定："发包人可以与总承包人订立建设工程合同，也可以分别与勘察人、设计人、施工人订立勘察、设计、施工承包合同。发包人不得将应当由一个承包人完成的建设工程肢解成若干部分发包给几个承包人。""总承包人或者勘察、设计、施工承包人经发包人同意，可以将自己承包的部分工作交由第三人完成。第三人就其完成的工作成果与总承包人或者勘察、设计、施工承包人向发包人承担连带责任。承包人不得将其承包的全部建设工程转包给第三人或者将其承包的全部建设工程肢解以后以分包的名义分别转包给第三人。""禁止承包人将工程分包给不具备相应资质条件的单位。禁止分包单位将其承包的工程再分包。建设工程主体结构的施工必须由承包人自行

---

① 参见王玉清主编：《国际技术贸易》，中国人民大学出版社2001年版，第244—245页。

完成。"

3. 根据合同范围划分

(1) 工程咨询合同。进行一项工程项目,首先需要进行调查研究、可行性分析,这需要有专业工程咨询公司或机构去承担;承包商为了中标,需要咨询公司帮助其设计工程方案;工程进行过程中原材料的采购、工程技术指导、监督施工、人员培训等需要委托专门的咨询机构承担等。由此,工程咨询合同在工程建设中非常普遍。

(2) 设计—施工合同。业主将工程设计任务、施工任务授予一个承包商去完成。根据合同范围的大小,具体还可分为"半交钥匙"合同、"交钥匙"合同以及"产品到手"合同几种。

A. "半交钥匙"合同要求在安装试车正常运转后,就可将工程项目移交给业主。

B. "交钥匙"合同要求只有完成所有的工作,试车投产、正式生产,在产品质量、产量、成本上均达到合同标准后,才算履行完合同的全部义务,才可将建成的工程项目移交给业主。

C. "产品到手"合同规定,只有投入生产的产品质量确实稳定后,才算达到合同规定的质量要求,才可交给业主。

(3) 工程服务合同。业主委托服务公司负责工程服务,如图纸设计、招标文件编制、建筑安装监督、验收试车生产等而签订的合同。

(4) 设备采购合同。通过设备材料采购供应招标的方式签订合同。

(5) 工程项目管理合同。工程项目管理涉及:

① 组织工作。如管理组织机构的建立,工作制度的制定,设计施工单位的选定,图纸、器材和劳务的供应。

② 合同工作。包括合同文件的准备,总包、分包合同的签订,合同文件的解释,合同执行的监督等。

③ 财务工作。包括编制预算,控制成本,确定工程价款,结算工程款,作出工程决算,处理索赔等。

④ 进度控制。包括施工组织设计与方案,施工进度计划,总包与分包关系的协调,以及纠纷的解决等。[①]

三、国际工程的招标与投标

1. 国际工程的招标

国际工程招标是指一国招标人在规定的时间和地点,通过发出通告或招标书,提出拟建设的工程项目的要求以及交易条件,邀请愿意承建该项目的国外公司、企业或组织在规定的时间进行投标的过程。从法律角度讲,招标是招标人向投标人作出的一种要约邀请。

国际工程招标的方式主要有三种:竞争性招标、非竞争性招标以及综合性招标。

(1) 国际竞争性招标(international competitive bidding,简称"ICB 方式")。招标人邀请众多企业参加投标,通过竞争,从中选择出对招标人最有利的投标人达成交易的方式。大型的国际工程往往需要向国际金融机构如世界银行进行贷款,按世界银行贷款规则,凡是由它提供资金的项目,应按照 ICB 方式进行,并认为采用这种方式可以最经济、最有效地获得所需要的货物和造价。ICB 方式具体可分为两种类型:

① 公开招标(open bidding)。这是一种无限制性的竞争招标,即对投标资格不加以限

---

① 参见许焕兴编著:《国际工程承包》,东北财经大学出版社 2002 年版,第 297—304 页。

制,凡对该项目有兴趣者都可进行投标,招标人从中选择出最佳者。国际工程项目大多数采用公开招标的方式。根据中国《合同法》第271条的规定,"建设工程的招标投标活动,应当依照有关法律的规定公开、公平、公正进行"。

② 选择招标(selected bidding)。它是有限制性的竞争招标,即招标人对投标人有所选择,根据所掌握的资料,向有经验、有能力承包的公司发出邀请,由他们提出投标条件,从中选择出最佳者。

(2) 非竞争性招标,即谈判招标(negotiated bidding)。不是通过公开竞争的形式,而是通过选择对象,通过谈判物色承包公司。谈判中直接提出条件,进行磋商,最后达成交易。这种招标方式往往用于专业性较强的项目上,或者是因为工期紧迫,或者是因为经费不足,或者是秘密工程,不宜采用竞争性招标方式。

(3) 综合性招标,又称两段招标(two-stages bidding)。这是将竞争性招标与非竞争性招标结合起来的一种招标方式。先公开招标,经过开标、评标后,邀请少数几家承包商进行第二次招标。

1999年8月《招投标法》(2000年1月1日施行)发布,该法确立了:

第一,强制招标制度。该法第3条规定:"在中国境内进行下列工程建设项目包括项目的勘察、设计、施工、监理以及与工程建设有关的重要设备、材料等的采购,必须进行招标:(一)大型基础设施、公用事业等关系社会公共利益、公众安全的项目;(二)全部或部分使用国有资金投资或国家融资的项目;(三)使用国际组织或外国政府贷款、援助资金的项目。"

第二,公开和邀请两种招标方式。该法第10条规定:"招标分为公开招标和邀请招标。公开招标,是指招标人以招标公告的方式邀请不特定的法人或者其他组织投标。邀请招标,是指招标人以投标邀请书的方式邀请特定的法人或者其他组织投标。"

第三,招标人自行招标和招标代理机构代理招标两种制度。第12条规定:"招标人有权自行选择招标代理机构,委托其办理招标事宜。任何单位和个人不得以任何方式为招标人指定招标代理机构。"

第四,公开、公平、公正的招标投标程序法律规定。第5条规定:"招标投标活动应当遵循公开、公平、公正和诚实信用的原则。"

第五,行政监督体制。第7条规定:"有关行政监督部门依法对招投标活动实施监督,依法查处招投标活动中违法行为。"

2011年12月,国务院又颁布了《招标投标法实施条例》,进一步细化或完善了《招投标法》。

2. 国际工程的投标

国际工程投标是指一国企业或公司为了获得国外公司或国际机构的工程建设项目合同,根据招标人的要求和本企业的实际状况,对招标工程项目进行报价的过程。投标需要提交投标书。因此,在作出投标决策之前需要进行一系列的准备工作:

(1) 项目信息的收集。包括项目的可靠程度、竞争状况等。

(2) 环境的调查。包括所在国经济、政治、法律、人文等方面的调查,对工程的现场勘探,了解可能承担的责任和风险。

(3) 投标的组织工作。包括投标班子的组建、投标书撰写的材料准备、投标策略的研究等。

(4) 投标书的编制。投标书是投标人按照招标文件上所规定的条件向招标人所作出的报价。可以自己编制,也可以委托专门咨询公司进行编制。投标书上应包括投标人的公司名称、法定地址、生产能力、财务状况,以及商务法律文件(如投标保函、投标人授权书及证明文件、公司资信文件等)、技术文件(施工方案和方法说明、施工组织机构说明、施工总进度计划表、承包人营地计划、施工机械设备清单、建筑材料清单以及质量证明等)、价格文件(即报价)、附件等。

(5) 投标担保。为了防止投标人不适当地撤回投标,国际工程招标一般要求投标人通过银行或保险公司提供投标担保,以便一旦投标人不适当地撤回投标,招标人可以取得此项保险金。

3. 国际工程的开标

所谓国际工程的开标,是指招标人在投标截止日后,根据招标文件规定的时间、地点,开启投标人递交的投标文件,宣布投标人名称、投标价格及投标文件中其他主要内容的过程。开标一般有三种方式:

(1) 公开开标。邀请所有投标人参加开标仪式,未投标人也可入场旁听,组织者当众公布各标书的主要内容。

(2) 有限开标。只邀请投标人和有关人员参加开标仪式,当众公开各标书内容。

(3) 秘密开标。由负责招标人员参加开标,而投标人不可参加;其后将开标结果通知投标人,不公开各投标人的报价内容。

4. 国际工程的评标

国际工程的评标是指,评标部门或评标委员会对投标书的各项内容进行评估、比较,从中选择出最佳投标人的过程。评标过程和讨论内容不公开。一般来说,评标要经过以下几个步骤:

(1) 形式审查。首先将不符合最低招标要求标准、不符合投标文件要求的投标书筛选出去。

(2) 技术审查。评审投标人的资历与技术水平、施工方案的可行性、进度计划的可靠性、施工质量的保证等。

(3) 商务审查。从财务成本角度评估报价的正确性、合理性、经济效益与风险。

(4) 评审报告。根据上述审查,对投标书作出评审意见。最后根据对各投标书的比较,提出推荐意见,并写出综合评审报告。推荐的投标人可能并不只是一个,有时会是几个,由发包人进行选择。

(5) 再次报价。在实际招标业务中,为了从推荐的几家报价较低、条件基本相同的投标人(承包商)中进行筛选,发包人(业主)常常会要求这些投标人再次报价,或分别与他们讨价还价。

5. 国际工程的定标

所谓国际工程的定标,也称决标,是指招标人根据评标委员会的评审报告和与承包商的谈判,选出最符合投标要求的中标人的过程。根据世界银行或多边援助机构资助的招标项目要求,在评标工作结束时,必须拟订一份关于投标评价的比较详细的报告,说明决标的理由,递送到世界银行或多边援助机构项目贷款的主管部门批准,只有经过该部门批准,才算正式定标。

当选标工作结束后,招标组织者需要完成下列工作:

(1) 给所有的投标人发出通知,告知结果,但无须说明理由。
(2) 通知未中标人的担保银行撤销其投标保函。
(3) 通知中标人在规定的时间内到招标人所在地签订合同。①

四、国际工程承包合同条款

1. 国际工程承包合同的订立

中国《合同法》第 273 条规定:国家重大建设工程合同,应当按照国家规定的程序和国家批准的投资计划、可行性研究报告等文件订立。

从国际工程承包合同看,合同的订立建立在谈判的基础上。国际工程承包谈判的内容一般包括:承包的内容和范围,合作类型,双方的责任、权利与义务,工期期限、竣工和维修条款,工程价格、作价形式、货款支付方式,违约与仲裁,不可抗力的处理,合同条款变更等方面。此外,还包括职工福利待遇、医疗保险等条款。

20 世纪 90 年代中后期,随着企业社会责任运动的兴起,很多跨国公司由过去被动的劳资谈判改为主动注重起社会责任意识,而且也要求合作方、供应商接受劳动保护标准、环境保护标准。在一些国家,特别是有大量的非熟练工人的地区,外国人工作需要持有当地政府颁发的工作许可证,雇主必须遵守当地的法律法规。比如,新加坡要求在工作许可证发放给外国劳动力之前,雇主必须承诺:(1) 外国工人应获得与当地雇员同样的工资待遇及社会福利;(2) 雇主应当为员工提供宽裕的住所;(3) 对工人进行适当的监督管理,特别是下班后的时间;(4) 向移民管理局交付安全保证金;(5) 外国工人应缴纳"中央基金"(养老金和社会福利金);(6) 外国工人应接受体质检查,一旦发现身体状况不佳的,立即送回本国等。②因此,合同的订立要了解当地的法律法规,合同中须订立有关劳工福利待遇条款。

一些国家外汇管制非常严格,限制可从本国带走的金额数量。为此,雇主应该寻找出最佳的、令工人满意的工资支付方式。比如,可以按月将员工工资的一部分存入国内银行个人的工资账户上。

在实际的操作中,由于工程承包内容各不相同,因此合同文本也不同。比如,当发包人将工程勘探、设计交给一家公司,将工程建设又交给另一家公司时,就需要分别签订勘探合同、设计合同与施工合同。中国《合同法》第 274 条、第 275 条规定:"勘察、设计合同的内容包括提交有关基础资料和文件(包括概预算)的期限、质量要求、费用以及其他协作条件等条款。""施工合同的内容包括工程范围、建设工期、中间交工工程的开工和竣工时间、工程质量、工程造价、技术资料交付时间、材料和设备供应责任、拨款和结算、竣工验收、质量保修范围和质量保证期、双方相互协作等条款。"而就施工合同而言,总承包合同、分承包合同、劳务合同的关注点也有所不同,有的范本将它们分为三个部分,分别订立。下面按该范本对其分别介绍。

---

① 关于开标、评标、定标,可参见许焕兴编著:《国际工程承包》,东北财经大学出版社 2002 年版,"第三章""第五章"。
② 参见〔美〕拉尔夫·H. 福尔瑟姆、迈克尔·华莱士·戈登、约翰·A. 斯潘格尔:《国际商业交易法概要》,刘李红、田华、马康明等译,中国社会科学出版社 1998 年版,第 201 页。

2. 工程总承包合同

总承包合同主要包括以下条款：①

（1）鉴于条款。鉴于条款主要陈述合同的背景和合同基于的事实，以及双方当事人各自的愿望。例如：

鉴于甲方要兴建（名称）工程，乙方提交报价已于（某）年（某）月（某）日被（名称）招标委员会接受并已中标。根据（某）国（某）部（某）年（某）月（某）日第（某）号决议，双方缔约于下：

……

（2）定义条款。首先需要对合同中出现的关键性的或重要性的术语、概念进行定义。国际工程承包合同常用术语包括商务用语和技术术语。比如，汇款人、收款人、汇出行、汇入行、保险人、第三者保险；竣工奖励、现场勘察；专利、技术诀窍、惯例等。需要确定其在本合同中的意义或所指。例如：

本合同中的下列词组和用语，除文中另有规定外，应具有此处为其所规定的含义：

1．"甲方"：指已就工程的建造、安装或交付进行招标并发包的（某）国（某）公司。

2．"乙方"：指其投标已被发包人接受的（某）公司。

3．"工程师"：指由甲方指派并书面通知乙方的监理工程师，其工作职能是监督本合同项目保质保量完成。

4．"工程师代表"：是指驻工地工程师的助理，或任何由甲方或工程师随时指派来履行本文件（第几条）所规定的职责的工程建筑管理员，其职权应由工程师书面通知承包人。

5．"工程"：指依照本合同应进行的工程。

6．"合同"：指合同条件、说明书、图纸、经标价的建筑工程清单、费率与价格表、投标书和合同协议。

7．"合同价格"：指投标书所列明的，但根据下文所载规定不予以增减的金额，除非违约需作扣除。

8．"施工设备"：指为本工程或临时工程（按本条下述定义）进行、建成或维护方面所需的一切设备器械或诸如此类性质的各物，但不包括打算用以构成或正在构成永久性工程组成部分的材料或其他各物。

9．"临时工程"：指为本工程的进行、建成或维护方面所需的所有各种临时工程。

10．"图纸"：指说明书中所提到的图纸和任何经工程师书面认可的对这类图纸所作的修改，以及工程师随时提供或书面认可的其他图纸。

11．"现场"：指要在其上、其下或其中进行本工程的土地和其他场所，以及任何由甲方为本合同的目的而连同本合同中特别指定为现场组成部分的其他场所一起提供的其他土地或场所。

12．"经认可"：指业经书面认可，包括对先前的口头认可所作的随后的书面确认；

---

① 参见《合同法》（1999）；三合同参见联搜：《国际工程承包合同》（2），http://net.91cy.cn/law/11061338661740.html；《国际工程承包合同》（二）"土木建筑工程（国际）合同条件"，http://www.ceecm.gov.cn/guanli/guojicheng bao.htm。

而"认可"是指书面认可,包括上述情况。

(3) 合同内容。发包人(甲方)对承包人(乙方)工作内容和范围的要求,以及承包人对此的认可。例如:

乙方要完全、准确地按照该合同条款、技术规范、设计图纸、工程量表、价格表及与合同条款有关的书面协议,在(某地)对(项目名称)进行施工。

乙方承认自己对合同的正文和附件,已有正确的理解,在此基础上同意缔约,按合同施工。

所有上述文件、附件,均是本合同不可分割的组成部分。

(4) 合同金额,指发包人支付给承包人的合同价格,一般有总价、单价、成本加酬金几种。它可以是固定的,也可以不固定的,随物价指数而浮动。下面是固定价格的例子:

本合同总金额为(数目)万美元。这个金额是用单价乘以实际工程量的方法计算出来的,这是指"概算工程"而言。至于"分段工程"则根据临时报表进行支付。临时报表的书写方法应是双方在合同中一致同意的。对乙方的支付要根据合同及其附件2的规定。

合同价格是固定的,它包括乙方为施工所承担的所有费用、开支、义务、各种税款,包括因施工不良而支出的工程维修费及在合同期内规定的保修、保养费。乙方无权以任何理由要求增加合同价格,如市场物价上涨,货币价格浮动,生活费用提高,工资的基限提高,调整税法、关税及税务,在(某)国国内或国外新增加赋税。

(5) 工期与移交场地。应确定移交场地的日期,明确规定工程的开工日期、竣工日期、施工期限,不可抗力发生后的延期,以及违约的责任。例如:

1. 甲方将在(某)年(某)月(某)日向乙方发出通知,进行工地交接。交接时须签订纪要,双方各持一份。如果乙方或其接收场地的代表在通知中规定的期限内缺席,甲方可照常起草纪要,并将纪要的复印件寄给乙方。起草纪要之日等于乙方接收场地之时。

2. 乙方必须根据本合同附件3的说明,在自移交场地之日起的(天数)天之内完成全部合同工程的施工。正式的节假日包括在工期之内。

3. 如果乙方由于某些不可抗拒的原因而认为不可能按期完工的话,可书面通知甲方,说明原因,并提出要求增加期限。如果乙方证实这些原因存在,合同期限可以适当延长。

4. 乙方自接收工地起,15天内向甲方递交一份施工计划,阐明为完成本合同工程所采用的方法、施工进度、施工安排、运进施工现场的设备,以及建立临时设施等。乙方应根据甲方意见和施工进展情况,对自己的施工计划进行调整。

(6) 查看工地。承包人在合同签订前应该对工程施工条件有所了解,进行确认,不能以"不适合施工"为理由最后延期完成工程或不完成工程。例如:

乙方承认在签订合同之前已查看了土地及周围的环境,掌握了所有与工程施工有关或对施工有影响的情况,如地质土壤情况、水源、当地气候情况、道路、交通流量、劳动力的提供范围等。由这些因素产生的后果均由乙方负责。

(7) 履约担保金,又称履约保证金,是承包人通过银行向发包人提供的担保金。按照国际商会《银行担保统一规则》的定义,履约担保是指,担保人承诺:如果担保申请人(承包人)不履行他与受益人(业主)之间订立的合同时,应由担保人在约定的金额限度内向受益人付款,或者,如果担保人有选择权的话,担保人亦可选择承担合同的履行。提交履约担保金是为了便于违约后的法律的执行。比如,承包人因破产或管理不善,不能继续履行合同,给发包人带来损失,而规定又拿不出款项支付罚款时,原条款便为一纸空文,无法兑现。但如果事先寄存担保金,就可将该担保金用于赔偿。例如:

1. 乙方应自被通知中标的第 2 天起的 30 天内,向甲方寄存履约担保金,金额为该合同总额的 20 %。

2. 该合同只有在寄存担保金之后才对甲方产生义务。用现金、信用支票,或按合同(第几条)规定的条件提供保函作保均可。按(第几条)规定,保函须在合同整个执行期中都有效,直到最后交付工程为止。该担保金始终都由甲方保存,作为乙方完成施工和履行甲方权利的保证。

3. 乙方应在甲方发出挂号函件后,最多在 30 天 内,按可能业经被扣除的金额的相同额度补足担保金。否则,甲方有权没收担保金的余额,或者从乙方手中收回工程,由甲方自行施工而由乙方承担费用。甲方有权索赔,只要用挂号函件通知乙方即可,无须诉诸法院或采取其他措施。甲方有权从乙方在本合同的任何收益中索取其拖欠的债务。

(8) 图纸规范,完整无缺。工程建设要求提供的图纸是规范的、正确的、完整的。发包人发现图纸中存在错误可以随时进行更正。例如:

1. 甲方提交的任何技术说明、设计、绘图应该是规范的、正确的、完整的。

2. 甲方发现提交的任何技术说明、设计、绘图中存在错误或疏忽,可以随时进行更正。

3. 乙方应亲自审查规范、设计、图纸的有效程度,并在适当的时候把自己的意见告诉甲方。一旦甲方接受了这些意见,甲方就要对这些意见负责。

(9) 合同内容的变更。合同内容的变更可能发生在勘探、设计期间,也可能发生在工程建设施工期间。《合同法》第 285 条规定:"因发包人变更计划,提供的资料不准确,或者未按照期限提供必需的勘察、设计工作条件而造成勘察、设计的返工、停工或者修改设计,发包人应当按照勘察人、设计人实际消耗的工作量增付费用。"但如果合同变更发生在施工阶段,即发生工程量的变更,比如增加工程量或减少工程量,这时发包人是否要给予承包人补偿或从总价中扣钱,要根据双方谈判的结果而定。当存在众多投标人时,往往会导致合同中在增加工程时不要求补偿的条款出现。下面就是一个例子:

1. 甲方有权调整合同内容,但增加或减少的工程量不得超过合同金额的 15 %。实际工程量的增加或减少在合同金额的 15 %之内,乙方无权要求任何补偿。

2. 上述调整金额,要用业已议定的单价计算。如果没有这种单价,则在责成乙方进行调整时的当地市场价格或世界市场价格的基础上进行计算。

3. 如果乙方认为提出的调整会导致工程不能按期完工或交工,乙方可以自通知进行调整之日起最多 两个星期 内向甲方提出延长工期的要求。否则,等于放弃权利。这样,乙方就要在原工期内完成包括调整部分在内的工程,并交付使用。

4. 甲方在收到乙方呈交的延期要求时,可将工期延长到其认为是适当的时候。

(10) 工程作价。工程作价在合同中是一个很重要的内容,它关系到合同双方当事人的利益,也关系到工程的质量。工程价格一般包括以下几个方面:① 设备总价与材料费;② 劳务费,包括劳务人员、技术人员和行政管理人员工资、补贴、加班费等;③ 其他费用,如施工设备和工具等费用的摊销、技术使用费、保险费与税金、培训费及专家指导费、车旅费、医疗费等。工程作价具体计算可以通过附件的形式列出。

(11) 支付条件。发包人支付给承包人价款需要一定的条件,比如承包人需要纳税、需要保证工程质量、需要保证购买材料的质量等。当承包人按照合同要求完成工程后,发包人未按约定支付价款,承包人可以依法要求其付款直至拍卖工程。《合同法》第 286 条规定:"发包人未按照约定支付价款的,承包人可以催告发包人在合理期限内支付价款。发包人逾期不支付的,除按照建设工程的性质不宜折价、拍卖的以外,承包人可以与发包人协议将该工程折价,也可以申请人民法院将该工程依法拍卖。建设工程的价款就该工程折价或者拍卖的价款优先受偿。"例如:

1. 在乙方接收工地、提交履约保函并办完合同注册登记付税手续之后,甲方根据乙方的要求,向乙方支付合同金额60 %的预付款。支付预付款应在乙方提交与预付款等值的保函之后,该保函应该在施工期间始终有效,且应开自(某)国的(某)银行,或是经过这家银行认证,同时不许附加任何条件,也不得被作废。上述银行须承认有一笔与保函等值的款项由甲方支配,并承认可全部支付甲方,无须提醒,无须诉诸司法部门,也无须办理其他手续,同时也不管乙方或第三者提出的异议。预付款应从支付给乙方的月工程进度款中按预付款在合同总价中所占的比例扣除,直到扣完为止。保函额度也可以按预付款收回的金额递减。

2. 乙方运到工地而又是工程实际需要并被甲方接受的材料,其费用中的60 %应付给乙方。条件是乙方提供的材料应是优质、适用、符合规定的,为甲方工程师所接受,并须妥善储存在仓库里。上述规定同样适用于乙方运到工地的机器设备,这些机器设备是工程的组成部分,在安装时应是完好无损的。但属乙方所有的机械则不包括在内,因为这些机械并非是工程的组成部分,只不过是为了施工而引进到现场。上述预付款要首先从乙方用库存材料所完成的工程的进度款中扣除,直到全部收回为止。

3. 对符合条件与规范而且是实际上完成了的工程,甲方在双方确定的单价基础上,向乙方支付其造价的80 %。这些支付款项应根据本合同(第几条)的规定和每月完成的工程量报表而定。这些款项要在扣除本条第一款所述的预付款比例和先前业已支付的入库材料费后才能支付,每月支付金额不少于(数目)美元。甲方支付本条规定的月工程进度款,要在工程报表得到甲方认可的45日之内进行。条件是完成的工程应全部符合本合同所规定的条件。

支付要在审查报表、支付申请单并证实无误后进行。支付迟于45 天时,乙方可按(某)银行规定的利息率索取利息。由于乙方对工程量的统计欠及时,或者在制作工程量表时乙方(或其代表)外出,或甲方认定工程的进度差、乙方(或其代表,或其分包人)的表现差,甲方对其逾期支付不负责支付利息。同样,由于报表出现缺陷、疏忽和错误——不管是被甲方发现还是在支付前被(某)国任何稽核、监督单位发现——甲方对其逾期支付也不承担支付利息的责任。在这种情况下,可将支付(月进度)款的时限适当推迟,以便对报表进行校正。本文规定的因迟付而享受利息的规定不适用于预付款、合同决算款、过期退回保证金,以及材料款。这个规定只适于月工程进度款。

4. 乙方应向(某)国有关方面交的款项,可从其与甲方签订的合同的收益中扣除。

5. 甲方从每月的月工程进度款中扣除5%的金额,作为保证施工完好的保留金。在工程竣工和按(第几条)规定进行初步验收后,遂将这个比例金额付还乙方。也可以依据一份符合本条规定且与上述比例等值的保函,把这个比例的金额付给乙方,该保函自初步验收之日起30日内开出有效。

6. 在遵守货币管理法及有关规定的情况下,乙方可以把用于工程而从国外购来的进口材料款、机械设备款汇往国外。也可根据现行规定和状况,把本合同的盈余款额汇往国外。

7. 当乙方按照合同完成工程后,甲方应当按照合同规定支付款项。逾期不支付,承包人可以申请人民法院将该工程依法拍卖,拍卖的价款乙方优先受偿。

(12) 信用证。承包人应该尽量使用当地的建筑材料、设备、机械、器具等产品,在不得不需要从国外进口材料和设备时,承包人可以在开具信用证的银行兑换外汇,但兑换外汇的金额必须与进口的材料费和设备费相等。承包人开具信用证前需要向发包人提供材料、设备单据总价。例如:

1. 只要在当地市场上有建筑材料、设备、机械、器具等国内产品,乙方必须尽可能使用。

2. 当不得不通过进口外国建筑材料、设备、机械、器具等产品时,外汇的兑换根据乙方向甲方提供的须进口的每一批施工材料、设备的时间表而确定支付金额和日期。同时根据该表确定信用证的有效期。在确定受益人之后,开给乙方的信用证,非经甲方同意,不得转让给任何其他受益人。上述信用证的每次支付通过下列方式进行:

(1) 每次装运支付75%金额时,要提供下列凭证:

a) 五份认证的原始账单。

b) 一套货运单据,证实已按正常的海运价付过运费。

c) 由(某)国一家保险公司为甲方开的为之承担一切风险的保险文件,从制造厂到(某)国项目现场均在保险范围。

d) 装运清单。

e) 根据本合同的规定,由甲方承认和批准的检查证明。

f) 制造厂家的证明和(某)国驻国外使馆或领事馆在原件上认证。

(2) 当这些材料和设备根据工艺要求和技术规范安装完毕后,甲方通知银行并支付15%比例的信用证金额。

(3) 信用证金额的10%保存到全部合同工程初步验收结束时为止。上述支付比例,由甲方通知银行支付。

(13) 施工质量与监督。工程建设的质量是发包人最为关心的,因此在合同中应单独列出条款给予强调。承包人对于工程质量应有所保证,发包人也应派出监理工程师对整个施工状况进行监督,以便对不符合施工的操作或质量问题给予及时的纠正。《合同法》第277条规定:"发包人在不妨碍承包人正常作业的情况下,可以随时对作业进度、质量进行检查。"第281条规定:"因施工人的原因致使建设工程质量不符合约定的,发包人有权要求施工人

在合理期限内无偿修理或者返工、改建。经过修理或者返工、改建后,造成逾期交付的,施工人应当承担违约责任。"例如:

  1. 乙方应根据工程图纸、技术规范和施工计划以及专业技术规定的要求认真地进行施工。在施工中要使用优质材料、设备、机械,在投入使用之前,要给甲方监理工程师提供所有样品,并给予充分时间进行认可。

  2. 因材料有瑕疵,或制造粗糙,或施工错误而致使甲方拒收的任何工程部分,需对之进行修理或拆除时,一切费用均由乙方负责。

  3. 对签约工程的施工监督和对乙方施工的检查,由甲方监理工程师或管理机构授权的职员承担。如果甲方监理工程师认为工程进展缓慢,可以向乙方提出书面警告,要求增加工人,增加机器设备,加班以及采取其他以保证工程顺利进行和按时竣工的措施。所有这些费用均由乙方承担。

  4. 甲方监理工程师和他的职员有权在任何时候进入现场,对施工的工程进行检查、管理,乃至发布旨在使施工顺利进行的命令和指示;这些指令应书面通知乙方并记入现场记录;乙方和他的工人、分包者应执行这些指令,而且不使用那些甲方监理工程师认为不符合合同条件或附件条件的材料。

  5. 为了保证按技术规范和合同条件进行施工,在甲方监理工程师认为有必要时,有权书面通知停工,或者不接受不符合议定的材料和工程;同时允许在不影响工程造价、不违反合同宗旨的情况下,根据技术规范要求进行细小的调整和修改。对于那些需要增加费用的工程应经甲方批准。

  6. 甲方监理工程师有权要求乙方做材料试验、材料分析、检查材料强度和提交各工期的照片,这些费用均由乙方承担。只有甲方要求再次对这些材料进行检查和试验,而且两次试验结果都符合技术规范要求时,甲方才承担这笔费用。

  7. 为继续施工起见,乙方也可以要求甲方监理工程师进行任何一项必要的检查。这要由乙方向甲方监理工程师或其代表提交一份书面报告,由后者在报告的复印件上作收讫签字。在这种情况下,甲方监理工程师应作必要的检查,并尽快提出意见,把检查结果记入工地记录。

(14) 保险。保险的内容不仅包括工程保险,还包括第三方保险,当承包人对保险未尽义务时,发包人可以代其保险,并在价款中扣除。《合同法》第282条规定:"因承包人的原因致使建设工程在合理使用期限内造成人身和财产损害的,承包人应当承担损害赔偿责任。"例如:

  1. 乙方应在一家保险公司交纳保险金,对现场已完成的工程、材料和器具遭到破坏、失火或被窃进行保险。保险文件要为承包商承担一切风险。根据本合同第(几)条,到工程初步接收时此项保险才可结束。

  2. 乙方应在一家保险公司对因施工而使第三者及其财产蒙受损失的责任进行保险。不论什么情况,保险金额均为(金额)美元。为避免可能发生的工人和其他人员伤亡,避免给社会和个人造成损失,乙方须采取必要的措施,其中包括按交通规定设置白天与夜晚的路标(用标记和指示灯)。由于施工,因乙方或其代理人,或其承包人,或其职工的不慎而造成的死亡、事故、损伤,乙方要负直接责任,并独自承担由此而引起的索赔和补偿。

3. 乙方在开工时,要为其前两条所规定的保险义务提出已履行的证据。如对保险未尽义务,或没有支付这笔款项,甲方可以代为保险,承担这笔费用,可将这些费用从乙方应得的款项中扣除。在所有情况下,甲方都应停止向乙方支付任何款项直至乙方确实已经承担此项保险义务并支付这笔款项。

(15) 分包与转让合同。《合同法》第 272 条规定:"总承包人或者勘察、设计、施工承包人经发包人同意,可以将自己承包的部分工作交由第三人完成。第三人就其完成的工作成果与总承包人或者勘察、设计、施工承包人向发包人承担连带责任。承包人不得将其承包的全部建设工程转包给第三人或者将其承包的全部建设工程肢解以后以分包的名义分别转包给第三人。禁止承包人将工程分包给不具备相应资质条件的单位。禁止分包单位将其承包的工程再分包。建设工程主体结构的施工必须由承包人自行完成。"因此。在合同中可以这么规定:

1. 不允许乙方将合同中规定的工程分包出去,但经甲方的书面同意后,允许乙方和那些有能力和经验的专业施工公司,就合同中的部分工程的施工签订分包合同。在所有情况下,把部分工程分包出去的乙方,始终都要和他的分包人一起对执行本合同共同负责。

2. 不允许乙方向他人转让整个或部分合同,如乙方违反这一条规定,合同就被废除,履约保险金就被没收。这无须经过任何法律手续,也不影响甲方要求赔偿损失的权利,如有必要,甲方还有权向乙方索取因物价上涨所增加的费用。但允许签约人将其应得款的全部或局部转让给(某)国的(某)银行,条件如下:

a) 针对本合同项目的转让未经甲方书面同意不能成立。
b) 这种转让不影响甲方对乙方的权利。
c) 一旦乙方向某银行转让,就不能反悔,除非得到银行的同意。

(16) 管理工作。内容包括发包人监理工程师办公条件、承包人现场代表岗位的设立、施工场地秩序、文件保管等。为了保证工程按期完成,对工程的进度应该有所记录。例如:

1. 乙方应在现场为甲方监理工程师提供办公室。该办公室应完全符合条件,包括全套设备。建立办公室、供电、安装设备的费用全部由乙方承担。

2. 乙方应指定现场代表,负责接收并执行甲方监理工程师的指令,同时应为他设立一个具有同等施工经验、有高度技术水平的技术机构,该机构成员在整个工作期间均应在现场。对于现场代表和技术机构成员的选配和更换,应事先经甲方同意。必要时甲方有权要求更换人选,这不影响乙方完美施工的责任。

3. 乙方和他所属的工地负责人、代表、职工,要为甲方监理工程师提供必要的方便,包括到现场进行检查、测量、试验及其他工作,同时还应照顾到其他承包人在现场及其附近地方的施工,并为他们的施工创造有利条件。

4. 乙方负责维护现场秩序,对那些玩忽职守,拒绝执行监理工程师指示,或者技术能力差,或有关当局要求解雇的职工,乙方应在接到甲方书面命令后的 24 小时内把他们送出现场;对任何扰乱工地治安的行为应马上报警。

5. 乙方现场至少应保存两套合同文本、技术规范、工程图纸及其他与本工程有关的文件,以便在甲方监理工程师或他的代表需要时参阅。

6. 每月底在甲方代表同意的情况下,乙方出资对完工部分进行计算,同时应由甲方代表参加。工程计算必须由双方代表签字才有效。如果乙方拖延工程计算,乙方就要服从甲方的算法并承担计算费用。工程量表中的工程量只是一种估算,用上述计算方式计算出来的实际完成的工程,才是实际工程量。乙方应保存专门的记录,把由双方签字的月统计表中反映出来的工程量记录在案。

(17) 施工场地。包括施工设备的处理、保险公共设施、文物和有价值的物品发现后的处理等。例如:

1. 未经甲方同意不允许乙方将运入现场的材料、工具、机械、设备、临时设施运走和处理,直到工程初步交工时为止。上述材料设备丢失、损坏、被窃等,甲方概不负责。

2. 如果在现场挖掘土方工作的过程中,发现电线、水管管道,或者其他东西,乙方应立即停止挖掘工作,并及时报告甲方或专门机构。乙方根据有关指示,负责修理那些被破坏的公共设施,并恢复原状,费用由乙方承担。

3. 在施工过程中发现文物和有价值的物品时,乙方在采取防止损坏、打碎的措施的同时,应立即告诉甲方、文物局和警察局,如果这些文物不易搬动,应就地停工,并通知甲方代表和专门机构或警察局。

(18) 停工。承包商不可无缘无故地停工,停工需要得到发包人的同意或来自发包人命令。例如:

1. 只有得到甲方的书面命令,乙方才可停工。停工期间,乙方负责保护工程。

2. 如果停工的原因不是属于乙方,那么甲方应向乙方补足相当于停工时间的工期;如果停工时间超过6个月而原因又归结于甲方,那么乙方有权要求终止合同。

3. 在本条第2款情况下,乙方有权要求索取其已经施工的工程费用和停工期间的实际损失,但不允许要求其他方面的赔偿。

(19) 误期。承包人必须按时完成工程,否则应承担误期罚款。但如果是因为发包人的违约造成,则由发包人赔偿由此带来的损失。《合同法》第283条和第284条规定:"发包人未按照约定的时间和要求提供原材料、设备、场地、资金、技术资料的,承包人可以顺延工程日期,并有权要求赔偿停工、窝工等损失。""因发包人的原因致使工程中途停建、缓建的,发包人应当采取措施弥补或者减少损失,赔偿承包人因此造成的停工、窝工、倒运、机械设备调迁、材料和构件积压等损失和实际费用。"例如:

1. 乙方应该按照合同中规定的期限完成施工。如果乙方不能按照合同中规定的期限,或在其他业已议定的期限内完成施工,乙方应承担误期罚款。比例如下:

a) 如果甲方认为可以从已经完成的工程中获益的话,每误期一天的罚款占延期工程总价的1%。

b) 如果甲方认为不能从已经完成的工程中获得收益的话,每误期一天的罚款占工程总价的0.1%。

c) 在所有的情况下,罚款均不应超过合同总价的5%。即使未因延误工期而造成损害,误期也要罚款。

2. 如果甲方证实乙方误期是由于意外原因所致,那么误期罚款可以全部或部分免除。

3. 罚款可以从保证金或者乙方在甲方处的应得款项或者从其在任何其他的公共

机构的应得款项中扣除。

4. 任何罚款的扣除并不意味着免除乙方承担施工以及完成议定工程的责任。

5. 在乙方于甲方处还有足够款项偿还延期罚款的情况下,甲方根据自己的全面估计,可以延期索回罚款。但要有乙方提出申请,并阐明延期交纳罚款的详细理由和延迟期限。

(20) 废除与终止合同。发包人废除合同需要有一定的理由,双方应确定可以废除合同的理由。如果出于公益需要,发包人可在承包人没有任何过错的情况下结束合同,条件是在必要时向承包人进行赔偿。例如:

1. 在不影响甲方取得误期罚金和赔偿权利的条件下,在遇到下列情况之一时,甲方有权废除合同,没收保证金:

a) 乙方延期开工,或施工很慢,虽然给予书面提醒,仍迟迟不开工,或施工进度仍很慢,甲方认为乙方不可能按期完成合同工程。

b) 如果乙方停工 15 天以上,停工理由不被甲方接受。

c) 如果乙方撤离工地,或放弃工程,或证明乙方没有施工,或者被证实乙方施工混乱,而又指望不着其完美施工。

d) 如果乙方没有按合同规定的期限施工,甲方认为没有必要给乙方一个宽限期,或者在给乙方的宽限期之内未能完成施工。

e) 如果乙方被证实通过自己或他人直接或间接地贿赂甲方的官员或工人,或监工代表,或伙同上述人员相勾结搞有损于甲方和有损于公益的事。

f) 如果乙方破产,或宣布破产,或陷于与债权人调停状态。

g) 如果乙方对合同的执行严重敷衍了事,或者忽视履行合同中实质性义务,而且从书面要求其改正之日起 15 日之内仍无动于衷。

2. 对取消合同和没收保证金,甲方用备忘录形式通知乙方即可,无须诉诸司法和采取其他措施。

3. 在甲方可以废除合同的情况下,可不废除合同,只要用挂号函件通知乙方,就可以收回工程,这无须诉诸法院,也无须办理什么手续。甲方可亲自动手施工,也可通过投标议价、缔约方式让任何缔约者对未完工程的全部或局部进行施工。其费用、责任由乙方承担。为了保证工程的完成:

a) 甲方可以从乙方存在甲方的保险金或乙方在甲方或其他任何部门的应得款项中扣除合同金额外乙方所花费的一切开支和损失。

b) 因工程造价比原议定的价格下降而出现的盈余,乙方无权要求分享。

c) 甲方可以查封工地的临时设施、机具设备和材料,用以保证自己的权利。上述机具设备、材料,甲方可以无偿用于施工。对其损坏、短缺,甲方对乙方不承担责任。甲方还可以变卖这些物品,用以补偿自己的权益,由于变卖上述机具、设备,而给乙方造成的损失,甲方不承担责任。

4. 除了合同金额外,甲方有权索取误期罚款,有权要求乙方赔偿其因收回工程自己所蒙受的损失。

5. 如果出于公益需要,甲方可在乙方没有任何过错的情况下结束合同,但必须向乙方支付一定的赔偿。

(21) 不可抗力,指事先不可预见和无法避免的一种人为的事变或自然力量所产生的环境,比如火灾、洪水、海啸、台风、地震、火山爆发等。当发生不可抗力时,受灾的一方应当在规定的时间里通知另一方,合同是否终止,要根据受灾情况而定。例如:

   1. 如果遇到不可抗拒和无法预料的情况,使施工任务繁重,乙方受到重大损失的威胁,而施工并非不可能进行,乙方可以用合理提高合同金额的方法向甲方索取赔偿。

   2. 如果上述情况继续存在,而又不能消除,那就终止合同。

   3. 如果出现使施工无法进行的不可抗拒的力量,乙方履行施工的义务就被免除。

(22) 税费条款,指合同登记印花税、所得税、海关关税的支付约定或免税规定。例如:

   1. 乙方应在(某)国税务局办理合同登记手续,要在签订合同15天内交印花税,对误期交纳此税要承担各种费用和罚款。乙方还应交纳为执行合同应交的其他印花税,并向甲方递交他已交完税收的正式文件。

   2. 根据(某)国所得税法和依此法公布的其他条例,乙方应交所得税和本合同利润附加税。

   3. 根据海关法及有关制度和规定,乙方负责交纳进口货物和与执行合同有关的理应交纳的海关税和其他税收。

   4. 根据(某)国海关法及海关制度和规定,对于为了完成合同工程而进口到(某)国的施工机械、设备和器具,在提交竣工后将上述机械、设备、器具重新外运的保证书提交后,乙方可享受海关临时免税制度。

(23) 组织施工。这一条款内容包括承包方施工人员的组织、居住安排和公共设施配备的约定。例如:

   1. 乙方负责技术工人和非技术工人、设备、机械、器具及其他与施工、完美施工有关事宜的组织工作,甲方向(某)国的有关当局提交文件,以便在该合同工程需要雇工时,为之提供方便。

   2. 在开工时,人员增加或变动时,乙方应向甲方提供花名册,用以反映工人、职员、技术人员的姓名和工地管理人员的不同职务。乙方还要向甲方提供有关乙方运入现场的机械、设备、仪器的说明和资料。

   3. 乙方负责向其工人、职工提供住房,负担现场居住费用;负责提供这些住房的照明、饮水及必要的公共设施。

   4. 如果乙方为其工人建临时住房时,应得到甲方的同意;在这种情况下,乙方负责所有建房费用、维修费,并负责提供必要的服务。

   5. 工程竣工之后,乙方要负责拆除临时住房,并恢复原状;如甲方需要,可按双方协商的价格进行转让。

   6. 甲方提供住房必要的电源、水源;乙方承担内部的临时管线安装费、照明费。用于工程施工的发电机、机械等所用水、电和燃料消耗费,由乙方承担;乙方还应负责处理废水和废渣。

(24) 职工福利。规定承包人给予施工人员节假日待遇,如果加班应给予补偿;乙方应遵守劳动法、社会保险法、工资最低法等法律,承担起对工人应尽的义务。例如:

   1. 乙方应让其外国工人和职工在星期天和(某)国法定假日休息。根据现行法律、条例的规定,因工作需要工人们在假日工作时应给予补偿。

2. 乙方负担工人的工资、奖金和补偿。按劳动法、社会保险法、工资最低基限法及现有和将来要制定的其他法律和制度,均由乙方独自承担业主(对工人)应尽的所有义务。

(25) 遵守法律法规。要求承包人遵守当地的法律法规,包括禁止贩毒、禁止贩卖武器、禁止参加政治活动、自觉纳税、尊重他人知识产权等。例如:

1. 不允许乙方以任何方式进口、出售、从事交换任何酒精饮料和麻醉药品,以及其他法律所禁止的物品。乙方也不得允许他的分包人、代表、职工和工人饮用、进口、出售及从事交换上述违禁物品的任何活动。

2. 不允许交换外币,在货币管理法和(某)国中央银行许可的情况下在(某)国银行进行兑换者除外。

3. 除非经专门的机构批准,不允许乙方和任何人交换、使用任何一种武器、弹药、炸药。同时,未经甲方工程师批准,不许乙方在施工中使用炸药或爆炸物。

4. 乙方及其合作者、分包人、代理人、外国雇工以及他们的家属在(甲方国名)国境内居住期间,不能以任何形式参与任何政治活动。

5. 乙方在执行合同过程中,应遵守(某)国的有效法律,特别是有关工程、工资、社会保障、工程保险、物资保险、运输工具保险的法律,以及有关文物、海关、税收及其他诸如此类的法律。

6. 在遵守合同条款的同时,在执行本合同中所产生的各种赋税,其中包括海关税和海关附加税均由乙方负担。除了法定的和合同条件中规定可豁免的以外,任何一项税收均不能免除。

7. 乙方应尊重他人的专利权、发明权和垄断权,其中包括(某)国境内外项目的技术说明和图纸。对于因乙方不尊重他人的这种权利,而造成的任何损失,乙方应给予赔偿。

(26) 保密条款。要求未经发包人同意,承包人不可泄露合同的机密。例如:

1. 未经甲方事先书面同意,不允许乙方披露合同的细节,也不允许乙方在商业印刷品、专业印刷品或其他场合中披露这些细节。

2. 在施工期间直至合同结束和维修期终止后,乙方均应保密,未经甲方的书面同意,不允许传播表报中的全部或局部内容。

(27) 司法权限。合同履行过程中可能会出现争议,对合同的解释和服从何国法律法规变得十分重要,因此在订立合同时,双方对此应有所认定。例如:

有关合同的所有解释和执行必须服从(某)国的现行法律和法规,(某)国的司法部门负责审理由合同引起的纠纷。任何一方诉诸法律都不能中止合同的执行,都不影响双方的权利和义务,直到对争执的问题有了必须执行的判决为止。

(28) 验收条款。包括初步验收和最后验收。需要确定初步验收日期,事先起草验收纪要。初步验收合格后有一个保修期,应规定保修期的维修和费用支付的约定。保修期后还要进行最后验收。《合同法》第279条规定:"建设工程竣工后,发包人应当根据施工图纸及说明书、国家颁发的施工验收规范和质量检验标准及时进行验收。验收合格的,发包人应当按照约定支付价款,并接收该建设工程。建设工程竣工经验收合格后,方可交付使用;未经验收或者验收不合格的,不得交付使用。"比如:

1. 当乙方完成了合同的主体工程和附属工程以后,应马上用挂号函通知甲方,并要求甲方确定初步验收日期。同时乙方应清理现场所有杂物。否则,甲方在用挂号函件通知乙方并给 10 天以内的宽限之后,乙方仍未清理现场,甲方就进行这项清理工作,乙方应负责此项费用。甲方应将确定好的验收日期书面通知乙方,此验收日期不得超过接到乙方通知日的 1 个 月。验收应在既定日期进行,应起草一式 3 份的初步验收纪要,由双方或双方代表签字,其中一份交给乙方或其代表。如果乙方或他的代表未出席检查,即进行乙方缺席检查,应将情况记入纪要,并用挂号函件将一份纪要寄给乙方。如果检查证实已完工程符合合同总条款的要求,那么,乙方通知甲方完工的日期就作为竣工日期;同时也作为维修期的开始日期。

2. 如果在检查中发现没有按照合同施工,那么应在纪要中注明,并责成乙方按合同修补和纠正错误、完善工程。维修期就从完善施工后的最后一次检查时开始。

3. 乙方在甲方的全面监督下,从初步验收之日起 3 个月内,自费对合同中所有的主体工程和附属工程进行计算,对所有实际完成的工程编制最终报表,并交甲方审查和认可。甲方向乙方支付一切应得款项,并扣除预付款、罚款、赔偿金等。但是乙方寄存在甲方的保证金额不得少于合同中规定的比例。否则,甲方可扣下一笔款项,用以补足上述比例。

4. 如果需要的话,允许甲方对一部分已经完成的工程,根据本条款中规定的内容和条件进行局部、临时性的验收,条件是局部交付的工程应能使用。在验收工程之前,乙方应出资在工地提供必要的工具、设备、仪器,供甲方或其代表在检查、试验时使用。如果在检查、试验当中,发现毛病和错误,但在本质上并不影响工程,也不妨碍受益,那么当甲方认为可以时就接收,也可以给乙方一段修理和补缺的时限。这笔费用可从乙方在甲方手中的应得款中扣除,只要这些毛病和错误不影响工程的质量,并能按照要求受益。到工程缺陷修补完善后,再将扣除款项退回乙方。

5. 乙方要保证本合同规定的工程无瑕疵,施工良好,全部工程使用时要达到预期的目的。自甲方初步验收之日起,维修保证期为 1 年,如果在这期间发现缺点和不足,那么乙方应在收到甲方通知之日后 1 个星期 内进行修理和完善。否则,甲方代为修理,费用由乙方负担,甲方有权在甲方所交的保证金中扣除此项费用。本条规定的维修保证期与(某)国民法中规定的保修期是一致的。

6. 在维修期结束前的适当时间,乙方须通知甲方,要求其确定检查和最终接收的日期。甲方自接到乙方的通知之日起 两星期 内,应确定检查和验收的日期,并通知乙方亲自到场或派代表参加。在乙方或其代表参加的情况下,在确定的日期内进行检查,同时要就此起草一式 4 份由双方在场人员签字的纪要,并将其中的一份交给乙方。如果乙方或其代表缺席,可在既定日期进行缺席检查,把情况记入纪要,并寄乙方一份。

7. 甲方有权组成一个自己认为合适的接收技术组全权进行各种检查、试验,或采取任何旨在查看工程质量的措施。乙方应在现场自费提供必要的材料、设备,供该接收技术组按其意愿进行检查、试验,直到通过检验,证明工程完美无缺并符合条件和规范时才进行最后接收。如果从检验中发现乙方未履行其义务,那么就把接收日期推迟,维修期相应顺延。如果乙方未在接收技术组于接收纪要中规定的时限内完成,甲方可直接从乙方的收益中扣除其认为与上述工程相称的金额,或由甲方出资自行施工,其款项从乙方收益中扣除。对乙方施工中出现的错误、缺陷和不足还要索取赔偿,未项可从乙方履约保证金或其他收益中扣除,这无须办理什么手续。扣完这笔款后,维修期就结束。

  8. 在最后验收后,甲方对乙方进行最终结算,并从验收之后起的<u>1 个月</u>内,把乙方在维修期内拖欠的款项扣除后,就将保证金或其他金额退还乙方。

(29) 易址。合同履行过程中,双方的沟通和信息传递十分重要,因此当一方地址发生变更,应该及时地通知另一方。否则,若由此而导致严重后果,责任应由变更方负责。例如:

  1. 本合同开头填写的乙方地址变动时,乙方要保证通报。否则,可按原址与乙方通信和发通知,责任由乙方承担。

  2. 本合同开头填写的甲方地址变动时,甲方要保证通报。否则,可按原址与甲方通信和发通知,责任由甲方承担。

  3. 凡是涉及合同条款的书面通知,可以面呈,但在影印件上要签字,也可用挂号函件寄送,这种通知一经递交,就具有完全的法律效力。

(30) 合同文本与合同语言。合同一般以发包人所在国和承包人所在国两种文字书写,如果发包人是国际机构,语言文字一般为英文。可以规定英文文本与承包人所在国文字撰写文本具有同等效力;也可规定当两种文字发生差异时以哪种语言文字作为正式文本。除了说明语言文字外,该条款还要说明本合同共有多少份。例如:

  本合同用英文和中文书写,英文<u>3</u>份,中文<u>5</u>份。两种文字书写的合同具有同等的法律效力。甲方<u>2</u>份英文文本,乙方<u>1</u>份英文文本、<u>5</u>份中文文本。乙方自己保存中、英文文本各<u>1</u>份,另<u>4</u>份中文文本分送<u>中华人民共和国财政部规划司、会计司和税务总局各 1 份</u>,以及用以交税 1 份。

(31) 其他。较为重要的条款还有:支付条款、争议的解决、合同生效等,因为与其他合同相似,并且在下面工程分包合同中还将介绍,这里省略。

3. 工程分包合同

  分包合同是承包商与发包人签订总包合同后,再与分包商签订的合同。分包合同的标的或是总包合同工程的某个部分,或是某个阶段。因此分包合同的条件应根据总包合同而定。它一般包括以下条款(某些条款与总承包合同相似,这里略去):

(1) 鉴于条款。说明分包的背景与合同当事人的愿望。例如:

  <u>(名称)</u>承包公司,邮政信箱号:<u>(号码)</u>(以下简称"总包商"),和<u>(名称)</u>工程公司,邮政信箱号:<u>(号码)</u>(以下简称"分包商"),于<u>(某)</u>年<u>(某)</u>月<u>(某)</u>日在<u>(某地)</u>订立本分包合同。

  鉴于总包商已同<u>(某)</u>国<u>(名称)</u>大型电气项目管理局(以下简称"业主"),就在<u>(某)</u>国的<u>(号码)</u>号工程项目的设计、运输和施工签订了合同。鉴于分包商愿按该合同实施土建和安装工程而报了价,鉴于总包商已接受分包商的报价,依据分包商<u>(某)</u>年<u>(某)</u>月<u>(某)</u>日、<u>(号码)</u>号文件及其附<u>1</u>的报价表,现双方达成协议如下:

(2) 文件组成部分。确定分包合同中包括的文件。例如：

下列文件应是本分包协议的一个组成部分：
1. 电气、机械及技术操作的合同通用条款(2000 年第三版)。
2. 合同的特殊条款。
3. (号码)号工程项目的技术规范。
4. 工作范围和技术要求。
5. 土建和安装工程分包合同的报价表。

(3) 定义条款。对于分包合同中出现的关键性的或重要性的术语、概念也需进行定义。分包合同中首先需要对总包商、分包商等这类概念进行定义。例如：

解释本分包合同时，下列用词应具有在此所予以确定的意义：

"总包商"：系指(国名、单位名)电气机械承包公司。

"分包商"：(国名、单位名)工程公司和该工程公司将工程的任何部分转包给别的任何专业公司或机构，这一专业公司或机构即为分包商。

"总包商的工程师"：系指由总包商指派的监督分包商工作的、从事工程师职责的人员。

"分包"：系指由分包商按本合同第四条"工作范围"规定而要执行的工作。

(4) 工作范围。指分包合同工程项目建设施工的内容。例如：

本工程包括在(某)国境内，根据业主的技术规定，建设(号码)号工程项目，如图所示。
1. 提供所有工程的监督人员，熟练和非熟练工人，提供运输、测绘工具及设备，挖掘及钻孔机械，吊车，以用于塔架安装和绝缘箍，地线配件，拉力条的安装以及导线挂垂和拉直等工作。
2. 提供混凝土材料、水泥、砂、石子、灰浆材料、钢筋，并运送到工地。
3. 为所有熟练和非熟练工人及行政人员提供住宿、膳食、供水、卫生设备、交通费用和社会保险。
4. 运送由总包商提供的材料：总包商在(名称)库房中的塔架、导线、绝缘材料、五金构件、接地材料，包括从总包商在(名称)库房到施工现场的运输，并负责卸车和保管。
5. 分包商应按总包商提供的纵断面图和测绘图确定塔架的位置。凡是已由总包商定出的塔架位置，分包商应测量检验，以保证塔架的位置和线位方向符合合同技术规范的要求，并在取得总包商批准后，应对测绘图作相应的更改或修正。
6. 在该分包工程价格表中所列的工程量只是大约数，变化范围在±2％之内，则单价不作任何变化。如果变化值超过±2％，应按总包合同一般条款中(第几条)规定处理。

(5) 劳动力供应与员工待遇。规定分包商提供足够的劳动力，保证他们的福利待遇，掌握他们的基本情况，以及为其提供保险等。

分包商应：
1. 自始至终提供足够数量的工人，以满足总包商工程师在工程进度方面的要求。
2. 在工作时间、节假日方面，应遵守当地法律、规定和风俗习惯。

3. 支付工资并服从当地关于对工人报酬的一切规定。

4. 为其雇员提供住宿及膳食。总包商应取得由业主写给市政府有关部门的介绍信,为分包商选定建立其宿舍区的场地。函件所花费用和有关宿舍区的一切费用均由分包商承担。

5. 向总包商和(某)国主管部门提供其所需的有关其雇员的一切情况。

6. 对与本分包工程有关的各种性质的索赔或风险,自费为其雇员和工人提供保险费及工人补偿。

(6) 分包商的法定责任。要求其承担分包工程范围的责任,遵守所在国法律法规,如纳税等。例如:

1. 分包商应熟悉业主技术规范要求,按照业主的要求承担属于分包工程范围内的与分包商有关的全部责任。

2. 分包商应对所有与该分包工程有关的税捐的付款承担责任,包括所得税以及其他税款。

a) 遵守(某)国关于所得税的规定。如果其雇员中有人对雇主给他们的报酬不付个人所得税,分包商应对此负完全责任。

b) 根据(某)国的法律,为其雇员支付各种国家安全捐款。

3. 分包商应服从所有适用于本分包工程范围内的(某)国的法律、地方法及规定。

(7) 工程质量保证。要求分包商对其承担的工程质量予以保证,从其使用的材料质量、工程进度上给予严格监督。总包商应指定监理工程师对分包工程实施的质量进行监督。例如:

1. 分包商应呈送用于该分包工程的水泥、钢筋、砂、砾石以及任何其他材料的厂商证明及试验报告,并取得总包商对此批准。混凝土试块的报告单应同地基工程付款申请单一起呈送。所有试验及试验报告书应符合有关标准规范的要求。

2. 分包商应按总包商同意的格式,呈送每周和每月的进度报表。

3. 分包商将从接收初步验收证书之日起 12 个月内担保所有工程,不会由于其雇员的工艺低劣或因其提供的材料质量差而发生事故。

4. 总包商将指定一位或几位工程师监督该项分包工程,分包商的人员应对其承担义务。

(8) 意外事故或损失责任。在工程移交之前,分包商应保障总包商不承担各种人身伤亡或财产损失的责任,并保障总包商不承担属于分包商和其雇员所引起的诉讼等方面的责任。

(9) 保险条款。包括工程保险、第三方保险、员工保险等。例如:

1. 工程保险:总包商应按合同一般条款的规定,自费对永久和临时性工程、施工机械及设备进行保险,这应包括分包工程在内。

2. 第三方保险:包括分包商在内的第三方保险,将由总包商承担,而分包商不付任何费用。

3. 工人补偿:分包商应自费负责其工人的保险,包括与分包工程有关的各种性质的索赔。

4. 对以总包商名义的保险单中的索赔补偿的确定,分包商应在 3 天内备齐各种有效的证单。

5. 不能由第三方和工程保险偿付的各种损失和费用,分包商应对此承担责任。所有扣减款额应记在分包商的账上。

6. 对属于分包商自己的,或租借总包商的或租给总包商的全部机动车辆运输设备和工具,如未计入总包商的保险单,分包商应自费保险。

(10) 施工与运输工具及设备。要求分包商自行解决工人驻地与施工现场的往返交通问题。施工工具与设备也由分包商自行解决。例如:

1. 分包商应提供该分包工程施工及运送其人员往返工地所需要的全部运输车辆。

2. 该分包工程施工和维修所需的全部工具,包括拉力设备、拨具、张紧装置、操作线、传动滑车等,分包商应自费提供。

3. 分包商应遵守(某)国有关各种工具、设备、机械及运输工具方面的所有法律和海关规定,并支付由此产生的全部费用。一旦该分包工程竣工,分包商就应负责把上述全部设备和工具撤出(某)国。

4. 分包商应负责清扫公用道路,并铺筑供其车辆及设备出入公用道路的临时通道。分包商应谨慎小心,以免引起财产或农作物不必要的损失。

(11) 材料交付。约定总包商和分包商各自应负责交付的工程所需材料,如果总包商未能按照合同规定交付材料,应承担一定的责任。例如:

1. 总包商应负责交付的材料包括塔架、塔架附件、导线、绝缘装置、绝缘体及导线配件、接地棒及接地线。按双方同意的工程进度计划,对分包商各项工作所需要的材料,至少要在该项工作开始前一周为分包商备好。

2. 如总包商未按本协议规定及时把材料交付给分包商,因总包商延迟交付材料而造成分包商现场工人和设备窝工,同时也不能将其人员和设备投入其他工程的施工,此时总包商应按价格表所规定的日工资(计日工资)标准,付给分包商窝工时间费用。延迟交付材料少于三天时,按本条规定,分包商不能提出赔偿要求。

3. 分包商应在总包商的(名称)仓库提取材料,将材料装车,运送到施工现场并卸车,费用自行承担。

4. 分包商应注意该分包工程所需要材料,如水泥、钢筋、燃料、润滑剂等,在(某)国市场可能会出现供应短缺的情况时,分包商应自费安排从其他国家获得这些材料,从而保证该分包工程不间断地进行。

(12) 许可证和执照。在国外承包合同、劳务输入,需获得发包人所在国的同意,总包商应该帮助分包商获得所需的各种证件与证明。例如:

总包商应该帮助分包商获得分包商雇员所需的入境签证、居住证和劳动证,该分包工程所需的施工材料和设备进口许可证,生活用房和物资进口许可证,业主写给该国有关当局的证明信。办理这些函件所花的费用以及由此产生的一切开支均应由分包商承担。

(13) 竣工及惩罚。根据双方同意,交付材料的日程表,只要分包商能及时得到材料,分包商就应按规定日期完成各分项工程的施工。如果由于分包商的错误或疏忽,未能按规定

日期完成该分包工程,分包商应该交纳罚款金。例如:

  如果由于分包商的错误或疏忽,未能按规定日期完成该分包工程,分包商同意每延误一天,就向总包商支付拖延分项工程的分包合同价的 0.5 %,作为罚金或违约罚款金,罚金或违约罚款金最高限额不得超过分包合同总价的 5 %。

(14) 支付条款。规定总包商的支付金额、支付方法以及汇率计算。例如:

  总包商应按如下规定向分包商付款:

  1. 预付款,其金额为分包合同价总额的 60 %,自分包商提交由(名称)银行开具的等值银行预付款保函之日起 15 天内,付给分包商;保函有效期为 1 个月。

  2. 每月完成的并经业主验收的工程占分包合同价的 9 %。

  3. 分段工程占分包合同价的 50 %;凭暂时验收证书。

  4. 分段工程占分包价的 100 %;凭最终验收证书。

  按总包合同规定,只有工程经业主在 4 周内验收后,上述 1、2 及 4 条规定的付款,自收到分包商发票之日起 5 周内,才能付给分包商。应付给分包商的款额按下列百分比支付:

  (某)国的当地货币:40 %;美元:60 %。

  用当地货币支付的部分在(国名)国付款,用美元支付的部分,通过电汇付给分包商在(名称)银行(号码)账号,汇费应由总包商负担。

  兑换比率:1 美元=(当地货币)。

  预付款将用美元支付,预付款中超过 75 %的美元数额应从前三次的进度付款中按比例扣除。

(15) 验收工程。所有工程都应符合业主的要求,如相应的规范和在现场协商中作出的决定,总的原则应该是总包商工程师对工程质量所作的决定是最终的,但一旦发生争议,则业主代表的决定应为主导意见。关于这点应该在合同中约定。

(16) 履约保函。分包合同签订后,分包商需要到银行开具履约保函,以保证一旦违约法律的执行。例如:

  在分包合同签订后 15 天内,分包商应根据所附的保函格式,提交一份(名称)银行开具的无条件履约保函,额度相当于分包合同价的 10 %,有效期为 12 个月,自本分包合同签订之日起。

(17) 免税权。某些国家对承包工程有着特定的法律规定,比如对进口的建筑材料给予免税等,这些优惠分包商也应该要求享有。例如:

  总包商受(某)国(号码)号法律保护,并享有第(几)条,第(几)款所规定的免税权,这些免税权也适用于分包商。

(18) 文件和图纸。工程承包项目完成后,分包商需要交还总承包商提供的文件,并不能泄露文件中的任何秘密。例如:

  在收到最终付款之时,或在此之前,分包商应向总包商退还所有总包商向其提供的文件、图纸和技术规范。此处所述的任何文件分包商都不能用于除本协议目的以外的其他任何目的;同时分包商亦不能泄露或使用由总包商或业主所提供的文件中的任何资料。涉及本协议目的的除外。

(19) 合同生效。由于是分包合同,因此总承包商与分承包商签订合同后,不意味着合同生效,还需得到业主的同意,合同方才生效。例如:

如果在本协议签字之日起7天内业主表示同意本协议,本协议即生效。如果在上述日期内业主没有表示同意,本协议便无效,任何一方都不得向对方要求赔偿。

4. 劳务合同

当工程总承包人将劳务项目独立出来分包给另家公司时,就需要与后者签订劳务合同。合同中需明确劳务人员派遣的数量、技术标准、工种、工作时间与期限、工资与福利待遇、食宿标准、医疗保险等问题,此外还应保证派遣的劳务人员在其工程结束后全部返回。具体说,劳务合同条款主要有以下几个条款:

(1) 鉴于条款。说明合同签订的背景和双方的愿望。例如:

(名称)公司(其总部设在某地,以下称"甲方")与(名称)公司(其总部设在某地,以下称"乙方"),经过友好协同,乙方同意为甲方在(某)国的(名称)项目的施工提供劳务,为此与甲方签订本劳务合同。

(2) 合同目的。分别阐述甲乙双方各自应尽的义务,比如乙方应提供劳务、办理劳务人员出境手续;甲方应支付报酬、办理劳务人员入境及居住手续等。例如:

乙方根据本合同条款向甲方提供技术工人、工程技术人员和其他人员(以下称为"派遣人员"),甲方向乙方支付报酬。为保证甲方工程的顺利完成,双方应互相协作,认真执行合同。

1. 应按双方商定的计划派遣人员(详见附表1)。甲方对所需派遣的人员应提前两个月用书面正式通知乙方。乙方同意在派出前30天向甲方提交派遣人员一览表,包括姓名、出生年月日、工种、护照号码及(某)国申请入境所需要的资料。

2. 乙方负责办理乙方人员(从其居住国)的出境手续,并承担与此有关的各项费用。甲方办理乙方人员在(某)国的入境和居住手续,并负担与此有关的各项费用。

3. 根据工程计划的需要,派遣人员可以随时增加或减少。

4. 如需要增加派遣人员时,甲方同意提前2个月向乙方总部提出派遣人员计划。增加人员的工资,按本协议附件2所列工资标准支付。增加如系新工程,其工资标准应由双方驻工地的代表商定。

5. 根据工程进度,如现场需要减少人员,则应由双方现场代表商定后实施。

(3) 费用与工资。包括派遣人员出国准备费与劳务工资。例如:

1. 甲方同意付乙方派遣人员的准备费每人(金额)美元。准备费应在向乙方提交派遣计划的同时电汇乙方(名称)银行(号码)账号。

2. 派遣人员的工资应按附件2中所商定的工资表支付。工资的计算应从派遣人员离开乙方所在国(名称)机场之日起到离开(某)国(名称)机场之日止。乙方同意在安排航线时尽可能取最短路线,缩短时间。

3. 基本工资以月计算,凡不满1个月的按日计算,日工资为月工资的4%。

4. 根据(某)国目前的经济情况,派遣人员基本工资每年应增长15%。

5. 乙方人员的工作时间为每月 25 天,每周 6 天,每天 8 小时。每周休假 1 天,具体休假日期可由双方在现场安排。

6. 由于材料短缺、气候条件等影响不能正常施工时,经双方协商可以临时调整工作内容。如因上述及其他因甲方原因造成停工时,甲方同意支付乙方人员的工资。

7. 如工作需要并经双方同意,乙方人员可以加班。甲方按下列标准支付加班工资:

a) 平时加班工资为基本工资的 125 %;

b) 平时夜间加班(22 点至次日晨 5 点)以及休假日加班,工资为基本工资的 150 %;

c) 节日加班工资为基本工资的 200 %;

d) 加班工资计算方法:(月基本工资/200 小时)×加班小时数×加班工资的百分率

8. 上述加班工资和基本工资同时支付。

(4) 伙食。劳务人员的伙食一般由乙方自行办理解决,但需要甲方提供一定的厨房用具和采购用车方便。例如:

1. 甲方同意向乙方提供厨房全套炊餐具及冷藏设备,由乙方自行办理伙食。
2. 甲方同意付给乙方每人每天(金额)美元的伙食费,包干使用。
3. 食堂用水、用电和燃料以及生活物资采购用车由甲方提供并支付费用。

(5) 节日和休假。一般出国劳务人员享受当地国家法定节日。如果出国时间较长,还应享受探亲假。当劳务人员的国内家属出现不幸时,也应本着人道主义关怀允许其回国探视或处理后事。其往返经费如何开支,应在条款中有所约定。例如:

1. 所有乙方人员有权享有(某)国政府的法定节日。
2. 所有乙方人员在工作满 12 月后,应享受 20 天的回国探亲假,其从(某)国机场至(单位名)机构的往返机票由甲方支付。应尽可能安排最短的航线。
3. 如果现场施工需要乙方人员推迟回国休假时,乙方同意说服其人员延期休假,甲方同意为了补偿乙方人员的损失,给予适当的报酬。
4. 关于补偿上述损失的报酬,可根据当时的情况由双方现场代表商定。但这项补偿不应少于(某)国(名称)机场至(名称)机场之间的单程机票价金额。
5. 乙方人员由于家属不幸等原因,工作满半 年以上时,经双方现场代表协商同意,可以提前享用探亲假。如有关人员已享受回国休假,其往返旅费应由乙方负担,对这一类事假甲方不支付工资。

(6) 旅费及交通。包括乙方人员从机场到工程所在地的旅费开支、食宿费用,以及住所至工地交通工具解决等约定。例如:

1. 甲方负担乙方人员从(名称)机场至工程现场之间的往返旅费和航空公司招待之外的必须的食宿费,但乙方应努力减少这项额外费用的开支。甲方同意支付乙方人员进入(某)国的入境费用(例如机场税等)。
2. 甲方负责提供乙方人员上下班的交通工具,同时也提供现场代表、监理工程师及其他管理人员的工作用车。

3. 乙方应凭机票或收据(按购票当日银行公布的外汇牌价)向甲方结算。

(7) 税金。各国法律都要求收入者纳税,国际工程劳务人员的税金涉及两国的税法。为了避免双重征税,国家之间通过双边协议进行约定(关于税费问题,后面章节将专门介绍)。劳务合同对此也应进行约定。例如:

乙方人员应在其原居住国交纳的一切税金由乙方负担;乙方人员在(某)国交纳的一切税金由甲方负担。

(8) 社会保险。国际工程建设项目劳务人员的安全问题非常重要,除了施工安全外,还有生活环境的安全问题,尤其是在恐怖主义活动猖獗或交通事故频频的地方,更要强调人身安全问题。因此,除了制定严格的施工安全制度、加强劳务人员自身安全教育外,还应该对劳务人员进行人身保险。保险费用的支付问题、事故发生后的处理问题,在合同中要作约定。例如:

1. 乙方人员在合同有效期内的人身保险,由乙方自行办理。甲方同意支付派遣人员每人每月(金额)美元的人身保险费。

2. 乙方人员在工地发生工伤,甲方只承担其医疗费用,如发生死亡事故,乙方应负担所有的费用,包括善后安葬费和抚恤费。

3. 如乙方人员因工作事故或疾病死亡时,遗体运回其原居住国或就地埋葬,遗物运回其原居住国,一切有关费用由甲方负担。

4. 派遣人员经医生证明因疾病或工伤而缺勤30天以内者,发给基本工资;在30天到90天之间者发给基本工资的60%;超过90天者则不发工资。

(9) 医疗。劳务人员生病或工伤费用的支出应由何方支付也应该约定。例如:

1. 乙方所有人员在(某)国发生工伤或疾病时,其医疗及住院费由甲方支付。

2. 现场医务室需用的常用药品和器具,由乙方向甲方提出购置计划,经甲方同意后,由乙方在其本国或其他地方采购,费用由甲方支付。

3. 乙方人员在200人之内,配备医生一名,护士一名。超过200人时,是否增加医务人员,由双方现场代表研究确定。

(10) 劳保用品。劳保用品一般由甲方提供,乙方主要负责提供劳务人员,对于工程所需配备的用品并不了解。例如:

甲方同意支付乙方派遣人员所有的劳动保护用品,包括每人每年两套工作服、工作鞋、手套、眼镜、安全帽、安全带等。

(11) 支付办法,指工资的支付方式、币种。例如:

1. 除机票费和准备费全部支付美元外,甲方应支付乙方的其他各项费用,均按80%美元与20%(某)国(货币名)的比例支付,如需改变这一比例,须经双方代表同意。

2. 休假工资和应付乙方的机票费应于休假当月之初支付。

3. 乙方现场会计每月末编制派遣人员工资及其他各项费用表,包括基本工资、加班费、伙食费等项,经甲方审查和批准后于次月10日前支付。其中80%美元部分,由甲方电汇(名称)银行(号码)账号,银行汇费由甲方承担。20%的(某)国(货币)在现场支付。

4. 美元与(某)国(货币)的兑换率,按支付日当天(某)国政府银行公布的买卖中间价折算。

5. 乙方派遣人员到达现场后,甲方同意预支每人1个月的伙食费,如需预支其他费用,由双方现场代表协商解决。

(12) 住房和办公用房。甲方应该提供给乙方人员包括劳务人员、行政人员等一定标准的住房和所需的设施。例如:

1. 甲方将按下列标准免费提供乙方人员的住房:
a) 代表、工程师、总监工每人一间;
b) 助理工程师、技术员、医生、会计师、翻译及其他管理人员两人一间;
c) 其他工人每人3平方米,但每间不超过8人。

2. 住房内包括空调和卫生设备、家具和卧具等备品。

3. 甲方同意提供乙方行政人员所使用的办公设备(如打字机、计算器、复印机等)、洗涤设备和用品。

(13) 人员替换。乙方应该保证其派遣人员的基本素质并具有一定的技能,能够胜任甲方交付的工作。对于因身体或其他原因不能胜任工作或是违反当地法令或风俗习惯不得不要求其离境者,乙方应该负责将其送回国,另派人员替换。例如:

1. 乙方负责派遣身体健康、技术熟练的合格人员到(某)国现场工作,如甲方认为派遣的人员不能胜任工作,经双方现场代表同意后,由乙方负责替换,由此而发生的费用应由乙方负责。

2. 乙方人员必须遵守(某)国政府的法令和尊重当地的风俗习惯。如违反当地法令和风俗习惯而必须送回国的,经双方协商后,由乙方负责送回,机票费由乙方负担。如需另派人员替代时,则乙方应负责(名称)机场至现场的旅费。

3. 乙方人员因疾病和工伤,经甲乙双方指定的医生证明确实不能继续工作者,应送回其原居住国的,其旅费由乙方负担。如身体状况不合格者,经双方医生检查证实,是因乙方体检疏忽,必须送回其本国的,其旅费应由乙方负担。

(14) 不可抗力。当发生不可抗力时,乙方派遣人员的工资或返回国的旅费应该如何解决,需要进行约定。例如:

1. 由于天灾、战争、政治事件等人力不可抗力的事故而工作不能继续进行,甲方应负责将乙方人员送回(其原居住)国,并支付从乙方人员住所(地点)到乙方人员原在国(名称)机场的旅费。

2. 如遇上述情况时,甲方人员不撤退,乙方人员亦不撤退,但甲方应支付乙方派遣人员的工资。

(15) 争议及仲裁。双方发生争议后如协商无效,可提交约定的仲裁机构解决。例如:

1. 在执行合同中,如双方发生争议时,双方同意通过友好协商解决。如协商无效,可提交被告方的仲裁机构裁决:
乙方是:(仲裁机构名称)。

甲方是:(仲裁机构名称)。

2. 争议一经裁决,双方必须忠实履行,所发生的费用由败诉方负担。

(16) 合同有效期。合同从双方签字之日起生效,有效期应该截止到工程结束后所有派遣人员安全抵达原居住国以及双方未付账目结清。例如:

1. 本合同于(某)年(某)月(某)日在(地点)签订。

2. 本合同自双方签字之日起生效至本工程结束,所有派遣人员返回(其原居住)国,以及双方未付账目结清后失效。

(17) 其他。包括合同文本份数、使用语言、各方持有份数等。最后是甲方代表与乙方代表签字、两个见证人签字以及签字的日期。

本章习题

一、名词解释

1. 混合型技术贸易合同　　2. 补偿贸易　　3. 多边补偿　　4. ICB方式
5. 招标与投标

二、简述题

1. 混合型技术贸易合同可以分为哪几种类型？比较这些合同,有哪些共同的条款？
2. 国际合作生产有哪几种形式？国际合作生产合同有什么特点？
3. 什么是补偿贸易？补偿贸易合作生产的形式有哪些？
3. 简述国际合作开发与国际合同生产之间的区别。
4. 简述国际工程承包合同的特点与种类。

三、阐述题

1. 国际工程的招标形式有哪些？投标前需要做哪些准备工作？开标的方式有哪些？评标要经过哪些步骤？定标后招标组织者需要完成哪些工作？
2. 比较国际工程总承包合同、分承包合同、劳务合同之间的异同。

四、课堂模拟与合同撰写

第一,放映一部企业VCD广告片,其内容包括企业基本情况的介绍和某项技术产品或专利的介绍。播放的目的是让学生通过观看片子:其一,了解该项技术的大致情况,以便模拟该技术的介绍;其二,学会如何介绍自己的企业,在介绍中应该关注哪些要素,如企业的规模、资金、产品生产、科研力量、技术水平、业务范围、销售区域、对外合作等情况。

第二,将全班同学分成几个小组,35人左右的班级,分成6组,每组人数最好不要超过6人;100人左右的大班,可分成10—12组,人数可以达到8—10人。

第三,选定一组作为买方,即定位为国内的技术进口方,其余的均为国外卖方,即技术输出方。

第四,要求各组设计出本公司的介绍,内容主要包括公司名称与基本情况。明确作为买方,要求规模、业务范围、技术力量。

第五,模拟招标、投标、商务谈判、开标、评标、定标整个过程。

第六,买方与卖方签订合同。其余未中标的小组自由选择对象,两个组完成一份合同,成绩为两个小组所有成员共同的成绩。

第八章　技术价格与贸易税费

▶ **教学目的和要求**

- 了解国际技术交易的价格确定及影响交易双方价格估定的主要因素。
- 学会区分国际技术贸易中不同的支付工具与支付方式,掌握主要的支付方式以及有关的法律规定。
- 了解国际上对技术交易费征税的通常做法、国际税收协定的内容与适用范围。
- 研究中国在技术贸易所得税征收方面的规定与方法,以及在特许权使用费征收方面的政策。

第一节　技术价格的确定

一、技术价格的概念

1. 技术价格的定义

技术是一种商品,有价值和使用价值。但是,技术的价格并不直接等同于其价值,在实际交易中,技术价格往往大大背离其价值。一项技术到底应该值多少钱,比较难以确定。因为它不像一般商品那样有一个国际市场价格可供参考,也没有一个实际的形体进行实物的直接比较。从某种角度来说,技术价格的确定很大程度上是靠技术转让方和受让方双方的意愿,其随意性较大。为此,世界知识产权组织编写的《技术贸易手册》给技术价格下了这样的定义:"技术的价格是指技术受方为取得技术使用权所愿支付的、供方可以接受的使用费的货币表现。"①

2. 技术转让费、技术使用费和技术服务费

技术贸易范围广泛,其内容包括工业产权的转让或许可、专有技术的许可、以专有技术为核心的技术转让、技术服务与技术咨询等。由此,技术价格实际上可以分为技术转让价格、技术使用价格、技术服务价格三种。

技术转让费是转移技术使用许可权、财产权或所有权所需支付的费用。而技术使用费是获得技术使用许可权所需支付的费用,在这一交易中不发生技术财产权或所有权的转移。就同一项技术而言,这两种价格是不同的,前者往往要高于后者。在有的转让合同中,出现限制受让方在允许的范围以外再扩大生产能力或重新建厂的条款。出现这样的条款,表明这种"转让"是非买断性的转让。比如核反应堆技术,转让方要求受让方必须用于民用的核工业的能源开发上,而不能用于军工生产。如果没有这样的条款,则说明转让是一次性买断的,受让方可以使用转让的技术在其所能涉及的领域任意地扩大生产能力和建厂。一次买断支付的转让费要比附加限制条款的非买断转让费要高。无限制条款的技术转让费也比只购买使用权的技术使用费要高得多,在业务实践中常常高出五六倍。

---

① World Intellectual Property Organization, http://www.wipo.int/portal/index.html.en.

技术服务费则是提供技术服务的劳务报酬。除了单纯的技术服务合同或技术咨询合同外,大多数工业产权转让或许可合同中,受方在获得技术使用许可或购买专利后,往往都要求供方提供技术服务,帮助自己尽快掌握该技术,而供方也往往承诺提供指导或培训,表面上技术服务费并不单独计价,实际上它已经包含在技术使用许可价格或技术转让价格之中。下面就技术使用费的估定与技术转让费的估定进行考察。

二、技术转让费的估定

1. 技术转让方的估定

当技术所有人不准备自己实施该技术,希望将该技术转让给他人,比如将专利申请权或专利权转让给他人,以便获得资金进行新的研究开发时,他期望转让费收入至少要能补偿他进行发明创造活动和申请专利以及为转让的交易活动所支出的费用。具体说,作为转让方,其估定的转让费时一般会考虑以下一些成本和因素:

(1) 开发费用,或称沉入成本(sunk costs)。它是研制该技术投入的人力、物力、资金的费用。人力费用包括研究人员与管理人员的工资、津贴、奖金、保险、福利等费用;物力费用包括厂房与设备折旧、试验仪器、能源耗费、物料等;资金费用包括设备购买费、资料费、咨询费、科研人员培训费、会议差旅费、贷款利息、运输与仓储费等。

开发费用是否应该转移到技术转让费中,存在着不同的看法。比如,主张不应计入技术转让费中的观点认为:① 技术的开发是一个长期过程,不少企业不保留开发的完整记录;② 一项技术的开发往往不是单独开发,而是与其他技术一起开发,或作为其附产品,因此未对其作单项投入;③ 技术最初的开发是为了本企业使用,开发费用已经被分摊到产品中。① 不过在实际的谈判中,"外商为说明他们向技术受让方索取的技术转让费用的合理性,往往强调其技术开发过程的艰巨性和投入资金的庞大。言外之意,他们的这些投入需要技术受让方予以补偿"②。因此,作为技术许可方,其估定的技术转让费的上限会包括部分开发费用。

(2) 转让成本(transfer costs),指技术转让过程中的成本。包括报价时的费用支出、交易过程中的考察与谈判费用,以及签订与履行技术交易合同所需要支出的费用。如报价资料准备费;派遣专家考察的车旅费、专家技术座谈费、谈判人员外出谈判差旅费、受让方来访技术考察的接待费;合同签订后提供给受让方的技术文件与资料编制与复印费(包括设计图纸、生产流程、技术规程、质量控制、试验方法、维修保养方法等);合同履行中的培训费(帮助受让方进行技术培训的费用)、专家技术服务费与指导费;其他转让方机动费用等。如果受让方提出特殊要求,要求转让方的技术适用于受让方现有的技术设备,则转让方还要专门对现有的技术进行设计与改进,以及进行实验研究,这也需要付出一定的成本,被记入转让成本中。

(3) 机会成本(opportunity costs),指转让方因技术转让失去了在合同许可地域的市场销售利润。当转让方在合同许可地域的市场销售利润等于零时,技术转让的机会成本便等于零。机会成本会影响技术转让利润的大小。

(4) 边际收益(margin return),是对受让方所获收益的估算。技术转让使得受让方产

---

① 参见王玉清主编:《国际技术贸易》,中国人民大学出版社 2001 年版,第 309—310 页。
② 参见商务部科技司:《技术转让费的计价原则》,http://kjs.mofcom.gov.cn/aarticle/ztxx/dwmyxs/r/200208/20020800038576.html,2002-08-27。

品质量提高、成本下降,销售总量增加,进而利润增加。由此,转让方要求分享额外利润。根据国际贸易组织和一些专家的统计分析,技术转让方能从额外利润中分得的部分大约为全部额外利润的10%—30%,这个百分比数额折合成以净销售额为计算基础时大约为0.5%—10%左右。①

(5) 其他因素。比如技术生命周期、竞争性因素、国际惯例等。

① 技术生命周期(technique lifing cycle)。处于不同生命周期的技术有着不同的价格,当某项技术处于成熟、商业化时期,其价值必然要大于处于开发研制时期或进入衰退时期。

② 竞争性因素(competitive factor)。当技术转让方有多家时,相互竞争会使技术转让费下跌;反之,当技术处于垄断状态,而受让方又非常迫切需要该技术时,技术转让费就会被抬高。

③ 国际惯例(international practice)。根据上述成本和因素估算出来的技术转让费,有时可能与国际上行业内的估价有差距,因此还应参考国际市场上行业内技术转让价格估算的通行做法进行调整。

根据上述因素计算出来的费用是技术转让费的上限。技术转让费下限的确定比较复杂,因为可能存在下面几种不同的情况:

(1) 技术的开发是在自身产品生产中实现,其研制、开发技术的费用已在生产费用中预提或在其产品销售时分摊和回收。在这种情况下,不存在开发成本回收问题,转让方要求的是获得额外的收益。

(2) 技术是专门要求开发的,除了利润外,技术转让方还关心是否能将发明创造活动和申请专利以及为转让的交易活动所支出的全部费用或部分费用收回。如果该技术的成本还未收回,则技术转让费中还包括开发成本的折旧部分。

(3) 转让方转移某项技术的目的是为了带动成套设备的出口,利润已经算入设备价款中,因此对技术转让的利润并不强调,要求的只是交易成本(包括培训、专家指导等费用支出)的补偿。

由此,技术转让费的下限有两个最基本的计算公式:

① 利润分成法(licensor's share on licensee's profit,简称LSLP)。其公式为:

$$技术转让费 = 转让成本(TC) + 新增利润(MR) \times 分成率(\%)$$

② 最低收费评估法(minimum charge estimate)。其公式为:

$$最低技术转让费 = 重置全价 \times 成新率 + 交易费$$

2. 技术受让方的估定

作为技术受让方,估定技术转让费的总原则是引进技术的成本不能超过自身开发的成本,否则还不如自己开发。具体来说,技术受让方估定技术转让价格要考虑以下几个因素:

(1) 自身开发拟引进技术成本。不仅要计算技术开发中所需要的有形成本,还要计算失败风险、开发时间等无形成本。

(2) 新增利润。技术引进的目的是为了提高产量,增加利润。技术受让方需要考虑引进的技术是否真正能够给自己带来更多的利润。受让方往往根据自己掌握的信息和对本产品市场前景的预测,计算出新增利润,作为技术引进价格的计算基础。

---

① 参见商务部科技司:《技术转让费的计价原则》,http://kjs.mofcom.gov.cn/aarticle/ztxx/dwmyxs/r/200208/20020800038576.html,2002-08-27。

（3）技术的法律状态和生命周期。了解技术是已经获得专利,还是正在申请专利;该技术是成熟的技术,还是处于衰退期。因为不同法律状态的技术或处于不同生命周期的技术,转让价格大不相同。

（4）可供选择的转让方的多少。如果存在多个转让方的话,技术受让方可以利用转让方之间的竞争,选择条件较优惠的转让方;反之,就有可能面对技术转让方的垄断价格。

（5）间接成本。除了合同价格外,受让方还要考虑间接成本。比如,对技术的消化吸收能力,配套的设备改造成本,职工培训费用,以及社会效益等。

因此,受让方估定的技术转让费（即技术引进费）的上限为:开发成本、预期新增利润、竞争价这三者中最低值。其下限为:转让技术的直接费用,即转让方的转让成本。[①]

3. 技术转让费的实际估定

上述只是技术转让方与技术受让方各自估定的技术转让价格,该价格的最后确定还要经过双方的谈判。谈判中,技术转让方往往报出其估定的最高价,而技术受让方则报出其估定的最低价,两者之间相差很大。要使谈判继续进行,双方讨价还价的范围只能在转让方最高价之下和受让方最低价之上这个范围进行。

由于影响技术转让费大小的因素很多,因此在国际技术贸易实务中,实际上既不采用一般商品的定价方法,也不采用简单的计算方法,获得一个确切的数值。确定技术转让费的公认原则是,由技术转让方与受让方共同分享使用该项技术后所取得的新增利润。由于受让方在实施该项技术时承担着经营、市场以及其他各方面的风险,利润的分配比例上受让方拿取大部分。各自占有多大的比例,由双方协商确定。由于核算额外利润存在许多困难,因此在技术贸易中实际是以生产该产品的销售额作为计算技术转让费的基础,其计算公式如下:

$$F = P_n \times Q \times Y \times R$$

其中:

F:转让方技术转让的提成费。

P_n:产品的净销售价。它等于总销售价减去特定费用,如包装费、税费、保险费、运输费、实际允许的批发折扣和配套零部件等费用。

Q:受让方年生产产品的数量。

Y:提成的年限。一般为合同年限。

R:提成率。即转让方从净销售额中分得收益的百分比。

按照上述方法计算出的技术转让费是基本价格,反映到技术转让合同中的实际价格还要根据具体的合同条件进行调整。影响技术转让费的因素很多,除了上述所提及之外,还有其他一些因素,比如支付方式、转让地域、风险系数等。关于这些将在后面进一步考察。[②]

三、技术使用费的估定

1. 技术使用费的基本构成

中国《合同法》第 325 条规定:"技术合同价款、报酬或者使用费的支付方式由当事人约定,可以采取一次总算、一次总付或者一次总算、分期支付,也可以采取提成支付或者提成支

[①] 参见王玉清主编:《国际技术贸易》,中国人民大学出版社 2001 年版,第 309—317 页;《專利資產評估常用方法（一）》,http://ip.org.tw/PRO/etc/AA3.htm。

[②] 参见商务部科司:《技术转让费的计价原则》,http://kjs.mofcom.gov.cn/aarticle/ztxx/dwmyxs/r/200208/20020800038576.html,2002-08-27。

付附加预付入门费的方式。约定提成支付的,可以按照产品价格、实施专利和使用技术秘密后新增的产值、利润或者产品销售额的一定比例提成,也可以按照约定的其他方式计算。提成支付的比例可以采取固定比例、逐年递增比例或者逐年递减比例。约定提成支付的,当事人应当在合同中约定查阅有关会计账目的办法。"

据此条款,技术使用费的估算应该考虑以下几个基本因素:(1)开发成本;(2)新增产值;(3)新增利润;(4)其他因素,比如技术的先进性与适宜性、同行的竞争状况等。

技术使用费的估定,对于技术许可方与技术被许可方是不同的,价格的最后确定还要经过双方的讨价还价。下面分别考察技术许可方与被许可方各自对技术使用费的估定。

2. 技术许可方的估定

技术许可方是技术的开发者、拥有者,允许被许可方使用自己的技术,可能对其产品的销售产生一定的影响,因此估定的技术使用费首先需要考虑机会成本,在此基础上估算技术使用费。一般来说,许可方要考虑以下几个最基础的因素:

(1)机会成本,是技术许可方将技术使用权许可给技术被许可方,从而失去在被许可方国家或允许技术使用地域获得利润的损失。

(2)交易成本,指交易过程中的各种支出,包括对技术被许可方资信、技术等情况的调查与考察,对市场行情的调查,合同履行中资料与材料的提供,双方人员交往的接待费、车旅费与会务费,对被许可方人员的培训,专家的技术指导等支出。

(3)新增利润,许可他人使用自己的技术的目的是为了获取利润,因此要估计技术被许可方使用新技术后可能会达到的产量与由此新增的利润,以确定自己提成的比例。

对于技术许可方而言,其估价的下限是:利润提成的总额最低不能小于或等于机会成本加上交易成本。

3. 技术被许可方的估定

不同的行业或企业,有着不同的利润率水平。因此,作为技术被许可方主要根据本行业、本部门的利润水平确定技术使用费。其估价的基本原则是:

(1)技术使用费的支出要小于自己开发的成本。

(2)技术的使用必须给企业带来利润,这个利润是指扣除了技术许可方提成部分以及技术引进银行贷款利息后的剩余部分。

由此,技术被许可方估定的技术使用费的上限是:自己开发该技术的成本加上自己所获利润之和。

4. 技术使用费的确定与合同条款的影响

在实际的技术贸易中,技术使用费不是由哪一方说了算的,而是通过谈判来确定的。其谈判的范围在技术许可方的下限与被许可方的上限之间。

影响技术使用费的因素很多,除了上述提及的技术生命周期、竞争等因素外,合同条款内容的不同也对技术使用费产生影响。比如:

(1)许可的类别。技术使用权的许可分为独占许可与非独占许可,如果是独占许可,则技术许可方就不能将同样的技术许可给第三方。在这种情况下独占许可的技术使用费肯定要高于非独占许可的技术使用费。至于费用提高多少,依据许可方对其损失的估价而定。

(2)使用次数。有些合同规定的技术使用权许可是有次数的,在这种情况下,第二次许可的费用一般比第一次许可的费用要低,这是许可方给被许可方的优惠。而完全相同的第二次技术许可的情况很少有。这是由于技术总是在不断地改进着,新的技术代替了原有技术的结果。

（3）产品销售范围。有些技术使用许可合同对被许可方技术产品销售的地域加以限制。比如，仅限于某个地区销售，或只能在国内销售，或只能在国内某个区域销售。这些限制性条款是为了保护技术许可方的产品销售市场。如果被许可方要求减少限制，就意味着要求许可方让出销售市场。这样，为了弥补自己的损失，许可方就会提高技术使用费。因此，产品销售市场越大，技术使用费也就越高。

（4）许可地域。同一项技术许可给不同的国家或地域使用，其技术使用费有所差异。这是由于被许可方接受技术的能力不同，所需技术服务的数量不同，以及对许可技术保护承诺程度不同等所造成的。一般来说，技术相对发达的国家或地区比之技术相对落后的国家或地区，对许可技术的消化能力要强些，需要许可方提供的服务较少，知识产权保护的法律环境较好，从而技术许可方承担的风险较小，由此技术使用费要相对低些。反之，技术相对落后的国家和地区，技术风险较大，被许可方要求提供的技术服务数量较多，技术使用费也就较高。

（5）支付方式。技术交易中，许可方为了避免风险，往往希望采用一次总付的方式。而被许可方为了减轻资金不足的压力，以及降低技术使用风险，希望采用提成支付或总付分期付款的方式。采用一次总付方式，其技术使用费用往往要低于提成支付等其他方式。采用提成支付时，各个行业都有自己的拟定提成率的惯例。在某些以提成方式支付价款的合同中，出现每年最低提成费和产销量递增提成率递减条款，这是为保证许可方的收益，以及鼓励被许可方尽可能地增产，以扩大许可方收益而制订的。不管怎么说，支付方式都会影响到技术使用许可的实际价格。

（6）货币形式。交易中采用哪国货币由双方谈判中确定，一般来说，采用卖方国家的货币支付。有时应买方的要求也会采用买方国家的货币或第三国货币支付。当确定的货币是软通货时，或者由原来的硬通货变为软通货时，因为较长的合同期限，加上分期支付或提成支付的形式，会给当事方带来汇率、利息等风险。汇率、银行费用、利息差价等变化，会使被许可方多支付费用，或使许可方少获得收入，从而提高或降低实际技术使用费。

（7）索赔和罚款。为了保护双方的利益，在技术实施许可合同中都分别订有针对技术许可方或被许可方的保证要求。比如，要求许可方保证及时地、完整地、准确地提供技术资料；及时地派遣技术人员，并提供认真、负责的技术服务；按照合同的进度生产出合格产品并达到合同规定的各项经济技术指标的要求；及时提供生产所需的具有特殊要求的原料、材料和辅助材料的要求等。要求被许可方按照合同在允许的区域销售产品；不可进行第二次许可授权；必须按时支付使用费；严格遵守保密条款等。如果一方违背所作的保证，另一方有权对其进行经济制裁、罚款和索赔。索赔和罚款条款订得越严，各方承担的风险也就越大。而技术许可方为了避免风险往往会把引起索赔和罚款的费用作为风险费和不可预测费先行加入到转让费当中，从而提高技术使用费。[①]

从征收所得税的角度上，国家对技术使用费的计价曾有专门的规定。在《外商投资企业和外国企业所得税法实施细则》(1991)第59条、第46条、第47条中，规定提供专利权、专有技术所收取的使用费全额，包括与其有关的图纸资料费、技术服务费和人员培训费，以及其

---

① 参见商务部科技司：《技术转让费的计价原则》，http://kjs.mofcom.gov.cn/aarticle/ztxx/dwmyxs/r/200208/20020800038576.html，2002-08-27。

他有关费用。规定企业的专利权、专有技术、商标权、著作权、场地使用权等无形资产的计价,应当以原价为准;受让的无形资产,以按照合理的价格实际支付的金额为原价;无形资产的摊销,应当采用直线法计算;作为投资或者受让的无形资产,在协议、合同中规定使用年限的,可以按照该使用年限分期摊销;没有规定使用年限的,或者是自行开发的无形资产,摊销期限不得少于 10 年。2007 年 3 月和 12 月,《企业所得税法》《企业所得税法实施条例》先后发布,并于 2008 年 1 月 1 日起施行。

《企业所得税法》第 19 条、第 27 条规定,"特许权使用费所得,以收入全额为应纳税所得额。"不过,企业"符合条件的技术转让所得""可以免征、减征企业所得税"。第 30 条规定,企业"开发新技术、新产品、新工艺发生的研究开发费用"可以在计算应纳税所得额时加计扣除。《企业所得税法实施条例》第 20 条规定,"特许权使用费收入是指企业提供专利权、非专利技术、商标权、著作权以及其他特许权的使用费取得的收入。"该收入"按照合同约定的特许权使用人应付特许权使用费的日期确认收入的实现"。根据该条例第 66 条和第 67 条的规定,无形资产按照以下方法确定计税基础:第一,外购的,以购买价款和支付的相关税费以及直接归属于使该资产达到预定用途发生的其他支出为计税基础;第二,自行开发的,以开发过程中该资产符合资本化条件后至达到预定用途前发生的支出为计税基础;第三,通过捐赠、投资、非货币性资产交换、债务重组等方式取得的,以该资产的公允价值和支付的相关税费为计税基础。无形资产按照直接法计算的摊销费用,准予扣除,摊销年限不得低于 10 年。作为投资或者受让的无形资产,有关法律规定或者合同约定了使用年限的,可以按照规定或者约定的使用年限分期摊销。

显然,新法律不对技术使用费计价进行具体规定,而只对技术使用费收入的征税作出规定,让技术交易双方根据市场行情进行讨价还价,确定使用费价格,不仅体现出市场经济中政府职能的转变以及中国企业正在从单一的国外先进技术引进转向技术有进有出的局面,而且更体现出政府试图利用市场杠杆推动企业技术创新积极性的政策导向。

第二节 支付工具与支付方式

一、支付工具

所谓支付工具,是指资金转移的载体。选择方便、快捷、安全的支付工具是加快资金周转、提高资金使用效率的保障。在国际技术贸易中,由于资金的转移是跨国性的,因此资金的安全转移尤为强调。在国际技术贸易中,支付工具主要采用货币和票据,而票据中主要采用汇票的形式。

1. 货币

在国际技术贸易中,货币分为两种,即债务货币与支付货币。

(1) 债务货币,是指在计算技术贸易价款时作为计算价格尺度的货币。比如,"专利转让费为 100 万美元",这里以美元作为受让方支付价款的计价货币,至于最后受让方是否支付的是美元,要根据合同中的具体规定而定。如果实际支付使用的是人民币,则需要根据美元与人民币的汇率进行折合,在提成费支付的形式下,由于汇率的变动,实际支付的款项也会发生变动。

(2) 支付货币,是指实际支付使用的货币。支付货币可以与债务货币相同,也可以不同。一般情况下,从哪个国家引进技术,支付货币便是供方国家的货币。比如,从美国进口技术,支付的是美元;从德国进口技术,支付的是欧元;从英国进口技术,支付的是英镑。但也有例外,比如从日本进口技术,支付的是美元。除了供方要求外,也与受方国的外汇储备有着一定的关系。当一国外汇储备中主要币种为美元时,技术引进中的支付货币往往选择美元。①

2. 票据

票据是指出票人约定自己或委托付款人在见票时或指定的日期向收款人或持票人无条件支付一定金额并可流通转让的有价证券。票据包括汇票、本票和支票。在国际技术转让交易中主要采用汇票这一支付工具。

(1) 汇票(bill of exchange/draft)

汇票是出票人签发、委托付款人在见票时或在指定日期无条件支付确定金额给收款人或持票人的票据。从不同的角度考察,汇票可以分为不同的种类:

① 按照出票人的不同,汇票可划分为银行汇票和商业汇票。前者由银行签发,后者由银行以外的企业、单位等签发。

银行汇票(banker's draft),是银行应汇款人的请求,在汇款人按规定履行手续并交足保证金后,签发给汇款人由其交付收款人的一种汇票。银行汇票的基本当事人只有两个,即出票银行和收款人,银行既是出票人,又是付款人。银行汇票是由企业单位或个人将款项交存银行,由银行签发给其持往异地办理转账结算或支取现金的票据。由于银行汇票具有票随人到、方便灵活、兑付性强的特点,因此深受交易者的欢迎。

商业汇票(commercial draft),是企业、单位等签发的,委托付款人在付款日期无条件支付确定金额给收款人或持票人的一种汇票。商业汇票一般有三个当事人,即出票人(drawer)、付款人(drawee)和收款人(payee)。按照承兑人的不同,商业汇票又可分为商业承兑汇票(trader's acceptance bill)和银行承兑汇票(banker's acceptance bill)。前者由银行承兑,后者由银行以外的企事业单位等承兑。商业汇票适用于企业单位先发货后付款或双方约定延期付款的商品交易。这种汇票经过购货单位或银行承诺付款,承兑人负有到期无条件支付票款的责任,对付款人具有较强的约束力。购销双方根据需要可以商定不超过6个月的付款期限。购货单位在资金暂时不足的情况下,可以凭承兑的汇票购买商品。销货单位急需资金时,可持承兑的汇票向银行申请贴现。销货单位也可以在汇票背面背书后转让给第三者,以支付货款。1995年开始,中国首先在煤炭、冶金、电力、化工、铁道等五个行业推广使用商业汇票,商业汇票的使用量逐年增长。现在流通中的商业汇票大多数是银行承兑汇票,商业承兑汇票使用较少。

② 按照付款时期划分,汇票可以分为即期汇票和远期汇票。

即期汇票(sight draft),又称见票即付(bills payable at sight),是在提示或见票时就可付款的汇票。

远期汇票(time bill/usance bill),是在一定期限或特定日期付款的汇票。付款时间有几种规定:如出票后定期付款(after date),即出票日后一定期间内付款;见票后定期付款(after sight),即见票后的一定期间内付款;定日付款(Fixed date),即出票时写明某日付款等,这种汇票必须提示承兑。

---

① 参见王玉清主编:《国际技术贸易》,中国人民大学出版社2001年版,第335页。

③ 按照受款人抬头划分，汇票可以分为限制性抬头、指示性抬头、来人抬头。

限制性抬头，是指汇票的抬头印有限制转让的字样。例如，"仅付甲公司"（Pay to A Co. only）或"付甲公司，不准流通"（Pay to A Co. not negotiable）。这种抬头的汇票不能流通转让，只限甲公司收取货款。

指示性抬头，是指汇票抬头印有"支付给指定人"（Pay to the order of）字样。这种抬头的汇票，甲公司可以收取票款，也可以通过背书转让给第三者。

来人抬头，或持票人抬头。例如，"付给来人"（Pay to bearer）或"付给持票人"（Pay to holder）。这种抬头的汇票，无须由持票人背书，仅凭交付汇票即可转让。

(2) 本票（promissory note）

本票是出票人签发的，承诺自己在见票时无条件支付确定的金额给收款人或者持票人的票据。本票的基本当事人有两个，即出票人和收款人。中国《票据法》（2004）第78条规定，本票自出票日起，付款期限最长不得超过两个月。

从不同的角度考察，本票可以划分为不同的类型。例如，从本票的签发看，可以分为商业本票和银行本票；根据记名与否，可分为记名式本票与不记名本票；根据支付期限，可以分为即期本票与远期本票。目前，中国流通并使用的本票只有银行本票一种。

银行本票是申请人将款项交存银行，由银行签发给其凭以办理同一票据交换区域内转账或支取现金的票据。银行本票都是即期的。在一些经济比较发达的城市和小商品市场比较发达的地区，银行本票使用的比较多。

(3) 支票（cheque）

支票是出票人签发的，委托办理支票存款业务的银行或者其他金融机构在见票时无条件支付确定的金额给收款人或者持票人的票据。支票的基本当事人有三个：出票人、付款人和收款人。与汇票、本票不同，支票的特性是：第一，支票付款人为办理支票存款业务的银行或者其他金融机构；第二，支票限于见票即付。

在中国，支票是最普遍使用的非现金支付工具，用于支取现金和转账。在同一城市范围内的商品交易、劳务供应、清偿债务等款项支付，均可以使用支票。在中国的各城市均建立了票据交换所，经济发达的城市建立起票据清分机处理系统。北京、天津、上海、南京、广州和深圳等地还打破行政区划，建立了区域性票据交换中心。

支票的种类很多，常见的有：

① 现金支票，是出票人签发的，委托其开户银行向收款人在见票时无条件支付确定金额的现金的票据。

② 转账支票，是出票人签发给收款人办理结算或者委托开户银行向收款人付款的票据。

③ 划线支票，是在票面上划有两条平行线的，只能通过银行收款而不能由持票人直接提取现款的支票。

④ 保付支票，是由付款银行加上"保付"字样并签字的支票。

⑤ 旅游支票，是由国际广泛认可的公司或组织发行的支票，其特点是见票即付，遗失补偿。旅游者购买并携带旅游支票旅游，比携带现金安全。因为一旦旅游支票丢失或被盗，可在全天任何时刻使用免费电话及时挂失，经旅游支票发行机构确认，即可得到补偿。世界各地的银行、大酒店、大商店、租车公司一般都接受旅游支票。比如，英国通济隆公司发行的著

名的通济隆万事达卡和国际支付 VISA 旅游支票等,可在世界各地使用。[①]

二、支付方式

国际技术贸易的支付方式主要有总付、提成费支付、入门费与提成费结合几种形式。

1. 总付

总付(lump-sum payment)是指技术受方根据技术贸易合同规定的支付条款,分一次或多次付清总价款的一种支付方式。总付分为一笔总付和分期支付两种形式。对于技术供方来说,当然是越早拿到合同款项越好,所以一般主张采用一笔总付的支付方式。对于技术受方而言,出于资金的压力和风险的规避,受方一般希望合同款项支付的时间越晚越好,若不得不总付的话,也是尽可能地争取分期支付的方式。

总付对技术供方的好处是:收入稳定;短期内能够拿到全部技术转让费,利用这笔收入可以进行有效的再投资;可以不承担受方在经营、生产、销售等方面的风险;不承担因汇率变化等带来的损失;无须大量查账和计算,财务简便。但弊端是:不能分享受方生产或销售量增加的额外利益;其收益中很大部分会作为企业的纯利润被政府征税。

总付对技术受方的好处是:较快地摆脱对技术供方的依赖;增加的利润独享,无须分给供方;避免因货币动荡带来的支付上的风险。不利之处是:受方在实际生产前还未取得任何技术引进效益的情况下,就需付出大笔资金,大笔资金的占用不利于资金周转;倘若该资金通过银行贷款,高利息使其承担较重的经济负担;所有经营、生产、销售等方面的风险全部由受方承担,若转让的技术不能达到预期的目标或产品的销售状况不好,供方不会积极地寻求措施协助受方解决这些问题。

由于总付的支付方式对受方不利,因此不少国家,特别是发展中国家(因为它们常常是技术引进者)通过法律对总付这种支付方式加以限制。例如,规定总付金额必须是由事先估计的销售额决定的,这就是把预计今后逐年的提成费换算为一笔固定的现值,在合同生效后的某个时间一次或某个时间段内由受方向供方分批进行支付;实行有条件地采用总付方式,比如延长支付年限,只有技术真正达到预期目标后才支付等;限定总付适用的范围,例如对技术交易额较小的可以采用总付方式,反之不可以;甚至拒绝采用总付方式等。

2. 提成费支付

提成费支付(royalty payment)是指技术供方根据技术受方利用技术生产后的实际效果(如产量或销售额或利润的增加),逐年向受方收取提成收入的一种支付方式。根据中国《合同法》(1999)第 325 条的规定,"约定提成支付的,可以按照产品价格、实施专利和使用技术秘密后新增的产值、利润或者产品销售额的一定比例提成,也可以按照约定的其他方式计算。提成支付的比例可以采取固定比例、逐年递增比例或者逐年递减比例。约定提成支付的,当事人应当在合同中约定查阅有关会计账目的办法"。

在提成费支付方式下,要确定供方的提成率。所谓提成率(royalty rate),是指供方在受方新增利润或产值或产品销售额中所占份额的百分比。一般按新增利润计算提成率,其基本公式为:

$$R = S \times [(P_1 - P_0)/P_1]$$

[①] 参见中国银行网站:http://www.pbc.gov.cn/zhifutixi/zhifugongju/piaoju.asp;http://www.jstvu.edu.cn/jiaoyan/stzy/doc/gjjs.doc。

其中：R＝提成率

S＝供方所占新增利润的份额

P_1＝新技术采用后单位产品的销售价

P_0＝新技术采用前单位产品的销售价

比如，双方经过谈判约定，规定供方在估计的新增利润中占 25% 的份额，单位产品售价为 100 美元，未利用技术前销售价为 85 美元。供方的提成率是：

$$R = S \times [(P_1 - P_0)/P_1]$$
$$= 25\% \times [(100 - 85)/100]$$
$$= 25\% \times 15\%$$
$$= 3.75\%$$

对技术受方而言，采用提成费支付的好处是根据实际生产的效益支付合同金额，经营、生产、销售等方面的风险，由双方共同承担。不利之处是增加的利润不能独享。

3. 入门费与提成费结合

入门费与提成费结合（initial payment and royalty），又称一笔总付和提成相结合，是指在合同生效时受方向供方先支付一笔费用，即入门费，其后逐年支付提成费。入门费，又称初付费，这是技术供方在进行技术贸易过程中与执行贸易合同时的实际花费。由于供方希望较早地拿到更多的收益，有时还把其他的费用，譬如，部分提成费也放在初付费当中要求受方支付，或要求受方在支付入门费时也要支付部分提成费。

目前，国际技术贸易的趋势是不要或少要初付费，因为初付费在合同金额中只占很小一部分，但中国的实际业务中入门费偏高，其主要原因是对技术资料选择不细，要求供方提供的资料种类、套数偏多，派遣的培训人员过多等。这些都使得初付费提高。

在技术转让合同中是采用一笔总付的方式支付，还是采用逐年提成的方式支付，或者入门费与提成费结合的方式支付，要看双方的意愿。因为各种支付方法对技术贸易的双方来说都各有利弊。一般情况是，技术供方倾向于一笔总付支付方式，而技术受方倾向于提成支付方式。[①]

第三节　技术贸易中的税费

一、国际上对技术交易费征税的通常做法

1. 国际税收协定的产生与发展

税收是一国财政的重要来源，在很长的历史时期里，征税属于本国的经济事务，开征的对象是本国国民或居民，税收关系没有跨越国界。然而，随着国际货物贸易、技术贸易、服务贸易的发展，尤其是跨国公司的出现，出现了跨国性的纳税人和跨国性的征税对象，国家之间的税收利益开始发生矛盾和冲突。比如，一国的厂商在另一国出售了产品，当地政府向他征收所得税，而本国政府也向他征收所得税，这样便出现了双重征税的现象。于是，协调国家之间的税收利益，对国家的征税权加以约束，成为各国政府需要解决的问题。

[①] 参见商务部科技司：《技术转让费的计价原则》，http://kjs.mofcom.gov.cn/aarticle/ztxx/dwmyxs/r/200208/20020800038576.html，2002-08-27；王玉清、赵承壁主编：《国际技术贸易》，对外经济贸易大学出版社 1996 年版，第 223—235 页。

事实上,早在19世纪中叶就出现了国家之间的双边税收协定。为了协调跨国纳税人征税事务方面的税收关系,1843年,比利时与法国签订了双边税收协定,就纳税和互通信息达成协议。这种通过双方协商划定征税范围与比率的做法为他国欢迎与效仿。两年后,比利时又与荷兰签订双边税收协定。1899年,奥匈帝国和普鲁士王国缔结了世界上第一个防止双重征税的协定,提出不动产所得、抵押贷款利息所得、常驻代表机构所得以及个人劳务所得,可以由收入的来源国征税,其他类型所得则由居住国征税。

为了进一步对国际双重征税问题进行研究,1921年,国际联盟根据1920年布鲁塞尔国际财政会议的要求,委托荷兰、意大利、美国、英国的税务专家着手研究国际双重征税问题。两年后专家们发表首次报告,提出依据个人能力开征一次所得税,国家之间按照经济利益的原则划分征税权的意见,并提出避免国际双重课税的四种方案:

(1) 居民所在国对其居民在外国缴纳的税收予以减除。
(2) 收入来源国免征非居民来源于境内收入的税收。
(3) 税收在居民所在国和收入来源国之间进行分配。
(4) 对某些专项收入可明确由居民所在国或由收入来源国独占征税权。

1922年,国际联盟还组织了一个由欧洲七国专家参加的专家委员会,对国际双重税收与国际偷漏税问题进行专门研究。该委员会于1925年向国际联盟的财政委员会提出一份报告,指出由于各国税收制度的差别很大,不能确定一个放之四海而皆准的消除国际双重税收的单一方法,而只能根据各国的实际情况,通过国与国之间的双边协定解决。

1928年,27个国家的税收专家在日内瓦举行会议,研究草拟了以消除国际双重课税和防止国际偷漏税为主要内容的国际税收协定草案,会议提出了"国际税收"这一概念。根据日内瓦会议专家们的建议,1929年,国际联盟任命了一个常设委员会,对国际税收问题作进一步研究。

1943年,国际联盟财政委员会在墨西哥举行区域会议,拉丁美洲国家、加拿大和美国的代表参加,通过了一个后被称为"墨西哥文本"的防止双重征税的双边协定书范本。该范本强调收入来源地国家拥有优先征税权。

1946年,国际联盟的财政委员会在伦敦召开第十次会议,重新起草了税收协定,强调居民所在国具有优先征税权。这个"伦敦文本"为后来出台并流行于世的经合组织协定范本定下了基调。

第二次世界大战以后,先是欧洲经济合作组织,后是经济合作与发展组织财政事务委员会,对国际税收协定范本进行修正。后者于1963年提出税收协定草稿,随后发表了《关于对所得和财产避免双重征税协定范本》。1977年又对该范本进行了修改。从1963年至1977年,经合组织成员国之间签订了179个全面性的税收双边协定。

与此同时,联合国也在积极制订联合国税收协定范本。20世纪60年代以来,随着大量的发展中国家加入联合国,发展中国家要求出台一部能够代表不同区域和不同税收制度的国际税收协定范本。8个发达国家、10个发展中国家代表组成的联合国税收专家小组,对国际税收协定进行研究。1979年制订出《关于发达国家与发展中国家间避免双重征税协定范本》,并获得通过。与经合组织范本中强调居住管辖权的原则不同,联合国范本强调收入来源管辖权原则。从其后实际运用的情况来看,发展中国家之间、发展中国家与发达国家之间签订的税收协定主要依照的是联合国税收协定范本。

除了上述所说的双边与多边税收协定外,还出现一些区域性的税收协定,比如《印第安集团内避免双重征税的协定》(1971)，北欧五国的《税务行政协助的协定》(1972)，原欧共体与非洲、加勒比地区和太平洋地区发展中国家签订的《洛美协定》(1975)等。

从定义上看，"国际税收协定"是指两个或两个以上主权国家，为了协调相互间处理跨国纳税人征税事务方面的税收关系，本着对等原则，经由政府的谈判后所签订的一种书面协议。具体来说，凡两个国家参加签订的协定，称为"双边国际税收协定"；凡由两个以上国家参加签订的协定，称为"多边国际税收协定"。凡协定内容适用于缔约国之间各种国际税收问题的，称为"一般国际税收协定"；凡协定内容仅仅适用于某项业务的特定税收问题的，称为"特定国际税收协定"。根据联合国统计，截止到80年代初期，各种国际税收协定多达1300多个。它们在协调国家之间、区域之间的税收开征上起到积极的作用。①

2. 国际税收协定的内容与适用范围

国际税收协定的内容主要有两个：一是协调国家之间的双重征税问题；二是避免国际偷税、逃税。在反避税方面，两个范本采取的措施主要有：

(1) 交换情报。缔约国定期交换有关跨国纳税人的收入和经济往来资料，帮助对方了解跨国纳税人在收入和经济往来方面的变化，以正确地核定应税所得。此外，当缔约国的一方提出需要调查核实的内容，另一方应积极地帮助核实。

(2) 转让定价。协定中确定各方都同意的转让定价方法，以避免纳税人以价格的方式转移利润、逃避纳税。

国际税收协定的适用范围，主要包括两个方面，一是协定适用于哪些纳税人（包括自然人和法人）；二是协定适用于哪些税种。

(1) 适用的纳税人。目前，绝大多数的国际税收协定以永久住所为原则，行使全面的税收管辖权，而不是以国籍为原则。一般，《避免双重征税协定》的第1条都明确规定："本协定适用于缔约国一方或者同时为双方居民的人"。所谓居民，是指在当地居住的法人与自然人。不过，在具体界定居民标准上，各个国家有所不同：

① 在法人即公司、企业为居民标准上。有的国家以法人即公司、企业的社会住所，即总机构或主要事务所等所在地为准；有的国家以其管理机构所在地为准；又有的国家以登记注册地为准。中国2008年施行的《企业所得税法》将中国境内企业和其他取得收入的组织统称为企业，均为企业所得税的纳税人。将企业分为居民企业和非居民企业，前者是指"依法在中国境内成立，或者依照外国（地区）法律成立但实际管理机构在中国境内的企业"；后者是指"依照外国（地区）法律成立且实际管理机构不在中国境内，但在中国境内设立机构、场所的，或者在中国境内设立机构、场所，但有来源于中国境内所得的企业"。该法规定无论是居民企业，还是非居民企业，凡在中国境内获得该法规定的各项收入（包括特许权使用费收入）的，均须缴纳企业所得税。②

② 在自然人即个人为居民标准上。有的国家以配偶或家庭所在地的"住所"来确定居民身份，因为住所具有永久性；有的国家则以短期停留而临时居住并达到一定期限的"居所"来确定居民身份。各国规定的居住期限不同，有规定应居住满1年的，有规定应居住满183天的，还有的结合有无长期居留意愿考虑确定的。中国2011年施行的《个人所得税法》规定，无论在中国境内是否有住所，只要在境内居住满一年的个人，从中国境内和境外取得所

---

① 参见 www.grasptax.com/taxbasic/06/05.asp，"税收基础知识_国际税收：国际税收协定"。
② 《企业所得税法》(2007)第1条、第2条、第3条和第6条。

得,就要缴纳个人所得税;此外,在中国境内无住所又不居住或无住所而在境内居住不满一年的个人,也要依照该法规定缴纳个人所得税。[①]

(2) 适用的税种。各国税法规定的税种有所不同,但所有税种按课税对象划分,一般可以分为两大类,即直接税与间接税。直接税是按收益额和财产额课征的税种,主要包括所得税、资产利得税、财产税。间接税则是按流转额课征的税种,主要包括预扣税、周转税、增值税、过境税、财富转让税、消费税等。

避免双重征税协定适用于哪些税种,需要由缔约国双方根据各自的税制情况加以商定。原则上是把那些基于同一征税客体,由于国家间税收管辖权重叠,而存在重复征税的税种列入协定的税种范围。一般将直接税(主要是各国都开征的所得税)纳入避免双重征税协定的适用税种协议中,而不把间接税列入其中,是因为以流转额或销售额为征税对象的销售税、周转税或营业税、增值税等,不论是起点征税或是终点征税以及多环节征税,其征税客体不是同一的,纳税人也并不一定是税收的真正负担者,无法确定和消除双重征税问题。在中国已签订的对外避免双重征税协定中,列入协定的适用税种主要是所得税。

从签订的避免双重征税协定看,一般遵循的原则是发生于缔约国一方而支付给缔约国另一方居民的特许权使用费,可以在该缔约国另一方征税。不过,这些特许权使用费也可以在其发生的缔约国按照该国法律规定征税。但是,如果收款人是该特许权使用费的受益人,则所征税款不应超过特许权使用费总额的10%。有的双边协定将使用或有权使用技术、管理监督、咨询服务等报酬都作为"技术费",单列一条,规定对这种所得按"调整数额",即技术费总额的70%征收所得税。[②]

3. 国际上对技术交易费征税的通常做法

技术贸易合同中规定的税费条款,是根据合同当事人国家的税收法律规定的,其税收为所得税,征收的对象是技术供方。大多数国家对技术转让或实施许可所得采取预提所得税(withholding tax)征收方式。比如在美国,这一预提比率为所得总额的30%。以预提所得税方式计征所得税,税率一般低于公司所得税率10%—20%。这种征税对所得来源国和纳税人居住国均行使。也就是一笔技术转让费或使用费由两个国家重复征税,即双重征税,加重了技术供方税收负担,减少了实际收入。为了弥补税收损失,技术供方可能会提高技术转让或实施许可的报价。这样,又会增加技术受方的开支。

为了解决这个问题,有关政府通过避免双重征税协定进行协调。协定内有关征税权的确定一般有三种类型:

(1) 居民所在国享有征税权。比如,比利时、瑞士、瑞典、丹麦、荷兰、卢森堡、德国等欧洲国家之间的双重征税协定规定,由技术供方国行使税收公民管辖权,受方国家原则上放弃行使权。

(2) 收入来源地国家拥有征税权。比如法国,为了鼓励企业对外投资或技术转让所得返回法国,规定由技术受方国享有征税权,供方国放弃征税权。

(3) 居民所在国与收入来源国均享有征税权。这是目前国际上普遍采用的一种方式,由供方与受方同时行使征税权,供方在应缴纳本国所得税中,适当地减去供方已在受方国缴

[①] 参见《个人所得税法》(2011)第1条,《个人所得税实施条例》(2011)第3条、第4条、第5条。
[②] 参见《国际税收的税种和各国税制的差别》,载中国财经报网站,http://www.cfen.cn/loginCt/pageprocess?pageurl=szgg/2004-03/17/content_20867.jsp;www.grasptax.com/taxbasic/06/05.asp,"税收基础知识_国际税收:国际税收协定";商务部科技司网站:http://kjs.mofcom.gov.cn/aarticle/ztxx/dwmyxs/r/200404/20040400206940.html。

纳的税款。这种做法称为税收抵免法。具体有如下几种做法:[①]

① 自然抵免。又称全额抵免。当供方国与受方国所得税率完全相同时,供方国允许跨国经营的居民在缴足了受方国所得税后,可以不必再向供方国缴纳所得税。

② 申请抵免。当供方国所得税率高于受方国所得税率时,供方可申请抵免已在受方国家缴纳的税款,而只向本国政府缴纳不足的部分。比如供方专利转让所得为100万美元,供方国所得税率为38%,受方国所得税为20%;供方在缴纳了受方国20万美元后,可以向本国政府申请抵免20万美元,其后只需向本国政府补交18万美元税款即可。其计算如下:

$$100 \times 38\% - 100 \times 20\%$$
$$= 100 \times (38\% - 20\%)$$
$$= 100 \times 18\%$$
$$= 18(万美元)$$

③ 最高限额抵免。当技术供方所得税率低于受方所得税率时,供方在按受方国税率缴纳了所得税后,可以通过最高限额抵免的申请,免缴按供方国所得税率计算的这部分税款。比如供方专利转让所得为100万美元,技术供方国所得税率为30%,受方国所得税率为40%,供方在缴纳给受方国40万美元后,向供方国政府申请最高限额抵免30万美元,而另外的10万美元则不能抵免。换言之,供方国承认受方国有优先行使地域管辖权,当受方国所得税率高于供方国所得税率时,不对跨国经营的本国居民重复征收所得税。

④ 费用扣除法。双方国家分享征税权,但与双重征税不同之处在于第二次征税的开征点降低了。技术受方国首先按照其所得税率扣除税款,其后供方国根据剩余收入征收所得税。比如,上述例子中,受方国按40%税率开征后,供方的收入剩下60万美元;其后供方国以剩余收入为开征点,30%的税率就是18万美元,这样缴纳税收后,供方实际收入42万美元。

$$100 - [(100 \times 40\%) + (100 - 100 \times 40\%) \times 30\%]$$
$$= 100 - (40 + 18)$$
$$= 100 - 58$$
$$= 42(万美元)$$

显然,比之双重征税,技术供方的所得增加了。因为双重征税,两国税率加起来将高达70%,供方只能获得30万美元:

$$100 - (100 \times 40\% + 100 \times 30\%)$$
$$= 100 - (40 + 30)$$
$$= 100 - 70$$
$$= 30(万美元)$$

二、中国对技术贸易所得税征收的规定与方法

1. 中国对外缔结的避免双重征税协定

中国同外国缔结专门的税收协定始于改革开放。1979年1月23日,中国与法国在巴黎签订了《关于互免航空运输企业税捐的协定》,标志着中国与外国单项税收协定缔结的开始。在这之前,中国只是通过税收换文或在经济协定中的税收条款,实行税收互免。

[①] 参见王玉清、赵承璧主编:《国际技术贸易》,对外经济贸易大学出版社1996年版,第249—251页。

为了适应对外开放,促进外资和技术的引进,以及加强国际经济合作,从1981年起,中国开始对外进行缔结综合税收协定的谈判工作。1983年9月6日,中国与日本签订了《关于对所得避免双重征税和防止偷漏税的协定》。其后,又与美国、法国、英国、比利时、德国、马来西亚等国签订了避免双重征税协定。截止到2015年5月,中国已先后与99个国家签署了避免双重征税协定。此外,中国内地也与中国香港和澳门地区签订了避免双重征税协定。

中国对外签订税收协定的基本原则是:既要有利于维护国家主权和经济利益,又要有利于吸收外资,引进技术,有利于本国企业走向世界。从已经签订的对外综合性双边税收协定看,坚持以下几项原则:

(1) 对等原则。协定中所有条款规定都体现了平等互利的对等原则,各条款对缔约双方具有同等的约束力。

(2) 所得来源国优先征税原则。由于中国对外交往主要处于资本和技术引进国地位,因此坚持和维护所得来源地优先课税权,以保障本国的税收权益。

(3) 国际税收惯例原则。在对外谈签税收协定中,参考国际通行范本,更多地吸取联合国税收协定范本中的规定,以兼顾缔约双方的税收利益。

(4) 税收抵免与饶让原则。协议中都明确规定中国居民(公司和个人)在缔约对方国家取得的所得,按协定规定在对方国家缴纳的所得税,应允许在对其征收的中国税收中抵免。但是,抵免额不应超过对该项所得按照中国税法和规章计算的中国税额。坚持对方国家给予的减免税优惠应视同已征税额给予抵免,以便使税收优惠切实有效。①

2. 中国对企业和个人特许权使用费征收所得税的规定与方法

改革开放初期,为了鼓励外商投资,中国曾先后颁布了有关外商投资企业和外国企业的所得税法和实施细则(1991)。随着中国市场经济的发展,以及国内法律与国际的接轨,中国制定了《企业所得税法》(2008年1月1日施行)和《企业所得税法实施条例》(2008年1月1日施行),废止了1991年国务院发布的《外商投资企业和外国企业所得税法实施细则》和1994年财政部发布的《企业所得税暂行条例实施细则》。2011年,中国又修正了《个人所得税法》和《个人所得税实施条例》,废止了1987年国务院发布的《关于对来华工作的外籍人员工资、薪金所得减征个人所得税的暂行规定》。

根据中国《企业所得税法》和《个人所得税法》以及两部法律相应的实施条例,中国境内企业(包括企业和其他取得收入的组织)和个人(无论是否有住所),只要从中国境内取得特许权使用费所得(不论支付地点是否在中国境内),均须缴纳所得税。所谓特许权使用费收入,是指企业提供专利权、非专利技术、商标权、著作权以及其他特许权的使用权取得的收入。

根据《企业所得税法实施条例》第7条的规定,特许权使用费所得,按照负担、支付所得的企业或者机构、场所所在地确定,或者按照负担、支付所得的个人的住所地确定。根据转让方的法律地位不同,中国特许权使用费纳税政策大体可分为下列几种情况:

(1) 转让方是非居民企业

根据《企业所得税法》第3条第3款的规定,非居民企业在中国境内未设立机构、场所

---

① 参见 www.grasptax.com/taxbasic/06/05.asp,"税收基础知识_国际税收:国际税收协定";商务部网站:http://www.mofcom.gov.cn。

的,或者虽设立机构、场所但取得的所得与其所设机构、场所没有实际联系的,应当就其来源于中国境内的所得缴纳企业所得税。根据第 4 条的规定,其适用税率为 20%(这一税率比之 25% 的企业所得税税率要低 5 个百分点)。该法第 27 条和《企业所得税法实施条例》第 91 条规定,该所得减按 10% 的税率征收企业所得税。该法第 103 条规定,对非居民企业应当缴纳的企业所得税实行源泉扣缴,并按《企业所得税法》第 19 条的规定计算应纳税所得额。这就是非居民取得本法第 3 条第 3 款规定的特许使用费所得,以收入全额为应纳税所得额。当然《企业所得税法实施条例》第 91 条也规定了例外:经国务院批准的所得可以免征企业所得税。

为了防止逃税现象的发生,《企业所得税法》第 37 条规定,对非居民企业取得本法第 3 条第 3 款规定的所得应缴纳的所得税,实行源泉扣缴,以支付人为扣缴义务人。这就是税款由扣缴义务人在每次支付或者到期应支付时,从支付或者到期应支付的款项中扣缴。

为了既鼓励先进技术的引进,又加强技术进口的管理,防止税收优惠政策的滥用,2005 年 3 月 15 日,中国国家税务总局、商务部发布《关于技术进口企业所得税减免审批程序的通知》,规定专有技术所取得的特许权使用费,且技术先进或者条件优惠的,需减免所得税的均应层报国家税务总局批准。对于技术进口合同中有下列情形之一的,均不视为税法规定的"条件优惠":

① 进口限制类技术的;
② 合同条款中存在严重限制性条款等违背中国《技术进出口管理条例》内容的;
③ 以提成费方式支付特许权使用费,提成率超过 5% 的。[①]

(2) 转让方是居民企业

根据《企业所得税法》第 3 条、第 4 条、第 27 条,以及《企业所得税法实施条例》第 90 条的规定,居民企业来源于中国境内、境外的特许权使用费收入均须缴纳企业所得税。企业所得税的税率为 25%。企业符合条件的技术转让所得,可以免征、减征企业所得税。具体而言,就是一个纳税年度内,居民企业技术转让所得不超过 500 万元的部分,免征企业所得税;超过 500 万元的部分,减半征收企业所得税。

法律对民族自治地方的企业给予税收优惠政策。根据《企业所得税法》第 29 条和《企业所得税法实施条例》第 94 条的规定,民族自治地方的自治机关对本民族自治地方的企业应缴纳的企业所得税中属于地方分享的部分,可以决定减征或者免征。自治州、自治县决定减征或者免征的,须报省、自治区、直辖市人民政府批准。但对民族自治地方内国家限制和禁止行业的企业,则不得减征或免征企业所得税。

(3) 转让方是企业(包括居民企业和非居民企业)

《企业所得税法》也对居民企业和非居民企业的特许权使用费收入或技术转让收入的税收有着一些共同的政策或规定。根据该法第 23 条、第 27 条、第 28 条、第 30 条的规定:

① 居民企业来源于中国境外的应税所得,以及非居民企业在中国境内设立机构、场所,取得发生在中国境外但与该机构、场所有实际联系的应税所得,已在境外缴纳所得税税额,可以从其当期应纳税额中抵免。抵免限额为该项所得依照法规计算的应纳税额,超过抵免限额的部分,可以在以后 5 个年度内,用每年度抵免限额抵免当年应抵税额后的余额进行抵补。根据《企业所得税法实施条例》第 78 条的规定,抵免限额应当分国(地区)不分项计算,

---

① 参见《国家税务总局、商务部关于技术进口企业所得税减免审批程序的通知》(2005)。

具体公式为：抵免限额＝中国境内、境外所得依照企业所得税法规定计算的应纳税总额×来源于某国（地区）的应纳税所得额÷中国境内、境外应纳税所得总额。

② 符合条件的技术转让所得，可以免征、减征企业所得税。

③ 国家需要重点扶持的高新技术企业，减按15％的税率征收企业所得税。所谓国家需要重点扶植的高新技术企业，根据《企业所得税法实施条例》第93条的规定，是指拥有核心自主知识产权，并同时符合下列条件的企业：产品（服务）属于《国家重点支持的高新技术领域》规定的范围；研究开发费用占销售收入的比例不低于规定比例；高新技术产品（服务）收入占企业总收入的比例不低于规定比例；科技人员占企业职工总数的比例不低于规定比例；高新技术企业认定管理办法规定的其他条件。《国家重点支持的高新技术领域》和高新技术企业认定管理办法由国务院科技、财政、税务主管部门商国务院有关部门制订，报国务院批准后公布施行。

④ 企业开发新技术、新产品、新工艺发生的研发费用，可以在计算应纳税所得额时加计扣除。当然，这条优惠政策是就企业应纳税总额而言的，不是就每笔技术转让费而言的。

在计算应纳税所得额时，无形资产受让、开发支出不得被扣除。所谓无形资产，是指企业为生产产品、提供劳务、出租或者经营管理而持有的、没有实物形态的非货币性长期资产，包括专利权、商标权、著作权、土地使用权、非专利技术、商誉等。根据《企业所得税实施条例》第66条的规定，无形资产按照以下方法确定计税基础：

① 外购的无形资产，以购买价款和支付的相关税费以及直接归属于使该资产达到预定用途发生的其他支出为计税基础；

② 自行开发的无形资产，以开发过程中该资产符合资本化条件后至达到预定用途前发生的支出为计税基础。

③ 通过捐赠、投资、非货币性资产交换、债务重组等方式取得的无形资产，以该资产的公允价值和支付的相关税费为计税基础。

该法第67条规定，无形资产按照直线法计算的摊销费用，准予扣除，摊销年限不得低于10年。作为投资或者受让的无形资产，有关法律规定或者合同约定了使用年限的，可以按照规定或者约定的使用年限分期摊销。外购商誉的支出，在企业整体转让或者清算时，准予扣除。

在应纳税所得额中，转让方能扣除的支出是技术转让交易过程中所付出的支出。根据《企业所得税法》第8条的规定，企业实际发生的与取得收入有关的、合理的支出，包括成本、费用、税金、损失和其他支出，准予在计算应纳税所得额时扣除。换言之，企业为进行技术转让交易所作的支出，如差旅费、通信费、材料印制费等，则可作为期间费用列入经营费用或管理费用在税前扣除。

对于共同开发、受让无形资产的纳税所得额的计算，该法第41条规定："应当按照独立交易原则进行分摊"。

（4）转让方是个人

当转让方是个人时，比如某人进行专利的转让，所获收入就要缴纳个人所得税。根据《个人所得税法》，在中国境内有住所或无住所而在境内居住满一年的个人，从中国境内和境外取得的所得，须缴纳个人所得税；在中国境内无住所又不居住或无住所而在境内居住不满一年的个人，从中国境内取得所得，须缴纳个人所得税。应纳个人所得税包括特许权使用费所得，其适用比例税率为20％。特许权使用费所得，每次收入不超过4000元的，减除费用

800元;4000元以上的,减除20%的费用,其余额为应纳税所得额。①

本章习题

一、名词解释
1. 技术价格　2. 沉入成本　3. 机会成本　4. 支付工具　5. 指示性抬头
6. 汇票　7. 总付　8. 国际税收协定　9. 自然抵免　10. 最高限额抵免

二、阐述题
1. 在技术转让的过程中,转让方与受让方是如何估定价格的?有哪些因素在起作用?最后价格又是如何确定的?
2. 中国《合同法》是如何确定技术使用费的?技术使用费的估算要考虑哪些因素?合同条款内容对技术使用费会产生什么影响?
3. 票据有哪些形式?企业常用票据有哪些?
4. 国际技术交易的支付方式有哪几种?分析各种类型的利弊。
5. 国际上对技术交易费征税通常有哪些做法?
6. 试述国际税收协定的内容与适用的范围。
7. 中国对非居民所得税征收方面有哪些优惠政策?实施优惠政策的意义何在?
8. 阐述中国在技术贸易所得税征收方面的规定与方法。

三、案例分析题

案例7　企业长亏不倒,反避税在行动

为了鼓励国外先进技术和境外资金的进入,中国对外资企业和外国企业实施的包括税收在内的各种优惠政策,至今已经三十多年。在国家和各地区招商引资下,一大批外资企业在境内应运而生。尤其是中国加入世界贸易组织以来,外资企业的建立,资金的流入呈迅猛增长势头。据统计,1995年中国实际利用外商直接投资金额375.21亿美元,2004年上升到606.3亿美元,2014年已经达到1195.61亿美元。中国成为全球最大的外国直接投资流入国之一。外资的进入对弥补国内资金的短缺,创造就业,促进地方经济的发展起到积极作用。外企也从中国经济的高速增长中得到利润,得到好处,生产规模不断扩大。

不过,令人费解的是,伴随着外企的不断涌入,数量众多的外企经营状况并不乐观。相关资料显示,截止到2004年5月份,中国批准的外商投资企业已经达到48万家,而根据2003年的年度所得税汇算清缴情况,外商投资企业的平均亏损面达到51%到55%。更让人费解的是,这些外企置多年亏损不顾,在亏损之后竟又接连追加投资。根据国税部门人员透露,中国境内40多万家外企有60%账面亏损,年亏损总额达到1200亿元。而事实上,它们中间不少企业是处于盈利状态的。外企名亏实盈的"迷局"背后究竟隐含着什么问题?一位不愿透露姓名的外企会计师对《中国经济周刊》直言不讳地说:那就是避税,"避税对外资企业来说,是再正常不过的事情了"。一位注册会计师告诉记者:外企避税的主要手段是利用关联交易,高进低出。这种手段占到避税金额的60%以上。另外,目前外商投资中国的资金中,60%以上是借贷资金,即便是一些实力雄厚的国际公司也向境内外的银行借大量的资金,利用税前列支利息,达到少交或免交企业所得税的目的。此外,在避税港注册也是一

---

① 《个人所得税法》(2011)第1条、第2条、第3条、第6条。

种办法。在国际避税地建立公司,然后通过避税地的公司与其他地方的公司进行商业、财务运作,把利润转移到避税地,靠避税地的免税收或低税收减少税负。例如,长三角地区,一些外资企业的投资方来自英属维尔京群岛等地方,而实际上,这些公司在岛上可能只有一间办公室。据国税部门人员透露,一些跨国公司利用非法手段,每年避税达300亿元以上。在被称为中国第一例中国境内企业兼融资的反避税案中,一家著名的跨国公司因避税补交税款就达8000多万元。有报道估计,截至2004年底,外资企业利用各种手法偷漏的税,至少达到1000亿元。

规避税收不仅使得国家税款流失,财政收入减少,而且也破坏了公平竞争的经济环境,削弱了遵法纳税企业的竞争力。为此,2005年4月12日国家税务总局下发了《国家税务总局关于加强企业所得税管理若干问题的意见》,要求各地税务部门对不同企业实行分类管理,其中新设立企业和"长亏不倒"的企业成为纳税评估和检查的重点。据业内人士透露,"长亏不倒"的企业多为外商投资企业,此次它们将成为检查的重点。这些"长亏不倒"外资企业的秘诀是什么?国家又应该如何从根本上扼制偷税漏税现象?5月,人民网和《中国经济周刊》联合主办"中国经济论坛",特邀请了经济界专家学者、政府部门工作人员和企业界人士,就"反避税"问题与广大网友展开对话与讨论,其主题是:"反避税"能否击倒亏损"不倒翁"?这次讨论涉及以下几个问题:(1)中国的税法在哪些环节上出了问题?现行税制有什么漏洞?(2)在目前的税制框架下,外资企业惯用的避税、逃税手段和方式有哪些?(3)中国反避税与国际反避税之间存在哪些差距?(4)开展防范避税工作的重点应在哪些方面?

一、中国税制的漏洞与反避税面临的困难

无疑,中国税制存在一些漏洞,为外企避税提供了条件。首先,中国现行税法对外企优惠政策比较多,特别是生产性外商投资企业的"两免三减"优惠政策,非常容易被利用作为避税的途径。"两免三减"就是最初两年免征所得税,其后三年减半征收所得税。《外商投资企业和外国企业所得税法》(1991)第8条规定:除了属于石油、天然气、稀有金属、贵重金属等资源开采项目的所得税征收由国务院另行规定外,"对生产性外商投资企业,经营期在十年以上的,从开始获利的年度起,第一年和第二年免征企业所得税,第三年至第五年减半征收企业所得税"。该法第11条还规定:"外商投资企业和外国企业在中国境内设立的从事生产、经营的机构、场所发生年度亏损,可以用下一纳税年度的所得弥补;下一纳税年度的所得不足弥补的,可以逐年延续弥补,但最长不得超过五年。"由此,外商可以通过亏损推迟获利年度。

其次,利息支出可在税前扣除。《外商投资企业和外国企业所得税法实施细则》第21条规定:企业发生与生产、经营有关的合理的借款利息,只要提供借款付息的证明文件,经审核同意后,便可列支。第18条规定:"外商投资企业在中国境内投资于其他企业,从接受投资的企业取得的利润(股息),可以不计入本企业应纳税所得额"。第28条规定:"外国企业在中国境内设立的机构、场所取得发生在中国境外的与该机构、场所有实际联系的利润(股息)、利息、租金、特许权使用费和其他所得已在境外缴纳的所得税税款,除国家另有规定外,可以作为费用扣除。"这些条款都可能被利用作为避税的途径。通过贷款利率大大高于国际市场利率,利用国际避税港注册公司或关联企业,将利润转移。

中国反避税面临的问题不仅仅是现行法律需要完善,还在于:

(1)税收管理能力不强。表现为:地区间、部门间的不协调使得税源难以有效监控;税务人员业务素质参差不齐,不具有丰富的反避税经验和能力;缺乏对国际市场行情的了解,无法掌握国际市场价格资料,而在外商投资企业的避税方法中,最常见的是通过转让定价转移利润,不掌握国际市场上各种原料和产品的价格,难以对避税行为实行有效的防范。

(2) 对反避税工作认识不足。一些人员认为,中国对外开放的目的就是鼓励外商来华投资,如果采取严格的防范避税措施,会挫伤外商的投资积极性。一些地区为了吸引外资,争相为外商提供优惠的税收政策。这些都给反避税工作的开展带来困难。

二、外资企业惯用的避税、逃税手段和方式

在中国现行的税制下,外资企业常用的避税方法主要有以下两种:

(1) 转让定价。转让定价是现代企业特别是跨国公司进行国际避税借用的重要工具。其做法是通过从高税国向低税国或避税地以较低的内部转让定价销售商品和分配费用,或者从低税国或避税地向高税国以较高的内部转让定价销售商品和分配费用,使国际关联企业的整体税收负担减轻。"利往低处流""费往高处走"是转让定价的一般规律。企业将利润转移到税负低的国家或地区,很容易形成账面上的亏损,增加负债。外资企业利用转让定价方式实施避税主要采用五种形式:

第一,进口设备款价大大高于国际市场价格。例如,某一外商与中方合资经营彩扩业务,外方按协议规定提供的设备本是从日本厂家购买的,但不提供日本厂家的发票,却由中国香港一家联行在原价基础上另加25%开出发票,作为该项进口设备的价格。由于抬高价格,使企业固定资产价值虚增,折旧多提,利润和税收减少,而外方投资者却用较少的投资取得较多的股息和红利,或将企业利润从中国向其关联企业所在国转移。

第二,进口材料作价高于国际市场价格。出口产品外销定价低于国际市场价格,即所谓"高进低出"的避税方式。通过这种方式,将企业的利润两头向境外转移。

第三,贷款利率大大高于国际市场利率。由于税法规定,利息支出可在税前扣除,由此实现少交税款的目的。

第四,专有技术等无形资产作价高于国际市场价格,或隐藏在设备价款中。卖方利用买方人员不了解设备和技术的真实价格,抬高设备价格和技术转让价格,将企业利润向境外转移。或在抬高设备价款的同时,把技术转让价款隐藏在设备价款中,以躲避特许权使用费收入应纳的预提税。

第五,劳务收费标准"高进低出"。关联企业之间相互提供服务或劳务,通常是境外公司收费高,境内公司收费低甚至不收费。有的还虚列境外公司费用。

(2) 利用避税地。运用避税港进行避税是跨国纳税人减轻税负增加收入的又一手段。即便是一些实力雄厚的大公司也向境内外的银行借大量的资金,利用国际避税港注册公司,通过避税地的公司与其他地方的公司进行商业、财务运作,把利润转移到避税地,靠避税地的免税收或低税收减少税负。

外资企业除了存在避税现象外,还存有逃税现象。常见的逃税方法有:隐瞒收入、虚报成本费用等。

三、中国反避税与国际间的差距

随着经济全球化的发展,国际避税活动在数量上有增无减,在手法上不断翻新。防范避税工作成为各国税务当局征收管理工作中的一项重要内容。许多国家纷纷采取对策,完善税制,加强税收征管,进行双边及多边反避税的国际合作,阻止跨国投资者的避税行为。主要措施有以下几种,在这方面,美国走在最前面:

(1) 反运用避税港避税。美国明确规定：凡是受控外国公司（包括在避税港设立的由本国居民直接或间接控制的外国公司）的利润，不论是否以股息分配形式汇回母公司，都应计入美国母公司的应纳税所得征税。

(2) 反转让定价。美国总结出三类调整转让定价的方法：第一，比较价格法。即审查具体交易项目价格，将不合理价格调整到合理的市场正常价格，从而调整应税所得。第二，比较利润法。即比较利润，推断转让价格是否合理，把不正常的应税所得调整到正常的应税所得上。第三，预约定价制法。即要求纳税人事先将其和境外关联企业之间的内部交易与财务往来所涉及的转让定价方法向税务机关申报，经税务机关审定认可后，作为计征所得税的会计依据，免除事后对内部定价调整制度。

(3) 反滥用税收协定。具体采取下列措施：第一，在国内立法中制定目的在于反滥用税收协定的特殊条款。第二，在税收协定中列入反滥用协定的特殊条款。美国在对外缔结的50多个税收协定中，约一半包含反滥用税收协定的条款。

(4) 实行资本弱化税制。所谓资本弱化，是指由跨国公司资助的公司在筹资时采用贷款而不是募股的方式，以此加大费用，减少应纳税所得。而资本弱化税制就是把企业从股东特别是国外股东处借入的资本金中超过权益资本一定限额的部分，从税收角度视同权益资本，并规定这部分资本的借款利息不得列入成本。

从中国目前的情况看，只对转让定价订有专项法规，针对避税港避税、滥用税收协定、资本弱化避税等方面的法律规范尚待建立和完善。中国的反避税工作，是随着改革开放度不断扩大、深入，经过反复论证、摸索、立法而逐步开展起来的。从1988年深圳试点到1991年立法全国施行，已有二十多年的时间。但是，由于中国这项工作起步较晚，与国际上存在一定的差距，反映在：对转让定价虽有立法，但不够具体，可操作性不强；对避税地的利用，在税务处理上还没有税收立法；对转让定价预审制度的实施局限性较大；税收征管手段和力量方面也存在差距，既懂税法又懂财会并会外语的复合型人才比较少等。

四、开展防范避税工作重点

为此，专家们建议开展防范避税工作的重点应该放在：

(1) 完善税法，统一税制。首先，税法体系需要完善，比如增值税体系的不完善，使得某些服务项目、经营项目，究竟应该交营业税还是增值税，弄不清楚，在具体的业务征管过程中出现问题。而两种不同的税收对于公司而言，纳税额是不一样的，这直接影响到公司的获利，使外商感到困惑。其次，统一税制。现行的涉外税法规定使外商投资企业享受着和内资企业不同的税收政策，这种税收设置为合法避税的行为提供了很大的空间。只有内外资企业所得税合并，才能够进一步完善税法和严格征管，在反避税方面从根本上打下一个非常好的基础，否则，两套税制随意性很大。

(2) 队伍建设。包括提高涉外征管队伍的业务水平和建立反避税专职人员。涉外征管人员不仅应具有一定的财务会计专业知识，还应懂得外语。然而，目前一些税务人员不懂外语，缺乏国际会计基本知识，看不懂跨国公司财务会计报表，这难以达到反避税的目的。此外，应从战略高度重视反避税工作，配备足够的反避税专职人员。

(3) 加强征管。国外对避税趋向越来越严。比如，美国、加拿大对避税都有罚款。中国针对内资企业采取如餐饮刮奖等活动避免偷漏税，对外资企业该如何开展反避税工作？如何从制度上限制避税，完善法律？在征管手段上，一要利用计算机信息控制手段；二要海关、外贸部门和税务机关联手行动，相互通告信息，因为这还涉及出口退税和骗税问题。

（4）完善转让定价税制。转让定价的动机可以分为税收动机和非税收动机。人们普遍认为，由于跨国公司转让定价可以随意地分配各国的税收利益，那么当事国就应理所当然地不问其出于何种动机，一律按独立企业成交的原则，确定企业的真实应税所得，以维护本国的正当税收权益。但是，有专家认为，由于世界性的税收秩序还没有真正建立起来，如果各国都采用这种做法，就会对跨国经营造成严重的伤害，并且也会对当事国的经济产生广泛影响；中国是发展中国家，目前又要大力发展社会主义市场经济，中国应该根据自己的国情，制定相应的策略，以避免转让定价给经济发展带来的不利影响。

（5）建立避税地税制。各国对运用避税港的税务处理，主要是进行反运用避税港立法，建立其"避税港税制"，其目的在于对付本国居民通过在避税港建立受控外国公司，拥有一定数量的股权来躲避本国税收的行为。它是通过将受控外国公司的所得按持股比例划归本国股东，按本国税率课税（一般可以扣除在国外所纳税款）来实现的。中国可以借鉴这一做法。

（6）加强税务信息网络建设，建立反避税信息资料库。通过电脑联网，实现税务部门、对外经贸部门、海关和驻外机构对国际市场和价格资料收集的信息共享，及时了解和掌握国际市场行情，增强中国的防范避税能力。此外，反避税管理要与纳税申报、审核评税、税务检查（审计）等日常征管工作密切结合，提高反避税工作的质量。要及时获取海关、银行、工商、外经贸、财政、统计、外管、行业主管局（行业协会）等部门发布的各类信息、动态，规范操作，不断完善反避税工作机制，包括提高避税嫌疑户选案质量，强化跟踪管理，及时研究避税与反避税领域出现的新问题，分析避税成因，发现法律法规漏洞，研究应对措施；在外资外企优惠政策和国民待遇中寻找新的平衡，细化纳税相关条款，加强企业和个人税收征收管理，使术语和概念更为国际化，从而使中国的税法进一步完善。

案例讨论：
1. 为什么一些外资企业置多年亏损不顾仍然不断追加投资？
2. 外企避税采用的主要手段是什么？
3. 如何有效地采取反避税防范措施？谈谈你的看法。

资料来源：
1. 王红茹：《现场报道：魔高一尺道高一丈"反避税"在行动》，载《中国经济周刊》2005年5月9日；《中国经济论坛：外企长亏不倒 反避税任重道远》，http://finance.people.com.cn/GB/1045/3382009.html，2005-05-12。
2. 《外商投资企业和外国企业所得税法》(1991)第8条、第11条。
3. 《外商投资企业和外国企业所得税法实施细则》(1991)第18条、第21条、第28条。

第四篇

政策与管理

第九章 技术进出口的管理

▶ **教学目的和要求**

• 通过对现行法律的学习,了解国家对技术进出口管理的原则及规定,包括国家在一般技术出口与鼓励技术出口方面的管理规定,禁止、限制进口和出口技术管理方面的规定;理解贸易政策在推进一国产业结构的调整、发展对外经济合作方面的意义。

• 通过对本章的学习,了解进出口管制技术的类别,掌握各类技术进出口程序,包括限制进出口技术的申请程序,知晓进出口经营者和管理人员的法律责任。

第一节 技术进出口管理的原则

一、技术进出口管理总原则

技术的进出口不仅关系到一国的经济建设与经济发展问题,而且还涉及一国的政治、外交关系以及国家安全等问题。因此,各国在技术的进出口方面实行着或多或少的管制政策,一些技术允许自由进口或自由出口,一些技术实行进口或出口许可证制度,一些技术则严格地禁止进口或出口。

中国的技术进出口管理实行有管理的自由进出口原则。根据《技术进出口管理条例》(2011)第4条、第5条规定,技术进出口应当符合国家的产业政策、科技政策和社会发展政策,有利于促进国家科技进步和对外经济技术合作的发展,有利于维护国家经济技术权益。国家准许技术的自由进出口,但是法律、行政法规另有规定的除外。

2004年7月1日实施的中国《对外贸易法》第16条规定,国家基于下列原因,可以限制或者禁止有关货物、技术的进口或者出口:

(1) 为维护国家安全、社会公共利益或者公共道德,需要限制或者禁止进口或出口的;

(2) 为保护人的健康或者安全,保护动物、植物的生命或者健康,保护环境,需要限制或禁止进口或者出口的;

(3) 为实施与黄金或者白银进出口有关的措施,需要限制或禁止进口或出口的;

(4) 国内供应短缺或者为有效保护可能用竭的自然资源,需要限制或禁止出口的;

(5) 输往国家或地区的市场容量有限,需要限制出口的;

(6) 出口经营秩序出现严重混乱,需要限制出口的;

(7) 为建立或者加快建立国内特定产业,需要限制进口的;

(8) 对任何形式的农业、牧业、渔业产品有必要限制进口的;

(9) 为保障国家国际金融地位和国际收支平衡,需要限制进口的;

(10) 依照法律、行政法规的规定,其他需要限制或禁止进口或出口的;

(11) 根据中国缔结或者参加的国际条约、协定的规定,其他需要限制或禁止进口或者出口的。

该法第17条规定:国家对与裂变、聚变物质或者衍生此类物质的物质有关的货物、技术进出口,以及与武器、弹药或者其他军用物资有关的进出口,可以采取任何必要的措施,维护国家安全。在战时或者为维护国际和平与安全,国家在货物、技术进出口方面可以采取任何必要的措施。

中国对自由进出口的技术,实行合同备案登记管理;对限制进口或者出口的技术,实行许可证管理。实行许可证管理的技术,须按照国务院规定经国务院对外贸易主管部门或者经其会同国务院其他有关部门许可,方可进口或者出口。[①]

二、技术进口管理的基本原则

无论是发达国家还是发展中国家,技术进口管理的基本原则是引进的技术应该符合本国产业结构的调整,经济增长与经济发展的需要,以及社会整体利益。具体而言,引进的技术应该是:

(1) 成熟的技术,并能用于开发和生产新产品;
(2) 能提高产品质量和性能,降低生产成本的;
(3) 能充分利用本国资源的;
(4) 能扩大产品出口,增加外汇收入的;
(5) 有利于环境保护、无污染的;
(6) 有利于安全生产的;
(7) 有利于改进经营管理的;
(8) 有助于提高本国科学技术水平的。

根据中国《技术进出口管理条例》(2011)第7条的规定,引进技术必须符合先进的、适用的原则,"国家鼓励先进、适用的技术进口"。根据这一原则,国家对技术进口项目实行技术引进合同审批和登记注册及分类管理。即将技术进口项目分为自由进口、禁止进口、限制进口三类,并制定不同的管理办法。

属于自由进口的技术,实行合同登记管理。进口申请方应当向国务院外经贸主管部门办理登记,并提交下列文件:技术进口合同登记申请书;技术进口合同副本;签约双方法律地位的证明文件。国务院外经贸主管部门应当自收到文件之日起3个工作日内,对技术进口合同进行登记,颁发技术进口合同登记证。申请人凭该登记证,办理外汇、银行、税务、海关等相关手续。经许可或者登记的技术进口合同终止的,应当及时向国务院外经贸主管部门备案。

属于禁止和限制进口的技术,国务院外经贸主管部门会同国务院有关部门,制定、调整并公布《中国禁止进口限制进口技术目录》。根据《禁止进口限制进口技术管理办法》(2009)的规定,凡列入《中国禁止进口限制进口技术目录》中禁止进口的技术,不得进口;凡列入该目录中限制进口的技术,应该按该管理办法履行进口许可手续。未经许可,不得进口。[②]

三、技术出口管理的基本原则

在技术出口管理的原则上,从发达国家来看,一般在政策上大都鼓励以技术许可带动技术设备的出口,产业化的高技术产品出口,技术出口与对外直接投资相结合的方式。从发展

---

① 参见《技术进出口管理条例》第4条、第5条;《对外贸易法》第16条、第17条、第19条。
② 参见《技术进出口管理条例》第7条、第17条至第20条;《禁止进口限制进口技术管理办法》第2条、第3条。

中国家来看,由于技术相对落后,国家主要鼓励技术引进;在技术出口方面较多地采用技术出口与工程承包、劳务出口相结合的综合技术出口方式。不过,随着经济的发展,一些国家的技术水平不断提高,政府在政策上开始鼓励产业化的技术产品出口。比如中国,《技术进出口管理条例》第30条规定,出口的技术应该是成熟的、符合产业化的原则,"国家鼓励成熟的产业化技术出口"。

此外,不少国家还规定,出口的技术应该是:

(1) 符合国家的外交原则、对外贸易政策和国家技术政策;

(2) 严格控制引进技术的再出口;

(3) 保护国家出口商品市场,对出口可能影响本国出口商品市场的技术进行严格审查。

中国对出口技术实行分类管理的原则,即将技术出口项目分为禁止出口、限制出口和自由出口三类,并制定不同的管理办法。《禁止出口限制出口技术管理办法》(2009)规定,列入《中国禁止出口限制出口技术目录》中的禁止出口技术,不得出口;列入目录中的限制出口技术实行许可证管理,需经有关部门进行保密审查和技术审查,履行出口许可申请手续。《技术进出口管理条例》规定,对未列入目录的属于自由出口的技术,实行合同登记管理。

出口核技术、核两用品相关技术、监控化学品生产技术、军事技术等出口管制技术,依据有关规定实行许可证管理制度。这里,"有关规定"包括《核出口管制条例》(2006)、《核两用品及相关技术出口管制条例》(2007)、《导弹及相关物项和技术出口管制条例》(2002)、《生物两用品及相关设备和技术出口管制条例》(2002年)、《监控化学品管理条例》(2011)、《易制毒化学品管理条例》(2005),以及《有关化学品及相关设备和技术出口管制办法》(2002)、《两用物项和技术进出口许可证管理办法》(2006)等行政法规。商务部、海关总署公告公布《两用物项和技术进出口许可证管理目录》,并根据情况进行调整,最新目录于2013年12月30日发布,2014年1月1日起正式实施。

根据有关行政法规,两用物项和技术出口时,出口经营者应当向海关出具两用物项和技术出口许可证,海关凭该证根据海关法有关规定,接受申报并办理验放手续。该证一式四联,第一联为办理海关手续联,第二联为海关留存核对联,第三联为银行办理结汇联,第四联为发证机构留存联。两用物项和技术出口许可证有效期一般不超过一年。[①]

第二节 进出口管制技术的管理

各国出于国家安全、经济利益、社会利益等因素的考虑,都建有进出口管制技术的审查与管理制度,对某些敏感技术、高新技术、贸易创汇技术、军事技术等进行安全的、技术的、贸易的审查。比如,2005年3月,美国IBM公司向中国联想集团出售个人电脑业务交易的并购案中,美国外国投资委员会对这笔交易进行了国家安全审查与技术审查,检查该项高新技术业务的转让是否会导致具有重要军事用途的技术的泄露,并危及美国的国家安全问题。

参照国际惯例,中国也建立起与国际接轨的进出口管制技术的审查与管理制度。

---

① 参见《技术进出口管理条例》第30条;《禁止出口限制出口技术管理办法》第2条、第3条、第8条、第9条;《两用物项和技术进出口许可证管理办法》第2条、第7条、第16条、第26条。

一、进口管制技术的类别

1. 禁止进口与限制进口的类别

中国的进口管制技术分为禁止进口技术与限制进口技术两类。根据2001年12月30日原外经贸部、原国家经贸委发布的第一批《中国禁止进口限制进口技术目录》,它们是:

(1) 对环境有着破坏作用的或对人类健康不利的技术,工艺技术落后的或被淘汰的技术,技术水平低于中国现有技术水平的,禁止进口。例如,钢铁冶金技术中的化铁炉炼钢工艺技术、热烧结矿工艺技术;有色金属冶金技术中的自焙槽电解铝生产工艺技术、离子型稀土矿酸浸冶炼工艺技术;化工技术中的干法造粒炭黑生产技术;石油炼制技术中的减粘技术;石油化工技术中的石化工业用水处理药剂磷系和有机膦系配方技术;消防技术中的火灾探测器手工插焊电子元器件生产工艺技术;电工技术中的镍镉电池生产技术;轻工技术中的火柴排梗、卸梗生产工艺技术;印刷技术中的铅排工艺技术;医药技术中的软木塞烫腊包装药品工艺技术;建筑材料生产技术中的平板玻璃平拉工艺技术等。

(2) 国内需要、但自由进口可能会影响到公共安全,或者只能用于小范围研究的技术,限制进口。如生物技术领域的转基因技术;化工技术中的无钙焙烧铬盐生产技术;石油炼制技术中的常减压成套工程技术;石油化工技术中的甲苯歧化工艺技术;生物化工中的发酵法生产长链二元酸工艺技术;造币技术中的印制人民币特有的防伪技术、工艺等。[①]

2007年发布的《中国禁止进口限制进口技术目录》中禁止进口技术达到39项,涉及林业;印刷业和记录媒介的复制;石油加工、炼焦及核燃料加工业;化学原料及化学制品制造业;医药制造业;非金属矿物制品业;黑色金属冶炼及压延加工业;有色金属冶炼及压延加工业;交通运输设备制造业;电气机械及器材制造业等11个行业。限制进口技术达87项,涉及农业;食品制造业;纺织业;石油加工、炼焦及核燃料加工业;化学原料及化学制品制造业;非金属矿物制造业;黑色金属冶炼及压延加工业;有色金属冶炼及压延加工业;通用设备制造业;专用设备制造业;交通运输设备制造业;电气机械及器材制造业;仪器仪表及文化、办公用机械制造业;电力、热力的生产和供应业;银行业;环境管理业等18个行业。

从2014年《两用物项和技术进出口许可证管理目录》看,两用物项和技术进口管制的项目达到116个,涉及化学和放射性同位素。(见表9-1)

表9-1 中国两用物项和技术进口许可证管理目录概况

监控商品领域	物项和技术数目	描述	例如			
			商品名称	描述	海关商品编号	单位
化学品	65	可作为化学武器的化学品	三氯化钾	可作为生产化学武器前体的化学品	2812104400	千克
易制毒化学品	43	可用于制造毒品	麻黄碱(麻黄素,盐酸麻黄碱)	可用于制造毒品	2939410010	千克
放射性同位素	8	具有放射性	天然铀及其化合物	具有放射性	2844100000	克/百万贝可
总计			116			

资料来源:根据《两用物项和技术进出口许可证管理目录》信息制表。

[①] 参见《中国禁止进口限制进口技术目录(第一批)》(2002)。

2. 目录中的技术编号

中国禁止进口、限制进口技术按技术领域分类,其技术编号为 7 位数字:年度编号(2 位数字)+技术领域号(2 位数字)+技术名称号(2 位数字)+控制等级代码号(1 位数字)。其中,控制等级代码号:禁止进口用"J"表示,限制进口用"X"表示。以 2007 年修订并发布的《中国禁止进口限制进口技术目录》为例,编号"052601J":"05"表示"2005 年",即该年被列入目录的;"26"表示"化工原料及化学制品制造业技术领域";"01"表示"农业生产技术";"J"表示"禁止进口技术"。同样,"051701X"则表示:纺织业技术领域的有梭织造技术被 2005 年列入限制进口技术之中。

实施技术进口管制的法律依据是《对外贸易法》《技术进出口管理条例》,以及《禁止进口限制进口技术管理办法》《中国禁止进口限制进口技术目录》《两用物项和技术进出口许可证管理办法》等行政法规。

二、出口管制技术的类别

1. 禁止出口与限制出口技术的类别

一般来说,技术的出口应当符合国家的产业政策、科技政策和社会发展政策,有利于促进国内的科技进步和对外经济技术合作的发展,有利于维护本国经济和技术权益。中国《技术进出口管理条例》鼓励成熟的产业化技术出口。属于出口管制的技术主要涉及以下三类:

(1)民用技术中不符合本国经济利益与对外承诺义务的技术,禁止其出口。根据国家 2001 年 12 月公布的《中国禁止出口限制出口技术目录》,在测绘、地质、医学、药品生产、中草药生产、农业、畜牧兽医、水产、工程材料制造、矿业工程、冶金工程、动力工程、电工、电子、制造、通信、自动化、计算机、民用爆炸物工业、轻工、食品加工、纺织、航空、航天等多个领域,都有一项或几项技术被明文规定禁止出口的。这类技术的情况分别是:

① 高新技术、处于世界领先地位的技术。比如,大地测量技术中的大地坐标的卫星定位技术,大地、卫星、重力、高程数据库及其开发应用,地球重力场模型等。这类技术的转让关系到国家安全、技术安全问题。

② 传统工艺技术、具有独创性的技术。比如,纺织天然纤维制品及其加工技术,支数为 30—80 的纯纺羊绒高支纱生产技术、芳纶的加工技术、独特传统处方的靛蓝染色工艺及设备、传统手工扎染工艺技术、真丝绸制品的蜡染工艺与专用设备、真丝绸防缩抗皱加工技术等。这类传统工艺技术的转让或许可将会影响中国的出口创汇。

③ 珍稀、濒危保护物种繁育技术。如中药材资源及生产技术,包括世界珍稀、濒危保护动植物中的中药资源及其繁育技术;《野生药材资源保护管理条例》中规定的属于 I 级保护级别的物种及其繁育技术;《中国珍稀、濒危保护植物名录》(1986)中收录的中国药材种质和基因资源及其繁育技术;《药典》中收录的大宗品种药材的植物种子(包括种子类生药)、种苗和动物种源及其繁育技术;濒危、珍稀药材代用品的配方和生产技术;菌类药材的菌种、菌株、纯化、培养、发酵和生产工艺,包括的菌种有:冬虫夏草、羊肚菌、牛舌菌、云芝、树舌、灵芝、紫芝、雷丸、猪苓、密环菌、松茸、短裙竹荪、长裙竹荪、黄裙竹荪、大马勃、黑柄炭角菌。这是根据国际上有关原产地产品保护、植物新品种保护方面的条例与原则规定的,也出于国家经济利益的考虑,禁止其出口。

④ 工艺技术落后、对生态环境有着破坏作用的技术。这是根据中国签署的国际公约或对外承诺的义务禁止出口的。比如,有色金属冶金技术中采用烧结锅和烧结盘炼铅工艺、自焙槽电解铝生产工艺、离子型稀土矿酸浸冶炼工艺、炉床面积1.5平方米以下密闭鼓风炉炼铜工艺、冶炼烟气制酸干法净化和热浓酸洗涤技术等。这些技术对环境污染严重,生产的产品质量低劣,国家明文禁止国内企业采用这类不能达到环保标准的落后工艺,也禁止这类技术出口破坏他国环境。又如,建筑材料生产技术中的平板玻璃平拉工艺,属于淘汰工艺,国家也禁止将这类落后的生产工艺输出到国外。①

(2) 属民用技术中国家根据本国利益需要控制出口的技术,实行限制出口。这类技术涉及的领域有:工程通用、测绘、地震监测、气象、地质、医学、药品生产、中药生产、医疗卫生器械生产、农业、林业、畜牧兽医、水产、计量、工程材料制造、矿业工程、石油天然气开发工程、冶金工程、机械工程、仪器仪表、动力工程、电工、电力工程、电子、通信、自动化、计算机、化学及石油化学工程、民用爆炸物工业、轻工、食品加工、纺织、建筑工程、建筑材料生产、海洋工程、铁路运输、道路工程、水路运输、船舶工程、航空、航天、环境保护、社会公共安全、文物保护等。这类技术分为两种:

① 创新技术,具有国际领先地位。比如,化工生产中的无钙焙烧铬盐生产技术,工艺物料中不含有钙物质,可根本解决铬盐生产的环境污染问题。又如,生物化工中的发酵法生产长链二元酸工艺技术,其技术水平处于国际领先地位。微生物发酵法生产长链二元酸具有化工合成法无可比拟的优势,是一种新兴的绿色化学产业,对于推动国家建设绿色化学大产业具有战略意义。该技术已经引起国际大公司极大的关注。

② 传统工艺技术。比如,文物保护及修复技术中的古代饱水漆木器脱水定型技术的催化剂应用及配方、古代字画揭裱技术;文物复制技术中的古代丝织品复制技术、古代字画照相复制技术的乳剂配方工艺、古铜镜表百处理工艺等;古建筑保护和修复技术中的油漆彩画绘制材料及工艺、金砖制作工艺、琉璃构件制作工艺、鎏金技术等;古迹保护和修复技术中的古遗址(风化石刻、生土建筑)加固技术、MSG(有机高分子材料)的配方及其工艺、PS(无机高分子材料)的配方及其工艺等。

对上述工艺技术的出口,出于国家产业政策、贸易政策、经济利益的考虑,实行出口限制政策。

(3) 属于军用或军民两用的敏感物项与技术,根据中国对外承诺的义务、国家安全的需要以及社会公共利益考虑,实行限制出口;但若发现接受方用于发展大规模杀伤性武器及其运载系统目的,对其禁止出口。

从《中国禁止出口限制出口技术目录》(2008)看,列入出口管制的技术达150项,涵盖农、林、畜牧、渔业、纺织、化学原料及哈制品制造、医疗制造、有色金属、交通运输设备制造、仪器仪表制造、电信和信息传输服务等34个行业。其中,禁止出口技术33项,限制出口技术117项。②

2. 两用物项和技术出口管理

为了规范两用物项和技术出口的经营秩序,从20世纪90年代中期以来,中国逐步建立

---

① 参见《中国禁止出口限制出口技术目录》(2004)。
② 参见《修订后的〈中国禁止出口限制出口技术目录〉发布》,载中央政府门户网站:http://www.gov.cn/gzdt/2008-09/26/content_1106296.htm,2008-09-26。

起涵盖核、生物、化学、导弹等相关两用物项和技术及所有军品的完备出口管制法规体系。在核领域,中国政府颁布了《核出口管制条例》《核两用品及相关技术出口管制条例》;在生化领域,中国政府颁布了《生物两用品及相关设备和技术出口管制条例》《监控化学品管理条例》及其实施条例、《各类监控化学品名录》《有关化学品及相关设备和技术出口管制办法》;在导弹领域,中国政府颁布了《导弹及相关物项和技术出口管制条例》;在军品出口领域,中国政府颁布了《军品出口管理条例》。[①]

不过,最初是将"两用物项和技术"称为"敏感物项和技术"。2003年12月1日,商务部会同海关总署联合发布《敏感物项和技术出口许可证暂行管理办法》,19日又公布了《敏感物项和技术出口许可证管理目录》。该目录将上述所列的管制条例或办法、所附《出口管制清单》,以及为防扩散出口管制目的国家实施临时管制的物项和技术清单所列商品名称及描述,汇总在一起。这两个文件均在2004年1月1日生效和实行。

中国《敏感物项和技术出口许可证管理目录》将敏感物项和技术分为两类:第一类是能与海关商品编码相对照的敏感物项和技术,第二类是目前无准确海关商品编码的敏感物项和技术。出口经营者以任何贸易方式出口这两类货物时,均应按规定申请敏感物项和技术出口许可,领取敏感物项和技术出口许可证,并在向海关申报时主动出示,海关凭敏感物项和技术出口许可证接受申报并办理验放手续。出口经营者未能出具出口许可证或相关证明的,海关不予办理有关手续。

根据《敏感物项和技术出口许可证暂行管理办法》第6条规定,出口经营者在敏感物项和技术出口过程中,如发现拟出口的物项或技术有可能被接受方用于发展大规模杀伤性武器及其运载系统目的的,应及时向商务部报告,并积极配合采取措施中止合同的执行。公布的《敏感物项和技术出口许可证管理目录》中,敏感物项和技术主要涉及以下领域:

(1) 核技术。如核材料、核反应堆及为其专门设计的设备和部件、核反应堆用非核材料、辐照元件后处理厂以及为其专门设计或制造的设备、用于制造核反应堆燃料元件的工厂和为其专门设计或制造的设备、铀同位素分离厂以及为其专门设计或制造的(除分析仪器外的)设备等;核两用品及相关技术等。

(2) 生物技术。如生物两用品及相关设备和技术出口。如人及人兽共患病病原体:细菌、病毒、立克次体;植物病原体:细菌、病毒、真菌;动物病原体:细菌、病毒;毒素及其亚单位:肉毒毒素等;遗传物质和基因修饰生物体;生物双用途设备;相关技术。

(3) 化学技术。如有关化学品及相关设备和技术:氟化氢(无水氢氟酸)、氟化钠等化学品;有关化学品生产设备:储罐、容器或贮槽、多壁式管道、蒸馏塔或吸收塔、热交换器或冷凝器、反应罐、反应器、焚烧炉、充装设备;专用检测器和毒气监视系统;有关技术。

(4) 导弹技术。导弹及相关物项和技术,如完整的运载工具、动力系统、制导、材料、电子设备、控制系统、战斗部、地面设备、推进剂、软件、其他部件、组件、设计、试验、生产设施与设备、相关技术等。

(5) 上述技术领域的相关材料、设备、部件、零件、软件等军品。

2005年12月31日,商务部和海关总署联合发布《两用物项和技术进出口许可证管理办法》,该办法2006年1月1日起施行,同日《敏感物项和技术出口许可证暂行管理办法》废

[①] 参见中华人民共和国国务院新闻办公室:《中国的军控、裁军与防扩散努力》,载《人民日报》(海外版)2005年9月2日。

止。相应地,商务部和海关总署也发布了《两用物项和技术进出口许可证管理目录》,并替代了《敏感物项和技术出口许可证管理目录》。管理办法和目录的发布,标志着"敏感物项"的术语被"两用物项"的术语所替代,由此法律用语得以规范。

从 2014 年《两用物项和技术进出口许可证管理目录》看,两用物项和技术出口项目达到 824 项,涉及核技术、生物品和技术、化学品及相关设备和技术、导弹及相关物项和技术出口以及计算机等。(见表 9-2)

表 9-2 中国两用物项和技术出口许可证管理目录汇总

监控商品和技术领域	描述	物项数目	例如		
			商品名称	海关商品编号	单位
核出口	核材料	4	天然铀及其化合物	2844100000	克/百万贝可
	核反应堆及为其专门设计的设备和部件	11	核反应堆	8401100000	千克
	核反应堆用非核材料	3	重水(氧化氘)	2845100000	克
	辐照元件后处理厂以及为其专门设计或制造的设备	6	辐照燃料元件切割机	8461500010 8456100010	台
	用于制造核反应堆燃料元件的工厂和为其专门设计或制造的设备	8	全自动芯块检查台	9022199010 9022299010	台
	铀同位素分离厂以及为其专门设计或制造的(除分析仪器外的)设备	7	气体离心机	8401200000	个/千克
核出口	与核技术相关设备和零部件出口:转动构件所用材料;静态部件;为气体离心浓缩工厂专门设计或制造的辅助系统、设备和部件;专门设计或制造用于:气体扩散浓缩的组件和部件、气体扩散浓缩的辅助系统和设备及部件、气体浓缩厂的系统和设备及部件、化学交换或离子交换浓缩工厂的系统和设备及部件、以激光为基础的浓缩工厂的系统和设备及部件、等离子体分离浓缩厂的系统和设备及部件;电磁浓缩厂的系统和设备及部件;生产或浓集重水、氘和氘化物的工厂和专门为其设计或制造的设备;用于燃料元件制造和铀同位素分离的铀和钚转换厂和专门为其设计或制造的设备	114	压缩机	8414809040	台
	合计	153			

(续表)

监控商品和技术领域	描述	物项数目	例如		
			商品名称	海关商品编号	单位
核两用品及相关技术出口	工业设备	41	抗辐射电视摄像机	8525801110	台
	材料	45	用钽制造或作衬里的坩埚	8103909010	千克
	铀同位素分离设备和部件	34	频率变换器	8504403010 8504409940	个
	重水生产厂的有关设备	7	氢-低温蒸馏塔	8419409010	台
	研制核爆炸装置所用的试验和测量设备	19	光电倍增管	8540890010	个
	核爆炸装置的部件	19	爆炸桥（EB）	3603000010	千克
	临时管制物项	9	磷酸三丁酯	2919900020	千克
	合计	**174**			
生物两用品及相关设备和技术出口	人及人兽共患病病原体	55	破伤风梭菌 （clostridium tetani）	3002903010	千克/株
	植物病原体	17	苛养木杆菌 （xylella fastidiosa）	3002903010	千克/株
	动物病原体	18	丝状支原体 （mycoplasma mycoides）	3002903010	千克/株
	毒素及其亚单位	19	肉毒毒素 （botulinum toxins）	3002909091	千克
生物两用品及相关设备和技术出口	遗传物质和基因修饰生物体	6	含有与《生物两用品及相关设备和技术管制清单》第一部分所列微生物的致病性相关的核酸序列的遗传物质	3002904010	千克
	生物双用途设备	27	微囊制备设备		台
	相关技术	2	用于开发、生产《生物两用品及相关设备和技术管制清单》第一部分清单所列生物两用品或生物双用途设备的技术		
	合计	**144**			
监控化学品	可作为化学武器的化学品	24	芥子气：二(2-氯乙基)硫醚	2930909014	千克
	可作为生产化学武器前体的化学品	14	频哪基醇；3,3-二甲基丁-2-醇	2905191000	千克
	可作为生产化学武器主要原料的化学品	27	氰化氢	2811191000	千克
	合计	**65**			

(续表)

监控商品和技术领域	描述	物项数目	例如		
			商品名称	海关商品编号	单位
有关化学品及相关设备和技术出口	化学品	10	氟化钠	2826192010	千克
	有关化学品生产设备	24	屏蔽泵	8413709930	台
	专用检测器和毒气监视系统	2	检测器	9027100010	台
	有关技术	1	技术*		
	合计	37			
导弹及相关物项和技术出口	完整的运载工具	5	弹道导弹	9306900010	千克
	动力系统	12	液体火箭发动机	8412800010	台
	制导	6	制导装置	8526919010	台
	材料	24	金属陶瓷制防热套及其部件	9306900010	千克
	电子设备	19	无源电子干扰设备		台
	控制系统	4	推力矢量控制系统		台
	战斗部	1	弹头保险、解保、引信和起爆装置		台
	地面设备	2	为第一项的运输、装卸、控制、待发射和发射而设计或改进的车辆	8705909930	辆
	推进剂	24	甲基肼	2928000020	千克
导弹及相关物项和技术出口	软件	9	飞行控制软件和测试软件		
	其他部件、组件	13	弹道导弹的各级	9306900010	千克
	设计、试验、生产设施与设备	54	陀螺调谐测试仪	9031809020	台
	相关技术	12	抗辐射加固的设计技术		
	合计	185			
易制毒化学品	可用于制造毒品	43	硫酸麻黄碱	2939410020	千克
	可用于制造毒品**	17	硫酸钡	2833270000	千克
	合计	60			
计算机	计算机	6	巨大中型自动数据处理设备	8471411000	台
	合计	6			
总计		824			

注释：*（1）技术转让是指在国家法律允许范围之内，直接涉及化学武器或国家实施出口管制的化学品或相关设备的"技术"转让，包括许可证；（2）技术转让的控制不适用于"公共领域内"或"基础科学研究"的信息；（3）生产设备出口一经批准，即可对同一最终用户出口最低限度的用于设备安装、操作、维护及修理的相关技术。

**该栏 17 种易制毒化学品仅在向缅甸、老挝、阿富汗等特定国家（地区）出口时需办理《两用物项和技术出口许可证》。

第三节　限制进出口技术的管理

一、限制进口技术的管理

1. 许可证申请程序

根据中国《禁止进口限制进口技术管理办法》，国家对限制进口的技术实行许可证管理，凡列入《中国禁止进口限制进口技术目录》中限制进口技术的，应履行进口许可手续。未经许可，不得进口。

各省、自治区、直辖市商务主管部门（简称"地方商务主管部门"）是限制进口技术的审查机关，负责本行政区域内限制进口技术的许可工作。中央管理企业，按属地原则到地方商务主管部门办理许可手续。程序如下：

（1）填写申请书。技术进口经营者填写《中国限制进口技术申请书》（简称《申请书》），报送地方商务主管部门。要求内容清晰，材料完备。凡申请材料不完备、内容不清楚或其他不符合规定的，一律退回本人修改或补充，申请人重新申请或补充最后材料之日为收到申请日。

（2）专家审查。地方商务主管部门收到《申请书》之日起30个工作日内，组织技术专家和贸易专家对申请进口的技术进行技术审查和贸易审查，并决定是否准予进口。

（3）颁发进口许可意向书。申请获得批准后，由地方商务主管部门颁发由商务部统一印刷和编号的《技术进口许可意向书》，意向书有效期为3年。

（4）签订合同。技术进口经营者取得《技术进口许可意向书》后，可对外签订技术进口合同。

（5）申请许可证。技术进口经营者签订技术进口合同后，应持《技术进口许可意向书》、合同副本及其附件、签约双方法律地位证明文件到地方商务主管部门申请技术进口许可证。

（6）审查合同。地方商务主管部门收到上述文件之日起10个工作日内，对技术进口合同的真实性进行审查，并决定是否准予许可。

（7）颁发许可证。技术进口经许可的，地方商务主管部门向进口经营者颁发由商务部统一印制和编号的《技术进口许可证》。限制进口技术的进口合同自该许可证颁发之日起生效。

（8）网站登记。进口经营者到地方商务主管部门领取技术进口许可证前，应登录商务部网站上的"技术进出口合同信息管理系统"，按程序录入合同内容。

（9）技术进口经营者凭《技术进口许可证》，办理外汇、银行、税务、海关等相关手续。

国防军工专有技术的进口不适用该办法，另有规定。

2. 贸易审查与技术审查

根据《禁止进口限制进口技术管理办法》，技术进口经营者申请进口许可证，需填写和提交《中国限制进口技术申请书》，地方商务主管部门组织技术和贸易专家对申请进口的技术进行贸易的和技术的审查。

贸易审查包括以下内容：

（1）是否符合中国的对外贸易政策，有利于对外经济技术合作的发展；

（2）是否符合中国对外承诺的义务。

(3) 是否对建立或加快建立国内特定产业造成不利影响。

技术审查包括以下内容：

(1) 是否危及国家安全或社会公共利益或者公共道德；

(2) 是否危害人的健康或安全和动物、植物的生命或健康；

(3) 是否破坏环境；

(4) 是否符合国家产业政策和经济社会发展战略，有利于促进中国技术进步和产业升级，有利于维护中国经济技术权益。[①]

二、限制出口技术的管理

1. 贸易审查与技术审查

根据《禁止出口限制出口技术管理办法》，国家对限制出口的技术实行许可证管理，凡列入《中国禁止出口限制出口技术目录》中限制出口技术及相关产品，应履行出口许可手续。未经许可，不得出口。

属于限制出口的技术及相关产品，技术出口经营者应该填写《中国限制出口技术出口申请书》(简称《申请书》)，报送地方商务主管部门审查。后者收到《申请书》之日起30个工作日内，会同地方科技行政主管部门分别对技术出口项目进行贸易审查和技术审查，并决定是否准予许可。具体说，地方商务主管部门应在收到申请书之日起5个工作日之内，将相关材料转地方科技行政主管部门；地方科技行政主管部门在收到《申请书》之日起15个工作日内，组织专家对申请出口的技术进行技术审查并将审查结果反馈地方商务主管部门，同时报科技部备案。换言之，从技术出口经营者提交《申请书》到地方商务主管部门作出是否准予许可，时间宽限为30个工作日。

限制出口技术的贸易审查内容包括：

(1) 是否符合中国对外贸易政策，并有利于促进外贸出口；

(2) 是否符合中国的产业出口政策，并有利于促进国民经济发展；

(3) 是否符合中国对外承诺的义务。

限制出口技术的技术审查内容包括：

(1) 是否危及国家安全；

(2) 是否符合中国科技发展政策，并有利于科技进步；

(3) 是否符合中国的产业技术政策，并能带动大型和成套设备、高新技术产品的生产和经济技术合作。

法规申请人提供的申请材料必须完备、清晰，对于不完备、申请内容不清晰或有其他不符合规定的情形，地方商务主管部门可要求申请人对申请材料进行修改或补充。

根据第5条的规定，属于国家秘密技术的限制出口技术，在履行许可手续前，应先按《国家秘密技术出口审查规定》办理保密审查手续，并持保密审查主管部门批准的《国家秘密技术出口保密审查批准书》按规定办理上述出口申请程序。

2. 出口申请批准后程序

技术出口经营者的出口申请一旦获得批准，直到出口，将通过以下程序：

(1) 领取《技术出口许可意向书》。地方商务主管部门向技术出口经营者颁发由商务部

---

① 参见《禁止进口限制进口技术管理办法》第3条至第14条、第17条、第20条。

统一印制和编号的《技术出口许可意向书》。《技术出口许可意向书》有效期为3年。

（2）办理有关业务。技术出口经营者在申请出口信贷、保险意向承诺时，必须出具该意向书，金融、保险机构凭该意向书办理有关业务。

（3）对外进行实质性谈判并签订合同。法规要求对没有取得《技术出口许可意向书》的限制出口技术项目，任何单位和个人都不得对外进行实质性谈判，不得作出有关技术出口的具有法律效力的承诺。技术出口经营者在《技术出口许可意向书》有效期内，未签定技术出口合同的，应按规定向地方商务主管部门重新提出出口申请。

（4）申请技术出口许可证。技术出口经营者签订技术出口合同后，持《技术出口许可意向书》、合同副本、技术资料出口清单（文件、资料、图纸、其他）、签约双方法律地位证明文件到地方商务主管部门申请技术出口许可证。

（5）接受合同审查。地方商务主管部门对技术出口合同的真实性进行审查，并自收到文件之日起15个工作日内，对技术出口作出是否许可的决定。

（6）领取《技术出口许可证》。地方商务主管部门一旦对技术出口合同作出许可决定后，对许可出口的技术颁发由商务部统一印制和编号的《技术出口许可证》。限制出口技术的技术合同自《技术出口许可证》颁发之日起生效。

（7）登录网站录入合同内容。技术出口经营者到地方商务主管部门领取《技术出口许可证》前，应登录商务部网站上的"技术进出口合同信息管理系统"，按程序录入合同内容。

（8）办理出口事宜。凡经批准允许出口的国家限制出口技术项目，技术出口经营者到海关办理技术出关事宜时，应主动出示《技术出口许可证》，海关验核后办理有关放行手续。[1]

第四节 自由进出口技术的管理

一、自由进出口技术的划定与管理

1. 自由进出口技术的划定

国际贸易的总趋势是走向自由化，但出于国家安全和经济利益的考虑，以及国际安全和环境保护的承诺，各国根据本国情况或多或少地对一些技术的进口或出口实行限制或禁止政策。除此外，对大多数的技术实行自由贸易政策。

在中国，除了法律、行政法规另有规定的外，其他技术均为自由进口或自由出口的技术。《技术进出口管理条例》第5条规定："国家准许技术的自由进出口；但是，法律、行政法规另有规定的除外。"国家既鼓励先进、适用的技术进口，也鼓励成熟的产业化技术出口，并以各种优惠政策加以促进。比如计算机软件的出口，国家在税收、外汇、通关等方面实行一定的优惠政策。本节的第二部分将对此作一介绍。

2. 自由进出口技术的管理规定

对于属于自由进出口的技术，国家实行合同登记管理。根据中国《技术进出口管理条例》，合同自依法成立时生效，不以登记为合同生效的条件。合同签订后，经营者应当向国务院外经贸主管部门办理登记手续，并提交下列文件：

---

[1] 参见《禁止出口限制出口技术管理办法》第2条至第16条、第18条。

(1) 技术进口或出口合同登记申请书;
(2) 技术进口或出口合同副本;
(3) 签约双方法律地位的证明文件。

国务院外经贸主管部门自收到这些文件之日起 3 个工作日内对技术进口或出口合同进行登记,颁发技术进口或出口合同登记证。申请人凭技术进口或出口合同登记证,办理外汇、银行、税务、海关等相关手续。

技术进口或出口合同经登记后,如果合同的主要内容发生变更,经营者需要重新办理登记手续;如果合同终止的话,应当及时向国务院外经贸主管部门备案。

设立外商投资企业,外方以技术作为投资的,该技术的进口,应当按照外商投资企业设立审批的程序进行审查或办理登记手续。[①]

二、计算机软件出口的管理

1. 软件出口概念

根据 2001 年 1 月 4 日原对外贸易经济合作部和信息产业部联合发布的《关于软件出口有关问题的通知》,软件出口是指依照《对外贸易法》从事对外贸易经营活动的法人和其他组织,采取通关或网上传输方式向境外出口软件产品及提供相关服务。它包括:

(1) 软件技术的转让或许可;

(2) 向用户提供的计算机软件、信息系统或设备中嵌入的软件或在提供计算机信息系统集成、应用服务等技术服务时提供的计算机软件;

(3) 信息数据有关的服务交易。包括:数据开发、储存和联网的时间序列、数据处理,制表及按时间(即小时)计算的数据处理服务、代人连续管理有关设备、硬件咨询、软件安装,按客户要求设计、开发和编制程序系统、维修计算机和边缘设备,以及其他软件加工服务;

(4) 随设备出口等其他形式的软件出口。

2. 软件出口鼓励政策

随着以信息技术为代表的高新技术发展突飞猛进,以信息产业发展水平为主要特征的综合国力竞争日趋激烈,信息技术和信息网络的结合与应用,孕育出大量的新兴产业,并为传统产业注入新的活力。在这一科技发展趋势下,一些人力资源和智力资源丰富的大国,如美国、印度,将软件产业的发展作为刺激经济或经济发展的增长点,出台积极的政策,推动信息产业的发展,取得显著成果。人口与智力资源丰富的中国也在抓住这一契机,提升国力。

2000 年 6 月 24 日,国务院发布 18 号文件《鼓励软件产业和集成电路产业发展的若干政策》(下面简称"[2000]18 号文件"),提出了鼓励软件产业和集成电路产业发展的政策目标:

(1) 通过政策引导,鼓励资金、人才等资源投向软件产业和集成电路产业,进一步促进中国信息产业快速发展,力争到 2010 年使中国软件产业研究开发和生产能力达到或接近国际先进水平。

(2) 鼓励国内企业充分利用国际、国内两种资源,努力开拓两个市场。经过 5 到 10 年的努力,国产软件产品能够满足国内市场大部分需求,并有大量出口;国产集成电路产品能够满足国内市场大部分需求,并有一定数量的出口,同时进一步缩小与发达国家在开发和生

---

① 参见《技术进出口管理条例》第 5 条、第 7 条、第 17 条至第 22 条、第 30 条、第 39 条至第 43 条。

产技术上的差距。

为了实现该目标,国家在投融资政策、税收政策、产业技术政策、出口政策、收入分配政策、人才吸引与培养政策、采购政策七个方面,对软件产业和集成电路产业进行政策倾斜。这些措施有力地推动了国家信息化建设。

根据《关于软件出口有关问题的通知》(2001)第一款和[2000]18号文件第14条与第15条规定,软件出口的鼓励政策体现在:

(1) 拥有自营出口权。凡注册资金在100万元(含100万元)人民币以上的软件企业,可享有软件自营出口权。

(2) 提供市场开拓资金。软件出口企业可向外经贸主管部门申请中小企业和国际市场开拓资金,以扩大软件出口和开拓国际市场。

(3) 提供认证费用资助。凡需通过GB/T19000—ISO9000系列质量保证体系认证和CMM(能力成熟度模型)认证的软件出口企业,可以向外经贸主管部门申请认证费用资助。

(4) 给予信贷支持。将软件出口纳入中国进出口银行业务范围,享受优惠利率的信贷支持;同时,国家出口信用保险机构提供出口信用保险。

(5) 办理出口退税。软件出口企业的软件产品出口后,凡出口退税率未达到征税率的,经国家税务总局核准,可按征税率办理退税。

(6) 实行外汇结算优惠。软件出口企业的经常项目外汇收入可凭有关单证直接到银行办理结汇和入账;中资软件自营出口的荣誉企业,可以开立外汇结算账户,限额为企业上年出口总额的15%;年进出口额1000万美元以上、资本金3000万元人民币以上的中资软件自营出口企业,可以保留一定限额的外汇收入。

(7) 允许境外设立分支机构。符合条件的软件自营出口企业可以向外经贸主管部门申请在境外设立分支机构。

(8) 提供海关便利服务。海关要为软件的生产开发业务提供便捷的服务。在国家扶持的软件园区内为承接国外客户软件设计与服务而建立研究开发中心时,对用于仿真用户环境的设备采取保税措施。

(9) 简化出入境审批手续。根据重点软件企业参与国际交往的实际需要,对企业高中级管理人员和高中级技术人员简化出入境审批手续,适当延长有效期。

10多年来,在国家一系列政策措施的扶持下,中国的软件产业和集成电路产业获得较快发展,产业规模迅速扩大,技术水平显著提升。不过与此同时,国外(包括西方发达国家和新兴经济体国家)信息产业也在迅速发展。与国际先进水平相比,中国软件产业和集成电路产业依然存在较大差距。比如,软件产业和集成电路产业发展基础相对薄弱,企业科技创新和自我发展能力不强,应用开发水平有待提高,产业链急待完善。

为了优化软件产业和集成电路产业发展环境,提高产业发展质量和水平,培育一批有实力和影响力的行业领先企业,2011年1月28日国务院发布4号文件《进一步鼓励软件产业和集成电路产业发展的若干政策》(下面简称"[2011]4号文件"),明确继续实施国务院发布的[2000]18号文件的政策,在出口政策上进而规定:

(1) 对软件企业与国外资信等级较高的企业签订的软件出口合同,政策性金融机构可按照独立审贷和风险可控的原则,在批准的业务范围内提供融资和保险支持。

(2) 支持企业"走出去"建立境外营销网络和研发中心,推动集成电路、软件和信息服务出口。大力发展国际服务外包业务。商务部要会同有关部门与重点国家和地区建立长效合作机制,采取综合措施为企业拓展新兴市场创造条件。

3. 进一步鼓励软件产业和集成产业发展的若干政策

[2011]4号文件提出了进一步鼓励软件产业和集成电路产业发展的若干政策,除了上述提及的进出口政策外,还包括财税、投融资、研究开发、人才、知识产权、市场等政策:

(1) 在财税政策上,继续实施软件增值税优惠政策;进一步落实和完善相关营业税优惠政策,包括免征营业税,简化相关程序;对符合条件的软件企业和集成电路企业所得税实行"两免三减半""五免五减半"等优惠政策。

(2) 在投融资政策上,支持重要的软件和集成电路项目建设,对符合条件的企业的技术进步和技术改造项目中央预算内投资给予适当支持;鼓励、支持企业加强产业资源整合;引导社会资本设立创业投资基金,支持中小软件企业和集成电路企业创业;支持和引导地方政府建立贷款风险补偿机制,健全知识产权质押登记制度,为中小企业提供各种形式的贷款担保服务;政策性金融机构在批准的业务范围内,对符合国家重大科技项目范围、条件的软件和集成电路项目给予重点支持;商业性金融机构改善金融服务,创新适合软件产业和集成电路发展的信贷品种,为符合条件的企业提供融资支持。

(3) 在研究开发政策上,充分利用多种资金渠道,加大对科技创新的支持力度。围绕培育战略性新兴产业的目标,重点支持基础软件、面向新一代信息网络的高端软件、工业软件、数字内容相关软件、高端芯片、集成电路装备和工艺技术、集成电路关键材料、关键应用系统的研发,以及重要技术标准的制定;在上述领域推动国家重点实验室、国家工程实验室、国家工程中心和企业技术中心建设,鼓励企业建立产学研用结合的产业技术创新战略联盟,促进产业链协同发展;鼓励软件企业大力开发软件测试和评价技术,完善相关标准。

(4) 在人才政策上,加快完善期权、技术入股、股权、分工权等多种形式的激励机制,充分发挥研发人员和管理人员的积极性和创造性。比如,重奖该领域突出贡献者;优先安排本人及其配偶、未成年子女在所在地落户;加强人才市场管理。高校加强软件工程和微电子专业建设,包括:调整课程设置、教学计划和教学方式;加强软件工程和微电子专业师资队伍、教学实验室和实习实训基地建设。此外,引进该领域海外高层次人才,制定落实人才引进和出国培训年度计划等。

(5) 在知识产权政策上,鼓励软件企业进行著作权登记。支持软件和集成电路企业依法到国外申请知识产权,对符合有关规定的,可申请财政资金支持。严格落实软件和集成电路知识产权保护制度,依法打击各类侵权行为。进一步推进软件正版化工作,探索建立长效机制。

(6) 在市场政策上,积极引导企业将信息技术研发应用业务外包给专业企业;鼓励大中型企业将其信息技术研发应用业务机构剥离,成立专业软件和信息服务企业,为全行业和全社会提供服务;进一步规范软件和集成电路市场秩序,加强反垄断工作,依法打击各种滥用知识产权排除、限制竞争以及滥用市场支配地位进行不正当竞争的行为,充分发挥行业协会的作用,创造良好的产业发展环境;完善网络环境下消费者隐私及企业秘密保护制度,促进软件和信息服务网络化发展。

凡在中国境内设立的符合条件的软件企业和集成电路企业,不分所有制性质,均可享受这些政策。该文件规定,[2000]18号文件"相关政策与本政策不一致的,以本政策为准"。

4. 软件出口的管理

根据《关于软件出口有关问题的通知》(2001),软件出口实行合同在线登记管理制度。

商务部会同信息产业部、国家外汇管理局、国家税务总局、国家统计局和中国进出口银行在中国电子商务中心的 MOFTEC 网站上设立专门的《软件出口合同在线登记管理中心》,对软件出口合同实现在线登记管理。

软件出口企业在对外签订软件出口合同后,需在"软件出口合同在线登记管理中心"上履行合同的登记手续,以便国家各管理部门对软件出口进行协调管理和落实国家有关软件出口政策。

值得注意的是,国家鼓励的软件出口中不包括禁止出口、限制出口的计算机技术和属于国家秘密技术范畴的计算机技术,对于这些软件的出口需要进行审查,实行许可证制。此外,软件园区内建立研究开发中心用于仿真用户环境的进口设备需办理海关手续。对于通过网络直接传输出口的软件的进出境管理,国家另行规定具体办法。软件出口被纳入国家有关统计。

根据该通知,软件出口的经营秩序由中国机电产品进出口商会和中国软件行业协会共同负责协调和维护。

需要强调的是,中国的软件出口鼓励政策是建立在出口企业自觉地遵守国家有关规定的基础上的。根据国家的规定,自觉遵守规则的软件出口企业,可享受国家促进软件产业发展的有关投融资、税收、产业政策、进出口等优惠政策。不遵守规则的企业,如虚报软件出口业务、不办理在线登记、有不良行为记录的或经软件协会年审不合格的软件出口企业,则不得享受有关优惠政策。对于那些触犯国家法规规定的出口企业,对外贸易主管部门还将追究其有关责任。[①]

第五节 经营者与管理者的法律责任

一、进出口技术经营者的法律责任

为了维护进出口贸易的正常秩序和公平原则,保护经营者的利益,各国的贸易法或进出口技术管理条例都对经营者和管理者的行为规定法律约束,对不自觉遵守规定者追究其相关责任。

中国《对外贸易法》(2004)第十章"法律责任"第 61 条第 2 款对进出口技术的违规者作了有关的行政与刑事处罚的规定,包括没收非法所得、罚款,构成犯罪的依法追究其刑事责任。《技术进出口管理条例》(2011)第 46 条至第 50 条,依据《对外贸易法》的规定,对不同情况的违规者作了以下不同的处罚:

(1) 进口或者出口属于禁止进出口技术的,或者未经许可擅自进口或出口属于限制进出口的技术的,依照《刑法》关于走私罪、非法经营罪、泄露国家秘密罪或者其他罪的规定,依法追究刑事责任;尚不够刑事处罚的,区别不同情况,依照海关法的有关规定处罚,或者由国务院外经贸主管部门给予警告,没收违法所得,处违法所得 1 倍以上 5 倍以下的罚款;并且国务院外经贸主管部门可以撤销其对外贸易经营许可。

(2) 擅自超出许可的范围进口或者出口属于限制进出口技术的,依照《刑法》关于非法经营罪或者其他罪的规定,依法追究刑事责任;尚不够刑事处罚的,区别不同情况,依照海关

---

① 参见外经贸部、信息产业部:《关于软件出口有关问题的通知》(2001);《鼓励软件产业和集成电路产业发展的若干政策》(2000);《进一步鼓励软件产业和集成电路产业发展若干政策的通知》(2011)。

法的有关规定处罚,或者由国务院外经贸主管部门给予警告,没收违法所得,处违法所得 1 倍以上 3 倍以下的罚款;并且国务院外经贸主管部门可以暂停直至撤销其对外贸易经营许可。

(3) 伪造、变造或买卖技术进出口许可证或者技术进出口合同登记证的,依照《刑法》关于非法经营罪或伪造、变造、买卖国家机关公文、证件、印章罪的规定,依法追究刑事责任;尚不够刑事处罚的,依照海关法的有关规定处罚;并且国务院外经贸主管部门可以撤销其对外贸易经营许可。

(4) 以欺骗或其他不正当手段获取技术进出口许可的,由国务院外经贸主管部门吊销其技术进出口许可证,暂停直至撤销其对外贸易经营许可。

(5) 以欺骗或其他不正当手段获取技术进出口合同登记的,由国务院外经贸主管部门吊销其技术进出口合同登记证,暂停直至撤销其对外贸易经营许可。

二、管理者的法律责任

技术进出口管理人员应该秉公执法,对于那些玩忽职守、徇私舞弊、滥用职权、利用职务便利索取他人财务、非法收受他人财物为他人牟取利益者,各国法律都是严惩不贷的。中国《对外贸易法》第 65 条规定,对于上述者"构成犯罪的,依法追究刑事责任;尚不构成犯罪的,依法给予行政处分"。《技术进出口管理条例》第 23 条、第 51 条、第 52 条作了如下规定:

(1) 国务院外经贸主管部门和有关部门及其工作人员在履行技术进口管理职责中,对所知悉的商业秘密负有保密义务。

(2) 技术进出口管理工作人员违反本条例的规定,泄露国家秘密或者所知悉的商业秘密的,依照《刑法》关于泄露国家秘密罪或者侵犯商业秘密罪的规定,追究刑事责任;尚不够刑事处罚的,依法给予行政处分。

(3) 技术进出口管理工作人员滥用职权、玩忽职守或者利用职务上的便利收受、索取他人财物的,依照《刑法》关于滥用职权罪、玩忽职守罪、受贿罪或者其他罪的规定,追究刑事责任;尚不够刑事处罚的,依法给予行政处分。

本章习题

一、名词解释
1. 两用物项和技术   2. 技术编号   3. 贸易审查   4. 技术审查
5. 软件出口

二、简述题
1. 国家对进出口技术实行什么样的管理制度?
2. 限制进口技术与限制出口技术需要进行审查,其法律依据是什么?审查的内容分别有哪些?
3. 基于哪些原因可以限制或者禁止有关货物、技术的出口?法律依据是什么?
4. 属于管制的进出口技术有哪几类?实行管制的法律依据是什么?
5. 从进口与出口两个方面阐述中国技术进出口管理的原则。
6.《技术进出口管理条例》中对经营人员与管理人员的要求有哪些?违反法规需承担什么样的处罚或法律责任?

第十章　技术进出口的海关管理

▶ **教学目的和要求**

• 通过本章学习,了解海关的基本职能与法律赋予的权力,尤其是海关在技术进出口方面的管理职能。

• 通过对国家法律的学习,了解知识产权海关保护的基本概念、内容与意义。

第一节　海关的基本职能与权力

一、海关的基本职能

1. 海关的基本职能

海关是设在关境上的国家行政管理机构,是执行国家有关进出口政策、法令、规章的重要工具,其任务是:

(1) 监督管理;

(2) 征收关税;

(3) 查禁走私;

(4) 临时保管通关货物;

(5) 统计进出口商品;

(6) 对不符合国家规定的货物不予放行、罚款、没收或销毁。

海关所管辖、执行海关法令规章和征收关税的区域称为关境。

2. 中国海关的职能

中国实行统一的对外贸易制度。国务院对外贸易主管部门(即商务部)依照《对外贸易法》主管全国对外贸易工作,国务院设立的海关总署统一管理全国海关。

根据《海关法》(2013),海关是国家的进出关境的监督管理机关,为了维护国家的主权和利益,促进对外经济贸易和科技文化交往,保障国家建设,海关依照《海关法》和其他有关法律、行政法规,监管进出口境的运输工具、货物、行李物品、邮递物品和其他物品,征收关税和其他税、费,查缉走私,并编制海关统计和办理其他海关业务。国家在对外开放的口岸和海关监管业务集中的地点设立海关,海关的隶属关系,不受行政区划的限制;各海关依法独立行使职权,并向海关总署负责。中国海关的职能主要有四个方面:

(1) 监督管理进出境的运输工具、货物、行李物品、邮递物品和其他物品。根据《海关法》,进出境运输工具、货物、物品,必须通过设立海关的地点进境或者出境,接受海关的监管与检查。特殊情况下需要经过未设立海关的地点临时进境或者出境的,必须经国务院或国务院授权的机关批准,并依照本法规定办理海关手续。

(2) 征收关税和其他税费。国家授权海关依法对进出口货物、进出境物品征收关税和其他税费。国家的关税政策通过海关的具体操作加以实施。

(3) 查缉走私。海关负责组织、协调、管理查缉走私工作。国家在海关总署设立专门侦查走私犯罪的公安机构,负责对其管辖的走私犯罪案件的侦查、拘留、执行逮捕、预审。该机构下设分支机构,办理其管辖的走私犯罪案件,依法向有管辖权的人民检察院移送起诉。地方各级公安机关配合海关侦查走私犯罪公安机构依法履行职责。

(4) 编制海关统计。海关按月、按年定期公布所编制的统计报表,为经济建设提供信息,为国家的经济规划和对外贸易政策的决策提供依据。

(5) 办理其他海关业务。如海关事务担保等业务。

二、海关的权力

根据《海关法》(2013)第2条至第4条、第6条的规定,海关行使的权力包括以下几个方面:

(1) 检查进出境运输工具,查验进出境货物、物品;对违反本法或者其他有关法律、行政法规的,可以扣留。

(2) 查阅进出境人员的证件;查问违反本法或者其他有关法律、行政法规的嫌疑人,调查其违法行为。

(3) 查阅、复制与进出境运输工具、货物、物品有关的合同、发票、账册、单据、记录、文件、业务函电、录音录像制品和其他资料;对其中与违反本法或者其他有关法律、行政法规的进出境运输工具、货物、物品有牵连的,可以扣留。

(4) 在海关监管区和海关附近沿海沿边规定地区,检查有走私嫌疑的运输工具和有藏匿走私货物、物品嫌疑的场所,检查走私嫌疑人的身体;对有走私嫌疑的运输工具、货物、物品和走私犯罪嫌疑人,经直属海关关长或者其授权的隶属海关关长批准,可以扣留;对走私犯罪嫌疑人,扣留时间不超过24小时,在特殊情况下可以延长至48小时。在海关监管区和海关附近沿海沿边规定地区以外,海关在调查走私案件时,对有走私嫌疑的运输工具和除公民住处以外的有藏匿走私货物、物品嫌疑的场所,经批准可以进行检查,有关当事人应当到场;当事人未到场的,在有见证人在场的情况下,可以进行检查;对其中有证据证明有走私嫌疑的运输工具、货物、物品,可以扣留。

(5) 在调查走私案件时,经批准可以查询案件涉嫌单位和涉嫌人员在金融机构、邮政企业的存款、汇款。

(6) 进出境运输工具或者个人违抗海关监管逃逸的,海关可以连续追至海关监管区和海关附近沿海沿边规定地区以外,将其带回处理。

(7) 海关为履行职责,可以配备武器。海关工作人员佩带和使用武器的规则,由海关总署会同国务院公安部门制定,报国务院批准。

(8) 法律、行政法规规定由海关行使的其他权力。

三、海关对违法者的处罚

1. 对走私行为的处罚

首先,什么样的行为构成走私行为?根据《海关法》第82条的规定,违反该法及有关法律、行政法规,逃避海关监管,偷逃应纳税款、逃避国家有关进出境的禁止性或者限制性管理,有下列情形之一的,构成走私行为:

(1) 运输、携带、邮寄国家禁止或者限制进出境货物、物品或者依法应当缴纳税款的货物、物品进出境的；

（2）未经海关许可并且未缴纳应纳税款、交验有关许可证件，擅自将保税货物、特定减免税货物以及其他海关监管货物、物品、进境的境外运输工具，在境内销售的；

（3）有逃避海关监管，构成走私的其他行为的。

此外，根据《海关法》第83条的规定，有下列行为之一的，也按走私行为论处：

（1）直接向走私人非法收购走私进口的货物、物品的；

（2）在内海、领海、界河、界湖，船舶及所载人员运输、收购、贩卖国家禁止或者限制进出境的货物、物品，或者运输、收购、贩卖依法应当缴纳税款的货物，没有合法证明的。

对走私行为和按走私行为论处者的处罚是：

（1）对尚不构成犯罪的，由海关没收走私货物、物品及违法所得，可并处罚款；专门或者多次用于掩护走私的货物、物品或走私的运输工具，予以没收；藏匿走私货物、物品的特制设备，责令拆毁或者没收。

（2）构成犯罪的，依法追究其刑事责任。

2. 对走私人通谋者的处罚

所谓"与走私人通谋"是指：

（1）为走私人伪造、变造、买卖海关单证；

（2）为走私人提供贷款、资金、账号、发票、证明、海关单证；

（3）为走私人提供运输、保管、邮寄或者其他方便。

对走私人通谋者的处罚是：构成犯罪的，依法追究刑事责任；尚不构成犯罪的，由海关没收违法所得，并处罚款。

3. 对违反海关规定的个人和企业的处罚

（1）个人携带、邮寄超过合理数量的自用物品进出境，未依法向海关申报的，责令补缴关税，可以处以罚款。

（2）违反法规有下列行为之一的，可以处以罚款，有违法所得的，没收其违法所得：

① 运输工具不经设立海关的地点进出境的；

② 不将进出境运输工具到达的时间、停留的地点或者更换的地点通知海关的；

③ 进出口货物、物品或者过境、转运、通运货物向海关申报不实的；

④ 不按照规定接受海关对进出境运输工具、货物、物品进行检查、查验的；

⑤ 进出境运输工具未经海关同意，擅自装卸进出境货物、物品或者上下进出境旅客的；

⑥ 在设立海关的地点停留的进出境运输工具未经海关同意，擅自驶离的；

⑦ 进出境运输工具从一个设立海关的地点驶往另一个设立海关的地点，尚未办结海关手续又未经海关批准，中途擅自改驶境外或者境内未设立海关的地点的；

⑧ 进出境运输工具，不符合海关监管要求或未向海关办理手续，擅自兼营或者改营境内运输的；

⑨ 由于不可抗力的原因，进出境船舶和航空器被迫在未设立海关的地点停泊、降落或者在境内抛掷、起卸货物、物品，无正当理由，不向附近海关报告的；

⑩ 未经海关许可，擅自将海关监管货物开拆、提取、交付、发运、调换、改装、抵押、质押、留置、转让、更换标记、移作他用或者进行其他处置的；

⑪ 擅自开启或者损毁海关封志的；

⑫ 经营海关监管货物的运输、储存、加工等业务,有关货物灭失或者有关记录不真实,不能提供正当理由的;

⑬ 有违反海关监管规定的其他行为的。

(3) 对于违反规定的企业或人,根据情节,海关对其处罚程度有所不同:

① 对海关准予从事有关业务的企业:责令其改正,可以给予警告,暂停其从事有关业务,直至撤销注册。

② 对未经海关注册登记从事报关从业的:予以取缔,没收违法所得,可以并处罚款。

③ 对非法代理他人报关或者超出其业务范围进行报关活动的报关企业或报关人员:责令改正,处以罚款;对报关企业情节严重的,撤销其报关注册登记。

④ 对向海关工作人员行贿的进出口货物收发货人、报关企业:撤销其报关注册登记,取消其报关从业资格,并处以罚款;构成犯罪的,依法追究刑事责任,并不得重新注册登记为报关企业。对向海关人员行贿的报关人员:处以罚款;构成犯罪的,依法追究刑事责任。

4. 对海关工作人员违纪的处分

根据国家的法律规定,海关履行职责,必须遵守法律,维护国家利益,依照法定职权和法定程序严格执法,接受监督。海关工作人员必须具有良好的政治、业务素质,在工作中秉公执法,廉洁自律,忠于职守,文明服务,不得有下列行为:

(1) 包庇、纵容走私或者与他人串通进行走私;

(2) 非法限制他人人身自由,非法检查他人身体、住所或者场所,非法检查、扣留进出境运输工具、货物、物品;

(3) 利用职权为自己或者他人谋取私利;

(4) 索取、收受贿赂;

(5) 泄露国家秘密、商业秘密和海关工作秘密;

(6) 滥用职权,故意刁难,拖延监管、查验;

(7) 购买、私分、占用没收的走私货物、物品;

(8) 参与或者变相参与营利性经营活动;

(9) 违反法定程序或者超越权限执行职务;

(10) 其他违法行为。

海关工作人员有上述行为之一的,依法给予行政处分;有违法所得的,依法没收违法所得;构成犯罪的,依法追究刑事责任。

海关建立了举报制度与回避制度,其目的就是为了更好地执行国家的法令法规,为维护国家的主权和利益,加强海关的监督管理,促进对外经济贸易和科技文化交往,保障社会主义现代化建设。[①]

四、技术进出口海关管理的适用法律条款

根据《技术进出口管理条例》,国家对技术进出口实行统一的管理制度。即商务部依照《对外贸易法》和该条例规定,负责全国的技术进出口管理工作;省、自治区、直辖市人民政府外经贸主管部门根据国务院外经贸主管部门的授权,负责本行政区域内的技术进出口管理

---

① 参见《海关法》(2013)第七章、第八章。

工作；国务院有关部门按照国务院的规定，履行技术进出口项目的有关管理职责。[①]

作为国务院有关部门的海关，履行技术进出口项目的有关管理职责主要包括：

（1）对有禁止性或限制性规定的进出境技术实施监管。《海关法》(2013)第40条规定："国家对进出境货物、物品有禁止性或者限制性规定的，海关依据法律、行政法规、国务院的规定或者国务院有关部门依据法律、行政法规的授权作出的规定实施监管。"《对外贸易法》第三章规定：实行配额、许可证管理的货物、技术，应当按照国务院规定经国务院对外贸易主管部门或经其会同国务院其他有关部门许可，海关才可放行。对于国家明文规定的禁止进口或出口的技术，海关则不予放行。

（2）对与进出境货物有关的知识产权实施保护。根据《海关法》第44条和第91条的规定，"海关依照法律、行政法规的规定，对与进出境货物有关的知识产权实施保护"。凡需要向海关申报知识产权状况的进出口货物的收发货人及其代理人，应当按照国家有关规定向海关如实申报有关知识产权状况，并提交合法使用有关知识产权的证明文件。对违反本法规定侵犯中国法律、行政法规保护的知识产权的货物的，由海关依法没收侵权货物，并处以罚款；构成犯罪的，依法追究其刑事责任。

（3）维护对外贸易秩序，对违规者实施处罚。海关依据国家制订的法律法规对技术进出口进行管理。《对外贸易法》第六章对外贸秩序作了专门的规定，要求外贸经营者遵守若干重要的行为准则，包括规定其不得伪造、变造进出口货物原产地标记，伪造、变造或买卖进出口货物原产地证书、进出口许可证、进出口配额证明或者其他进出口证明文件；骗取出口退税；走私；逃避法律、行政法规规定的认证、检验、检疫；违反法律、行政法规规定的其他行为。对于有破坏、扰乱外贸秩序行为的外贸经营者，将按该法第十章关于法律责任的有关规定，依法追究其法律责任。第十章第64条规定：当违规的外贸经营者被处罚禁止从事有关对外贸易经营活动时，在禁止期限内，海关对其进出口货物不予办理报关验放手续。[②]

此外，《海关法》中有关海关的职能、海关的权力、报关手续、举报制度、对与进出境货物有关的知识产权实施保护以及海关事务担保等条款，也适用于海关对技术进出口实施管理。

第二节　知识产权海关保护

一、基本概念与内容

1. 知识产权海关保护的概念

为了实施知识产权海关保护，促进对外经济贸易和科技文化交往，维护公共利益，海关依照国家有关法律规定，对与进出口货物有关并受中华人民共和国法律、行政法规保护的知识产权进行保护。

根据《知识产权海关保护条例》(2010)第2条的规定，所谓知识产权海关保护，"是指海关对与进出口货物有关并受中华人民共和国法律、行政法规保护的商标专用权、著作权和与著作权有关的权利、专利权（以下统称知识产权）实施保护"。

该法第3条规定："国家禁止侵犯知识产权的货物进出口。"国家授权海关依照有关法律和规定实施知识产权保护，行使法律赋予的权力，禁止侵犯知识产权的商品的进出入。

[①] 参见《技术进出口管理条例》第3条、第6条。
[②] 参见《海关法》第40条、第44条、第91条；《对外贸易法》第三章、第六章、第十章。

《海关法》第 44 条规定:"海关依照法律、行政法规的规定,对与进出境货物有关的知识产权实施保护。"①

2. 知识产权海关保护的内容

根据《知识产权海关保护条例》及相关实施办法,知识产权权利人请求海关实施知识产权保护的,应当向海关提出采取保护措施的申请。申请知识产权备案的应提交申请书,并提交有关证明文件。境内知识产权权利人可以直接或者委托境内代理人提出申请;境外知识产权权利人应当委托其在境内设立的办事机构或者委托境内代理人提出申请,在这种情况下,知识产权人应当出具规定格式的授权委托书。

知识产权权利人发现侵权嫌疑货物即将进出口的,可以向货物进出境地海关提出扣留侵权嫌疑货物的申请。请求海关扣留侵权嫌疑货物的,应当提交申请书及相关证明文件,并提供足以证明侵权事实明显存在的证据。

《知识产权海关保护条例》要求进口货物的收货人或者其代理人,出口货物的发货人或者其代理人按照国家规定,向海关如实申报与进出口货物有关的知识产权状况。②

二、知识产权海关备案程序

依照国家有关法律规定,知识产权权利人办理知识产权海关保护备案的程序包括申请、审查、发证、变更、续展几个部分。

1. 申请

根据《海关关于〈中华人民共和国知识产权海关保护条例〉的实施办法》(2009)(下面简称《实施办法》),知识产权权利人应当按照一项权利一份申请的原则向海关总署提交规定格式的备案申请书;申请国际注册商标备案的,应当就其申请的每一类商品单独提交一份申请书。申请书应该包括以下内容:

(1) 知识产权权利人的名称或者姓名、注册地或者国籍、通信地址、联系人姓名、电话和传真号码、电子邮箱地址等。

(2) 注册商标的名称、核定使用商品的类别和商品名称、商标图形、注册有效期、注册商标的转让、变更、续展情况等;作品的名称、创作完成的时间、作品的类别、作品图片、作品转让、变更情况等;专利权的名称、类型、申请日期、专利权转让、变更情况等。

(3) 被许可人的名称、许可使用商品、许可期限等。

(4) 知识产权权利人合法行使知识产权的货物的名称、产地、进出境地海关、进出口商、主要特征、价格等。

(5) 已知的侵犯知识产权货物的制造商、进出口商、进出境地海关、主要特征、价格等。

知识产权权利人提交备案申请书时,应当随附以下文件、证据:

(1) 证件等复印件。知识产权权利人个人身份证件的复印件、工商营业执照的复印件或者其他注册登记文件的复印件。

(2) 证明复印件。国务院工商行政管理部门商标局签发的《商标注册证》的复印件;或著作权登记部门签发的著作权自愿登记证明的复印件和经著作权登记部门认证的作品照

---

① 参见《知识产权海关保护条例》第 1 条、第 2 条、第 3 条;《海关法》第 44 条。
② 参见《知识产权海关保护条例》第 4 条、第 5 条、第 7 条、第 12 条、第 13 条;《海关关于〈中华人民共和国海关保护条例〉的实施办法》第 2 条。

片;或国务院专利行政部门签发的专利证书的复印件;申请实用新型专利或者外观设计专利备案的,还应提交国务院专利行政部门作出的专利权评价报告。商标注册变更、续展、转让或申请国际注册商标备案的,还应当提交国务院工商行政管理部门商标局出具的有关商标注册的证明;申请人未进行著作权自愿登记的,提交可以证明申请人为著作权人的作品样品以及其他有关著作权的证据;专利授权自公告之日起超过1年的,还应当提交国务院专利行政部门在申请人提出备案申请前6个月内出具的专利登记簿副本。

(3) 许可合同复印件。知识产权权利人许可他人使用注册商标、作品或者实施专利,签订许可合同的,提供许可合同的复印件;未签订许可合同的,提交有关被许可人、许可范围和许可期间等情况的书面说明。

(4) 产品物证。知识产权权利人合法行使知识产权的货物及其包装的照片。

(5) 侵权证据。已知侵权货物进出口证据;知识产权权利人与他人之间的侵权纠纷已经人民法院或者知识产权主管部门处理的,还应当提交有关法律文书的复印件。

(6) 其他文件或证据。海关总署认为需要提交的其他文件或者证据。

法律要求知识产权权利人提供的这些文件和证据应当"齐全、真实和有效"。规定当文件和证据为外文的,应当另附中文译本。《知识产权海关保护条例》第28条规定:"海关接受知识产权保护备案和采取知识产权保护措施的申请后,因知识产权权利人未提供确切情况而未能发现侵权货物、未能及时采取保护措施或者采取保护措施不力的,由知识产权权利人自行承担责任。"

根据《实施办法》,知识产权权利人在申请办理知识产权海关保护备案时需缴纳备案费,通过银行汇至海关总署指定账号。在海关总署核准前撤回备案申请或者备案申请被驳回的,海关总署应当退回备案费。

2. 审查

海关总署收到全部申请文件后对申请备案的知识产权进行审查,审查的内容包括:知识产权是否有效,是否受中国法律法规的保护,是否属于海关保护的范围;申请书填写是否符合要求,提交的随附文件是否齐备等。有下列情形之一的,海关总署不予备案:

(1) 申请文件不齐全或者无效的;
(2) 申请人不是知识产权权利人的;
(3) 知识产权不再受法律、行政法规保护的。

3. 发证

海关总署在收到全部申请文件之日起30个工作日内作出是否准予备案的决定,并书面通知申请人。不予备案的,要说明理由。

知识产权海关保护备案自海关总署核准备案之日起生效,有效期为10年。允许届满续展,但需要在届满前6个月内向海关总署提出书面申请,并随附有关文件。海关收到全部续展申请文件起10个工作日内作出是否准予续展的决定,并书面通知知识产权权利人;不予续展的,应当说明理由。每次续展备案的有效期为10年。知识产权的有效期不足10年的,备案的有效期以知识产权的有效期为准。

4. 变更

若备案知识产权的情况发生改变,知识产权权利人应当自发生改变之日起30个工作日内向海关总署提出变更知识产权海关保护备案的申请,并随附有关文件。

5. 撤销

当知识产权在备案有效期届满前不再受法律、行政法规保护时,或者备案的知识产权发生转让时,原知识产权权利人应当自备案的知识产权不再受法律、行政法保护或转让生效之日起 30 个工作日内向海关总署提出注销知识产权海关保护备案的申请并随附有关文件。若当事人未按规定向海关总署申请变更或者注销备案,给他人合法进出口造成严重影响的,海关总署可以主动或者根据有关利害关系人的申请注销有关知识产权的备案。若备案有效期内知识产权权利人自己想放弃备案的,也可以向海关总署申请注销备案。

海关总署注销备案,应当书面通知知识产权权利人,知识产权海关保护备案自海关总署注销之日起失效。海关总署撤销备案的,知识产权权利人自知识产权备案被撤销之日起 1 年内就被撤销备案的知识产权再次申请备案的,海关总署可以不予受理。

三、扣留侵权嫌疑货物的申请及其处理

1. 扣留侵权嫌疑货物的申请

根据《知识产权海关保护条例》第二章和《实施办法》第二章的规定,知识产权权利人发现侵权嫌疑货物即将进出口的,可以向货物进出境地海关提出扣留侵权嫌疑货物的申请,并提交申请书及相关证明文件,以及提供足以证明侵权事实明显存在的证据。

申请书应当包括下列主要内容:

(1) 知识产权权利人的名称或者姓名、注册地或者国籍等;
(2) 知识产权的名称、内容及其相关信息;
(3) 侵权嫌疑货物收货人和发货人的名称;
(4) 侵权嫌疑货物名称、规格等;
(5) 侵权嫌疑货物可能进出境的口岸、时间、运输工具等。

侵权嫌疑货物涉嫌侵犯备案知识产权的,申请书还应当包括海关备案号。

若知识产权未在海关总署备案,知识产权权利人还应当提供:(1) 知识产权权利人个人身份证件的复印件、工商营业执照的复印件或者其他注册登记文件的复印件;(2) 所拥有的或被许可的知识产权的相关证明文件和证据。

知识产权权利人提交的证据,应当能够证明以下事实:(1) 请求海关扣留的货物即将进出口;(2) 在货物上未经许可使用了侵犯其商标专用权的商标标识、作品或者实施了其专利。

为了防止因知识产权权利人申请不当,给收货人、发货人造成损失而出现的赔偿问题,以及货物由海关扣留后的仓储、保管和处置等费用支出问题,知识产权权利人需要向海关提供一定数额的担保金。这里有两种情况:

(1) 海关对进出口货物实施监管,发现进出口货物涉及在海关总署备案的知识产权,而进出口商或者制造商使用有关知识产权的情况未在备案中;收发货人没有按规定申报货物知识产权状况、提交相关证明文件或者海关有理由认为该货物涉嫌侵犯备案的知识产权。这时海关会中止放行货物并书面通知知识产权权利人。若知识产权权利人认为该货物侵犯了自己的知识产权并要求海关予以扣留,则应当提供担保。担保金额为:货物价值不足人民币 2 万元的,提供相当于货物价值的担保;货物价值为人民币 2 万至 20 万元的,提供相当于货物价值 50% 的担保,但担保金额不得少于人民币 2 万元;货物价值超过人民币 20 万元的,提供人民币 10 万元的担保。

(2) 在海关总署备案知识产权的权利人发现进出口货物涉嫌侵犯自己备案的知识产权,请求海关扣留涉嫌侵犯商标专用权货物的,需要提供总担保,其金额应当相当于知识产权权利人上一年度向海关申请扣留侵权货物后发生的仓储、保管和处置等费用之和;若知识产权权利人上一年度未发生过扣留申请或者仓储、保管和处置等费用不足人民币20万元的,则总担保金额为人民币20万元。自海关总署核准其使用总担保之日起至当年12月31日,知识产权权利人根据第一种情况(即海关发现涉嫌侵权进出口货物并通知自己),请求海关扣留涉嫌侵犯其在海关总署备案的商标专用权的进出口货物的,无需另行提供担保。

根据《知识产权海关保护条例》,海关依照条例扣留侵权嫌疑货物,知识产权权利人应当支付有关仓储、保管和处置等费用。侵权嫌疑货物被认定为侵犯知识产权的,知识产权权利人可以将其支付的有关仓储、保管和处置等费用计入其为制止侵权行为所支付的合理开支。

2. 海关依职监督

从上可见,海关对知识产权的保护并不局限于知识产权权利人的申请要求,海关根据已备案的知识产权,依法对进出口货物实施监管。发现进出口货物涉嫌侵犯在海关总署备案的知识产权的,立即书面通知知识产权权利人。

根据《实施办法》第22条的规定,知识产权权利人自通知送达之日起3个工作日内应按下列规定予以回复:

(1) 认为有关货物侵犯其在海关总署备案的知识产权并要求海关予以扣留;

(2) 认为有关货物未侵犯其在海关总署备案的知识产权或者不要求海关扣留侵权嫌疑货物。

提出扣留侵权嫌疑货物要求的,需要向海关递交书面申请,并按规定提供担保;不要求扣留的,需向海关书面说明理由。如果逾期未提出申请或者未提供担保,海关应当放行货物。

另外,海关也对个人携带或邮寄进出境的物品,超出自用、合理数量并涉嫌侵犯规定的知识产权的给予扣留,对经调查认定为侵权的予以没收。进口或者出口侵犯知识产权货物,构成犯罪的,还要依法追究刑事责任。

3. 扣留侵权嫌疑货物后的处理

海关扣留侵权嫌疑货物后,会将货物的名称、数量、价值、收发货人名称、申报进出口日期、海关扣留日期等情况,以书面的方式通知知识产权权利人。同时,海关也会将扣留侵权嫌疑货物的扣留凭单送达收发货人。

海关应当在扣留之日起30个工作日对被扣留的侵权嫌疑货物是否侵犯知识产权进行调查、认定;不能认定的,应当立即书面通知知识产权权利人。海关在对侵权涉嫌货物以及其他情况进行调查时,可以请求有关知识产权主管部门提供咨询意见,收发货人和知识产权权利人应当予以配合,如实提供有关情况和证据。

如果收发货人认为其进出口货物未侵犯有关知识产权,向海关提出请求放行其在海关被扣留的涉嫌侵犯专利权货物的,应当向海关提出书面申请并提供与货物等值的担保金。如果海关不能认定货物是否侵犯有关专利权的,收发货人的请求符合放行规定,海关给予放行货物,并书面通知知识产权权利人。如果知识产权权利人未能在合理期限内向人民法院起诉的,海关应当退还给收货人或发货人担保金。

知识产权权利人就有关专利侵权纠纷向人民法院起诉的,应当在海关书面通知送达之日起30个工作日内向海关提交人民法院受理案件通知书的复印件。

海关扣留侵权嫌疑货物后,对侵权嫌疑货物进行调查。海关可以请求有关知识产权主管部门提供咨询意见。法律要求海关必须自扣留侵权嫌疑货物之日起30个工作日内,将下列调查结果之一书面通知知识产权权利人:(1)认定货物侵犯有关知识产权;(2)认为收发货人有充分的证据证明其货物未侵犯有关知识产权;(3)不能认定货物是否侵犯有关知识产权。

对海关不能认定有关货物是否侵犯其知识产权的,知识产权权利人可以根据规定向人民法院申请采取责令停止侵权行为或者财产保全的措施。自扣留侵权嫌疑货物之日起50个工作日内收到人民法院协助扣押有关货物书面通知的,海关应当予以协助;未收到通知的,海关应当放行货物。

海关作出没收侵权货物决定后,将下列已知的情况书面通知知识产权权利人:(1)侵权货物的名称和数量;(2)收发货人名称;(3)侵权货物申报进出口日期、海关扣留日期和处罚决定生效日期;(4)侵权货物的启运地和指运地;(5)海关可以提供的其他与侵权货物有关的情况。

对没收的侵权货物,海关应当依照下列规定处置:(1)被没收的侵犯知识产权货物可以用于社会公益事业的,转交给有关公益机构用于社会公益事业;(2)知识产权权利人有收购意愿的,有偿转让给知识产权权利人;(3)被没收的侵犯知识产权货物无法用于社会公益事业且知识产权权利人无收购意愿的,海关可以在消除侵权特征后依法拍卖,拍卖货物所得款项上交国库;(4)不能用于社会公益,知识产权权利人也不愿收购,并且侵权特征也无法消除的,海关予以销毁。

海关拍卖侵权货物,应当事先征求有关知识产权权利人的意见;海关销毁侵权货物,知识产权权利人应当提供必要的协助。无论是将海关没收的侵权货物用于社会公益事业,还是销毁侵权货物,海关都要进行监督。

根据法律规定,海关没收侵权货物的,应当在货物处置完毕并结清有关费用后,向知识产权权利人退还担保金或解除担保人的担保责任。海关依照规定扣留侵权嫌疑货物,知识产权权利人应当支付有关仓储、保管和处置等费用。知识产权权利人未支付有关费用的,海关可以从其向海关提供的担保金中予以扣除,或者要求担保人履行有关担保责任。侵权嫌疑货物被认定为侵犯知识产权的,知识产权权利人可以将其支付的有关仓储、保管和处置等费用计入其为制止侵权行为所支付的合理开支。

当知识产权权利人将纠纷告到人民法院时,海关收到人民法院协助执行通知,应予以协助。比如,海关在协助执行人民法院有关裁定或者放行货物之日起20个工作日内,未收到人民法院关于知识产权权利人提供的担保的协助执行通知,海关就需向知识产权权利人退还担保;如果按规定放行被扣留的涉嫌侵犯专利权的货物后,知识产权权利人按照规定向海关提交人民法院受理案件通知书复印件的,海关根据人民法院协助执行有关判决或者裁定的通知处理收发货人提交的担保金;知识产权权利人未提交人民法院受理案件通知书复印件的,海关应当退还收发货人提交的担保金。[①]

[①] 《知识产权海关保护条例》第三章、第四章;《海关关于〈中华人民共和国知识产权海关保护条例〉的实施办法》第三章、第四章、第五章。

本章习题

一、名词解释

1. 海关　2. 关境　3. 知识产权海关保护　4. 侵权嫌疑货物

二、阐述题

1. 海关的基本职能有哪些？中国海关的主要职能有哪些？
2. 海关的权利包括哪几个方面？
3. 如果某企业将一项禁止出口的技术转让给他国企业，那么该企业将可能面临什么样的处罚？
4. 在技术进出口管理方面，海关的主要职责有哪些？
5. 简述知识产权海关备案的程序。
6. 海关扣留侵权嫌疑货物后应作什么样的处理？

三、分析题

2015年3月13日凌晨，杭州海关隶属温州海关驻机场办事处旅检部门在对自香港进境的国际航班进行监管时，海关关员从X光机图像中识别出该名旅客的行李中有大量疑似手表制品，随即对其行李进行了查验，发现11件做工粗劣、包装简陋的"名牌"手表，手表背面刻有多个知名品牌的logo、英文字母和图案标识。这些手表涉嫌侵犯ROLEX、ARMANI等品牌知识产权。据初步调查，当事人无法提供相关品牌的授权使用书，也承认这是侵犯知识产权的物品，准备带往国内销售牟利。温州海关暂时扣留该批涉嫌侵权商品，等待进一步处理。

2015年3月17日，中国海关关员在东兴口岸出境无申报通道对两名亚洲籍旅客的行李物品进行查验时，分别查获带有"PLAYBOY""GUCCI""HUGO BOSS""DUNHILL"标识的皮带一批。当事人无法提供相关合法证明，涉嫌侵犯相关权利人的商标专用权。现场值班关员依法对上述货物作了暂停通关的处理。

讨论题：

1. 海关接下来应该如何处理这一涉嫌侵权案件？需要进行哪些调查？
2. 一旦确认这些物品是侵权物品，最后海关应该如何处理这些物品？为什么？
3. 对境外人员涉嫌侵犯知识产权，中国有哪些适用法律？

四、案例题

案例8　小职员充当间谍21次偷卖国家绝密情报获死刑

某大学计算机专业毕业生黄某，1997年进入一家涉密科研单位工作，由于工作态度不端正，能力平平，5年中更换过3个部门，但业绩始终靠后，根据单位末尾淘汰制规定，他将被解职。为了发泄私愤，同时也出自对金钱的贪欲，2002年黄某上网与境外间谍机构取得联系，开始出卖工作中复制下来的涉密文件，并成为境外间谍机构雇用的一名间谍。9年里他出国21次与境外间谍机构人员见面，向对方提供涉密资料，从中获利70万美元。

在"存货"快用光后，他曾3次设法策反老同事闻某，但均遭拒绝，不过遗憾的是后者并未及时将此情况向上级领导汇报。此后，他又将黑手伸向也在涉密单位工作的亲属。他的妻子唐某在另一家涉密单位工作，是资料管理员，经常接触涉密材料。他让妻子把资料备份到光盘上带回家，乘其不在家时进行复制。此外，他也把同在一个单位、担任总工程师的姐夫谭某当成"猎物",因为后者经常将在单位使用的笔记本电脑带回家。一天谭某请他修理电脑,他用间谍U盘偷偷拷贝了电脑里的保密文档。2004年,他离职。为了不断给境外间谍机构提供涉密资料,黄某利用在原单位的关系,窃取同事电脑上的资料,他向好友郑某等人打探科研所的动态消息,并利用他窃取科研所的内部刊物。

就这样,从2002年开始间谍活动到2011年事情败露,黄某向境外间谍机构提供的资料达到15万余份,其中绝密级国家秘密90项,机密级国家秘密292项,秘密级国家秘密1674项,其数量之大、范围之广、涉密之深,令人震惊。

2011年,四川省和成都市国家安全机关在掌握黄宇的犯罪证据后,对其实施抓捕。被捕后的黄某对犯罪事实供认不讳。根据《刑法》(2015)第111条和113条的规定,"参加间谍组织或者接受间谍组织及其代理人任务",构成间谍行为,"危害国家安全的,处十年以上有期徒刑或者无期徒刑";"对国家和人民危害特别严重,情节特别恶劣的,可以判处死刑"。最终,黄宇因间谍罪行危害极大被依法判处死刑,剥夺政治权利终身,并收缴间谍经费。对于这样的结果,黄宇追悔莫及、面对镜头,他说:"如果说还有其他人看到我,自己也在做着和我一样的事,在做卖国的事,希望能自己去找国家安全局的人员(自首),对家里面的人也好,对自己也好,都是一个更好的结果。"

黄某间谍案涉及多人,其妻子及姐夫因过失泄露国家机密罪,分别被判处5年、3年有期徒刑;其原来就职单位有29人因渎职等问题受到不同程度的处分。

为了防范、制止和惩治间谍行为,维护国家安全,2014年11月1日,中国颁布并实施了《反间谍法》。该法规定了国家安全机关在反间谍工作中的职权、公民和组织的义务和权利,以及法律责任;对"间谍行为"进行了界定,它是指下列行为:(1)间谍组织及其代理人实施或者指使、资助他人实施,或者境内外机构、组织、个人与其相勾结实施的危害中华人民共和国国家安全的活动;(2)参加间谍组织或者接受间谍组织及其代理人的任务的;(3)间谍组织及其代理人以外的其他境外机构、组织、个人实施或者指使、资助他人实施,或者境内机构、组织、个人与其相勾结实施的窃取、刺探、收买或者非法提供国家秘密或者情报,或者策动、引诱、收买国家工作人员叛变的活动;(4)为敌人指示攻击目标的;(5)进行其他间谍活动的。

该法规定公民有维护国家的安全、荣誉和利益的义务,不得有危害国家的安全、荣誉和利益的行为。公民和组织发现间谍行为,应当及时向国家安全机关报告。境外机构、组织、个人实施或者指使、资助他人实施,或者境外机构、组织、个人与境外机构、组织、个人相勾结实施间谍行为,构成犯罪的,依法追究刑事责任。非法持有属于国家秘密的文件、资料和其他物品,构成犯罪的,依法追究刑事责任。

为了增强全社会民众的国家安全意识,自觉维护国家安全利益,2015年7月1日,第十二届全国人民代表大会常务委员会第十五次会议通过并实施《国家安全法》,规定维护国家安全的任务,"防范制止和依法惩治窃取、泄露国家秘密等危害国家安全的行为",规定"每年4月15日为全民国家安全教育日",由此构筑起维护国家安全之法律体系。

案例讨论:
1. 黄某为什么要偷卖国家秘密?该行为构成什么罪?主要的法律依据是什么?
2. 其亲属唐某和谭某为什么获罪?有哪些法律条款适用于他们的过失泄密罪?
3. 黄某的偷卖行为暴露出其所在涉密单位在保密管理方面存在哪些问题?涉密单位在建立安全管理制度方面应该出台哪些措施?

资料来源：

1. 《男子偷卖 90 项国家绝密情报获利 70 万美元被判死刑》，载腾讯新闻：http://news.qq.com/a/20160419/004086.htm，2016-04-19。

2. 《小职员为钱铤而走险 化身"资深间谍"出卖国家机密》，CCTV1 焦点访谈，2016-04-18。

3. 《反间谍法》(2014)第 4 条、第 21 条、第 27 条、第 32 条、第 38 条。

4. 《国家安全法》(2015)第 14 条、第 15 条。

5. 《刑法》(2015)第 110 条、第 113 条。

第十一章　中国对外技术贸易概况

▶ **教学目的和要求**

• 通过本章学习,了解中国技术贸易的基本状况和存在的问题,并根据本章提示的内容思考扩大技术出口规模的途径。

第一节　中国技术进出口状况

一、技术进口

新中国成立以后,由于国内外政治的原因,一直强调自力更生。除了"一五"期间中国从原苏联引进156项大型工程技术项目外,从1958年至1978年20年中,中国从日本和西欧国家引进的技术总共不到200项。

20世纪80年代,中国实行改革开放,政府鼓励引进发达国家的先进技术,技术进口增加。根据中国商务部科技司业务统计,2004年单一年中国登记的技术引进合同就达8605份,合同总金额138.56亿美元。其中,技术费96.25亿美元,占合同总金额的69.46%。技术引进方式以专有技术、成套设备、关键设备和生产线、技术咨询与技术服务为主,技术来源国家和地区排在前10位的依次是欧盟、日本、美国、韩国、中国香港、瑞士、东盟、中国台湾、英属维尔京和加拿大。技术引进主要集中于电力、蒸汽和热水的生产和供应业、电子及通信设备制造业,黑色金属冶炼及压延加工业等领域。从技术引进方企业性质看,技术引进除了国内企业外,还有相当比重的外资企业(包括外资合资企业)。换言之,技术转移和扩散是在跨国公司的母公司与子公司之间发生。根据商务部统计资料,2002年中国超过45%的技术引进属于跨国公司内部的技术转移;电子信息行业的技术引进合同中,约90%是摩托罗拉、爱立信、三星、诺基亚、西门子等国际著名跨国公司与其在中国国内独资或合资企业签订的。

2013年,中国高新技术产品的进口贸易额已经增加到5581.9亿美元,其中电子技术进口额高达2799.6亿美元,其次是计算机与通信技术1274.2亿美元,再后就是光电技术、计算机集成制造技术、航空航天技术、生命科学技术等。技术主要来源地为中国台湾、韩国、美国、日本,其中电子技术主要来自中国台湾、韩国、马来西亚,航空航天技术主要来自美国和欧盟。[①]

二、技术出口

改革开放前,中国的技术出口几乎是空白的。改革开放后,随着中国经济的发展和政府在科研方面投入的加大,以及知识产权制度的建立,中国专利申请逐渐增多,专利转让等技术出口也逐年增多。

---

① 参见徐光耀:《2013年我国高技术产品贸易状况分析》,载《科技统计报告》2015年第1期。

1995年，中国专利申请达到4.5万个，2003年提交的专利申请上升到25万个，其中向世界知识产权组织提交的专利申请就达1291件，位居发展中国家之首。2004年，中国向世界知识产权组织提交的专利申请数目达到1782件，2013年已经达到2.2万件。中国的专利技术、专有技术、技术咨询与技术服务等也开始进入国际交易市场，技术出口规模逐年增加。从最初大规模的技术进口发展到有进有出的格局。1987年，中国的技术出口额为1.6亿美元，1989年上升到3.5亿美元，2013年已经达到6603亿美元。[①]

从80年代到90年代中期，技术出口的内容分三类：(1) 专利技术，主要是国内一时无条件推广应用的专利技术，去向是发达国家；(2) 不同技术设备和中小型技术工程项目，主要面向发展中国家；(3) 高技术服务，如卫星发射业务和航空航天装置配件。

20世纪90年代，随着中外企业之间合作与兼并的加强，中国商标权的对外转让和许可增多，一些老字号商标由此丧失，并带来企业国内外市场份额的缩小，甚至丧失。在技术出口问题上，究竟应当选择什么类别的技术出口，成为学者们争论的热点话题，成为政府和企业共同关注的问题。

90年代中期以后，随着国家产业结构的调整，科技兴贸战略的制定，信息产业的迅速发展，国家软件产业基地和出口基地成为软件产业发展的重要力量。软件贸易在技术贸易中的比重逐步上升，并且软件贸易由进口转向有进有出的格局。1999年，中国软件出口为2.5亿美元，2002年猛增到15亿，2004年进一步增加到28亿美元，出口市场主要集中在日本、美国、欧洲、东南亚等国家和地区，其中对日本的软件出口占较大比重。[②]

1998年，中国高新技术产品出口为202亿美元，2003年上升到1103亿美元，2013年达到6603.3亿美元。高新技术产品出口在全部外贸出口中的比重从1998年的11%跃升至2003年的25.2%，进而又上升到2013年的29.89%。主要出口目的地是中国香港、美国和欧盟，但最终目的地是美国和欧盟。[③]

图11-1为1985—2014年中国高新技术产品进出口贸易额，从中可见，1985年中国高新技术进出口额只有52.5亿美元，其中出口仅5.2亿美元，2014年高新技术进出口额已经猛增到1.2万亿美元，出口达至6604.4亿美元，不仅超过进口，而且大大超过国家规划的"2020年高新技术产品出口达到4500亿美元"的目标（2010年就已提前完成并超过该目标）。

图11-2显示的是2013年中国高新技术产品各项目的出口额与进口额，可以看到，出口最多的是计算机与通信技术（4390.9亿美元），其次是电子技术（1367.9亿美元）。显然，国家支持软件和集成电路产业的发展战略以及建立各类高科技孵化园区的政策取得显著成果。

[①] 参见法国《回声报》2003年9月30日；法新社日内瓦2005年3月9日电；刘辉锋：《2013年我国专利统计分析》，载《科技统计报告》2015年第13期；徐光耀：《2013年我国高技术产品贸易状况分析》，载《科技统计报告》2015年第1期。
[②] 中华人民共和国商务部新闻办公室：《魏建国指出：我国软件出口企业必须努力提高核心竞争能力，培育自主品牌》，载商务部网站：http://www.mofcom.gov.cn，2005-06-27。
[③] 中华人民共和国商务部科技司：《科技司司长访谈提要》，载商务部网站：http://www.mofcom.gov.cn，2005-02-05；徐光耀：《2013年我国高技术产品贸易状况分析》，载《科技统计报告》2015年第1期。

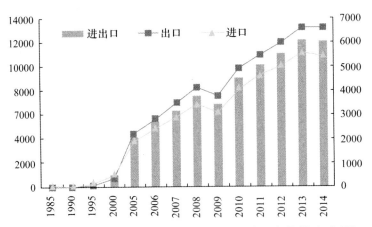

图 11-1　1985—2014 年中国高新技术产品进出口贸易额（亿美元）

注释：2013 年与 2014 年数据来自 2013 年和 2014 年国家统计公报，其中 2014 年数据根据高新技术出口 40570 亿元、进口 33876 亿元，按汇率 1 美元兑 6.1428 人民币元计算。

数据来源：根据下面数据制图：国家统计局、科学技术部编：《2013 中国科技统计年鉴》，中国统计出版社 2013 年版，第 158 页。

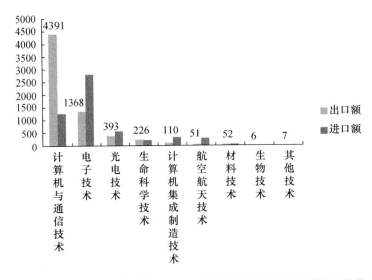

图 11-2　2013 年中国高新技术产品各项目的出口额与进口额（亿美元）

数据来源：根据下面数据制图：徐光耀：《2013 年我国高技术产品贸易状况分析》，载《科技统计报告》2015 年第 1 期。

第二节　中国技术出口扩大的原因和面临的问题

一、技术出口扩大的原因

中国技术贸易出口扩大，首先归功于 1988 年中国开始实施的火炬计划。该计划的一项重要内容是推进高新技术产业开发区的建设，这一计划带来了中国高新技术的迅速发展。从 1991 年到 2002 年，全国 53 家国家高新区营业总收入从 87.3 亿元增长到 15326.4 亿元，年均增长 60%；上缴税额从 3.9 亿元增长到 766.4 亿元；区内企业的出口创汇从 1.8 亿美元增长到329.2亿美元,年均增长率45.3%。火炬计划先后推动了科技企业孵化器、留学人员创业园、大学科技园和软件、集成电路设计、生物技术、光电技术、新技术等专业孵化器的建设。① 在全国一些大城市高校集中的地方出现了以著名大学为龙头的"科技村"或"科技园"。

例如,最早建立大学园区的北京中关村,聚集着1万家企业、300所大学和200家研究机构,是名副其实的中国"硅谷"。中关村科技园内的大学、科研机构和高科技企业承担着国家863计划项目的1/4。2004年,园区企业的发明专利申请量达到3218件,占北京市总量的1/3;技术交易额达140亿元,其中57.1%的交易额向北京以外地区输出。其他城市的科技园区有武汉的"科技一条街"、上海的"复旦科技园区"等。众多大学、科研院所人员走出红墙,将科学研究与社会需求相结合,科学研究为经济建设服务,推动了科技成果的转化。1999—2003年,仅上海累计认定的高新技术成果转化项目就达2339项,其中77%的项目技术达到国际先进水平,有7成已经顺利实施转化。② 而北京、上海等地建立的国家级高新技术产业开发区,已经成为中国高新技术产业化发展的主要基础,成为拉动经济增长和创造就业机会的重要力量。例如上海浦东张江高科技园区、北京市丰台国家高科技园区,通过提供场地、设施、融资、培训等多方面的服务,为企业的投资、科技人员的创业、技术的创新提供平台,孵化出一批技术含量高、经济效益好的中小型高新技术企业。

其次归功于本世纪初国家软件出口基地的建立。为了加快软件产业和集成电路产业发展,2004年1月起,国家在上海、大连、深圳、天津、西安、北京六城市建设了国家软件出口基地,希望通过创造良好的政策、人才、技术、资金、市场和出口条件,发挥基地的集聚效应和规模优势;通过软件出口基地辐射周边地区,带动全国软件的出口,由此推动中国软件产业跨越式发展。软件业的发展也吸引发达国家将软件设计和业务流程外包到中国,尤其是入世以后,中国成为国外软件外包企业青睐的地方。中国承接的外包业务大部分是手机软件、DVD软件、数码相机软件、汽车电子软件等,此外还有信息服务外包。以软件为核心的信息产业的发展,带动了包括技术在内的高新技术产品的出口。

技术进步促进高新技术产品贸易的扩大。根据商务部数据,2003年上半年中国高新技术产品出口中排在前两位的是自动数据处理设备的零附件和笔记本电脑,其出口分别达到64.06亿美元和40.16亿美元。中国内地高新技术的出口65.6%集中在中国香港、美国和欧盟。③ 沿海发达地区成为高新技术产品出口的主要基地。根据海关统计,广东省企业出口高新技术产品195.5亿美元,增长46.3%,位居全国第一,占全国高新技术产品出口总值的44.4%;其他出口超过10亿美元的省市依次为江苏、上海、天津、福建和北京。④

到2005年,中国已经培育形成以20个科技兴贸重点城市、25个高新技术产品出口基地、6个国家软件出口基地为龙头,以计算机、集成电路、手机、软件和中药等12类重点高新技术产品、1000家重点企业为骨干的高新技术产品出口主体。此外,中国还通过创办深圳高交会、北京科博会、上海工博会、杨凌农高会、苏州电博会和大连软交会等六大高科技会展,促进科研成果的产业化和商品化。

最后归功于技术市场的建立。从20世纪80年代至90年代初,上海、天津、沈阳、武汉、

---

① 参见《光明日报》2003年9月17日。
② 参见阎晓明、王建新:《借问创新何处多,业界遥指中关村》,载《人民日报(海外版)》2005年8月23日。
③ 《光明日报》2003年8月9日。
④ 《光明日报》2003年7月20日。

广州、南宁、成都、重庆、西安、郑州、济南、南京、杭州等一批中心城市陆续建立起常设技术市场,尤其是上海、天津、沈阳、武汉还相继建立了国家级技术市场,为日渐活跃的技术交易提供了固定场所,促进了技术交易。到2004年,全国已建立起各级技术市场管理机构1500多个,技术合同认定登记机构1200多个,各类技术交易机构和贸易机构6万多个,从业人员达110多万。2003年,技术合同交易额为1084亿元,2004年突破1334亿元,2013年突破7000亿元,2014年进一步达到8577亿元,比2004年增加5.4倍。企业成为技术市场最大的卖家和买主,2013年企业技术输出和吸纳技术合同成交额分别占市场总量的86.2%和75.0%,其中内资企业成为最大的技术输出方和技术吸纳方,占企业输出技术总额的80.3%和企业吸纳技术总额的76.9%。① 技术合同实施效益不断提高,根据2004年的抽样统计,每花1元钱购得技术用于生产后,新增产值6.2元,新增利润0.86元,上交税金0.36元。② 技术市场的建立促进了技术交易的扩大。图11-3显示的是1995—2014年中国技术市场成交额,从中可见,近20年市场成交额以年均16.76%的增长速度在扩大,总计扩大了31倍。

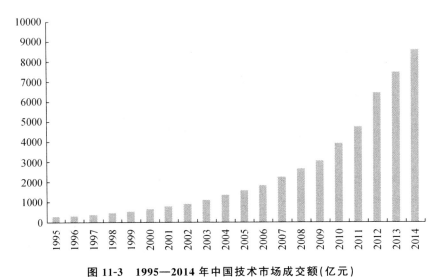

图11-3　1995—2014年中国技术市场成交额(亿元)
数据来源:根据中华人民共和国国家统计局数据制图,http://data.stats.gov.cn/easyquery.htm?cn=C01,2016-01-31。

二、技术出口存在的问题

虽然中国的技术出口从无到有,发展势头良好,但仍存在一些问题:

1. 高端技术出口规模较为狭小

目前,出口规模较大的是计算机与通信技术,但电子技术、光电技术、计算机集成制造技术、航天航空技术、材料技术等高端技术贸易处于净进口状态。比之西方发达国家和一些发展中国家,中国技术出口总体规模比较狭小。从计算机软件贸易看,也不尽人意。表11-1显示的是2014年中国版权输出和引进的状况,从中可见,该年中国版权输出约1.03万项,引进约1.67万项,其中软件输出仅5项,引进46项,后者主要来自欧美。

---

① 参见刘辉锋:《2013年全国技术市场统计分析》,载《科技统计报告》2015年第2期。
② 参见杨健:《企业纵横市场竞风流》,载《人民日报(海外版)》2005年11月23日。

第十一章 中国对外技术贸易概况

表 11-1 2014 年中国版权输出和引进状况（册、盒、张、件、部、集）

项目	合计 输出	合计 引进	图书 输出	图书 引进	录音制品 输出	录音制品 引进	录像制品 输出	录像制品 引进	电子出版物 输出	电子出版物 引进	软件 输出	软件 引进	电视节目 输出	电视节目 引进	电影 输出	电影 引进	其他 输出	其他 引进
版权输出总数（项）	10293	16695	8088	15542	139	208	73	451	433	120	5	46	1555	316	0	8	0	4
美国	1216	5451	734	4840	53	41	66	404	139	25	5	19	219	116	0	6	0	0
英国	507	2842	410	2655	0	2	0	37	38	27	0	5	59	115	0	0	0	1
德国	408	841	304	807	0	18	0	0	46	7	0	6	58	2	0	0	0	1
法国	371	779	313	754	0	0	0	0	0	6	0	6	58	10	0	1	0	2
俄罗斯	226	98	177	97	9	0	0	0	40	1	0	0	0	0	0	0	0	0
加拿大	129	165	67	160	1	0	0	0	0	1	0	1	61	3	0	0	0	0
新加坡	416	213	248	211	12	0	0	0	36	1	0	0	120	1	0	0	0	0
日本	388	1783	346	1736	0	11	0	7	27	20	0	2	15	7	0	0	0	0
韩国	642	1216	623	1160	6	12	0	3	11	11	0	1	2	29	0	0	0	0
中国香港	437	229	277	181	34	37	0	0	1	2	0	0	125	8	0	1	0	0
中国澳门	107	8	13	8	0	0	0	0	0	0	0	0	94	0	0	0	0	0
中国台湾	2412	1270	2284	1171	9	81	0	0	54	6	0	1	65	11	0	0	0	0
其他	3034	1800	2292	1762	15	6	7	0	41	13	0	5	679	14	0	0	0	0

数据来源：根据下面数据制表：中华人民共和国国家版权局：《2014 年全国版权统计》，http://www.ncac.gov.cn/chinacopyright/channels/6468.html，2015-10-30。

此外,该年图书、录音制品、录像制品等引进也大大超过输出。不过,电子出版物和电视节目的输出大于引进,显示出中国的文化产业在政府的规划下通过一系列的改革取得一定的成效。这也说明,通过改革和政府政策的引导可以改变一些技术包括软件的净进口现状。

2. 技术出口主要集中在东部沿海城市

2015年上半年,中国高新技术产品进出口总值12032.7亿美元,其中进口5480.6亿美元,出口6552.1亿美元。从各地区看,东部沿海发达地区是高新技术产品出口的主要基地:东部地区占82.2%,中部地区只占8.5%,西部地区占9.3%。就各省、直辖市、自治区出口看,排名全国第一的是广东省,高新技术出口2325.8亿美元,占全国高新技术产品出口总值的35.5%;其次是江苏省1310.8亿美元。广东、江苏、上海三省市高新技术出口占到全国比重的68.5%。(见图11-4)

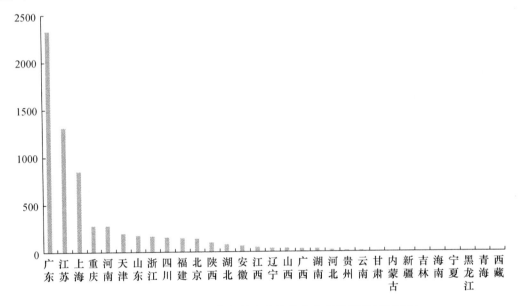

图11-4 2015年中国高新技术产品分省市出口情况(亿美元)

数据来源:根据下面数据制图:中华人民共和国商务部对外贸易司:《2015年1-12月高新技术产品分省市进出口情况表》,http://wms.mofcom.gov.cn/article/ztxx/jdgx/,2016-02-17。

高新技术出口主要集中在东部沿海地区,这是因为这一地区科技研发投入多,发明专利多。2013年,在全国规模以上工业企业中,研发经费位居前三名的地区是江苏、广东和山东,分别为1239.6亿元、1237.5亿元和1052.8亿元,这三个地区研发经费占全部规模以上工业企业的份额达42.4%,比2008年提高6.8个百分点。①

2013年12月,中国国家知识产权局发布了《中国区域产业专利密集度统计报告》,该报告根据美国的计算公式,将发明专利密集度高于国民经济全部行业(产业)平均水平的产业(行业),称为"高发明专利密集度产业",将低于平均水平的,称为"低发明专利密集度产业(行业)",并对2008—2012年全国以及各地区专利密集度产业进行了测度,公式为:发明专利密集度(件/万人)=某产业(行业)五年发明专利授权数之和/该产业(行业)五年平均就业人员数。

---

① 参见杜云英、朱迎春:《2013年我国高等学校R&D活动分析》,载《科技统计报告》2015年第16期。

31个省、直辖市、自治区测度的结果是:全国发明专利密集度平均为13.51(件/万人)。第一类,超过该水平的,有广东、上海、北京、江苏和天津5个省、直辖市;第二类,处于全国平均水平以下,但高于1/2平均(即6.76件/万人)的,有浙江、安徽、四川、山东、重庆、湖北、辽宁等7个省、直辖市;第三类,处于全国平均水平1/2以下、1/4以上(即3.38件/万人)的,有湖南、陕西、福建、海南、贵州、河南、河北、云南8个省;第四类,处于全国平均水平1/4以下的,有山西、江西、西藏、吉林、广西、内蒙古、甘肃、宁夏、黑龙江、青海、新疆11个省。(见图11-5)从中可见,第一类均为东部沿海地区省市。

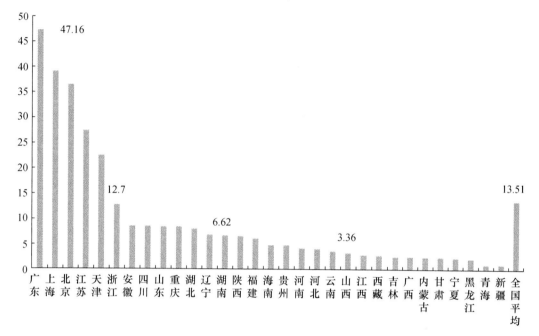

图 11-5　2008—2012年中国各地发明专利密集度排序
数据来源:国家知识产权局规划发展司:《中国区域产业专利密集度统计报告》(国际知识产权局研究项目,项目编号2013-06-18-768),http://www.docin.com/p-960159913-f6.html。

三、影响技术出口规模扩大的主要因素

中国技术出口规模较小反映出中国自主创新体制正在培育,经过30多年的改革开放,中国正在从大力引进国外先进技术,转变为鼓励建立自主创新体制。建立这一体制需要人力资本的投入,投资研发环境的良好,知识产权保护的全民意识的提高,以及创新收益分配制度的合理。考察现状,首先是研发人力投入强度不足,其次是人均教育科研经费投入较小,再者是影响科研成果转换率的职称评定考核制度和收益分配制度存在问题,最后是公民知识产权保护意识仍然不足。由此,影响到科研创新动力和环境,以及技术出口规模的扩大。

1. 研发人力投入强度不足

根据中国科学技术部统计,2013年中国科技人员资源总量已达7105万人,位于世界第一;研发人员353.3万人年,研发研究人员148.4万人年,居世界第二。(见图11-6)

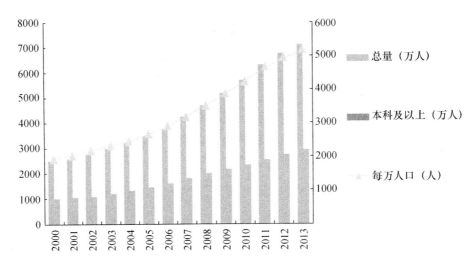

图 11-6　2000—2013 年中国科技人力资源总量变化情况

注释:"总量"指科技人力资源总量;"本科及以上"指本科及以上学历科技人力资源数;"每万人口"指每万人口中科技人力资源数。

数据来源:根据下面信息制图:宋卫国:《2013 年我国科技人力资源发展状况分析》,载《科技统计报告》2015 年第 15 期,http://www.most.gov.cn/kjtj/201508/P020 150817346300933410.pdf。

每万名就业人员中,研发人员数 45.9 人年,研发研究人员数 19.3 人年,虽然研发人力投入强度与发达国家之间的差距进一步缩小,但是仍在国际上处于落后地位。(见图 11-7)

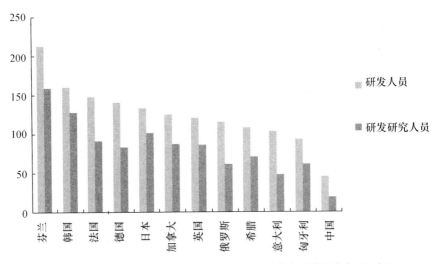

图 11-7　中国与部分国家研发人员投入强度指标比较(人年/万人)

注释:除了芬兰、法国、加拿大数据为 2012 年,韩国研发人员和研发研究人员数据分别为 2012 年和 2013 年外,其他国家数据均为 2013 年。

数据来源:同图 11-6,原始数据来自 OECD, Main Science and Technology Indicators, January 2015。

2. 人均教育科研经费的投入较小

虽然近年随着经济增长,国家不断加大科研经费与教育经费的投入,但与发达国家相比,中国人均教育科研投入还是较低的,并且在各领域的投入也不均衡。以科技投入为例,国家关注计算机信息产业的发展,但在农业科技领域的投入一直相对较低。2003 年农业科技投入在农业 GDP 中的比重仅占 0.44%,不仅远低于高收入国家(3.29%)、中等收入国家

(1.37%)的平均水平,也低于世界平均水平(0.58%)。1985年至2003年,农业科研投入年均增长率只有3.8%,低于同期农业4%的增长率;农业科研投入只占全国科研经费的5.6%,而同期农业GDP占到国内生产总值的15%。由此带来农业领域整体创新不足的现象。[①] 2009年以来,全国公共财政在科学技术上的投入呈上升趋势,但农业部在科学技术上的财政投入处于徘徊状况,由此农业科技投入在全国科技投入中的比重持续下降。从图11-8可见,2014年农业部在科学技术上的财政投入为67.97亿元,仅为全国公共财政支出在科学技术上的投入5314.45亿元的1.28%。

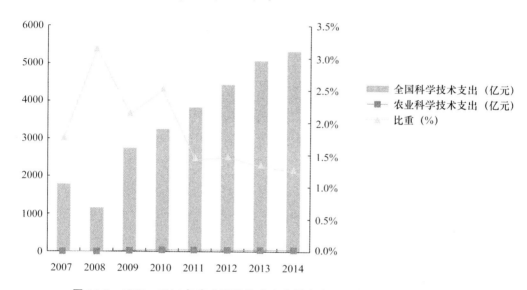

图 11-8　2007—2014年农业科学技术支出及在全国科学技术支出中的比重
数据来源:根据下面信息制图:(1)中华人民共和国财政部"财政数据",http://www.mof.gov.cn/zhengwuxinxi/caizhengshuju/index.htm;(2)中华人民共和国农业部,财务公开,预算决算"农业部各年部门决算",2009—2015各年,http://www.moa.gov.cn/zwllm/cwgk/。

3. 高校成果转换率有待提高

现有高校科研成果的转换率存在一定的问题。2013年,在国内发明专利申请量排名前十的企业中,内资企业数量达到9家;同年,在PCT国际专利申请上,中国企业也是表现不俗,中兴通讯股份有限公司以2309件申请、华为技术有限公司以2110件申请,分别在PCT国际专利申请的企业中排名第二位和第三位。然而,高等学校在科技成果转换的效益方面,相对逊色。根据国家科技部统计,2013年高等学校在全国基础研究经费中占55.4%,在应用研究经费中占34.8%;发表SCI论文16.1万篇,占全国SCI论文的83.7%;发明专利申请数9.85万件,作为卖方在技术市场签订技术合同6.4万项,占全国技术合同比重的21.8%;但技术合同成交金额329.5亿元,仅占全国技术合同成交金额的4.4%。高校研发经费大部分来自政府,2005—2013年政府资金的比重占到54%,2013年更是达到60.3%。高校本应该成为发明专利的主力军,不过根据统计,2005年以来,高校发明专利授权量在高

[①] 参见梁彩恒:《黄大昉:"农技站空空的,连桌子都没有"》,载人民网站:http://cppcc.people.com.cn/GB/34961/44375/44440/3237225.html,2005-03-11。

校专利授权量中的比重呈下降趋势,2013年只占39.2%。① 换言之,60.8%的专利是被称为"软专利"的实用新型和外观设计。

4. 公民知识产权保护意识不足

科技创新需要全民树立知识产权保护意识,要做到这点,不仅需要公民加强知识产权保护的教育,也需要完善知识产权保护的法律体制和健全监督机制。这些年,政府一直在加强打击盗版行为的力度和建立健全监管制度,但假冒伪劣盗版现象依然是屡禁不止。表11-2显示的是2014年全国版权执法情况,可见,地下窝点盗版生产活动依然猖獗。显然,采取行政没收、罚款措施或判上几年刑期不足以对盗版者产生威慑,需要加大刑法力度。

表 11-2 2014 年全国版权执法情况

案件查处				盗版品收缴			
项目	数量	项目	数量	项目	数量(册、盒、张、件)	项目	数量(册、盒、张、件)
行政处罚(件)	4728	取缔违法经营单位(个)	8686	合计(万)	1666.59	音像制品(万)	922.47
案件移送(件)	366	查获地下窝点(个)	482	书刊(万)	611.80	电子出版物(万)	33.39
检查经营单位(万个)	106.31	罚款金额(万元)	1349.99	软件(万)	67.32	其他(万)	31.61

数据来源:根据以下信息制表:中华人民共和国国家版权局:《2014年版权执法情况统计》,http://www.ncac.gov.cn/chinacopyright/contents/6468/267529.html,2015-10-30。

第三节 技术出口规模扩大的途径

一、以政策推进产学研创新体制的建立

毫无疑问,技术出口规模的扩大建立在拥有更多高新技术企业、更多自主创新成果的基础上,这不仅需要政府出台扶植高新技术产业和企业发展的政策,而且也需要增加科研经费和研发人力的投入。长期以来,人们习惯要求政府在这方面加大投入,尽管国家在科研经费上的投入不断增加,但仍赶不上发达国家技术创新的步伐。观察发达国家的创新模式,鼓励私人企业科技投资,建立产学研相结合的创新体制的做法值得借鉴。

以美国为例,2009年美国政府提出"再工业化"战略,战略重点发展领域为先进制造业、材料工业、清洁能源技术与产业、医疗卫生、环境与气候变化、信息通信等,政府计划建立45家制造研究中心,构成国家制造创新网络,以确立未来美国在世界制造业中的技术领先地位。政府通过一系列立法和计划,改革企业税法政策等,鼓励私人企业在研发上投资。政府投入初始资金500万美元,号召国内具有领先地位的大学和公司与自己一起,在尖端技术的发明、开发和扩展上做出贡献。从实际效果看,自2009年政府"再工业化"战略提出到2015年,美国已经建立起7家制造研究中心,美国制造业也发生一定的变化:私人投资尤其是在

---

① 参见刘辉锋:《2013年规模以上工业企业R&D活动分析》,载《科技统计报告》2015年第10期,http://www.most.gov.cn/kjtj/201508/P020150817343595781483.pdf。

设备和知识产权产品上的投资增加,该行业就业人数增加,单位劳动力成本下降,企业利润出现上升,竞争力得以增强。显然,这种由政府牵头、联合企业与高校结成合作伙伴,推动技术创新体制的做法值得中国学习。

二、以制度创新促进科研成果的转化

一方面,政府在科研方面的投入增加;另一方面,科研成果转换率不高,这一现象首先与高校职称评定、考核指标中注重科研项目的获得和完成,而不问最终成果是否转化或使用有关。这种职称评定、考核制度使得高校科研成果的转换率较低。其次,科研院所申请的专利在转让或实施许可中,贡献者得不到应有的奖励和报酬,奖金或报酬被层层截留或被平均分配,降低了科研人员从事科研和将成果转让的积极性。为此,高校科研院所目前正在逐步转变这种做法,在职称评定和考核指标中出台鼓励科研成果转换的政策。此外,国家也出台专门的法规加以规范。

2016年2月26日,国务院发布《实施〈中华人民共和国促进科技成果转化法〉若干规定》,鼓励研发机构和高等院校通过转让、许可或作价投资等方式,向企业或其他组织转移科技成果。规定国家设立的研发机构、高等院校可以自主决定转让、许可或作价投资等,除涉及国家秘密、国家安全外,不需审批或备案;转化科研成果所获收入可全部留归单位,纳入单位预算,不上缴国库,扣除科研贡献者奖励和报酬后,主要用于科技研发与成果转化等相关工作,并对技术转移机构的运行和发展给予保障;对于在研发和科技成果转让中做出主要贡献者的奖励,应该不低于奖励总额的50%;所在单位应该制定激励制度,对业绩突出的专业化技术转移机构给予奖励,等等。[①] 无疑,这些规定将有助于高校科研院所科技成果转换率的提高。

三、以品牌建设促进对外技术投资与相关产品出口

21世纪初以来,全球国际分工体系出现新的调整,一方面,信息产业的结构调整由硬件主导型向软件和服务主导型发展,另一方面,美国的"再工业化"战略引领发达国家的产业结构朝着具有高附加值、知识密集型、以新技术创新为主的产业结构转换。作为世界制造业生产大国、世界电子信息产品制造基地之一的中国,既面对着竞争的挑战,也面临着发展的机遇。中国需要在加强出口基地建设的同时,增强对外投资和扩大出口结合度,培育以技术、标准、品牌、质量、服务为核心的对外经济新优势。

世界行业规则或技术标准往往由拥有一流品牌的企业所设定。为此,实施工业强基工程,开展质量品牌提升行动,支持企业瞄准国际同行业标杆推进技术改造,全面提高产品技术、工艺装备、能效环保等水平,创建一流品牌企业十分重要。国内应强调创新驱动发展,架构创新体制,塑造出更多依靠创新驱动的各行各业的引领型企业。

扩大中国高新技术和产品出口规模,不能忽视民营企业的重要力量。目前,中国已经涌现出一批像华为技术有限公司这样世界著名的民营企业。国家不仅应注重培育以出口高新技术产品为主的大型外向型民营企业,而且也应积极保护和扶持有产业和市场发展空间的、成长良好的中小科技型企业。在企业技术改造贷款、研发基金补助、自主知识产权出口所得税征收以及进出口银行信贷等方面,出台相应的优惠政策。

---

① 参见《国务院关于印发实施〈中华人民共和国促进科技成果转化法〉若干规定的通知》(2016)。

最后,加强国际技术合作,以加快中国技术的提升和出口产业在全球价值链中的地位也很重要。中国"十三五"规划已经提出:"实施优进优出战略,推进国际产能和装备制造合作,提高劳动密集型产品科技含量和附加值,营造资本和技术密集型产业新优势,提高中国产业在全球价值链中的地位。"① 相信到"十四五"规划时,中国的经济发展、技术出口将登上一个新的、更高的台阶。

本章习题

一、讨论题

1. 分小组查阅最新资料,讨论中国对外技术贸易发展的现状、存在的问题,分析原因,提出促进发展的建议。
2. 学生分成正反两方,辩论技术进口或出口给本国经济带来的影响或利弊。

二、案例分析题

案例9 高新技术资产的流失与科技成果转让面临的难题

从20世纪80年代到90年代,中国高新技术这类无形资产流失的数字之大令人触目惊心,最有代表性的例子是菌草技术。

中国某农业大学经过十多年先后研制成功了"菌草代木代粮栽培食用菌""香菇、木耳菌草发酵法栽培"等近20项具有国际先进水平的成果,然而只有3项申请了中国专利,1项申请了外国专利。据测算,该大学的菌草技术每年仅用中国1%的草地就可生产出4000吨菇类产品,产值可达120多亿美元,而全世界每年仅花菇一项产值就达100亿美元。然而,由于发明者不愿支付更多的专利申请费,在绝大多数发明未取得专利保护的情况下,菌草技术通过各种方式传遍了16个国家,由此轻易地放弃了国际市场。

国家知识产权局政策研究处负责人指出,20世纪90年代下半期中国每年取得国家级重大科技成果达3万多项,但每年受理的具有较高技术水平的发明专利申请只有1万多件,这意味有2万项重大成果没有取得专利保护。根据国家知识产权局统计,从1985年中国专利法颁布到1998年底,中国共受理国内发明专利申请11.59万余件,而向国外申请的发明专利不足3000件。由于未申请专利的发明,人们可以无偿使用,由此有人认为在14年的时间里中国将11.3万项发明无偿地"奉献"给世界各国。

分析发明人不愿申请专利的原因,主要在于科技成果转换率较低。生产申请专利的发明成果迟迟得不到产业化开发,收不回成本,是阻碍科技单位或发明者个人不愿支付专利申请费用的一个重要原因。一些发明成果即使找到愿意应用的企业,但由于许可方和被许可方之间在如何预测开发前景、计算专利许可或转让使用费上难以达成一致意见,最后发明成果仍束之高阁,不能应用。下面是一则有关技术成果转让的例子:

70多岁的李先生是中国植物蛋白研究专家,1980年他研制的大豆蛋白肉开发成功,在长春投产后,引来众多的仿冒者。劣质产品很快充斥市场,破坏了这一成果的声誉。1986年,他主持研究的大豆、花生开发利用等8项成果得到国家科委推广。在此后十多年,这些技术推广到全国,但无一项成果成为真正的大产业。

1997年,李先生又发明了一项"花生低温制油同步利用其蛋白"的新技术,这项技术解

---

① 《中共中央关于制定国民经济和社会发展第十三个五年规划的建议》,http://finance.ifeng.com/a/20151103/14054325_0.shtm,2015-11-03。

决了花生榨油和蛋白利用无法同步的世界性难题,具有十分诱人的产业化前景。

李先生的成果引起关注,一些国内外企业纷纷前来希望转让这项技术或使用这项技术。1997年,印度尼西亚有关部门从中国食品研究机构获悉该技术后,专程赴杭洽谈,许以优厚的待遇,请李先生去印尼,但遭到李先生的拒绝。同年,国内一家很有影响的食品企业愿意出资100万元买断这项技术,同样遭到拒绝。美国等国家的商人也来找李先生,或要求转让,或要求合作,但都遭到老先生的拒绝。他说:"转让很可能糟蹋了这项技术,我不愿意再看到10年转让技术的结局。我要自己搞。"

李先生提出合作开发该项技术,但合作的前提是必须由他控股51%。其理由是从20世纪60年代开始,他就潜心研究这项技术,经过长达20多年的时间才发明了"花生低温制油同步利用其蛋白的原理与技术"。运用该技术,可以使花生仁低温脱脂后,其蛋白粉能够保持各种纯天然营养成分,从而解决花生蛋白的组织化问题,使花生的营养价值充分利用。该项技术采用了干法脱脂,脱脂后的花生的残油含量仅4%—5%,国际上最先进的高温榨油技术的残油量也有7%—9%。

李先生指出,用传统办法榨油后的花生饼,每吨价格在1600元左右,使用这项技术榨油后的花生饼,每吨价格最低也在1.4万元以上。中国年产花生800万吨,如果有1/3采用这项技术,花生粉再作为食品的原料使用,仅此一项增加值就达400多亿元。此外,他还为该项技术设计了设备和生产工艺流程,并已经在校办工厂进行了试验性的生产。李先生担心这一技术的转让会由于商人一味追求经济利益,而与自己追求社会效益的初衷相背离。他说:"我个人不要钱,要钱的话我转让专利就可以成为百万富翁。我是为了造福大众,中国人太需要植物蛋白了。"为此,他认为只有自己控股,才能确保这一技术的产业化进程健康发展。

一些企业认为老先生利欲熏心,仅凭一项技术就想占大头,而企业投入资金、设备和厂房,却占到小头,有些不划算。根据中国科技部门的规定,高新技术的入股率最高为35%,显然,李先生的这一要求与规定不符。但李先生认为技术入股率应该视技术在企业中的地位而定,他的技术中还包含了设备的设计、生产工艺流程,并且他已经实现了工业化生产,他认为有理由占51%。

也有企业提出李先生的技术必须由有关部门进行评估,再根据评估的价值和企业的投入确定其股份。1998年,李先生向国家专利局申报了专利。

不过,因为51%控股的这个原则,使得许多合作者望而生畏,许多很希望开发这个产品的企业家为得不到这一技术而苦恼。而"花生教授"则更加苦恼,放弃原则意味着他可以马上得到合作者的支持,该技术可立刻上马大规模生产,但他担心有可能因为无法支配企业,导致质量不保;而不放弃原则,他的技术只能小打小闹,不能形成大的规模。值得欣慰的是,据2001年1月4日《光明日报》后续报道,这一技术已在河南省卫辉市唯旺实业公司开花结果。

21世纪初以来,针对科技成果转换中存在的问题,国家采取了一系列措施鼓励高校和科研院所科技成果的转让。2013年,高等学校专利申请量已经达到16.77万件,专利授予量8.5万件,高等学校作为卖方在技术市场签订的技术合同达6.4万件。为了推进科技成果的转化,2015年11月,中共中央在《关于制定国民经济和社会发展第十三个五年规划的建议》的第三部分提出:"扩大高校和科研院所自主权,赋予创新领军人才更大人财物支配权、技术路线决策权。实行以增加知识价值为导向的分配政策,提高科研人员成果转化收益分享比例,鼓励人才弘扬奉献精神。"这表明在提倡科技人员科学奉献精神的同时,需要重视发明创造的知识价值,给予发明者、创新者一定的收益回报。由此天才之火,浇上利润之油,推进科技成果的转换。

案例讨论:

1. 为什么一些发明者不申请专利?这种做法有什么害处?如何鼓励发明者积极申报专利?

2. 知识到底价几何?你支持文中李先生的要求吗?请说出理由。

3. 在发明专利转化为生产力的过程中,各级政府应起什么作用?具体采取哪些促进措施?

参考资料:

1.《我国高新技术流失触目惊心》,载《新民晚报》1999年10月21日第23版。

2. 叶辉、邱小华:《"花生教授"的苦恼》,载《光明日报》1999年11月4日。

3.《知识价几何》,载《新民晚报》1999年10月15日第9版。

4.《我国成功解决花生低温制油技术》,http://www.npinfo.net.cn/kj110/110/kjdt/newpage3.htm。

5.《中共中央关于制定国民经济和社会发展第十三个五年规划的建议》,新华社北京2015年11月3日电。

6. 杜云英、朱迎春:《2013年我国高等学校R&D活动分析》,载《科技统计报告》2015年第16期。

附录　技术许可费定价博弈分析

1. 基本假设与符号表示

首先作几个基本假设:(1) 这是一个完全信息充分、静态、非合作博弈的状况;(2) 技术受方的市场结构为双头垄断;(3) 国际技术许可发生之前,两家寡头的生产规模、技术水平、产品等所有方面都是完全相同的;(4) 两家寡头之间展开古诺竞争,外国技术所有者只能通过固定收费方式的技术许可向本国转移技术,换言之,外国技术所有者既不能通过直接投资、合作生产、产品出口等其他国际技术转移方式向本国转移技术,也不能通过提成式收费和混合式收费的国际技术许可向本国转移技术;(5) 技术转移所涉及的只是过程技术(process technology),而不包括产品技术(product technology);[①](6) 本国市场反需求函数为:$P=a-bQ$,其中,a,b 均为常数;(7) 生产的边际成本为常数。

由于假设中排除了诸如直接投资、合作生产、设备出口等其他形式的国际技术转移方式,从而也就排除了外国技术所有者利用新技术直接参与本国市场竞争的可能。这时,外国技术所有者要想利用其拥有的先进技术在本国市场上获利,就只能通过固定收费方式获利了。

同时,由于技术转移所涉及的技术类型限定为过程技术,而不包括产品技术,因此这种新技术的转移和采用只能降低生产成本,而不会创造出一种新产品。厂商所采用的技术越先进,边际成本就越低。这里可以用边际成本的高低代表技术的先进程度。用比较成本高(C_H)代表国际技术许可发生前本国两家寡头所使用的较为落后的技术,用边际成本低(C_L)代表外国技术所有者拥有较为先进的技术,$C_H>C_L$。显然,当两家寡头利用外国先进技术从事生产时,边际成本就由 C_H 下降到 C_L。

假设以 A、B 分别表示该行业国内市场上的两家寡头厂商;技术许可的授权范围只有两种:独家许可和普通许可。在进行交易时,国外技术许可方面临的选择就是:要么将技术许可给 A 或 B,要么许可给 A 与 B 两家。

在进行独家许可时,技术许可费的确定有两种方式:(1) 由技术许可方事先设定,潜在的被许可方相互竞价,出价高者获得新技术的使用权;(2) 拍卖许可。比较 1986 年卡兹和夏皮罗以及卡米恩和陶曼建立的两个模型,可以发现采用拍卖许可时许可方的获利较大。如果许可方只进行独家许可,并且有竞价与拍卖许可两种方式可供选择的话,往往会倾向于采用拍卖许可的方式。因篇幅限制,下面只比较拍卖方式下采用独家许可与普通许可给许可方带来的利益大小。

假如,以 Q_A、Q_B 分别表示寡头 A、B 的产量;

以 Π_A、Π_B 分别表示寡头 A、B 的利润;

---

① 产品技术是指关于如何制造某种产品的系统知识,它告诉人们生产某种产品的方法。这种技术创新程度往往比较强,按照这种技术制造的产品往往是一种前所未有的新型产品。过程技术一般是指生产某种现有产品的新工艺、新技能,它的侧重点在生产过程。一项新的过程技术往往是对原有生产技能的改进,它告诉人们如何更快、更好、更有效率地生产,但所生产的产品与以前相比并没有重大变化。

以 MR_A、MR_B 分别表示寡头 A、B 的边际收益。

则国际技术许可发生前国内市场的古诺均衡状态,即:

(1) 寡头 A、B 的均衡产量为:

$$Q_A = Q_B = Q^D(H,H) = \frac{a - C_H}{3b}$$

其中,$Q^D(H,H)$ 是两家寡头都采用老技术时任意一家的均衡产量;

(2) 寡头 A、B 的均衡利润公式为:

$$\Pi_A = \Pi_B = \Pi^D(H,H) = \frac{(a - C_H)^2}{9b} \tag{1}$$

其中,$\Pi^D(H,H)$ 表示两家寡头都采用老技术时任意一家的均衡利润;

(3) 寡头 A、B 的均衡市场价格为:

$$P = a - bQ = \frac{a + 2C_H}{3} ①$$

在国际技术许可后,在独家许可的情况下,比如寡头 A 采用新技术、寡头 B 采用老技术时,采用新技术的寡头 A 的均衡产量就是 $Q_L^D(L,H)$,采用老技术的寡头 B 的均衡利润就是 $\Pi_H^D(L,H)$。

在 $Q_L^D(L,H)$、$Q_H^D(L,H)$ 中,括号中的第一个字母(L)代表寡头 A 所采用的技术,第二个字母(H)代表寡头 B 所采用的技术;上标 D 表示市场结构为双头垄断(duopoly),下标 L 或 H 表示该符号所指的厂商采用的是何种技术。

在 $\Pi_L(1)$、$\Pi_H(1)$、$\Pi_H(0)$ 中,括号中的数字表示采用新技术的厂商的数目,下标表示该符号所指的厂商采用的是何种技术。例如,$\Pi_H(1)$ 表示当市场上只有一家寡头采用新技术时,采用老技术的寡头的均衡利润。

Q^M、Π^M 分别表示完全垄断时的均衡产量和均衡利润,其中,上标 M 表示完全垄断(monopoly),如果上标是 D,则表示双寡头垄断时的均衡产量和均衡利润。

2. 新技术与市场结构

均衡的市场结构是在厂商之间的相互竞争中形成的。当有新技术出现并且新技术在整个行业中的各家厂商之间分布不均匀时,厂商之间的实力对比状况就会发生改变,这种竞争格局的变化必然会导致市场均衡状态的变化,在某些情况下还将导致市场结构发生根本性的改变。下面看一下新技术对双头垄断行业市场结构的影响。

如果新技术被两家寡头同时掌握,虽然所采用的技术已经发生了变化,但两家厂商之间的竞争均势并未发生改变,所以整个市场结构也不会发生改变,仍然是双头垄断。技术的改变所引起的仅仅是厂商的均衡产量、均衡利润和均衡价格的变化。此时,

均衡产量:$Q_A = Q_B = Q^D(L,L) = \dfrac{a - C_L}{3b}$;

均衡利润:$\Pi_A = \Pi_B = \Pi^D(L,L) = \dfrac{(a - C_L)^2}{9b}$;

均衡价格:$P = a - bQ = \dfrac{a + 2C_L}{3}$。

---

① 推导过程参见〔英〕Geoffrey A. Jehle,Philip J. Reny 编著:《高级微观经济理论》(第二版),上海财经大学出版社、培生教育集团 2001 年版,第 161 页。

如果新技术仅被两家寡头中的一家所掌握，两寡头之间的竞争均势就会被打破，掌握新技术的寡头在竞争中处于优势地位，对手则处于劣势，市场结构有可能会发生根本性的改变。以下我们重点研究这种情况。基本分析思路如下：首先假设使用老技术的寡头不论其经营状况如何，都不会退出竞争；然后考察在两者并存的情况下它们各自的盈利状况，根据盈利状况判断是否会有厂商退出竞争，从而得出最终均衡状态下的市场结构。

假设寡头 A 发生了技术进步（可能是通过技术引进，也可能是通过自我创新），改用低成本的新技术 C_L 进行生产，寡头 B 没有出现技术进步，仍然使用成本高的旧技术 C_H 从事生产。这时，寡头 A 的边际成本为常数 C_L，寡头 B 的边际成本为常数 C_H。寡头 A、B 同时作出产量决策，最终市场达到古诺均衡状态。

寡头 A 的利润公式为：
$$\Pi_A = [P(Q) - C_L]Q_A = [a - bQ_A - bQ_B - C_L]Q_A$$

由此，求出寡头 A 的利润最大化条件为：
$$\frac{\partial \Pi_A}{\partial Q_A} = a - 2bQ_A - bQ_B - C_L = 0$$

寡头 B 的利润公式为：
$$\Pi_B = [P(Q) - C_H]Q_B = [a - bQ_A - bQ_B - C_H]Q_B$$

同样，可以求得寡头 B 的利润最大化条件为：
$$\frac{\partial \Pi_B}{\partial Q_B} = a - bQ_A - 2bQ_B - C_H = 0$$

求解由两者的利润最大化条件组成的方程组，可得：
$$Q_A = \frac{a - C_H + 2(C_H - C_L)}{3b} = \frac{a + C_H - 2C_L}{3b}$$
$$Q_B = \frac{a - C_H - (C_H - C_L)}{3b} = \frac{a - 2C_H + C_L}{3b} \tag{2}$$

均衡价格为：
$$P = a - bQ = a - b(Q_A + Q_B) = \frac{a + C_H + C_L}{3}$$

两家寡头的边际利润分别为：
$$\text{MR}_A = P - C_L = \frac{a + C_H + C_L}{3} - C_L = \frac{a + C_H - 2C_L}{3}$$
$$\text{MR}_B = P - C_H = \frac{a + C_H + C_L}{3} - C_H = \frac{a - 2C_H + C_L}{3}$$

观察(2)式，可以发现：

如果 $a - C_H > C_H - C_L$（也就是 $C_H - C_L < a - C_H$），即 $C_L > 2C_H - a$，那么 $\text{MR}_B > 0$，说明面对新技术的激烈竞争，老技术仍有盈利，不致被立刻淘汰。此时，市场结构仍然为双头垄断，两家寡头的均衡利润分别为：

$$\Pi_L^D(L, H) = \frac{(a + C_H - 2C_L)^2}{9b} \tag{3}$$

$$\Pi_H^D(L, H) = \frac{(a - 2C_H + C_L)^2}{9b} \tag{4}$$

均衡产量分别为：

$$Q_A = Q_L^D(L, H) = \frac{a - C_H + 2(C_H - C_L)}{3b}$$

$$Q_B = Q_H^D(L, H) = \frac{a - C_H - (C_H - C_L)}{3b}$$

均衡价格为：

$$P = a - bQ = \frac{a + C_H + C_L}{3}$$

反之，如果 $a - C_H \leq C_H - C_L$，即 $C_L \leq 2C_H - a$，则有 $MR_B \leq 0$，说明在新技术的强烈竞争压力下，老技术没有盈利甚至出现亏损，最终将被市场淘汰。这时，使用老技术的寡头 B 如果不能实现技术进步，势必破产，市场结构将由原来的厂商 A、B 双头垄断变为厂商 A 独家完全垄断。这时的均衡产量、均衡利润和均衡价格分别为：

$$Q^M = \frac{a - C_L}{2b}, \quad \Pi^M = \frac{(a - C_L)^2}{4b}, \quad P = a - bQ = \frac{a + C_L}{2}$$

从以上分析可以发现，在分布不均匀的情况下，新技术的应用是否会导致市场结构发生改变，取决于 $(C_H - C_L)$ 与 $(a - C_H)$ 的比较。$(C_H - C_L)$ 是使用新、老两种技术从事生产的边际成本差，这一差值可以用来衡量新技术的革新程度，差值越大，说明技术革新程度越大。C_H 和 a 的大小与新技术无关，它们的大小在某种程度上代表着新技术应用以前的市场状况。由此可见，新技术的应用是否会对老技术造成致命的冲击，是否会使市场结构发生实质性的变化，取决于技术革新程度与技术进步发生以前的市场状况。技术革新程度越大，新技术的应用对市场产生的冲击就越大。

在这里，可以将满足不等式 $C_H - C_L < a - C_H$，即 $C_L > 2C_H - a$ 的技术创新称为"非剧烈创新"（non-drastic innovation）；将满足不等式 $C_H - C_L > a - C_H$，即 $C_L < 2C_H - a$ 的技术创新称为"剧烈创新"（drastic innovation）。前者只会改变厂商的均衡产量和均衡利润，不会改变市场结构；而后者则会使市场结构发生根本性的改变，由双头垄断变为独家的完全垄断。

3. 拍卖方式的独家许可

如果技术转让方宣称采取独家许可的方式将新技术许可给寡头中的一家，并且同时分别与每家厂商谈判，出价高的厂商可以赢得独家许可协议。当两家厂商出价相等时，技术转让方可以任选一家与之签订独家技术许可合同。这实际上就是技术转让方对新技术进行无底价拍卖，两家寡头厂商的这一出价过程可以看作是一个完全信息静态的博弈。

在这一博弈中，参与人有两个：寡头 A 和寡头 B；参与人的行动是选择出价，以 F_A、F_B 分别表示 A、B 寡头厂商的出价；出价为 0 表示拒绝接受技术许可。那么，参与者的战略空间分别为：$S_A = \{F_A : F_A \geq 0\}$，$S_B = \{F_B : F_B \geq 0\}$。此处，作两点特别假设：第一，当 $F_A = F_B > 0$ 时，厂商 A 赢得独家许可协议；第二，当参与者接受许可协议与拒绝接受许可协议最终两者所获得的利润相等时，参与人将选择接受技术许可协议。

下面根据技术创新程度的不同分非剧烈创新和剧烈创新两种情况讨论参与者的支付函数。

(1) 非剧烈创新的情形下

在非剧烈创新的情形下，参与者的支付函数如下：

$$u = (u_A, u_B) = \begin{cases} (\Pi_L^D(L,H) - F_A, \Pi_H^D(L,H)) & \text{如果 } F_A \geqslant F_B > 0 \text{ 或 } F_A > F_B = 0 \\ (\Pi_H^D(H,L), \Pi_L^D(H,L) - F_B) & \text{如果 } F_B > F_A \geqslant 0 \\ (\Pi^D(H,H), \Pi^D(H,H)) & \text{如果 } F_B = F_A = 0 \end{cases}$$

由上述(1)(3)(4)式可知：

$$\Pi_L^D(L,H) = \Pi_L^D(H,L) = \Pi_L(1) = \frac{(a + C_H - 2C_L)^2}{9b} = \frac{[a - C_H + 2(C_H - C_L)]^2}{9b} \quad (5)$$

$$\Pi_H^D(L,H) = \Pi_H^D(H,L) = \Pi_H(1) = \frac{(a - 2C_H + C_L)^2}{9b} = \frac{[a - C_H - (C_H - C_L)]^2}{9b} \quad (6)$$

$$\Pi^D(H,H) = \Pi_H(0) = \frac{[a - C_H]^2}{9b} \quad (7)$$

(5)式中的 $\Pi_L(1)$ 表示：当市场上有一家厂商采用新技术时，这家采用新技术的厂商的均衡利润；

(6)式中的 $\Pi_H(1)$ 表示：当市场上有一家厂商采用新技术时，采用旧技术的厂商的均衡利润；

(7)式中的 $\Pi_H(0)$ 表示：当市场上没有任何厂商采用新技术时单家厂商的均衡利润。

显然，比较三个式子，$\Pi_L(1) > \Pi_H(0) > \Pi_H(1)$。

用 $\Pi_L(1)$、$\Pi_H(1)$、$\Pi_H(0)$ 表示的支付函数为：

$$u = (u_A, u_B) = \begin{cases} (\Pi_L(1) - F_A, \Pi_H(1)) & \text{如果 } F_A \geqslant F_B > 0 \text{ 或 } F_A > F_B = 0 \\ (\Pi_H(1), \Pi_L(1) - F_B) & \text{如果 } F_B > F_A \geqslant 0 \\ (\Pi_H(0), \Pi_H(0)) & \text{如果 } F_B = F_A = 0 \end{cases}$$

我们用 F_1 表示当两家寡头中只有一家采用新技术时，这家采用新技术的寡头在缴纳技术许可费之前的均衡利润与技术许可发生之前、两家寡头同时使用旧技术生产时单家寡头的均衡利润之差；用 F_2 表示当两家寡头中只有一家采用新技术时，在不缴纳技术许可费的情况下，这家采用新技术的寡头与仍旧使用旧技术的寡头之间的均衡利润之差，即 $F_1 = \Pi_L(1) - \Pi_H(0)$，$F_2 = \Pi_L(1) - \Pi_H(1)$。

为了便于理解，我们以当参与者 B 的出价为 F_1、参与者 A 的出价处于各种不同水平时的情形为例，说明如何得出各种战略组合下每个参与者的支付，即在每种出价组合下参与者 A 和参与者 B 最终分别可以获得多少利润。

当 $F_A < F_B = F_1$ 时，参与者 B 将以 F_1 的出价赢得技术许可，最终所获利润为 $u_B = \Pi_L(1) - F_1 = \Pi_H(0)$；参与者 A 未能赢得技术许可，只能采用旧技术与参与者 B 竞争，所获利润为 $u_A = \Pi_H(1)$。

当 $F_A \geqslant F_B = F_1$ 时，根据我们前面所做的假设，参与者 A 将赢得技术许可，此时参与者 B 因未能赢得技术许可，故只能采用旧技术与参与者 A 竞争，所获利润为 $u_B = \Pi_H(1)$；参与者 A 的获利水平 $u_A = \Pi_L(1) - F_A$，则会因 F_A 的大小不同而不同。当 $F_A = F_1$ 时，寡头 A 由于将因使用新技术而增加的盈利 F_1 全部以技术许可费的形式交给了技术许可方，所以，与接受技术许可之前相比，寡头 A 的最终利润没有发生变化，即 $u_A = \Pi_L(1) - F_1 = \Pi_H(0)$。

当寡头 A 的出价介于 F_1 和 F_2 之间，即 $F_1 < F_A < F_2$ 时，寡头 A 的最终利润将介于技术许可发生前的均衡利润与技术许可发生后未能赢得技术许可的寡头的均衡利润之间，即

$\Pi_H(1) < u_A = \Pi_L(1) - F_1 < \Pi_H(0)$。当 $F_A = F_2$ 时，显然，$u_A = \Pi_L(1) - F_1 = \Pi_H(1)$；当 $F_A > F_2$ 时，$u_A = \Pi_L(1) - F_1 < \Pi_H(1)$。

用这种方法可以依次找出每种战略组合下每个参与者相应的支付，从而得到该博弈的完整博弈矩阵表。(见附表1)在附表1中，每一行对应着参与者B的一种出价，每一列对应着参与者A的一种出价。通过比较发现哪位参与者获利水平高。比如，前面我们所说的："参与者B的出价为F_1、参与者A的出价处于各种不同水平时的情形"，就是附表1中第三行各列的具体内容。比较第三行各列中参与人A的支付水平，很容易发现，当$F_A = F_1$时，参与者A的获利水平最高，为$\Pi_H(0)$，这说明$F_A = F_1$是参与者B选择出价为F_1时参与者A的占优战略。按照同样的方法，我们也可以找出在对手的出价一定的情况下每家寡头各自的占优战略。

附表1 非剧烈创新情形下独家技术许可的双头垄断博弈矩阵表

	$F_A = 0$	$0 < F_A < F_1$		$F_A = F_1$	$F_1 < F_A < F_2$		$F_A = F_2$	$F_A > F_2$
$F_B = 0$	$\Pi_H(0)$ $\Pi_H(0)$	$U_A > \Pi_H(0)$ $\Pi_H(1)$		$\Pi_H(0)$ $\Pi_H(1)$	$\Pi_H(1) < U_A < \Pi_H(0)$ $\Pi_H(1)$		$\Pi_H(1)$ $\Pi_H(1)$	$U_A < \Pi_H(1)$ $\Pi_H(1)$
$0 < F_B < F_1$	$\Pi_H(1)$ $U_B >$ $\Pi_H(0)$	$F_A < F_B$ $\Pi_H(1)$ $U_B > \Pi_H(0)$	$F_A \geq F_B$ $U_A > \Pi_H(0)$ $\Pi_H(1)$	$\Pi_H(0)$ $\Pi_H(1)$	$\Pi_H(1) < U_A < \Pi_H(0)$ $\Pi_H(1)$		$\Pi_H(1)$ $\Pi_H(1)$	$U_A < \Pi_H(1)$ $\Pi_H(1)$
$F_B = F_1$	$\Pi_H(1)$ $\Pi_H(0)$	$\Pi_H(1)$ $\Pi_H(0)$		$\Pi_H(0)$ $\Pi_H(1)$	$\Pi_H(1) < U_A < \Pi_H(0)$ $\Pi_H(1)$		$\Pi_H(1)$ $\Pi_H(1)$	$U_A < \Pi_H(1)$ $\Pi_H(1)$
$F_1 < F_B < F_2$	$\Pi_H(1)$ $\Pi_H(1) <$ $U_B <$ $\Pi_H(0)$	$\Pi_H(1)$ $\Pi_H(1) < U_B < \Pi_H(0)$		$\Pi_H(1)$ $U_B <$ $\Pi_H(0)$	$F_A < F_B$ $\Pi_H(1)$ $\Pi_H(0)$ $< U_B <$	$F_A \geq F_B$ $\Pi_H(1)$ $\Pi_H(0)$ $< U_A <$	$\Pi_H(1)$ $\Pi_H(1)$	$U_A < \Pi_H(1)$ $\Pi_H(1)$
$F_B = F_2$	$\Pi_H(1)$ $\Pi_H(1)$	$\Pi_H(1)$ $\Pi_H(1)$		$\Pi_H(1)$ $\Pi_H(1)$	$\Pi_H(1)$ $\Pi_H(1)$		$\Pi_H(1)$ $\Pi_H(1)$	$U_A < \Pi_H(1)$ $\Pi_H(1)$
$F_B > F_2$	$\Pi_H(1)$ $U_B <$ $\Pi_H(0)$	$\Pi_H(1)$ $U_B < \Pi_H(1)$		$\Pi_H(1)$ $U_B <$ $\Pi_H(1)$	$\Pi_H(1)$ $U_B < \Pi_H(1)$		$\Pi_H(1)$ $U_B <$ $U_B <$ $\Pi_H(1)$	$F_A < F_B$ $\Pi_H(1)$ $\Pi_H(1)$ / $F_A \geq F_B$ $U_A <$ $\Pi_H(1)$ $\Pi_H(1)$

注释：该表中单元格内，上行代表参与者A的支付，下行代表参与者B的支付。

为了便于找出博弈的均衡解，这里假设：

第一，当两家寡头中只有一家采用新技术时，这家采用新技术的寡头在缴纳技术许可费之前的均衡利润，即 $\Pi_L(1)$，等于3；

第二，技术许可发生之前两家寡头同时使用旧技术生产时，单家寡头的均衡利润，即 $\Pi_H(0)$，等于2；

第三，当两家寡头中只有一家采用新技术时，使用旧技术的寡头的均衡利润，即 $\Pi_H(1)$，等于1。

相应地，将有 $F_1 = \Pi_L(1) - \Pi_H(0) = 1$，$F_2 = \Pi_L(1) - \Pi_H(1) = 2$。在剔除参与者A的劣战略 $F_A > F_2$ 和参与者B的劣战略 $F_B > F_2$ 之后，得到博弈矩阵表即附表2。

附表 2　非剧烈创新情形下独家技术许可的双头垄断博弈矩阵表(剔除劣战略之后)

	$F_A=0$	$0<F_A<F_1$		$F_A=F_1$	$F_1<F_A<F_2$		$F_A=F_2$
$F_B=0$	2 2	$\underline{3-F_A>2}$ 1		2 1	$1<3-F_A<2$ 1		1 1
$0<F_B<F_1$	1 $\underline{\underline{3-F_B>2}}$	$F_A<F_B$ 1 $\underline{\underline{3-F_B>2}}$	$F_A\geqslant F_B$ $\underline{3-F_A>2}$ 1	2 1	$1<3-F_A<2$ 1		1 1
$F_B=F_1$	1 2	1 2		$\underline{2}$ 1	$1<3-F_A<2$ 1		1 1
$F_1<F_B<F_2$	1 $1<3-F_B<2$	1 $1<3-F_B<2$		1 $\underline{\underline{1<3-F_B<2}}$	$F_A<F_B$ 1 $\underline{\underline{1<3-F_B<2}}$	$F_A\geqslant F_B$ $\underline{1<3-F_A<2}$ 1	1 1
$F_B=F_2$	1 1	1 1		1 1	1 1		1 1

注释:(1) 该表中单元格内,上行代表参与者 A 的支付,下行代表参与者 B 的支付。(2) 表中单下划线表示寡头 A 的占优战略,双下划线表示寡头 B 的占优战略。

在附表 2 中,首先找出每个参与人在对手的各种不同出价水平下的占优战略,并用下划线将它们一一标出来,从而得到该博弈唯一的纳什均衡解为:$F_A=F_2=\Pi_L(1)-\Pi_H(1)$,$F_B=F_2=\Pi_L(1)-\Pi_H(1)$。也就是说,参与人 A、B 同时选择出价 $F_2=\Pi_L(1)-\Pi_H(1)$。这一均衡结果非常容易理解,因为每个参与者都清楚地知道,无论自己如何出价,最终都将只有一家而且是仅有的一家获得新技术的使用权,如果自己的出价低于对手,自己最终只能获得利润 $\Pi_H(1)$。所以,在每个参与者的眼里,这项新技术的价值应该为 $[\Pi_L(1)-\Pi_H(1)]$。按照一级价格密封投标拍卖的结果是:每个竞标者投出的价格都应该等于拍卖品在他心目中的价值,参与者 A、B 的出价都应该为 $F_2=\Pi_L(1)-\Pi_H(1)$。

根据前文所做的假设,技术转让方将与参与者 A 签订独家技术许可协议,参与者 A 的最终利润为 $\Pi_L(1)-F_2=\Pi_H(1)$,参与者 B 的最终利润为 $\Pi_H(1)$,技术转让方所获得的技术许可收入为 $F_2=\Pi_L(1)-\Pi_H(1)=\dfrac{(C_H-C_L)(2a-C_H-C_L)}{3b}$。这时的市场结构仍为双头垄断,只不过其中一家寡头使用的是旧技术,而另一家寡头使用的是新技术,新旧技术在同一市场上并存。由前述可知,此时市场的均衡价格为:$P=\dfrac{a+C_H+C_L}{3}$。

(2) 剧烈创新的情形下

当被许可的技术是剧烈创新技术的时候,其中一家寡头赢得技术许可意味着另一家寡头将被淘汰出局,整个市场结构变为新技术使用者的独家垄断。这时,赢得技术许可的寡头获得的支付为垄断利润与自己对技术许可协议的出价之差,被淘汰出局者的支付可以假设为 0,从而我们得到参与人的支付函数如下:

$$u=(u_A,u_B)=\begin{cases}(\Pi^M-F_A,0) & \text{如果 } F_A\geqslant F_B>0 \text{ 或 } F_A>F_B=0\\(0,\Pi^M-F_B) & \text{如果 } F_B>F_A\geqslant 0\\(\Pi^D(H,H),\Pi^D(H,H)) & \text{如果 } F_B=F_A=0\end{cases}$$

根据以上支付函数,可以得到该博弈的博弈矩阵表。(见附表 3)由附表 3 可知,该博弈唯一的纳什均衡解为:$F_A=\Pi^M$,$F_B=\Pi^M$。这一均衡结果同样容易理解,因为在缴纳技术许可费之前,使用新技术从事生产可获利 Π^M,否则获利为 0,所以在每个参与人眼中,该项技术许可协议的价值均为 Π^M,它们的出价也应同为 Π^M。根据前文所做的假设,技术转让方将与参与人 A 签订独家技术许可协议,参与人 A 的最终利润为 $\Pi^M - F_A = 0$,参与人 B 的最终利润为 0,技术转让方所获得的技术许可收入为 $F_A = \Pi^M$。此时的市场结构为厂商 A 完全垄断,均衡的市场价格为:$P = \dfrac{a + C_L}{2}$。

附表 3　剧烈创新情形下独家许可的博弈矩阵表(剔除劣战略之后)

	$F_A = 0$	$0 < F_A < \Pi^M - \Pi^D(H,H)$	$F_A = \Pi^M - \Pi^D(H,H)$	$\Pi^M - \Pi^D(H,H) < F_A < \Pi^M$		$F_A = \Pi^M$
$F_B = 0$	$\Pi^D(H,H)$ $\Pi^D(H,H)$	$\Pi^M - F_A > \Pi^D(H,H)$ 0	$\Pi^M - F_A = \Pi^D(H,H)$ 0	$0 < \Pi^M - F_A < \Pi^D(H,H)$ 0		$\Pi^M - F_A = 0$ 0
$0 < F_B < \Pi^M - \Pi^D(H,H)$	0 $\Pi^M - F_B > \Pi^D(H,H)$	$F_A < F_B$: $\Pi^M - F_B >$ $\Pi^D(H,H)$	$F_A \geq F_B$: $\Pi^M - F_A >$ $\Pi^D(H,H)$ 0	$\Pi^M - F_A =$ $\Pi^D(H,H)$ 0	$0 < \Pi^M - F_A < \Pi^D(H,H)$ 0	$\Pi^M - F_A = 0$ 0
$F_B = \Pi^M - \Pi^D(H,H)$	0 $\Pi^M - F_B = \Pi^D(H,H)$	0 $\Pi^M - F_B = \Pi^D(H,H)$	$\Pi^M - F_A =$ $\Pi^D(H,H)$ 0	$0 < \Pi^M - F_A < \Pi^D(H,H)$ 0		$\Pi^M - F_A = 0$ 0
$\Pi^M - \Pi^D(H,H) < F_B < \Pi^M$	0 $0 < \Pi^M - F_B < \Pi^D(H,H)$	0 $0 < \Pi^M - F_B < \Pi^D(H,H)$	0 $0 < \Pi^M - F_B < \Pi^D(H,H)$	$F_A < F_B$: $0 < \Pi^M - F_B <$ $\Pi^D(H,H)$	$F_A \geq F_B$: $0 < \Pi^M - F_A <$ $\Pi^D(H,H)$	$\Pi^M - F_A = 0$ 0
$F_B = \Pi^M$	0 $\Pi^M - F_B = 0$	0 $\Pi^M - F_B = 0$	0 $\Pi^M - F_B = 0$	0 $\Pi^M - F_B = 0$		$\Pi^M - F_A = 0$ 0

4. 普通许可

如果技术转让方宣称采取普通许可的方式将新技术许可给两家本国厂商中的一家或两家,技术许可费由技术转让方规定,本国寡头厂商只要同意支付技术转让方所要求的技术转让费,即可获得技术许可。在这种情况下,技术许可方所面临的问题就是确定一个能够最大化自己许可收入的最佳技术许可费水平。

假设技术许可费(F)已经由技术转让方给定,各家厂商可供选择的行动为:要么接受许可协议,要么拒绝许可协议。这里,用"0"代表拒绝许可协议,用"1"代表接受许可协议。两家寡头同时独立决定是否接受许可协议,这一过程可以看作是它们之间的一个完全信息静态博弈。

(1)非剧烈创新的情形下

在非剧烈创新的情形下,博弈的战略式表述如下:

参与者:寡头 A、寡头 B

寡头 A 的战略空间:$S_A = \{0, 1\}$

寡头 B 的战略空间:$S_B = \{0, 1\}$

支付函数:

$$u=(u_A,u_B)=\begin{cases}(\Pi^D(L,L)-F,\Pi^D(L,L)-F) & \text{如果 } s_A=1, s_B=1\\(\Pi^D_L(L,H)-F,\Pi^D_H(L,H)) & \text{如果 } s_A=1, s_B=0\\(\Pi^D_H(H,L),\Pi^D_L(H,L)-F) & \text{如果 } s_A=0, s_B=1\\(\Pi^D(H,H),\Pi^D(H,H)) & \text{如果 } s_A=0, s_B=0\end{cases}$$

该博弈的博弈矩阵表如下：

附表4 非剧烈创新情形下普通许可博弈矩阵表

	$S_A=0$	$S_A=1$
$S_B=0$	$\Pi^D(H,H)$ $\Pi^D(H,H)$	$\Pi^D_L(L,H)-F$ $\Pi^D_H(L,H)$
$S_B=1$	$\Pi^D_H(H,L)$ $\Pi^D_L(H,L)-F$	$\Pi^D(L,L)-F$ $\Pi^D(L,L)-F$

为了便于表述，令 F_3 表示在技术许可费为 0 的情况下，当对手采用新技术时，自己采用新、旧两种不同的技术所获得的利润之差。那么，

$$F_3=\Pi^D(L,L)-\Pi^D_H(H,L)=\frac{4(C_H-C_L)(a-C_H)}{9b};$$

同样，令 F_4 表示在技术许可费为 0 的情况下，当对手采用旧技术时，自己采用新、旧两种不同技术所获得的利润之差，即

$$F_4=\Pi^D_L(H,L)-\Pi^D(H,H)=\frac{4(C_H-C_L)[(a-C_H)+(C_H-C_L)]}{9b}.$$

通过比较，容易发现 $F_3<F_4$。以 F_3 和 F_4 为分界点，我们可以将技术许可费的非负取值空间分为三个区间：$[0,F_3]$、$(F_3,F_4]$ 和 $(F_4,+\infty)$。下面我们就分别讨论技术许可费位于每个区间时的博弈均衡状况以及技术许可方的收入水平。

由表 4 可知，当 $F\leqslant F_3$ 时，该博弈有唯一的纳什均衡：$S_A=1,S_B=1$；转让方的技术转移收入为 $\Pi=2F\leqslant 2F_3=\dfrac{4(C_H-C_L)(2a-2C_H)}{9b}$。

当 $F_3<F\leqslant F_4$ 时，该博弈有两个纳什均衡解：$S_A=1,S_B=0$ 和 $S_A=0,S_B=1$；转让方的技术转移收入为 $\Pi=F\leqslant F_4=\dfrac{4(C_H-C_L)[(a-C_H)+(C_H-C_L)]}{9b}$。

当 $F>F_2$ 时，纳什均衡解为 $S_A=0,S_B=0$；此时，国外技术转让方与本国的寡头厂商不能达成技术许可协议，技术转移不能发生。

由于技术创新是非剧烈的，$C_H-C_L<a-C_H$，容易发现，当技术转让方将技术许可费设定为 F_3 时所获得的技术许可收入最大，为 $\Pi=2F_3=\dfrac{8(C_H-C_L)(a-C_H)}{9b}$。此时两家本国寡头均接受技术许可，并且同时使用新技术从事生产，市场结构仍为双头垄断，两寡头最终所获利润相等，同为 $\Pi^D(L,L)-F_3=\Pi^D_H(H,L)$，市场的均衡价格为：$P=\dfrac{a+2C_L}{3}$。

(2) 剧烈创新的情形下

当技术为剧烈创新的技术时，从技术许可方的角度来看，采用普通许可的方式所获得的总收入不可能大于采用独家许可的方式进行许可所获得的总收入 Π^M。剧烈创新技术进行

普通许可的博弈战略式表述如下：

参与者：寡头 A、寡头 B

寡头 A 的战略空间：$S_A = \{0, 1\}$

寡头 B 的战略空间：$S_B = \{0, 1\}$

支付函数为：

$$u = (u_A, u_B) = \begin{cases} (\Pi^D(L,L)-F, \Pi^D(L,L)-F) & \text{如果 } s_A=1, s_B=1 \\ (\Pi^M-F, 0) & \text{如果 } s_A=1, s_B=0 \\ (0, \Pi^M-F) & \text{如果 } s_A=0, s_B=1 \\ (\Pi^D(H,H), \Pi^D(H,H)) & \text{如果 } s_A=0, s_B=0 \end{cases}$$

该博弈的博弈矩阵表如下：

附表 5　剧烈创新情形下普通许可的博弈矩阵表

	$S_A=0$	$S_A=1$
$S_B=0$	$\Pi^D(H,H)$ $\Pi^D(H,H)$	Π^M-F 0
$S_B=1$	0 Π^M-F	$\Pi^D(L,L)-F$ $\Pi^D(L,L)-F$

从附表 5 可知，当 $F=\Pi^M$ 时，如果参与者均不接受技术许可，每个参与者的获利尚且能够达到 $\Pi^D(H,H)$；如果仅有一人接受技术许可，那么，另一人将被淘汰，获利为 0，而此时这家接受了技术许可的参与者虽然成了整个行业的垄断者，但由于全部的垄断利润都以技术许可费的形式被技术许可方榨取，所以它自身的最终获利仍然为 0；如果两个参与者同时接受技术许可，它们的获利 $\Pi^D(L,L)-\Pi^M<0$，即两者都会亏损，在这种情况下，均不接受技术许可将是两家寡头的最佳选择。所以，如果技术许可方将技术许可费确定为 Π^M，技术转移最终将不能发生，即 $S_A=0$，$S_B=0$ 是此时该博弈唯一的纳什均衡解。技术许可方要想成功进行技术转移，只能把技术许可费确定在一个低于 Π^M 的水平。

假设技术许可方将技术许可费确定在某一特定水平 F 上，并且在这一水平上，博弈的均衡结果是两家寡头同时接受技术许可。由于在缴纳技术许可费之前，两家寡头的获利均为 $\Pi^D(L,L)$，所以，这一特定的技术许可费水平 F 不可能大于 $\Pi^D(L,L)$，即 $F \leqslant \Pi^D(L,L)$。另一方面，产业组织理论的常识告诉我们：完全垄断的市场结构所创造的行业利润最大。在剧烈创新的情形下，一家厂商采用新技术（此时就会形成该家厂商完全垄断的市场结构）所创造的行业利润大于两家厂商同时采用新技术时它们所创造的利润之和，具体到我们所分析的问题中也就是 $\Pi^M > \Pi^D(L,L) + \Pi^D(L,L)$。所以，我们可以得到如下关系：

$$\Pi = 2F \leqslant 2\Pi^D(L,L) < \Pi^M$$

这就是说，即便是在两家寡头同时接受技术许可的情况下，技术转让方通过技术转移所攫取的总利润最多不会超过行业垄断利润 Π^M。

所以，在普通许可的情况下，不管技术许可方最终将技术许可给了一家还是两家，一份技术许可协议的价格都不能；即使许可方将技术许可给了两家寡头，两份技术许可费的总和仍然不会超过 Π^M。总之，对于剧烈创新的情形，技术转让方通过普遍许可的方式所获得的技术转让收入一定会严格小于采用新技术生产时的垄断利润 Π^M。

5. 结论

上述分析的目的是为了得出技术许可方的最佳许可策略以及国际技术许可对本国厂商获利状况和消费者福利水平的影响。

（1）技术许可方的最佳许可策略

对于非剧烈创新（$C_H-C_L<a-C_H$ 时的情形）的技术,采取拍卖方式的独家许可和普通许可两种不同的方式进行技术转移,转让方所获得的收入分别为：

$$\frac{(C_H-C_L)(2a-C_H-C_L)}{3b} \text{ 和 } \frac{8(C_H-C_L)(a-C_H)}{9b}$$

容易求得：当 $a-C_H>C_H-C_L>\frac{2}{3}(a-C_H)$ 时,技术转让方采用拍卖方式的独家许可时的获利大于采用普通许可方式时的获利,即

$$\frac{(C_H-C_L)(2a-C_H-C_L)}{3b}>\frac{8(C_H-C_L)(a-C_H)}{9b}$$

此时应选用拍卖方式的独家许可进行技术转移。

反之,当 $C_H-C_L<\frac{2}{3}(a-C_H)$ 时,技术转让方采用普通许可方式的获利大于采用拍卖方式的独家许可的获利,此时应选用普通许可的方式进行技术转移。

当 $C_H-C_L=\frac{2}{3}(a-C_H)$ 时,无论是采用拍卖方式的独家许可还是普通许可方式进行技术转移,转让方的获利均相同。

对于剧烈创新（$C_H-C_L>a-C_H$ 时的情形）的技术,技术转让方采取拍卖方式的独家许可可以攫取全部的垄断利润 $\Pi^M=\frac{(a-C_L)^2}{4b}$,而采取普通许可时的获利不足 Π^M,此时应选用拍卖方式的独家许可进行技术转移。分析结果参见附表6。

附表6　各种创新形式下的技术许可方式与费用

技术创新程度	许可方式	被许可方所应缴纳的技术许可费	许可方的技术转移收入
$C_H-C_L<\frac{2}{3}(a-C_H)$	普通许可	$\frac{4(C_H-C_L)(a-C_H)}{9b}$	$\frac{8(C_H-C_L)(a-C_H)}{9b}$
$\frac{2}{3}(a-C_H)<C_H-C_L<a-C_H$	独家许可	$\frac{(C_H-C_L)(2a-C_H-C_L)}{3b}$	$\frac{(C_H-C_L)(2a-C_H-C_L)}{3b}$
$C_H-C_L>a-C_H$	独家许可	$\frac{(a-C_L)^2}{4b}$	$\frac{(a-C_L)^2}{4b}$

比较附表6最后一列可以发现：无论是在哪种情况下,技术许可方的总收入都与技术革新程度呈同方向变化。也就是说,技术革新程度越大,许可方的获利就越大。这说明技术许可这种转移机制为技术创新提供了有效的激励。由此,我们可以得出如下结论：

结论一：技术许可方选取哪种许可方式转移其所拥有的新技术,取决于该项新技术相对于国内厂商原来所使用的旧技术的革新程度。如果 $C_H-C_L<\frac{2}{3}(a-C_H)$,最佳许可策略为普通许可,技术许可费应定为 $\frac{4(C_H-C_L)(a-C_H)}{9b}$；如果 $C_H-C_L>\frac{2}{3}(a-C_H)$,最佳许可策略为拍卖方式的独家许可。

结论二：从整个社会的角度看，在市场的自发作用下，技术革新程度越大，其普及程度就越低。

结论三：在技术许可方为理性经济人的前提下，技术许可方的总收入与技术革新程度呈正向关系，也就是说，技术许可这种转移机制为技术创新提供了有效的激励。

（2）国际技术许可对本国厂商获利状况的影响

为了评价国际技术许可对本国厂商获利状况的影响，我们需要比较国际技术许可发生之前与国际技术许可发生之后本国厂商的获利状况。

对于革新程度不同的技术，在按照技术许可方的最佳许可策略进行国际技术许可前后，本国厂商的获利对比状况如附表7所示：

附表7　国际技术许可发生前后本国厂商及本国消费者福利水平的对比状况

技术创新程度	寡头A、B的获利		均衡市场价格	
	技术许可前	技术许可后	技术许可前	技术许可后
$C_H - C_L < \frac{2}{3}(a - C_H)$	$\frac{(a-C_H)^2}{9b}$	$\frac{[a-C_H-(C_H-C_L)]^2}{9b}$	$\frac{a+2C_H}{3}$	$\frac{a+2C_L}{3}$
$\frac{2}{3}(a-C_H) < C_H - C_L < a - C_H$		$\frac{[a-C_H-(C_H-C_L)]^2}{9b}$		$\frac{a+C_H+C_L}{3}$
$C_H - C_L > a - C_H$		0		$\frac{a+C_L}{2}$

注释：不管是拍卖方式的独家许可还是普通许可，在纳什均衡状态下，不管有几家厂商获得技术许可，寡头A、B的获利总是相等的。所以，在该表中我们将寡头A、B的获利对比状况放在同一栏中。

国际技术许可发生之前，寡头A、B的获利均为$\frac{(a-C_H)^2}{9b}$，如果被许可的技术是非剧烈创新技术（$C_H - C_L < a - C_H$），国际技术许可发生之后，寡头A、B的获利均为$\frac{[a-C_H-(C_H-C_L)]^2}{9b}$，显然，$\frac{[a-C_H-(C_H-C_L)]^2}{9b} < \frac{(a-C_H)^2}{9b}$，国际技术许可使本国厂商的获利水平降低；如果被许可的技术是剧烈创新技术，国际技术许可发生后，寡头A、B均不能获得任何利润，所有的产业利润都被外国技术许可方攫取。

结论四：无论技术革新程度如何，国际技术许可对于本国厂商来说都是不利的。

（3）国际技术许可对本国消费者福利水平的影响

在市场需求不变的情况下，消费者福利水平的高低取决于均衡的价格水平。如附表7所示，国际技术许可发生之前，均衡的市场价格为$\frac{a+2C_H}{3}$。在非剧烈创新的情形下，当国际技术许可发生后，均衡的市场价格为$\frac{a+2C_L}{3}$或$\frac{a+C_H+C_L}{3}$，很明显，两者都小于国际技术许可发生前的均衡价格$\frac{a+2C_H}{3}$。在剧烈创新的情形下，由于$C_H - C_L > a - C_H$，国际技术许可发生后的均衡价格$\frac{a+C_L}{2}$也小于国际技术许可发生前的均衡价格$\frac{a+2C_H}{3}$。这说明无论技术革新程度如何，国际技术许可的发生都会使市场价格下降，本国消费者的福利水平得以提高。从而我们有：

结论五:无论技术革新程度如何,国际技术许可的发生都会使市场价格下降,使本国消费者的福利水平得以提高。

参考书目

① 龚维新、蒋德明编著:《国际技术转让的理论与实务》,上海人民出版社 1994 年版。
② 尹尊声:《国际技术转让价格》,上海人民出版社 1993 年版。
③ 何保山、顾纪瑞、严英龙:《中国技术转移和技术进步》,经济管理出版社 1996 年版。
④ 张维迎:《博弈论与信息经济学》,上海三联书店、上海人民出版社 1996 年版。
⑤ 〔法〕泰勒尔:《产业组织理论》,张维迎总译校,中国人民大学出版社 1997 年版。
⑥ W. H. Davidson, D. G. McFetridge:《国际技术转移方式选择中的关键因素》,载《JIBS 文萃(有关资金、技术、实物的跨国境移动)》,机械工业出版社 2002 年版。
⑦ Geoffrey A. Jehle, Philip J. Reny, Advanced Microeconomic Theory,上海财经大学出版社、培生教育集团 2001 年版。
⑧ M. I. Kamien and Y. Tauman, The Private Value of a Patent: A Game Theoretic Analysis, Journal of Economics, 1984, pp. 93—118.
⑨ Michael L. Katz and Carl Shapiro, How to License Intangible Property, The Quarterly Journal of Economics, 1986.8, Vol. 101, pp. 567—590.
⑩ Michael L. Katz and Carl Shapiro, On the Licensing of Innovations, Rand Journal of Economics, Winter 1985, Vol. 16, pp. 504—521.
⑪ M. I. Kamien and Y. Tauman, Fees Versus Royalties and The Private Value of a Patent, The Quarterly Journal of Economics, 1986.8, Vol. 101, pp. 471—491.
⑫ Andrea Fosfuri, Patent Protection, Imitation and the Mode of Technology Transfer, International Journal of Industrial Organization, 2000, Vol. 18, pp. 1129—1149.
⑬ Katharine Rockett, The Quality of Licensed Technology, International Journal of Industrial Organization, 1990, Vol. 8, pp. 559—574.

参考文献

（一）中文文献

1. 陈耀东：《商标保护范围研究》，天津人民出版社 2003 年版。
2. 傅家政主编：《国际经济技术合作》，天津大学出版社 1999 年版。
3. 郭吴新主编：《90 年代美国经济》，山西经济出版社 2000 年版。
4. 李祥林、洛桑主编：《知识产权与技术贸易》，中国青年出版社 1993 年版。
5. 史晓东、张文政：《世界多边贸易须知大典》，中国财政经济出版社 1996 年版。
6. 〔英〕E.F. 舒马赫：《小的是美好的》，虞鸿钧等译，商务印书馆 1984 年版。
7. 唐海燕：《现代国际贸易的理论与政策》，汕头大学出版社 1994 年版。
8. 唐豪：《现代技术贸易理论与实务》，知识出版社 1993 年版。
9. 王玉清、赵承壁主编：《国际技术贸易》，对外经济贸易大学出版社 1996 年版。
10. 王玉清主编：《国际技术贸易》，中国人民大学出版社 2001 年版。
11. 武振山：《国际技术贸易》（第三版），东北财经大学出版社 1998 年版。
12. 许焕兴编著：《国际工程承包》，东北财经大学出版社 2002 年版。
13. 殷作恒：《服务贸易及技术贸易》，中国物价出版社 1996 年版。
14. 张培刚主编：《发展经济学教程》，经济科学出版社 2001 年版。
15. 朱钟棣主编：《国际贸易教程新编》，上海财经大学出版社 1999 年版。
16. 〔美〕阿瑟·R. 米勒、迈克尔·H. 戴维斯：《知识产权法概要》，孙健红等译，中国社会科学出版社 1998 年版。
17. 〔美〕查尔斯·R. 麦克马尼斯：《不公平贸易行为概论》，周林等译，中国社会科学出版社 1997 年版。
18. 〔美〕拉尔夫·H. 福尔瑟姆、迈克尔·华莱士·戈登、约翰·A. 斯潘格尔：《国际商业交易法概要》，刘李红等译，中国社会科学出版社 1998 年版。
19. 国家工商行政管理总局商标局、商标评审委员会编著：《中国商标战略年度发展报告（2014）》，中国工商出版社 2015 年版。
20. 国家工商行政管理总局：《中国地理标志法律制度及成就》，2012-03-12。
21. 国务院新闻办公室：《中国知识产权保护的新进展》（白皮书），2005-04-21。
22. 国家海关总署：《2014 年中国海关知识产权保护状况》，2015-05-08。
23. 国家知识产权局：《2014 年中国知识产权保护状况》（白皮书），2015 年 4 月。
24. 国家统计局、科学技术部、财政部：《2014 年全国科技经费投入统计公报》，2015-11-23。
25. 国务院新闻办公室：《中国的军控、裁军与防扩散努力》，2005 年 9 月。
26. 国务院新闻办公室：《中国知识产权保护的新进展》（白皮书），2005-04-21。
27. 世界五大知识产业局：《2013 年五局主要统计数据报告》，2014 年 4 月。
28. 外经贸部国际司：《关税与贸易总协定业务手册》，经济管理出版社 1993 年版。
29. 中国科学技术部：《国家科技计划年度报告 2013》，2014 年 4 月。
30. 刘辉锋：《2013 年全国技术市场统计分析》，载《科技统计报告》2015 年第 2 期。
31. 刘辉锋：《2013 年规模以上工业企业 R&D 活动分析》，载《科技统计报告》2015 年第 10 期。
32. 杜云英、朱迎春：《2013 年我国高等学校 R&D 活动分析》，载《科技统计报告》2015 年第 16 期。
33. 刘辉锋：《2013 年我国专利统计分析》，载《科技统计报告》2015 年第 13 期。

（二）外文文献

1. A. Marshall, Principles of Economics, London: Macmillan. 1920.
2. Amulya K. N. Roddy, Generation of Appropriate Technologies, Appropriate Technologies for their World Development, 1975.
3. Anthony B. Atkinson & Joseph E. Stiglitz, A New View of Technological Change, Economic Journal, Vol. 79, No. 315, Sept., 1969.
4. Anthony B. Atkinson & Joseph E. Stiglitz, A New View of Technological Change, Economic Journal, 1969.
5. Diana Hunt, Economic Theories of Development: An Analysis of Competing Paradigms, London, 1990.
6. Irving B. Kravis, Availabilty and Other Influences on the Commodity Composition of Trade, Journal of Political Economy, No. 2, 1956.
7. James E. Meade. A Neo-Classical Theory of Economic Growth, Routledge, 1961.
8. M. V. Posner, International Trade and Technical Change, Oxford Economic Papers, No. 13, 1961.
9. Michael Porter, Clusters and the New Economics of Competition, Harvard Business Review, Nov. 1, 1998.
10. M. Kamien & Y. Tauman, The Private Value of a Patent: A Game Theoretic Analysis, Journal of Economics, No. 14, 1984.
11. M. Kamien & Y. Tauman, Fees Versus Royalties and the Private Value of a Patent, The Quarterly Journal of Economics, Vol. 101, 1986.
12. M. L. Katz & C. Shapiro, Technology Adoption in the Presence of Network Externalities, Journal of Political Economy, Vol. 94, 1986.
13. Nancy T. Gallini & Ralph A. Winter, Licensing in the Theory of Innovation, RAND Journal of Economics, The RAND Corporation, Vol. 16, No. 2, 1985.
14. Paul R. Krugman, Rethinking International Trade, The MIT Press, Massachusetts, 1994.
15. Roddy, Generation of Appropriate Technologies, Appropriate Technologies for Their World Development, 1975.
16. Robert M. Solow, A Contribution to the Theory of Economic Growth, QJE, 70, 1 (February), 1956.
17. Ronald E. Findlay & Harry Grubert, Factor Intensities, Technological Progress and the Terms of Trade, Oxford Economic Papers. 11(1), February 1959.
18. Ronald W. Jones, The Structure of Simple General Equilibrium Models, Journal of Political Economy, University of Chicago Press, Vol. 73, 1965
19. Ronald W. Jones, "The Role of Technology in the Theory of International Trade" in Raymond Vernon ed., The Technology Factor in International Trade, NBER and Columbia University Press, 1970.
20. Susanto Basu & David N. Weil, Appropriate Technology and Growth, The Quarterly Journal of Economics 113(4), November 1998.
21. Trevor W. Swan, Economic Growth and Capital Accumulation, Economic Record 32, 1956.
22. United Nations Educational Scientific and Cultural Organization, Universal Copyright Convention, 6 September 1952, as revised at Paris on 24 July 1971.
23. Unuted Nations Conferece on Trade and Development, 7th United Nations Conference to Review the UN SET on Competition Policy, http://unctad.org/en/pages/MeetingDetails.aspx?meetingid=609.
24. USA. The House Judiciary Committee, The Computer Fraud and Abuse Act (18 USC 1030), enacted by 1986 and amended a number of times—in 1989, 1994, 1996, in 2001 by the USA Patriot Act, 2002, and in 2008 by the Identity Theft Enforcement and Restitution Act.
25. World Intellectual Property Organization, http://www.wipo.int/portal/index.html.en.
26. WIPO, Wotld Intellectual Property Organization, WIPO-Administered Treaties, http://www.wi-

po. int/about-ip/en/

27. WIPO, Madrid Agreement Concerning the International Registration of Marks, concluded in 1891 (1891-04-14), amended in 1979(1979-10-02), http://www. wipo. int/treaties/en/ registration/madrid/summary_madrid_marks. html.

28. WTO, Agreement on Trade-Related Aspects of Intellectual Property Rights,1994-04-15, https://www. wto. org/english/tratop_e/trips_e/intel2_e. htm.

29. WIPO, Paris Convention for the Protection of Industrial Property, concluded in 1883(1883-3-20), amended in 1979(1979-10-02), http://www. wipo. int/treaties/en/ip/paris/summary_paris. html.

30. WIPO, Berne Convention for the Protection of Literary and Artistic Works, concluded in 1886 (1886-09-09), amended in 1979(1979. 9. 28), http://www. wipo. int/treaties/en/ip/berne/ summary_berne. html.

(三) 法律法规

1. 《技术进出口管理条例》(2011)。
2. 《技术进出口合同登记管理办法》(2009)。
3. 《对外贸易法》(2004)。
4. 《禁止进口限制进口技术管理办法》(2009)。
5. 《禁止出口限制出口技术管理办法》(2009)。
6. 《国家秘密技术出口审查规定》(1998)。
7. 《进出口货物原产地条例》(2005)。
8. 《两用物项和技术进出口许可证管理目录》(2014)。
9. 《技术进出口合同登记管理办法》(2009)。
10. 《化学工业技术引进和设备进口标准化审查实施细则》(1987)。
11. 《国家经济委员会关于技术改造和技术引进项目管理程序的若干规定》(1987)。
12. 《海关法》(2013)。
13. 《海关关于〈中华人民共和国知识产权海关保护条例〉的实施办法》(2009)。
14. 《知识产权海关保护条例》(2010)。
15. 《进一步鼓励软件产业和集成电路产业发展若干政策的通知》(2011)。
16. 《合同法》(1999)。
17. 《招投标法》(2000)。
18. 《招标投标法实施条例》(2012)。
19. 《机电产品国际招标投标实施办法(试行)》(2014)。
20. 《企业所得税法》(2008)。
21. 《企业所得税法实施条例》(2008)。
22. 《个人所得税法》(2011)。
23. 《个人所得税实施条例》(2011)。
24. 《国家税务总局关于实施对设在中西部地区的外商投资企业给予三年减按15%税率征收企业所得税的优惠的通知》(1999)。
25. 《国家税务总局、商务部关于技术进口企业所得税减免审批程序的通知》(2005)。
26. 《鼓励软件产业和集成电路产业发展的若干政策》(2000)。
27. 《票据法》(2004)。
28. 《专利法》(2008)。
29. 《专利法实施细则》(2010)。
30. 《专利实施许可合同备案办法》(2011)。
31. 《商标法》(2013)。
32. 《商标实施条例》(2014)。
33. 《集体商标、证明商标注册和管理办法》(2003)。
34. 《地理标志证明商标、集体商标注册申请所需提交书件目录及说明》(2011)。

35. 《驰名商标认定和保护规定》(2014)。
36. 《特殊标志管理条例》(1996)。
37. 《植物新品种保护条例》(2013)。
38. 《著作权法》(2010)。
39. 《著作权法实施条例》(2013)。
39. 《著作权行政处罚实施办法》(2009)。
40. 《出版管理条例》(2011)。
41. 《著作权行政处罚实施办法》(2009)。
42. 《计算机软件保护条例》(2013)。
43. 《计算机软件著作权登记办法》(2002)。
44. 《反不正当竞争法》(2016)。
45. 《刑法》(2015)。
46. 《保护工业产权巴黎公约》(1979)。
47. 《保护文学艺术作品伯尔尼公约》(1979)。
48. 《商标国际注册马德里协定》(1979)。
49. 《建立世界知识产权组织公约》(1970)。
50. 《与贸易有关的知识产权协议》(TRIPs)(1995)。
51. 《保护原产地名称及其国际注册里斯本协定》(1979)。
52. 《国务院关于印发实施〈中华人民共和国促进科技成果转化法〉若干规定的通知》(2016)。

(四) 合同文本等

1. 中华人民共和国专利局制:《专利实施许可合同签订指南》。
2. 中华人民共和国专利局制:《专利申请技术实施合同签订指南》。
3. 中华人民共和国专利局制:《专利转让合同签订指南》。
4. 中华人民共和国专利局制:《专利申请权转让合同签订指南》。
5. 中华人民共和国科学技术部印制:《技术转让(技术秘密)合同书》。
6. 中华人民共和国科学技术部印制:《技术开发(合作)合同》示范文本。
7. 国家科学技术部:《技术合同示范文本》中《技术服务合同》文本。
8. 南方网:《国际(非独占)商标使用许可合同》。
9. 中华学习在线:《计算机软件使用许可合同》。
10. 联搜:《国际工程承包合同》(二)"土木建筑工程(国际)合同条件"。
11. 福步商贸网站:《交易前的准备阶段》。
12. 商务部科技司:《技术转让费的计价原则》。
13. 中华人民共和国知识产权局:《国际申请简介》。
14. 中华人民共和国商务部、知识产权局、专利局、国家版权局等网站。
15. 联合国贸易和发展会议投资、技术和企业发展司、教育、科学和文化组织网站。
16. 世界贸易组织、世界知识产权组织网站。